Hobboes

PHILIPPE
CAVALIER

Hobboes

J'AI LU

« Car les dieux connaissent l'avenir, les hommes
ce qui arrive et les sages ce qui approche. »

PHILOSTRATE, *Vie d'Appolonios de Tyane*, VIII, 7

« Il s'élèvera de faux Christ et de faux prophètes.
Ils opéreront de grands signes et des prodiges
au point de séduire même les Élus.
Je vous l'ai prédit. »

Évangile selon Matthieu, XXIV, 24-25

« Un gouvernement assez fort pour tout
vous donner est aussi assez puissant
pour tout vous prendre. »

Jimmy CARTER, *Mémoires*

Prologue

À cinq heures du soir, en cale et sur le pont, l'essentiel de la maintenance était achevé. Propriétaire et capitaine du *General Dogsbody*, un chalutier hauturier sorti presque vingt ans plus tôt des chantiers de Toronto, Dennis Bonnel n'avait plus aucune raison de cantonner ses marins à bord. Bouclant un tour de coursives, il renvoya ses hommes l'un après l'autre à terre. Excepté le vieux Mungo, aucun ne se fit prier pour décamper. Dans la salle des machines, le chef mécanicien venait d'entamer une vidange, et Bonnel dut insister pour lui faire interrompre l'opération. « Il est tard. Tu finiras ça demain », lui avait-il dit avant de pousser son employé vers l'échelle menant au pont principal. L'autre avait maugréé, ne comprenant pas pourquoi il devait filer puisqu'il n'avait rien de mieux à faire que de réviser les moteurs avant la prochaine campagne. Pas de femme auprès de laquelle rentrer. Pas de gamins avec lesquels jouer. Pas même de petite amie avec qui traîner. Ici au moins, dans le ventre du bateau, il se sentait utile. Mais le capitaine Bonnel avait envie d'être seul et, contre ça, même Mungo ne pouvait rien. Le mécano releva le col crasseux de son blouson, alluma sa Marlboro en se tournant contre le vent puis, les épaules voûtées et sa casquette enfoncée sur le crâne, descendit la passerelle dix bonnes minutes après les autres.

Bonnel le regarda longer le ponton glissant. Le crachin tombait. Avec le crépuscule qui s'approchait, le port luisait sous les lumières orangées des lampadaires. Mungo disparut entre deux tas de palettes, ses pas le portant vers le *Smuggler*, le pub où il avait ses habitudes. Dennis Bonnel se détendit. Le départ de ses gars le soulageait d'un poids. L'âge venant, le patron s'était mis à apprécier la solitude. Dans la cabine de pilotage, il tira une bouteille et un verre d'un placard puis s'assit dans son fauteuil, près des instruments de navigation laissés en veille. Il se versa un peu d'alcool – pas trop, juste pour le goût et la chaleur dans la poitrine –, ferma les yeux et laissa son esprit glisser par paliers jusqu'à la somnolence. Au-dehors, des gouttes en forme de perle se mêlèrent peu à peu à la bruine. Lentement d'abord, puis de plus en plus serrée, une pluie lourde se mit à battre. Le froid descendit, transformant l'averse en coup de grêle. Comme des milliers de petits marteaux, les éclats de glace tapaient désormais en rafales sur la carcasse du navire. Le vacarme tira Bonnel de sa torpeur. Il ouvrit les yeux.

Sur sa gauche, une forme sombre se découpait dans le cadre du grand hublot. Le capitaine se redressa, cherchant à deviner qui pouvait se tenir de l'autre côté de la vitre rincée par les giboulées. Ce qu'il distinguait de l'inconnu n'était qu'une masse noire sur le fond obscur tendu par le soir et la pluie. D'instinct, il ramassa le grand compas de marine traînant sur la table des cartes. Avec tout ce qui se passait ces temps-ci, la prudence ne coûtait rien. Le marin quitta la cabine. « Qu'est-ce que vous voulez ? » demanda-t-il d'un ton pas commode. L'étranger se tenait là, à trois pas de lui à peine. Il pouvait le voir, maintenant, et même le détailler. Jusqu'à mi-cuisse, il était protégé par un vieux poncho en plastique vert, de ceux que l'on trouve à un dollar dans les surplus qui vendent du matériel réformé de l'armée. Les bretelles effilochées d'un sac à dos barraient ses épaules et il portait aux pieds une paire de rangers éculés, couverts de boue. Sous la large capuche de son ciré, son visage demeurait invisible. Sa stature étrange mettait mal à l'aise. *Hobbo* ! pensa l'artisan avec un brin de mépris. « Hobbo » : c'était ainsi que les gens comme Bonnel appelaient les victimes de la crise qui, chaque jour plus nombreuses, vagabondaient à la recherche d'un peu de travail ou d'une simple aumône. Bonnel n'aimait pas ces traînards. Comme tout le monde, il avait peur d'être un jour réduit à cette condition et cela le rendait agressif. Le clochard resta sans rien dire, sans expliquer pourquoi il s'était autorisé à monter à bord du *General Dogsbody*. Bonnel reprit : « Je n'engage pas et je ne connais plus personne qui le fasse. Foutez le camp… » L'homme n'insista pas. Il repartit sans même avoir ouvert la bouche pour quémander un bout de pain ou un billet. Bonnel, pourtant, demeura sur le pont. Il voulait avoir la certitude que l'étranger s'éloignait pour de bon. L'inconnu passa la coupée, s'engagea sur le quai et disparut en direction des maisons du port, exactement là où quelques minutes auparavant Mungo avait tourné pour se diriger vers le *Smuggler*.

Tandis que Dennis Bonnel regagnait son siège et se resservait un verre, le voyageur parvenait dans la grand-rue. La pluie avait chassé de là passants et voitures. Ses contours brouillés par l'eau, l'artère vide ressemblait au corridor d'une bicoque abandonnée. L'homme gagna une enfilade d'auvents formant un passage couvert le long de magasins contigus. La première boutique était une bimbeloterie, un peu brocante, un peu quincaillerie. Des cordages aux suroîts, des coffres en teck aux vieux cuivres d'accastillage, on y trouvait de tout. Steven Donahue tenait cette caverne aux trésors. Adossé à sa façade et une ample chemise à carreaux flottant sur son gros pull, celui-ci regardait pensivement s'abattre les trombes. Imposant et silencieux, l'inconnu apparut devant lui tel un spectre. Donahue sursauta. Il ne l'avait pas vu s'approcher et son cœur s'emballa. Pas plus qu'il n'avait prononcé un mot devant Bonnel, le vagabond ne parla au brocanteur. Sous son capuchon, ses yeux brillaient doucement. Donahue recula. Lui aussi avait compris à qui il avait affaire. Un trimardeur. Un bon à rien qui préférait tendre la main plutôt que de travailler. Un type paresseux et sans fierté. Donahue n'aimait pas ça. Il donnait chaque dimanche à l'église pour les pauvres, payait impôts et taxes destinés en grande partie aux nécessiteux, et c'était bien assez comme ça. « J'ai pas d'argent, dit-il sèchement. On n'est pas riches ici, vous savez... » Deux pas en arrière encore et Donahue se mit à l'abri dans sa boutique. Il referma la porte vitrée, enclencha le verrou, apposa le petit écriteau *Closed* sur le carreau, tira le store avant de clopiner derrière son bureau, rassuré de savoir qu'il avait là une vieille pétoire chargée de petit plomb à portée de main. Il éteignit les lumières principales, ne conservant que la veilleuse pour éviter l'obscurité complète. L'ombre du voyageur se dessina un instant devant la vitrine avant de disparaître.

Remontant lentement vers le centre de la bourgade, l'homme entra finalement au *Smuggler*. À cette heure, il n'y avait pas grand monde au pub. Assis devant sa pinte, Mungo le mécano avait les yeux rivés sur l'un des grands écrans vissés au mur. Il y avait du catch, retransmis en direct depuis Toronto, et Mungo aimait bien ça. Évidemment, c'était un spectacle truqué et donc bien moins intéressant qu'un vrai bon match de hockey, mais c'était suffisamment distrayant pour passer gentiment une heure ou deux… Au fond de la salle, Socks Bernardt et son fils disputaient une partie de billard. Le père avait gagné son surnom de « Socks » parce que, depuis tout gamin, il avait pour habitude de porter des chaussettes rouges quelle que soit l'occasion : jours de semaine, week-ends, mariages ou enterrements. Personne ne savait d'où cela lui venait – pas même lui, peut-être. C'était juste sa petite fantaisie. Tout le monde en a une et celle-là, vraiment, n'était pas bien méchante. Socks et son gamin travaillaient tous deux comme marins-pêcheurs sur l'un des douze ou quinze chalutiers qui, comme le *General Dogsbody*, étaient enregistrés à la capitainerie locale. Hormis ces trois clients, seuls Lisa, une serveuse, et Dan, le patron, se trouvaient là.

Le vagabond se secoua comme un chien pour faire tomber l'eau accumulée sur ses épaules. Mungo abandonna un instant son match pour s'intéresser au nouveau venu. Qui pouvait bien être ce type ? Combien y avait-il d'habitants, en ville ? Certainement pas plus de cinq cents, et Mungo, depuis le temps qu'il habitait le coin, connaissait presque par cœur leur physionomie, à ces cinq cents-là. Pour sûr, ce gars ne comptait pas parmi les résidents de la commune. Mungo eut une drôle d'impression tandis qu'il observait l'intrus. Socks Bernardt et son gamin s'étaient arrêtés de jouer pour le regarder eux aussi. D'un coup d'épaule, l'homme se débarrassa de son sac à dos, le posa à terre près d'une table et s'assit. Lisa s'approcha, visiblement pas rassurée. En temps ordinaire, dans un petit port comme celui-ci, les visages inconnus ne sont pas nécessairement les bienvenus, mais quand la période est mauvaise et l'avenir incertain, on se méfie plus encore des gens surgis de nulle part. Lisa prit la commande, retourna vers le bar et attendit que Dan prépare les consommations, mais le patron, au lieu d'actionner la pompe à bière ou de faire ronfler les plaques de chauffe, contourna le comptoir. Mungo n'eut pas besoin de tendre l'oreille pour comprendre ce qu'il demandait au type. Pas la peine d'être bien futé pour deviner que le propriétaire voulait savoir si l'autre avait de l'argent. *Il a raison*, pensa le mécano. *M'étonnerait pas que ce gars-là soit un crevard sans le sou. Tout de même, Dan a du cran. Le type pourrait le faire voler au bout de la salle rien qu'en soufflant dessus...* Mais du cran, oui, Dan en avait. Et il avait vu juste aussi : l'étranger n'avait pas de quoi payer. Ce qui étonna Mungo, c'est que le grand gars accepte aussi facilement de se laisser mettre dehors. Avec sa taille et sa carrure imposantes, il aurait pu assommer tout le monde dans le *Smuggler* avant de se servir lui-même puis prendre la caisse et leur faire les poches. Non qu'il y aurait trouvé nécessairement grand-chose, mais, quand on est clochard, les dix ou vingt dollars qui traînent dans le portefeuille des ouvriers ou des petits commerçants sont une véritable fortune.

Donc le gars ramassa son sac et partit sans faire d'histoires. La scène avait fait son effet et Dan se redressait à présent de toute sa hauteur, fier comme David après avoir terrassé Goliath. Mungo pensa qu'il allait peut-être offrir une tournée générale, mais le contentement du patron n'alla pas jusque-là. Dommage. Une autre fois, peut-être... Plongeant ses lèvres dans son bock de bière, Mungo recommença à s'intéresser à ce qui se passait sur le ring tandis que les Bernardt reprenaient leur partie et que Lisa essuyait des verres.

Au-dehors, la pluie battait toujours. Renvoyé du *Smuggler*, le type ne tenta pas sa chance ailleurs. Il y avait sûrement d'autres endroits où chercher un abri, de la nourriture ou l'aumône, mais – à supposer que cela soit l'unique raison de sa présence en ville –, cela ne le concernait plus. Autre chose occupait désormais son esprit. Un projet. À pas lents, le *hobbo* remonta la grand-rue sur deux ou trois cents yards. Sur les clôtures cernant les jardins, les façades ou les portes des habitations, il laissait traîner sa main nue. Posant sa marque sur les murs, il atteignit la fin de la rue puis, changeant de trottoir, redescendit vers les quais en opérant le même rituel. Peut-être murmurait-il des mots inaudibles tandis qu'il marchait. Peut-être récitait-il une prière ou proférait-il une formule. Nul ne pouvait l'entendre, et qu'il fût muet ou non n'avait pas d'importance car seul comptait qu'il laisse du bout des doigts une trace sur les seuils et les porches. Le petit village de pêcheurs était silencieux. Les colonnes d'eau tombées du ciel obscur n'incitaient pas à sortir. Le vent fort non plus, ni le froid. On voyait des lumières briller aux fenêtres. Les habitants demeuraient calfeutrés chez eux, bien en sécurité, protégés des bourrasques et de la pluie. Protégés de tout…

L'homme gagna le square en face de l'hôtel de ville. Il y avait là un kiosque à musique au toit de zinc. L'orchestre municipal y jouait le dimanche après-midi lors de la belle saison. Après avoir gravi les quelques marches menant à l'estrade, l'inconnu attendit. La première personne à quitter sa maison pour le rejoindre fut Tina Calhoun, une petite gosse de quatorze ans aux dents baguées. Sa mère et son frère la suivirent de près et se rangèrent devant le vagabond comme des élèves devant leur instituteur. D'autres arrivèrent, souvent des enfants. Le charme jeté sur la ville, peut-être, pénétrait-il mieux leurs âmes tendres. Les jeunes sortirent donc, puis les adolescents. Mais les parents, tout de même, n'étaient jamais bien loin derrière…

Quand le square se fut rempli, le vagabond quitta la tonnelle. Prenant la tête de la petite foule rassemblée autour de lui, il se dirigea à pas lents vers la sortie du bourg. Heureux et confiants, les habitants allaient sans mot dire derrière leur nouveau maître. Le long du cortège, les portes s'ouvraient et la troupe grossissait. Quand le vagabond atteignit le panneau indiquant, sur High Street, la limite de la commune, la colonne avait agglutiné tous les gens du village. Nul n'avait pu échapper à l'appel lancé par l'inconnu, même ceux qui ne pouvaient se déplacer seuls étaient là. Les nouveau-nés reposaient dans les bras de leur mère. Les impotents, installés dans leur fauteuil roulant ou allongés sur des couvertures tendues entre deux porteurs comme des brancards de fortune… High Street s'achevait en cul-de-sac. Une clôture fermait le chemin, un simple grillage tendu sur une armature en bois. Le clochard ouvrit le passage et continua dans les herbes droit devant lui, ses pas retrouvant une piste que personne n'avait prise depuis longtemps. Une piste difficile à suivre, envahie par les bosquets d'ajoncs, et qui montait jusqu'aux falaises. Il ne connaissait pas les lieux, il n'y était jamais venu auparavant. Il savait où il allait, cependant. Ses chaussures de marche à grosse semelle ne dérapaient pas sur les pierres coupantes affleurant sous le sable du sentier. Derrière lui, la plupart des gens du village n'étaient pas aussi bien équipés. Ils étaient sortis de chez eux sans prendre le temps de se changer : certains portaient des pantoufles, d'autres marchaient même en chaussettes. Deux ou trois d'entre eux n'avaient qu'une serviette autour des reins parce qu'ils avaient perçu l'appel alors qu'ils se trouvaient dans leur salle de bain, en train de prendre leur douche. Leurs jambes étaient déjà griffées par les épineux et leurs pieds nus en sang. Peu leur importait. Ils continuaient à avancer derrière l'homme tels les Hébreux derrière Moïse au sortir d'Égypte. Portés par la même foi, la même confiance, envoûtés par le même chant…

Tous avancèrent ainsi dans la nuit jusqu'au bord des falaises. Là, au sommet des parois de granit dominant l'océan, le vent soufflait sans retenue. Aucun arbre, aucun mur ne l'arrêtait. L'endroit était un plateau rocheux terminé par un à-pic de cent yards au-dessus de la mer furieuse. C'était l'heure de la marée haute. Les vagues du Pacifique Nord battaient la côte comme des béliers monstrueux lancés à pleine volée contre une immense forteresse. Tina Calhoun donna la main à sa mère et à son frère. Elle leur sourit de tout le métal de son appareil orthodontique et puis, ensemble, ils parcoururent les quelques pas les séparant du vide. Leurs silhouettes basculèrent dans la nuit. On ne les entendit pas crier, on n'entendit pas leurs corps plonger dans les eaux froides, le vent couvrait tous les bruits. Steven Donahue, le brocanteur, suivit la famille Calhoun. L'un après l'autre, tous les habitants du village se jetèrent dans le gouffre à leur tour : les mères avec leurs petits serrés contre la poitrine, les enfants avec leurs vieux parents en fauteuil roulant ou enveloppés dans leurs couvertures... Pas un n'hésita. Pas un ne recula. Ni Dennis Bonnel, l'artisan-pêcheur, ni Lisa, la serveuse du *Smuggler*, ni Dan, son patron, ni Socks Bernardt et son fils... Mais alors que Mungo s'apprêtait lui aussi à basculer dans l'abîme, la main de l'inconnu se referma sur son épaule pour le retenir. Tandis que les derniers villageois disparaissaient dans le précipice, le vagabond désigna trois autres acquittés. Il y avait Eliot Paul Hendricks, un petit cadre insignifiant d'une succursale bancaire quelconque. Dans son costume acheté en supermarché, il était transi et trempé jusqu'aux os. Il y avait aussi, élégant et soigné, un homme au visage dur nommé Camden Hodge, et encore Crystal Benning, une adolescente belle et fragile d'à peine dix-sept ans. Quand tout fut terminé, seules cinq silhouettes demeuraient sur la lande. L'inconnu ; Mungo ; Camden ; Crystal ; Hendricks... Bouleversé, ce dernier tremblait. Le vagabond le remarqua mais cela ne le fit pas douter. Il avait besoin de disciples et celui-ci, même plus émotif que les autres, ferait l'affaire. Les événements se chargeraient vite de l'endurcir...

Le petit groupe redescendit vers la ville morte. La pluie s'était arrêtée mais le vent continuait à souffler, faisant battre et grincer les portes ouvertes des maisons vides. Sur le quai, face au point d'amarre du *General Dogsbody*, le groupe se sépara. Chaperonnant la jeune Crystal, l'étranger partit avec elle vers le nord. Hendricks prit la direction de l'est. Camden s'en alla vers Vancouver et Mungo marcha au sud. Sur la route qui l'éloignait du village, une rafale plus violente que les autres le décoiffa. Sa casquette s'envola et retomba dans le fossé. Le mécano ne prit pas la peine de la ramasser. Pour ce qu'il avait maintenant à faire, Mungo se moquait bien de protéger sa tête.

I

Boire le calice jusqu'à la lie : c'était l'expression consacrée et il n'y avait pas meilleure formule pour décrire l'épreuve que traversait Raphaël Banes en cet instant, perdu au milieu des invités. La migraine et le vertige serrant ses tempes ne devaient rien à la coupe de champagne qu'il avait acceptée pour se donner une contenance. Dans la plus grande des salles de réception de la prestigieuse université Cornell, il cherchait l'air aussi désespérément qu'un poisson échoué sur la berge. Mâchoires crispées et traits tirés par la contrariété, il n'avait qu'une pensée : s'extirper au plus vite de la cohue qui le pressait de toutes parts. À quarante ans passés, le professeur Banes demeurait mince – presque anormalement pour son âge. Élancée, souple, sa silhouette avait conservé les épures de l'adolescence. Il se faufila sans trop de heurts entre les hommes en habit et les femmes en robe longue qui se frôlaient dans cette salle démesurée. La tâche, cependant, n'était pas simple. Tel un organisme vivant répugnant à se séparer d'une de ses cellules, la foule multipliait à plaisir les obstacles sur sa route. Galet roulé par les vagues ou héros antique perdu dans les circonvolutions d'un labyrinthe, Banes ne savait à quoi ou à qui se comparer. Jetant le contenu de son verre dans l'humus synthétique d'une plante en pot, il longea enfin le corridor de sortie et poussa la grande porte à tambour donnant sur l'extérieur.

La nuit était tombée et il faisait froid sur le campus. Banes adressa machinalement un signe de tête aux portiers qui filtraient l'accès au bâtiment. C'était la grande soirée traditionnelle inaugurant l'année universitaire. Des agents de sécurité aux doyens, l'événement rendait tout le monde nerveux, mais pas pour les mêmes raisons : le petit personnel craignait de commettre une maladresse quand les membres du Conseil d'administration des facultés redoutaient de déplaire à la poignée d'investisseurs privés dont ils espéraient donations et prébendes. Banes, lui, se moquait de faire bonne impression. Les mondanités n'avaient jamais été son fort, et ce n'était certainement pas ce soir qu'il allait se convertir aux plaisirs de la sociabilité. Heureux d'avoir échappé un instant à cette promiscuité qu'il détestait par-dessus tout, il plongea les mains dans ses poches pour y trouver son briquet et ses blondes. Plus encore que ses poumons, son cerveau réclamait sa dose de nicotine. La première bouffée finit d'apaiser sa tension. La seconde lui redonna un peu de l'énergie gaspillée pendant la dernière heure. Il avança de quelques pas.

« Il t'en reste une ? »

Derrière lui, la voix toute proche ne le fit pas sursauter. Il la connaissait trop. Aurait-elle hurlé à son oreille qu'elle ne l'aurait pas effrayé.

« Une cigarette. Il t'en reste une ? »

Raphaël se retourna et tendit son paquet à Farah.

« Tu n'avais pas arrêté ? » dit-il à celle qui, des années durant, avait partagé sa vie.

Farah haussa les épaules en guise de réponse. Comme autrefois, ils fumèrent tous les deux en silence, côte à côte, les nuages de leurs Dunhill se mêlant dans l'air humide. Un tel instant de complicité ne leur était pas arrivé depuis longtemps. Même avant leur séparation. Raphaël en était gêné.

« Il ne va pas s'inquiéter, ton... » Il chercha vainement un terme pour éviter de prononcer le mot *fiancé*.

Comme il échouait à terminer sa phrase, Farah le sauva de l'embarras.

« C'est un peu le héros de la soirée, tu sais. Il est très entouré. Il peut se passer de moi quelques minutes... »

Banes grogna comme ours agacé. Mieux que quiconque, il savait que c'était l'instant du triomphe pour Paul Landberg. Fraîchement couronné par un prestigieux prix académique reçu en Europe, son rival de trente-six ans à peine atteignait une reconnaissance que Banes – il en était conscient – n'obtiendrait jamais. Mais Raphaël ne lui en voulait pas pour cette réussite. Sa nature ne le portait pas à jalouser ses collègues. Au contraire. En temps ordinaire, il aurait même été heureux pour ce type et le prestige rejaillissant sur l'université tout entière. Malheureusement, Paul Landberg possédait le défaut cardinal de lui avoir ravi Farah. Malgré le temps passé, cela constituait pour lui un sérieux motif d'aigreur. Considérant d'un mauvais œil la précieuse bague de fiançailles enserrant l'annulaire de la jeune femme, Banes ne put s'empêcher de demander :

« C'est pour quand, au juste, le... Enfin, je veux dire : votre mariage ?

— Début du printemps, répondit doucement Farah. Je sais que tu ne viendras pas mais je t'enverrai tout de même un bristol. Pour la forme...

— Ne te donne pas cette peine, répliqua-t-il entre ses dents.

— Comme tu voudras... J'ai froid, maintenant. Je rentre. Et puis, Paul va bientôt faire son discours. Tu viens ?

— Cela ne ferait pas bon effet si on nous voyait traîner ensemble, je crois. Les gens ont assez cancané sur nous. Passe devant. J'arrive dans cinq minutes... »

Farah écrasa son mégot sous son talon et disparut dans l'élégant bâtiment abritant les salons d'apparat. Banes soupira. Il était seul et malheureux, mais tout était sa faute et il ne pouvait en vouloir à personne. Il n'avait pas été à la hauteur avec cette fille, il le savait. Il n'avait pas su lui donner ce qu'elle attendait, et il était désormais trop tard pour rattraper le temps perdu et corriger ses erreurs. L'envie de rentrer chez lui le prit. Devait-il vraiment s'imposer la punition d'assister à la consécration de son rival ? Hélas, oui. Son absence ne manquerait pas d'être commentée et c'était précisément cela, *boire le calice jusqu'à la lie...*

Par un violent effort sur lui-même, il se coula de nouveau parmi la foule des invités. Les membres du corps enseignant de l'université Cornell formaient une société très fermée. Qu'ils appartiennent aux départements de sciences dures ou à ceux des sciences humaines, ils évoluaient en vase clos et se connaissaient tous. Longtemps, Raphaël et Farah avaient constitué parmi eux l'un des couples les plus en vue. Lui, effilé comme une lame de sabre et ténébreux comme un dandy de l'ère victorienne, elle, à la fois déliée et plantureuse comme un mannequin, blonde et solaire telle une nymphe de Botticelli... Chercheurs brillants et amoureux passionnés, ils semblaient promis au bonheur. Mais un vice s'était révélé, une fêlure secrète dans l'âme de Raphaël avait lentement rongé l'équilibre parfait qu'ils avaient atteint. Jusqu'à ce que Farah, lassée d'attendre des promesses d'engagement trop longtemps repoussées, trouve la force de trancher les liens fusionnels qui l'unissaient à Banes. Raphaël n'avait pas lutté pour la retenir. Angoissé chronique, taciturne – saturnien même –, il avait préféré s'abîmer dans la douce anesthésie que procure la mélancolie plutôt que de s'enferrer dans les tourments de cet amour contrarié. Néanmoins, ses sentiments pour elle n'avaient pas faibli et qu'un autre ait su la combler lui faisait mal.

Banes joua des coudes jusqu'au buffet. Non qu'il eût soif ou faim, mais il fallait qu'un nouveau verre entre les mains l'aide à masquer son désœuvrement. Subtilement paranoïaque, il crut sentir glisser sur lui des regards partagés entre apitoiement et condescendance. L'échec de son couple, il ne l'ignorait pas, avait longtemps alimenté les commérages. Si certaines esseulées s'étaient réjouies de l'arrivée du séduisant Raphaël Banes sur le marché des célibataires, bien des hommes s'étaient montrés plus satisfaits encore de l'éclatement du tandem ravageur qu'il formait avec Farah. Parmi ces derniers, l'équivoque Jacobus Friedkin n'avait pas été le moins discret à s'en féliciter. Avec son mètre quatre-vingt-quinze et sa carrure de Bigfoot, Friedkin était la Némésis de Banes, son ombre et sa mauvaise conscience incarnée. Sur l'organigramme officiel de la faculté de sciences politiques à laquelle Banes et Friedkin appartenaient tous deux, Jacobus n'était pourtant qu'un professeur parmi d'autres. En réalité, son importance était bien plus considérable que ne le laissait paraître sa position publique. Vénérable de la Loge la plus influente du campus, il était l'éminence grise du conseil d'administration. Rien ne se faisait sans son accord. De même que les lignes budgétaires, le recrutement des enseignants était discrètement soumis à son approbation. Avec, en surplus, la haute main sur les flux financiers issus des mécénats, il était à la Cornell University ce que le général des jésuites avait longtemps été à la papauté.

Réfractaire aux invitations régulièrement lancées dans sa direction, Raphaël avait refusé d'enfiler le tablier et les gants tendus par Friedkin. Ce rejet n'avait pas seulement surpris Jacobus, il lui avait profondément déplu et l'avait même contrarié jusqu'à l'âme. Il avait beaucoup attendu d'une recrue comme Banes. Justement parce qu'il savait ses positions intellectuelles opposées aux siennes, Friedkin avait espéré, sinon convertir Raphaël à ses vues, du moins le placer sous contrôle grâce à l'artificielle fraternité de rigueur dans la Loge. Conserver ses rivaux à portée était une des stratégies majeures de Jacobus. Cela lui permettait d'anticiper les attaques et de conserver la belle part de pouvoir qu'il avait su se tailler à grand renfort de contorsions, coercitions et manœuvres variées. L'excès de gras que Jacobus avait développé au fil des ans sur une corpulence de lutteur de foire ne devait pas faire illusion. Bonhomme et joviale, sa rondeur physique illustrait mal son intelligence fine et pénétrante. Cultivé, intelligent, opportuniste surtout, il jouissait de ce type d'esprit pervers qui assure la supériorité imparable du sophiste sur le philosophe et celle du roué sur le candide. Sitôt qu'il l'avait croisé, Banes avait cerné le personnage. Malgré les douceurs et les suavités dont Friedkin l'avait gratifié pour l'appâter, Raphaël avait obstinément refusé ses avances.

« Voyez donc où vous en seriez, Banes, si vous aviez condescendu à être des nôtres ! »

Surgi à côté de lui tel Méphistophélès près de l'épaule de Faust, c'était Jacobus, justement, qui s'adressait à Raphaël. Un petit-four à la main et un verre de *single malt* dans l'autre, le professeur Friedkin avait l'œil brumeux et le teint congestionné. Banes regarda mollement dans la direction qu'il lui indiquait. Au fond de la salle, sur l'estrade, le président de Cornell s'apprêtait à féliciter publiquement Paul Landberg pour la distinction qu'il venait de recevoir à l'étranger. Raphaël haussa les épaules.

« Qu'est-ce que vous voulez dire, Friedkin ? Que c'est grâce à vous que Landberg a obtenu son prix ? »

Jacobus enfourna son gâteau et n'attendit pas d'avaler la pâtisserie pour répondre. Les lèvres luisantes de crème, il pouffa :

« Même d'une rive à l'autre de l'Atlantique, entre Frères on se comprend... J'aurais tellement aimé pouvoir signaler favorablement vos travaux aux Européens. Mais vous savez ce que c'est : on préfère aider les gens de son cercle plutôt que ceux qui se sont crus assez malins pour en rejeter la protection. Ça va lui rapporter une belle notoriété, à Landberg, cette distinction. Et puis, accessoirement, quarante-cinq mille dollars nets d'impôt... »

Banes sentit que Jacobus avait encore des choses à dire, mais la lumière se tamisa et les projecteurs se focalisèrent sur le groupe réuni sur le podium. Le président Zimmermann s'approcha du micro tandis que Landberg se plaçait à sa droite. Le discours d'introduction fut bref et bien construit. Zimmermann était un communicant professionnel – c'était d'ailleurs la seule et unique raison pour laquelle il occupait son poste –, et mettre une salle dans sa poche en trois phrases était l'un des rares exercices liés à sa charge qu'il remplissait convenablement. On applaudit chaleureusement à ses mots d'esprit et Landberg fut prié de s'exprimer à son tour. Banes n'écouta pas. Il se fichait bien d'entendre les remerciements convenus et le baratin formaté de Paul. Portant son regard derrière le lauréat, il posa les yeux sur Farah. Toujours aussi belle. Toujours aussi désirable… L'imaginer partageant son intimité avec un type aussi pâlot et insipide que Landberg le révulsait. Malgré lui, il soupira.

« Vous vous en voulez, pas vrai ? murmura goulûment Friedkin en se penchant à son oreille. Vous avez été assez stupide pour la laisser partir et vous le regrettez… C'est que vous êtes un minable, Banes. Un sale gosse autodestructeur qui refuse par caprice tout ce qui pourrait l'élever dans l'existence. Ça ne serait pas gênant si cela ne concernait que vous, mais c'est aussi que vous l'avez rendue très malheureuse, cette petite…

— De quoi vous mêlez-vous, Friedkin ? »

Raphaël venait de se retourner pour toiser Jacobus.

« De rien, de rien…, tempéra celui-ci d'un air doucereux. Ce que j'en dis, moi, c'est juste que l'état dans lequel vous avez mis cette fille avant qu'elle ne choisisse finalement Landberg a fait le bonheur de plus d'un homme ! Moi le premier, d'ailleurs. Facile à prendre, la belle Farah, quand elle cherchait à vous oublier ! Un corps superbe et des besoins de bacchante. On aurait dit qu'elle n'avait pas couché depuis dix ans ! En ce domaine non plus, vous ne faisiez visiblement pas le poids, mon cher... »

Banes pâlit d'un coup. Friedkin le remarqua et cela le fit hoqueter de contentement. Son haleine chargée fouetta le visage de Raphaël comme un remugle remonté des égouts. Ravi de porter enfin le coup qu'il bouillait de décocher depuis longtemps, il renchérit :

« Vous n'étiez pas au courant ? Idiot que vous êtes ! Mais rassurez-vous, Banes : elle n'a commencé à se dévergonder qu'après vous avoir quitté. Je ne vous ai donc pas fait cocu au sens strict du terme. Enfin, je parle de mon cas. Pour les autres, évidemment, je ne peux jurer de rien ! »

Raphaël aurait pu mettre cette révélation sur le compte de l'ébriété de Friedkin. Il aurait pu hausser les épaules et ignorer la provocation en tournant le dos au colosse. Sans être doué d'un exceptionnel courage, il savait pourtant qu'il est des instants où sagesse et tempérance ne sont que les masques policés derrière lesquels se dissimule une très ordinaire lâcheté. S'il n'avait rien d'un combattant, il avait en revanche suffisamment d'impulsivité pour oublier la différence de catégories physiques dans lesquelles Friedkin et lui évoluaient. Face au massif Jacobus, le fin Raphaël concentra dans son poing toute la force dont il était capable. Ignorant toute technique, frappant à l'instinct, il plaça un uppercut naturellement foudroyant qui cueillit le Vénérable à la pointe du menton. Le Frère vacilla, tandis que ses mâchoires claquaient avec un bruit sec d'os qui se fendille et d'émail qui éclate. Dans l'immobilité générale qui figeait la salle à l'écoute de la voix fluette et mal assurée du falot Paul Landberg, l'événement fut aussi radical qu'une giclée de pourpre sur une toile blanche.

Pour Friedkin, le coup qu'il venait de recevoir était surprenant mais, dans le même instant qu'il en ressentait la douleur, il comprit qu'il pouvait en tirer un merveilleux avantage. Exagérant la puissance du choc qu'il venait de subir, il se laissa délibérément basculer, s'écrasa de tout son poids sur le buffet, défonça une table dans un terrible fracas d'assiettes et de bouteilles brisées. Un éclat de verre lui fendit le cuir chevelu. Le sang qui se mit aussitôt à ruisseler sur son visage n'était qu'un inconvénient très passager, comparé au profit à tirer du scandale provoqué par Banes. Les quelques points de suture qu'il allait recevoir allaient nuire fortement à son ennemi, et c'était tout ce qui comptait. Jacobus mima donc l'étourdissement complet et patienta. Les yeux fermés, il entendit l'agitation autour de lui. Il y eut des exclamations de surprise et de consternation, bien sûr, et en nombre... Un cri strident de femme aussi, et des éclats de voix, tandis qu'un ou deux invités s'employaient à ceinturer Banes. Friedkin aurait donné cher pour voir Raphaël maîtrisé comme un malfaiteur, mais il ne fallait pas qu'il se relève trop vite car cela aurait joué contre sa cause. Au micro, Paul Landberg avait arrêté net son discours de remerciements. Il y eut un chuintement électrique avant que Zimmermann ne reprenne la parole. Essayant de calmer l'agitation, ce dernier appela la sécurité, puis tenta habilement de reprendre le contrôle de la situation. Tandis qu'il improvisait brillamment afin de faire bonne figure devant le conseil d'administration et ses fameux mécènes, des agents de surveillance arrivèrent et quelqu'un se pencha sur Jacobus. C'était le moment de feindre la reprise de conscience. Le Vénérable émit un gémissement théâtral avant d'ouvrir les paupières. On lui conseilla de ne pas bouger mais il se redressa tout de même. Essuyant d'un revers de manche les filets de sang qui dégoulinaient de son front et de la commissure de ses lèvres, il sourit méchamment à l'adresse de Raphaël.

« Vous êtes fou, Banes ! Qu'est-ce qui vous a pris ? C'est une erreur qui va vous coûter cher, mon petit vieux ! » Sa mâchoire lui faisait mal et il parlait avec une certaine difficulté. Peu importait ! Prévenir Banes de ce qui l'attendait était une volupté qui n'avait pas de prix.

Tandis qu'on l'évacuait pour l'accompagner jusqu'à l'infirmerie, Friedkin se réjouissait de la déchéance annoncée de Banes. Ce petit professeur trop sûr de lui allait quitter la Cornell University en traînant un procès qui épongerait pour longtemps son compte en banque ainsi qu'une réputation d'agressivité lui interdisant tout recrutement. Friedkin allait s'en charger personnellement : Banes n'enseignerait plus jamais dans aucune université du pays. Plus encore que la mâchoire de Jacobus, c'était la carrière de Raphaël Banes qui venait d'être brisée.

Dans le bureau du responsable de la société privée qui assurait la sécurité sur le campus, on signifia à Banes le dépôt d'une plainte à son encontre. Friedkin avait téléphoné à son avocat et la procédure était d'ores et déjà engagée. L'incident prenant une tournure judiciaire, on dut attendre l'arrivée de la police municipale. Deux heures après avoir donné ce coup de poing, Raphaël Banes se retrouva donc dans une des huit cellules de transit du commissariat central de la ville d'Ithaca, comté de Tompkins, État de New York. Ses voisins étaient des clochards, des prostituées, des arracheurs de sac à la volée et des petits revendeurs de drogue. Toute une faune que le professeur ne connaissait pas et qui se trouvait aux antipodes de ses fréquentations habituelles. Avec son smoking noir, sa chemise blanche impeccable et ses souliers cirés, il était l'objet de tous les regards. Renfrogné, les bras croisés mais la tête haute, Banes supporta l'épreuve avec dignité, bien que les odeurs montant autour de lui évoquent celles d'un dépotoir ou d'une animalerie. Relents d'alcool et de crasse émanant des hommes, senteurs sucrées et écœurantes de parfums de supermarché flottant autour des filles...

Contrairement à Friedkin, Raphaël ne possédait aucun avocat dans ses relations. Il s'en remit donc à celui qui lui fut commis d'office. Un tribunal de nuit assurait la résolution immédiate des incidents comme celui qui venait d'opposer Raphaël et Jacobus. À six heures moins cinq, l'audience préliminaire commença. Le juge était une jeune Asiatique pressée d'en finir avec sa vacation. Sous sa raideur et son ton cassant perçait son ardente envie de rentrer chez elle. Consultant fréquemment sa montre, elle parcourut le dossier d'un œil distrait. Sans contrition ni défi, Banes se tenait debout face à elle. Son avocat lui avait conseillé de s'en tenir à la simple description des faits et de plaider coupable. « Faites profil bas, lui avait-il dit. Vous n'avez pas de casier, vous êtes professeur de faculté, c'est juste un coup de sang qui vous a pris face à un de vos collègues éméché qui vous a stupidement provoqué. Rien de plus. L'affaire n'est pas bien grave. Vous allez vous en sortir avec une remontrance et une petite amende... »

La juge ne fut pas de cet avis. S'il lui fut facile d'admettre que le cas était d'une banalité affligeante, elle préféra attendre le rapport médical détaillant l'état de santé de Friedkin avant de prononcer sa sentence. Un procès en bonne et due forme allait donc avoir lieu d'ici à quelques semaines. Restait à savoir si l'accusé serait provisoirement relâché sous caution ou écroué préventivement. L'avocat argua de la bonne réputation de son client pour lui épargner l'incarcération. La juge détailla Banes avant d'annoncer le montant destiné à racheter provisoirement sa liberté. Quand il entendit la somme exigée, Raphaël s'étouffa. Il pouvait certes payer, mais les quinze mille dollars exigés lui parurent disproportionnés. Il était si énervé quand il signa l'ordre de virement qu'il en tordit la pointe de son stylo. Une heure et demie après y être entré, il quitta le tribunal libre, mais sévèrement appauvri et refusa le taxi que son défenseur de hasard proposait de lui appeler. Il préféra rentrer à pied.

Relâché en même temps que lui, un pauvre type le regarda d'un air suppliant. Raphaël reconnut un voisin de cellule, un de ces miséreux cabossés par la vie dont la patricienne Ithaca devait désormais subir la présence.

« Pardon de vous déranger, m'sieur, dit l'homme. Je dors dans la rue. Vous auriez pas un restant de monnaie, par hasard ? »

Banes était de mauvaise humeur. Délesté à l'instant d'une somme conséquente, vexé par le jugement, il ne voulut pas compatir.

« Adressez-vous aux services sociaux, répondit-il sans regarder le mendiant en face. Je paie des impôts qui servent à ça... »

Tournant les talons, il enfonça les poings dans les poches de son manteau et avança sans se retourner, fulminant contre Jacobus Friedkin, contre Paul Landberg, contre Farah, contre le monde entier, et fâché surtout contre lui-même... Au bout de cent yards, la mauvaise conscience fut cependant plus forte que l'amertume et il retourna sur ses pas. Le pauvre bougre n'était pour rien dans ses malheurs, et les contrariétés que subissait le professeur ne pesaient guère face à la détresse ultime d'être privé d'un toit. Il remonta vers le tribunal sans toutefois retrouver l'indigent, parti tenter sa bonne fortune ailleurs. *Tant pis pour lui !* pensa Banes. *De toute façon, ce ne sont pas trois dollars de plus ou de moins qui auraient changé sa situation.*

Maugréant, un début de migraine lui martelant le front, Banes entra dans le premier drugstore venu pour y acheter de l'aspirine. Avec deux grammes de codéine dans le sang, son esprit se clarifia et sa tension s'abaissa. À bien des égards, il venait de traverser sa nuit la plus mémorable. De sa vie il n'avait porté un coup ni eu affaire à la justice. C'était sa première bagarre et son premier procès. Quelques années plus tôt, il aurait sûrement lui-même qualifié cet épisode d'infamant. L'âge venant, une certaine faculté de distanciation s'était révélée en lui, au point que ce fut au contraire une sorte d'exaltation puérile qui l'envahit, tandis qu'il se dirigeait vers *Marty's*, le café proche de chez lui où il avait ses habitudes. S'être payé Friedkin au beau milieu de la réception la plus huppée du campus était un exploit dont il ne se serait pas cru capable vingt-quatre heures auparavant. Cela allait lui coûter un sacré paquet d'argent, mais la perte finirait par être compensée alors que la satisfaction d'avoir allongé le Vénérable sous les yeux du président Zimmermann était un souvenir qu'il chérirait pour le restant de ses jours. Banes entra chez *Marty's* un drôle de sourire aux lèvres et s'installa dans son coin habituel. Arrangeant des chaises, le patron le gratifia d'un signe de la main de l'autre bout de la salle.

« 'lut, prof ! Qu'est-ce qui vous amène à l'aube ? Vous étiez de sortie ?

— Tout juste ! » répondit Banes en étendant ses longues jambes sous la table. Il commanda une omelette, des saucisses, du jus de fruits et du café. Il avait faim. Terriblement. Il achevait son repas quand son portable vibra dans sa poche. Sur l'écran, le nom de Farah s'affichait.

« Fano ? Où es-tu ? »

Fano ! Quand Farah l'appelait par son surnom, c'est qu'elle se faisait vraiment du souci pour lui.

« Tout va bien, rassure-toi, lui dit-il. J'ai vu un juge. Friedkin porte plainte, évidemment. Il y aura un procès mais ce n'est pas grave. Tout ça s'oubliera vite... »

La voix de son ancienne compagne tremblait au bout du fil.

« Qu'est-ce qui t'a pris ? Ça ne te ressemble pas. Pourquoi as-tu fait ça ? »

Désarmante de simplicité, la question déstabilisa Raphaël. Depuis qu'il avait assommé Jacobus, il vivait dans l'exaltation que lui avait procurée cette victoire surprise. Repassant sans cesse devant ses yeux, la scène avait focalisé toute son attention, reléguant à l'arrière-plan la cause même de la rixe. Alors que Farah l'interrogeait resurgissait le souvenir des propos qui avaient tout déclenché. La gorge de Banes se serra.

« Farah..., demanda-t-il. Friedkin et toi... C'est faux, n'est-ce pas ? »

Il n'y eut pas de réponse. À l'autre bout du fil, la jeune femme éluda en mettant terme brutalement à la conversation. Banes laissa quelques secondes l'appareil collé à son oreille. Ce silence affreux, c'était toujours un peu Farah cependant et il éprouvait pour cette raison une peine infinie à se détacher de ce vide encore marqué de sa trace.

« Quelque chose ne va pas ? » demanda le serveur en voyant le visage de Banes s'assombrir. Le professeur grogna une banalité avant de rassembler ses affaires pour quitter l'endroit. Morose, il rentra chez lui d'un pas lourd, prit une longue douche brûlante puis se replia dans sa salle de travail.

Son bureau avait une place toute particulière dans la tour d'ivoire qu'était sa demeure. Bibliothèque, auditorium, cabinet de curiosités aussi, la pièce occupait une bonne partie de l'étage de la résidence cossue où il vivait désormais seul, aux marges d'Ithaca. Situé sur une pente douce surplombant le lac Beebe, cette maison était son point d'ancrage. Farah et lui l'avaient acquise ensemble, quelques années auparavant. Elle l'avait choisie pour son grand jardin, l'espace promis aux futures chambres d'enfants et l'école toute proche. Il l'avait achetée pour son calme, ses hautes fenêtres dominant l'eau et le style colonial de son architecture favorisant en lui songes et réflexions. Ils y avaient vécu tous deux des années d'un amour passionné et tourmenté. Quand, déchirée mais inflexible, Farah avait finalement trouvé la force de quitter Raphaël, celui-ci, au-delà de la folle douleur qu'il en avait ressentie, avait été comme libéré.

Au plus secret de lui-même, Banes avait depuis longtemps espéré cette séparation. Trop lâche pour la provoquer, il en avait patiemment rassemblé les conditions jusqu'à contraindre Farah à en prendre l'initiative. Cette rupture avait ouvert pour lui une voie vers un horizon mystérieux auquel, depuis toujours, son âme aspirait en secret. Mais quel était au juste cet appel ? Après des saisons de solitude et de méditation, Banes l'ignorait encore. Sur fond de messe de Purcell, Raphaël se laissa aller à la somnolence en attendant l'heure de donner son premier cours de la journée.

En milieu de matinée, il pénétra dans un amphithéâtre curieusement empli. *Histoire et méthodes de sociologie politique*, l'intitulé de son cours, n'attirait d'ordinaire que peu l'attention. Il avait certes sa poignée d'étudiants fidèles, mais il était rare qu'ils soient plus d'une quinzaine à se déplacer pour l'écouter professer ; or les bancs du petit hémicycle, en cet instant, étaient combles. Presque gêné, Banes posa sa sacoche sur le bureau et se racla la gorge. Lui, qui parlait naturellement d'un timbre sourd et profond, allait devoir forcer sa voix. Que lui valait cette soudaine popularité ? Il ne le comprit pas avant qu'un jeune homme, assis au premier rang, prenne l'initiative de se lever pour demander la parole.

« On dit que vous avez étendu le professeur Friedkin, hier soir. C'est vrai, monsieur ? »

Banes rougit. Confus, il bredouilla qu'il était malvenu de l'interroger sur un événement privé et que celui-ci n'avait évidemment rien à voir avec le cours, mais la fin de sa réponse se perdit dans le brouhaha qui s'éleva, sitôt la rumeur confirmée par défaut. Raphaël craignit une seconde que les élèves ne lui manifestent de l'hostilité, ce furent au contraire des sifflets admiratifs et même une salve d'applaudissements qui explosèrent dans la salle. Les garçons tendaient leur pouce levé vers Banes tandis que les jeunes filles lui lançaient des regards emplis d'admiration et de langueur. Raphaël le savait, Friedkin n'était guère apprécié des étudiants. La suffisance dont il faisait souvent montre à leur égard l'avait rendu notoirement déplaisant, et il ne devait la forte fréquentation de son cours qu'à la position particulière qu'il occupait au sein de l'université. Si beaucoup se réjouissaient que quelqu'un ait enfin rabattu son caquet à Jacobus Friedkin, personne ne s'était attendu à ce que le très évanescent professeur Raphaël Banes se révèle l'instrument du châtiment. Touché par les bruyantes marques de sympathie qui continuaient à faire trembler les murs de l'amphithéâtre, celui-ci eut toutes les peines du monde à calmer les enthousiasmes. Porté par l'énergie ambiante, il improvisa une leçon récréative très appréciée du plus grand nombre et si l'on applaudit encore au terme de son exposé, ce fut cette fois pour récompenser l'intérêt de ses propos et non ses dons de pugiliste.

À la sortie du cours, Banes serra quelques mains et deux jeunes filles lui glissèrent leur numéro de portable sur un bout de papier. Il s'en amusait quand une figure austère s'approcha de lui. Fermée, sourdement hostile, Mme Delaunay, la secrétaire personnel du prévôt des études, lui apportait une convocation d'urgence. Toute euphorie le quitta tandis qu'il parcourait les quelques lignes de la réquisition. « Monsieur Newman désire vous voir immédiatement, insista Delaunay comme si le message n'était pas assez clair. Venez avec moi… » Banes maugréa. Contraint et forcé, il accompagna l'envoyée comme un prisonnier suit la chiourme.

Arthie Newman n'était pas un mauvais bougre, Raphaël le savait. Humainement parlant, le type pouvait même se montrer agréable. Malheureusement, il pointait dans la même Loge que Friedkin et Raphaël se doutait bien que le prévôt avait été missionné par la coterie pour passer un sérieux savon à celui qui avait osé porter la main sur un Frère. Pusillanime, Newman était très ennuyé par cette histoire. Il tourna longtemps autour du pot avant de délivrer la sentence prise contre Banes.

« Je suis terriblement navré, dit-il finalement à Raphaël, mais votre comportement d'hier soir nous a vraiment mis dans l'embarras. Le président Zimmermann est furieux. Choisir précisément ce lieu et cet instant pour vous quereller comme un chiffonnier avec le professeur Friedkin ! Banes ! À quoi pensiez-vous ? Quels que soient vos griefs envers lui, vous auriez dû vous contenir ! Votre coup d'éclat a fait très mauvais effet sur nos hôtes, et c'est l'université Cornell tout entière qui souffre maintenant de cet événement. Il y a déjà des conséquences : plusieurs de nos donateurs réguliers menacent de se retirer si nous ne vous écartons pas… La violence, vous comprenez, n'est pas tolérable dans un lieu comme celui-ci. Un professeur qui ne sait pas maîtriser ses nerfs et se donne en spectacle, ce n'est pas bon pour les étudiants et c'est une tache sur notre institution. Croyez bien que je le regrette vivement, mais Cornell ne peut plus vous accorder sa confiance. Vous le comprendrez, n'est-ce pas ? »

Banes baissa la tête comme un enfant puni. S'il s'attendait à des remontrances et même à une sanction, la possibilité de son renvoi pur et simple ne l'avait pas effleuré. Manifestement, il n'avait pas mesuré l'ampleur de l'animosité que Jacobus Friedkin nourrissait envers lui. Il ne tenta pas de se défendre. Dénoncer l'iniquité de cette décision et se battre pour la faire annuler ne correspondait pas à son caractère. Il le savait, il n'y avait rien à faire. Contre le réseau puissant qui voulait sa perte, le combat était perdu d'avance. Résigné, il quitta le bureau d'Arthie Newman sans une protestation. Quand il traversa pour la dernière fois le hall de la faculté des sciences humaines, il remarqua que son nom avait déjà été retiré de l'organigramme indiquant les noms et spécialités des enseignants. Sous l'intitulé « Histoire des idées politiques », la mention « Professeur R. Banes » venait d'être remplacé par « Professeur J. D. Friedkin ». Que le Vénérable récupère ses étudiants humiliait Raphaël plus encore que son renvoi. Il s'éloigna de Cornell amer, l'esprit vide. Comme s'il avait été rossé, tout son corps lui faisait mal. Revenu chez lui, il monta directement dans sa chambre et s'abattit sur son lit sans même se déchausser. Le sommeil ne tarda pas à le prendre. Il n'avait pas vraiment dormi depuis une quarantaine d'heures et la fatigue l'aida à oublier momentanément ses soucis.

Un peu avant sept heures du soir, une sonnerie de téléphone interrompit son repos. Ouvrant difficilement les yeux, Raphaël extirpa à tâtons son portable du fond de sa poche.

« Professeur Banes ? » À l'autre bout du fil, c'était une voix masculine qui s'adressait à lui.

« C'est moi… Qui est-ce ?

— Vous ne me connaissez pas, répondit l'inconnu, mais nous nous sommes croisés hier soir à la réception Cornell. J'ai été très impressionné par… disons… votre réactivité face à ce détestable M. Friedkin. J'ai pris mes renseignements et j'aimerais vous rencontrer. Je ne crois pas m'avancer en pensant que vous êtes libre ces jours prochains, n'est-ce pas ? »

Raphaël ressentit le besoin de se frotter les yeux pour se persuader que cette conversation étrange était bien réelle.

« Libre ? Oui… je suppose… Qui êtes-vous au juste ?

— Je suis idiot, je ne me suis même pas présenté. Pardonnez-moi, convint l'autre avec un petit ricanement enjoué. Franklin Peabody, de la Fondation Farnsborough. Pouvez-vous vous rendre à Boston après-demain ? Je vous envoie votre billet d'avion dès maintenant. Un chauffeur vous attendra à l'aéroport. Cela vous convient-il ?

— Je ne sais pas, marmonna Banes. Peut-être… Oui, certainement en fait…

— Parfait, s'enthousiasma Peabody. J'ai hâte de vous revoir. À très vite, donc… »

La conversation s'acheva ainsi, laissant une curieuse impression à Raphaël. Qui était ce type, ce Peabody ? Et qu'était cette Fondation Farnsborough dont il n'avait jamais entendu parler ? Une recherche rapide sur Internet ne donna strictement rien. Ni Peabody ni Farnsborough n'étaient référencés. Pas un site, pas un lien, pas même un compte Facebook ou Twitter. Étrange… Banes en venait à penser qu'on lui avait joué un sale tour quand il reçut un mail contenant un numéro de réservation pour un trajet jusqu'à Boston en classe affaires. Le message émanait dudit Peabody, mais lorsque Banes rédigea un court texte de remerciement, sa réponse refusa obstinément d'être distribuée.

Raphaël passa la journée suivante cloîtré. Il mit de l'ordre dans son bureau puis préféra s'occuper à quelques tâches domestiques plutôt que de se morfondre à ne rien faire. Surtout, il ne voulait pas sortir. Ithaca était une petite ville et il était impossible d'en arpenter les rues sans y croiser une connaissance. Il se doutait bien que son renvoi était désormais connu de tous. Moins encore qu'à l'ordinaire, il n'avait assez de courage pour affronter le regard des étudiants et des collègues qu'il n'allait pas manquer de rencontrer.

Un taxi le conduisit tôt le lendemain matin à l'aéroport du comté de Tompkins, où le vol de neuf heures trente l'emmena à Boston. Jusqu'au dernier instant, Banes eut des doutes sur la validité du billet reçu par mail, mais l'enregistrement se déroula sans problème et une charmante hôtesse d'accueil le conduisit jusqu'au salon d'attente réservé aux passagers Business. Tout le temps que dura le vol, Raphaël écouta de la musique sur son iPhone en laissant son esprit divaguer au gré des harmonies. Vivaldi, *Sonate en G mineur* et *Magnificat* ; Erik Satie, *Gymnopédies* ; Franz Schubert, *Fantaisie en ut majeur* ; William Byrd, *Messe pour trois voix...*

À l'arrivée, comme prévu, une voiture l'attendait. C'était une grosse berline de société, silencieuse et confortable. Le chauffeur le conduisit en souplesse jusqu'à un quartier résidentiel où, derrière de hautes grilles et des rangées d'arbres centenaires, se dissimulait un bâtiment moderne à l'architecture épurée. Une secrétaire aux jambes admirablement fuselées le guida dans un dédale de couloirs jusqu'à un bureau. Franklin Peabody l'y reçut avec un sourire lumineux. « Professeur Banes ! Je suis si heureux de vous revoir... »

Raphaël serra la main franche qui lui était tendue. L'apparence de Peabody le déconcertait. Depuis qu'il avait pénétré dans les locaux de la Fondation Farnsborough, il n'avait croisé que des individus à l'austérité presque compassée : costume de flanelle grise sur mesure pour les hommes, tailleurs cintrés pour les femmes... Rien que de très chic, mais de très guindé aussi. Or Peabody détonnait. Vêtu d'un pantalon de velours et d'un pull-over passé sur une chemise à rayures vives, il semblait avoir enfilé sa tenue de week-end. Très affable, le visage allongé couvert d'une barbe fournie, les yeux doux et rieurs, il avait un aspect immédiatement sympathique.

« Vous ne vous souvenez pas de moi, n'est-ce pas ? demanda-t-il à Banes tandis que les deux hommes s'asseyaient face à face dans de profonds fauteuils.

— Je suis désolé, balbutia Raphaël en rougissant.

— Ne vous excusez pas, rien de plus normal. J'étais noyé dans la masse. Je me trouvais à Cornell il y a deux soirs. Farnsborough contribue depuis longtemps à remplir les caisses de l'université, voyez-vous. Évidemment, je portais comme tout le monde un habit de circonstance. C'est parce que j'étais un anonyme parmi d'autres que vous n'avez pas prêté attention à moi... Mais la réciproque n'est pas vraie. Moi, je vous ai remarqué. Qui ne l'a pas fait, d'ailleurs ? Redoutable, votre uppercut ! Félicitations ! Sincèrement ! Vous faites de la boxe ? »

Banes avala de travers.

« Non, non...

— Ah ! Vous êtes doué naturellement, alors ! C'est encore mieux ! »

Raphaël baissa la tête. « Je ne sais pas ce qui m'a pris, tenta-t-il d'expliquer en sentant la plus extrême confusion l'envahir.

— Ne vous défendez pas. Friedkin n'a pas volé sa correction. Je le connais depuis longtemps et j'ai plus d'une fois rêvé moi-même de lui voler dans les plumes. Malheureusement, je n'ai plus l'âge de faire le coup de poing !

— Pourquoi suis-je ici au juste, monsieur Peabody ? demanda Banes.

— Ah ! Le vif du sujet, n'est-ce pas ? C'est ce qui vous importe. Vous avez raison. Allons droit au but : j'ai très envie de vous recruter, professeur Banes. J'ai appris que les Frères-la-truelle ne vous avaient pas raté, hein ? Ils vous ont viré de Cornell, pas vrai ?

— Oui..., admit Raphaël, penaud. Vous êtes bien renseigné...

— *Très* bien renseigné, vous voulez dire. Je sais même que ces charmants messieurs vous ont mis sur leur liste noire. Vous l'ignorez encore, mais tous les prévôts de l'Ivy League ont reçu pour instruction de vous refuser un poste. Vous êtes désormais un paria, monsieur Banes. Du moins dans le système universitaire américain. Ils cherchaient à vous évincer depuis longtemps et vous leur avez donné un prétexte sur un plateau d'argent. Vous ne professerez plus ici avant un sacré bout de temps, croyez-moi... »

Raphaël sentit son cœur s'emballer. Comment Peabody pouvait-il savoir une chose pareille ?

« Ça vous en fiche un coup, mon garçon, compatit Franklin. Mais ne vous inquiétez pas. Je vous offre une solution de repli. Enfin, non... je ne devrais pas formuler les choses de cette façon. C'est trop négatif. Il s'agit plutôt d'un aménagement de carrière. Un changement pour un mieux. Beaucoup mieux !

— Je ne vois pas de quoi vous parlez, désolé...

— La Fondation Farnsborough. Vous n'avez pas cherché à savoir à quoi nous nous occupions, ici ?

— Bien sûr que si, admit Raphaël. Mais...

— Mais vous n'avez rien trouvé, n'est-ce pas ? »

Banes confirma d'un simple hochement de tête.

« Cette absence de traces ne vous a pas paru étrange ? De nos jours, la moindre épicerie de quartier a son site Internet et prévient ses clients des derniers arrivages par Twitter. Nous, au contraire, rien. Bizarre, non ?

— J'avoue...

— C'est parce que la discrétion est au cœur de notre métier, professeur Banes. La Fondation Farnsborough est un des instituts de prospective les plus reconnus au monde. États, multinationales ou consortiums... nous ne travaillons qu'avec les plus grands. Cela vous intéresserait-il de nous rejoindre ?

— Institut de prospective ? Qu'est-ce que vous entendez par là, précisément ?

— Le fond de l'affaire est simple : il s'agit de recueillir de l'information de première main, de compiler les données et d'en tirer des lignes directrices pour l'avenir. Nous intervenons dans toutes les branches : sciences, économie, technologies, sociologie, politique et même... religion ! Aucun domaine de la pensée humaine ne nous échappe. Anticiper. Prévoir. Saisir la globalité du présent pour mieux préparer l'avenir. C'est ça notre travail. Alors, tenté ?

— Intéressé, modéra Banes en préférant jouer la prudence. Mais pourquoi moi ?

— Question puérile, docteur Banes, s'amusa Peabody. Question puérile car vous espérez une réponse qui vous flatte. Soit ! Donc pourquoi vous ? Laissez-moi réfléchir une seconde... Disons que votre petit match contre cet ultraconformiste, ce monolithe de la pensée qu'est Jacobus Friedkin m'a fait me pencher sur votre cas. Vous êtes un rebelle, vous ne suivez pas le troupeau. C'est d'ailleurs curieux, et c'est une contradiction chez vous parce que, sous vos airs sages, vous avez quelque chose d'un furieux anarchiste. Vos articles contre le système sont en ce sens un modèle du genre. Vous m'étonnez, que Friedkin et sa cour vous aient eu dans le nez ! Vous représentez tout ce qu'ils détestent : un individu libre, sans vassalité, et qui ose pointer les contradictions du modèle dominant. Bref, un emmerdeur ! J'aime ça... »

Banes soupira. Était-il vraiment l'homme que Peabody décrivait ? N'y avait-il pas erreur sur la personne ? Certes, ses travaux avaient été parfois repris sans son autorisation sur des sites libertariens, altermondialistes ou contestataires de tous genres. Mais de là à faire de lui un maître à penser de la subversion, c'était assurément lui accorder trop de crédit.

« Pardonnez-moi, répliqua-t-il, mais la première impression que j'ai eue en entrant ici était justement de pénétrer dans un des temples de la pensée dominante. Je ne voudrais pas vous froisser, mais – votre personne exceptée – tout ici respire le conformisme le plus achevé. J'ai du mal à faire le lien entre le décor qu'offre votre fondation et l'éloge de la dissidence qui transparaît dans vos propos... »

Peabody sourit dans sa barbe. « Vous seriez étonné de parcourir la liste de nos consultants, professeur. Beaucoup sont des iconoclastes, des novateurs, des visionnaires. Ne vous méprenez pas. Le vernis – certainement un peu vieillot et conservateur, je vous l'accorde – dont se pare la fondation est une simple convention. Si l'emballage de la Farnsborough se doit d'être classique, je peux vous assurer que les équipes que je dirige ne le sont jamais.

— Sur quel sujet devrais-je travailler en particulier ?

— Le problème est que je ne peux pas vous en parler sérieusement avant qu'un contrat ne nous lie et nous assure de votre discrétion. Ce n'est pas que je n'aie pas confiance en vous, notez... Je suis assez intuitif et je me trompe rarement sur les gens. J'ai un très bon sentiment en ce qui vous concerne et il y a de nombreux dossiers auxquels j'ai envie de vous associer. Cela dit, il faudra d'abord en référer à Tobias Memling, notre directeur général, ainsi qu'à Mlle van der Loor, un autre chef de projet. Ils pourraient avoir besoin de vous en priorité. À vrai dire, j'en doute mais c'est la procédure. Nous verrons...

— Où faudrait-il travailler ? s'inquiéta Banes. Ici ?

— Un peu à Boston et un peu chez vous, à votre guise, répondit Peabody. Tous vos frais de déplacement seront couverts, naturellement. Quant à vos émoluments, nous pourrions définir une base de dix mille par mois. Pour commencer. Ça vous semble convenable ? »

Si Banes n'avait pas été confortablement calé dans les profondeurs de son fauteuil, peut-être en serait-il tombé tant la somme lui paraissait extravagante.

« Dix mille dollars par mois ? » répéta-t-il sottement, comme s'il trouvait la proposition un peu faible.

Peabody haussa les épaules. « Douze si vous voulez, renchérit-il. L'argent n'est pas un problème ici. Alors ? On part sur douze mille pour dix-huit mois renouvelables. D'accord ?

— C'est bien, oui, lâcha Banes du bout des lèvres, comme s'il faisait une faveur à Franklin.

— Je vais demander qu'on vous prépare un contrat pour demain. Vous restez à Boston ce soir. Une chambre a été réservée pour vous au Marriott. J'avais prévu… De toute façon, il faudra que vous rencontriez Memling et miss van der Loor. On se revoit donc demain. Le chauffeur s'occupera de vous. Ah, un dernier détail pendant que j'y pense…

— Oui ?

— L'avocaillon qui vous défend dans l'affaire qui vous oppose à Friedkin…

— Eh bien ?

— Il est mauvais. Je vais demander à l'un des nôtres de reprendre le dossier. À nos frais, naturellement. Ne refusez pas, surtout. C'est quelque chose qui me fait vraiment plaisir. Je n'ai jamais beaucoup apprécié les Frères trois-points, et la tête de Friedkin quand il s'apercevra que l'équipe qui vous défend émarge à l'un des meilleurs cabinets du pays vaudra son pesant d'or ! »

Raphaël se confondit en remerciements gênés. Déstabilisé par les horizons nouveaux que Peabody venait, en quelques minutes, d'ouvrir pour lui, il se sentait désarmé. Il lui semblait être passé, en quarante-huit heures à peine, d'un cul-de-basse-fosse aux marches de l'Olympe.

Au Marriott, sa chambre appartenait à la catégorie grand luxe et le repas qu'il fit ce soir-là au restaurant de l'hôtel fut des plus savoureux. Comme prévu, le même chauffeur qui l'avait précédemment pris en charge vint le chercher le lendemain en début de matinée. De retour dans les locaux de la Fondation Farnsborough, Banes fut cette fois introduit directement dans le bureau du directeur Memling. Peabody l'y attendait et fit les présentations. Tobias Memling était un sexagénaire élégant, de taille moyenne, mince et veillant à se tenir très droit. Une fine barbe argentée couvrait ses joues. Sanglé dans un costume trois pièces tombant si droit qu'on l'aurait dit lesté de plomb, il ne lui manquait que plumes et panache pour ressembler à un grand officier de l'armée des Indes. S'il avait l'allure d'un général, l'homme en avait aussi le ton et les manières. Contrairement à Peabody dont la voix était proche du murmure, Memling parlait fort et clair. Il regardait droit dans les yeux et Raphaël se sentit presque mis à nu par ces prunelles brillantes d'intelligence qui semblaient le percer jusqu'à l'os.

« Professeur Banes ! s'exclama Memling. Bienvenue parmi nous ! Franklin ne tarit pas d'éloges à votre endroit. Je suis ravi que vous songiez à nous rejoindre. Parlez-moi un peu de vous… »

La question était la plus difficile au monde pour Raphaël. N'aimant guère se livrer, il récita son curriculum vitae comme un vulgaire candidat à l'embauche devant un employeur potentiel.

Tobias grimaça. « Non, non, professeur… Votre pedigree, je le connais déjà. Ce que je vous demande, c'est essentiellement de me parler de votre vision du monde ou de me livrer vos réflexions sur vos récentes mésaventures à Cornell, par exemple. Pourquoi pensez-vous que ce monsieur… – Memling feuilleta un dossier sur son bureau pour retrouver le nom de Friedkin –, ce professeur Jacobus Friedkin ait posé sur vous la marque d'infamie ? »

La question gêna Banes. Il aurait volontiers recouru au vieux truc de la cigarette pour se donner quelques secondes de réflexion, mais l'instant et l'auditoire étaient d'évidence mal choisis pour allumer une Dunhill.

« Eh bien... Je pense que Friedkin et moi défendons des théories adverses dans les champs économiques, sociaux et politiques. Le professeur se trouve dans le camp des sectateurs inconditionnels de ce qu'il est convenu d'appeler le système dominant, quand j'occuperais plutôt, non celui des francs opposants, mais au moins celui des critiques objectifs. Cela a suffi à ses yeux pour me désigner comme ennemi.

— Intéressant, convint Memling. Et quels sont les points précis d'achoppement entre vous ? »

Banes se gratta le front et se tortilla sur son fauteuil. « Résumer des positions intellectuelles est toujours caricatural. Sans mauvais jeu de mots, Friedkin compte parmi les gardiens du Temple. Il défend pied à pied les contradictions de l'édifice qui l'abrite. Pour moi, un universitaire doit être un critique. Par principe. Si ses cours et ses recherches ne font que conforter ou justifier les théories majoritaires, il est suspect. Cela vaut pour les sciences humaines et sociales. Naturellement, en mathématiques ou en biologie, les considérations sont différentes...

— Et c'est cela que vous appreniez à vos élèves ? releva Memling. L'insoumission intellectuelle ?

— Essentiellement, oui. C'est même le cœur de la notion d'humanités selon la lecture que j'en fais. »

Tobias et Franklin échangèrent un long regard dont la teneur échappa à Raphaël.

« Continuez..., dit Tobias.

— Ma position essentielle soutient que le libéralisme poussé aujourd'hui dans sa logique la plus extrême est en phase de digestion terminale des États. C'est son programme intime depuis le début, et il est en passe de le réaliser. Or il me semble que c'est à l'intérieur d'un État que les processus authentiquement démocratiques peuvent se développer.

— La fin annoncée de la démocratie serait-elle nécessairement un mal, selon vous ? » demanda malicieusement Memling.

Banes se raidit. « Les théoriciens de l'ultramondialisation comme Rand ou Friedman essaient de faire croire que seul l'égoïsme individuel est rationnel et qu'il conduit naturellement chacun d'entre nous à vouloir maximiser ses avoirs. Ce processus ne peut prendre sa totale amplitude que dans un monde ouvert, où l'État traditionnel aurait disparu au profit de réseaux marchands. Les deux problèmes majeurs que cela soulève sont que ces réseaux sont, d'une part, infiniment perméables à des influences très éloignées de toute légitimité populaire et, d'autre part, que, enfermés dans leur rationalité, ils sont consubstantiellement dépourvus de mystique. Ils ne peuvent donc prendre réellement en compte le bien commun qui implique nécessairement une vision transcendante, non strictement matérielle, de l'homme et de son rapport au monde. Je considère, de plus, que les systèmes politiques ne sont pas des abstractions figées mais des dynamiques mouvantes façonnant leur époque et façonnées par elle en retour. Telle forme de gouvernement peut être positive à un certain moment de l'histoire et pour une certaine communauté, et cependant nocive à une autre époque pour la même société. Je crois que nous atteignons cet instant où le modèle classique occidental s'est perverti au point qu'il génère plus d'inconvénients que de bénéfices pour la masse. Même si les colonnes des grands journaux regorgent des mots *élection*, *République*, *Parlement ou citoyenneté,* cela n'a plus de sens véritable car nous évoluons désormais en pleine période post-démocratique...

— Pourriez-vous développer ? insista Memling.

— Cela signifie que nous vivons l'inéluctable disparition de la souveraineté du peuple au profit d'une caste d'oligarques, répondit Banes. Bien évidemment, ceux qui appartiennent à cette classe néoféodale ne veulent pas admettre l'aporie d'un système dont ils mettent pourtant à profit la moindre faiblesse. Nous atteignons cependant l'instant de vérité. Cela effraie des gens comme Friedkin qui, par nature autant que par intérêt et habitude, ne sont pas prêts à se remettre en cause...

— Vous voyez, Tobias, ricana Peabody, il a du répondant, ce garçon.

— Mieux vaudrait surtout qu'Iris ne l'entende pas ! rétorqua Memling.

— Iris ? Qui est-ce ?

— Mlle van der Loor, précisa Franklin. Elle serait plutôt du genre à recruter quelqu'un comme Jacobus Friedkin, comprenez-vous. Elle ne nourrit pas le même faible que moi ou la même indulgence que M. Memling pour les francs-tireurs tels que vous, Banes.

— Assurément, ce n'est pas avec elle que vous pourrez travailler, confirma Tobias. Franklin, j'approuve votre choix. Vous pouvez ouvrir les portes de votre écurie à M. Banes. Bienvenue chez nous, professeur. »

Peabody se leva et fit signe à Raphaël que l'entretien accordé par le grand manitou de la fondation était désormais terminé. Tous deux sortirent du bureau présidentiel pour se rendre dans un salon moins formel. Une secrétaire apporta le contrat d'embauche rédigé au nom de Banes. Celui-ci le signa en tremblant de fébrilité. Traçant un dernier paraphe sur le document, il ne put réprimer un curieux grognement.

« Un doute, professeur ? s'enquit Peabody. Il est encore temps de renoncer si vous avez un remords...

— Il ne s'agit pas de cela, se justifia Banes. J'ai juste une pensée pour mes étudiants de doctorat. Ils sont tombés entre les mains de Friedkin et je me sens coupable de les abandonner ainsi. »

Franklin passa sa main dans sa barbe en ayant l'air de réfléchir. « Scrupules tout à votre honneur, monsieur Banes, mais il y a peut-être un moyen d'arranger ça. Sur quels sujets travaillaient ces jeunes gens ? »

Raphaël cita de mémoire un ou deux thèmes qui lui venaient à l'esprit, mais il dut ouvrir son ordinateur portable pour en livrer la liste exhaustive à Peabody. Ajustant ses lunettes, ce dernier se pencha sur l'écran pour lire par-dessus son épaule.

« Pourquoi cet élève est-il surligné en rouge ? demanda Franklin en pointant un nom sur le listing.

— Parce que je n'ai plus de nouvelles de lui depuis des mois. Il a rompu tout contact du jour au lendemain. J'ignore ce qu'il est devenu.

— Curieux... Vous n'avez jamais cherché à savoir où il était passé ?

— La vie privée de mes étudiants ne me regarde pas. Je n'ai pas à les materner, ils sont adultes. S'ils souhaitent interrompre leur cursus, je suppose qu'ils ont de bonnes raisons pour cela. En tout cas, elles ne me concernent pas.

— Dommage, soupira Peabody. Son sujet était le seul qui m'intéressait vraiment. Vous ne pourriez pas essayer de remettre la main sur ce... Milton Millicent ? »

Banes parut surpris. « M. Millicent est un exalté, si vous voulez mon avis. J'avais accepté d'être son directeur de thèse parce qu'il n'avait convaincu personne d'autre de la valeur de ses recherches. Je n'ai fait qu'œuvre de charité à son endroit. Rien de plus.

— Son sujet de thèse n'était pas valide, selon vous ? »

Banes avait besoin de se rafraîchir la mémoire. Il relut l'intitulé exact de la thèse proposée par ledit Millicent : *Mécanismes du don et de l'échange au sein des sociétés néomarginales contemporaines*.

« Si mes souvenirs sont bons, M. Millicent ne s'en était pas tenu à cette stricte définition, précisa Raphaël. Il avait vite dérivé sur d'autres thématiques plus fumeuses.

— Lesquelles ? » voulut savoir Peabody.

Banes se passa nerveusement la main dans les cheveux. Il ne comprenait pas pourquoi la conversation se fixait ainsi sur le plus insignifiant de ses anciens étudiants. Encouragé par Franklin, il rassembla néanmoins le peu de souvenirs qui lui restaient.

« Milton s'était mis à se passionner pour des histoires sans queue ni tête qui se colportent parmi tous ces pauvres gens victimes de la crise...

— Quelles histoires ?

— Rien de sérieux, évidemment. De simples réitérations de mythes de la fin du monde. Des contes de bonne femme opposant des destructeurs et des rédempteurs sur fond d'effondrement du système, justement. Rien d'original ni de passionnant, je le crains...

— Peut-être... peut-être pas, jugea obscurément Peabody. J'aimerais vraiment que vous remettiez la main sur ce garçon. Vous pouvez faire ça pour moi, monsieur Banes ? »

Un rire nerveux secoua Raphaël. « Désolé, je ne pense pas, non. Je n'ai pas le profil d'un enquêteur, et je ne me vois pas courir après un jeune homme évanoui dans la nature depuis des mois. »

Peabody se renfrogna au point de chasser toute bonhomie de ses traits. « J'en suis navré, mais vous me mettez dans l'obligation d'insister, professeur. L'encre sur votre contrat est sèche désormais. Vous êtes donc légalement notre obligé. En conséquence, je vous le redemande : débrouillez-vous comme vous voulez, mais trouvez-moi ce M. Millicent. »

II

Comme tous ses collègues, Terence Harper avait été affecté au travail de ramassage sur la plage et son grade de capitaine de la police montée canadienne n'y faisait rien. Maintenu à l'écart du port, là où l'enquête se déroulait vraiment, il ne cessait de tirer les cadavres hors de l'eau. Tâche ingrate s'il en est. Épuisante aussi. Mais, surtout, travail apparemment sans fin tant le nombre de victimes paraissait élevé. Le long du rivage, une trentaine de ses semblables se chargeaient comme lui de cette macabre besogne. Le courant avait rabattu les corps vers la côte. À la main ou avec une perche, Harper allait chercher ceux qui étaient pris par les rouleaux. Chaussé de cuissardes en caoutchouc, il entrait dans les remous pour agripper les morts comme il le pouvait. Pas facile. Le coefficient de marée était important, le vent fort et l'océan sérieusement agité. Deux ou trois fois déjà, Harper s'était étendu de tout son long dans l'écume. Orné d'une bande de fourrure d'ours noir, son chapeau réglementaire était tombé à l'eau et avait été emporté. Le conserver pour effectuer un travail pareil était idiot, et Harper s'en voulait de l'avoir perdu. Mais cette contrariété l'empêchait aussi de trop s'impliquer émotionnellement dans ce qu'il avait à faire.

Les gens qu'il arrachait à la mer étaient de tous les âges : des vieux, des adolescents et des personnes mûres. Une variété que l'on aurait pu s'attendre à trouver après le naufrage d'un transport civil. Sauf qu'aucun *Titanic* ne s'était éventré sur un iceberg et qu'aucun *Lusitania* n'avait été coulé par une torpille. Évidemment. Les dépouilles venaient d'ailleurs : du petit village, un peu plus haut sur la côte, à deux miles de là à peine, près des falaises, il le savait, et ses collègues également. Les gardes-côtes qui repêchaient les noyés flottant dans la baie en avaient aussi conscience. C'était un retraité de Vancouver qui avait signalé le rejet des corps par la mer. Le gars était arrivé tranquillement, à l'aube, sur les dunes, avec son matériel d'observation, son thermos de café et son casse-croûte, pensant photographier les macareux et les fous de Bassan. Mais ce qu'il avait aperçu dans l'œil de son téléobjectif n'avait aucun rapport avec l'ornithologie. Ballotté sur la crête des vagues, il avait discerné un premier corps, puis un autre. Et un troisième. Par réflexe, l'homme avait appuyé en rafale sur le bouton de prise de vues de son Nikon avant de courir à toutes jambes à sa voiture. Pied au plancher, il avait foncé chercher du secours. Étranger à la région, il s'était laissé guider par son GPS jusqu'à l'agglomération la plus proche. Un petit port, indiquait le navigateur… Mais l'homme n'avait jamais atteint cette destination. Un barrage de police l'avait arrêté bien avant. La police ? Tant mieux ! C'était justement elle qu'il voulait prévenir. Nerveusement, le retraité avait montré les images sur son appareil photo, mais, curieusement, les policiers n'en avaient pas paru autrement surpris.

On aurait dit qu'ils s'y attendaient – à ça ou à quelque chose du même genre. Ils avaient saisi le Nikon de l'ornithologue, enregistré sa déposition et confisqué ses clefs de contact et son téléphone en lui demandant de patienter.

« Patienter ? Pourquoi ? avait naïvement demandé l'amateur d'oiseaux.

— Ce sont les ordres », lui avait-on répondu.

Ordres venus d'en haut. De très haut. Du CSIS, les services de renseignement. Omnipotents, omniprésents et imparables. Et voilà comment il s'était retrouvé pratiquement en état d'arrestation, tandis que Terence Nicolas Harper, capitaine de la police montée, au lieu de faire normalement son travail d'enquête, jouait à l'agent des pompes funèbres en pataugeant sur la grève pour arracher les morts par centaines aux vagues glacées du haut Pacifique.

*

* *

C'était l'après-midi que le travail était le plus pénible. Quand le soleil chauffait à blanc les tôles des hangars sous lesquels les chaînes de lavage et de calibrage étaient installées. Il fallait rester là des heures debout, à trier les agrumes et les légumes récoltés en début de journée. Tâche statique, ingrate et ennuyeuse. Leone lui préférait la cueillette. Même si la fatigue était plus grande, au moins, cette partie-là du labeur avait l'avantage de se faire au grand air. À six heures du matin, comme à l'armée, les contremaîtres entraient dans les baraquements des saisonniers : six dortoirs pour les hommes, deux pour les femmes. C'était le réveil en fanfare, sonné à coups de marteau sur des tuyaux en zinc. Pas de quartier pour les paresseux. On les jetait sans ménagement à bas de leur lit en ferraille et on les traînait jusqu'aux camions de transport, par la peau du cou s'il le fallait. On n'était pas ici pour flemmarder. Vingt dollars par jour plus le gîte et deux repas complets, il fallait les mériter…

Leone, elle, ne comptait jamais parmi les tire-au-flanc. Elle faisait ses heures sans chercher les ennuis, travaillait en prenant son mal en patience puis s'allongeait sur son matelas, le soir venu, en attendant l'extinction des feux, sans se mêler des affaires des autres. Stratégie simple mais efficace. Leone, on la remarquait à peine. Tout juste si ses collègues, ouvrières venues du Mexique ou des alentours, avaient noté sa présence. Leone ne ressemblait à rien et c'était là son avantage. Depuis bientôt six mois qu'elle traînait sur les routes, elle avait laissé derrière elle tout ce qui fait l'ordinaire d'une personnalité d'adolescente. D'abord, elle avait coupé ses cheveux longs au rasoir. Net et court. Très court. Le crâne presque rasé à blanc. Manière de signifier qu'elle avait osé franchir le pas, qu'elle n'était plus une gamine comme les autres et qu'elle appartenait désormais à un monde différent. Question symbolique donc, mais question d'hygiène aussi, parce qu'elle avait lu que les poux se mettent facilement dans les tifs quand on dort n'importe où et qu'on ne peut pas se laver tous les jours. Question de sécurité enfin : quand on a seize ans, des formes agréables gonflant le T-shirt et un visage pas laid du tout, mieux vaut éviter de se mettre en valeur si l'on ne veut pas susciter la convoitise. Pour une fille sur les routes, s'enlaidir est comme le camouflage pour les soldats. Indispensable.

La boule à zéro, c'est un bon début, mais l'arme absolue contre les ennuis, c'est l'odeur. Ça, c'est l'astuce imparable. Personne n'a envie de s'allonger sur une fille qui sent mauvais. Alors Leone évitait autant qu'elle pouvait le contact du savon. Pour ses vêtements surtout. Rien de ce qu'elle portait en couche externe n'avait été lavé depuis des semaines. Ni son baggy, ni son pull, ni sa grosse veste, elle-même récupérée dans un état peu reluisant au fond d'une benne à ordures de Harrisburg. La gamine avançait dans sa bulle de crasse comme derrière un bouclier. Les gens se pinçaient le nez et s'écartaient sur son passage. Ça lui faisait plaisir, à Leone – petit sentiment de puissance pas désagréable. Un rien narcissique peut-être, mais, les raisons de se contenter étant assez faibles dans l'existence, quand on en trouve une, on la prend sans se poser de questions.

Leone avait du bon sens. Si elle utilisait la saleté comme garantie de sa tranquillité, elle se maintenait propre aux endroits stratégiques : pieds, aisselles et zones intimes pour prévenir les mycoses. C'est qu'elle ne voulait pas être contrainte de consulter un toubib. D'abord parce qu'elle n'avait pas d'argent à gaspiller et puis, surtout, parce qu'elle savait que les médecins ont une méchante tendance à avertir les services sociaux dès qu'ils repèrent une adolescente en vadrouille. Leone faisait donc attention. À tout. C'était le prix de la liberté, le prix à consentir pour assumer sa différence.

Quand elle avait besoin d'un peu de cash pour continuer son voyage, elle sacrifiait dix ou quinze jours et acceptait n'importe quel travail. À Wichita, elle avait fait la plonge dans une cantine d'entreprise. À Saint Louis, elle avait vidé des poulets dans un abattoir. Ici, dans ces champs à quarante miles au sud d'Albuquerque, elle ramassait des courges et des tomates dans une exploitation agricole peu regardante sur l'origine des cueilleurs. Il y avait de tout parmi les journaliers : quelques personnes en règle, d'autres un peu moins ; des chômeurs des grandes villes obligés de se reconvertir en manœuvres ; beaucoup de vrais clandestins et même quelques repris de justice. Mais des fugueuses comme elle, des petites qui avaient fichu le camp du domicile familial parce qu'elles avaient entendu le Grand Appel, ça non ! Leone pensait bien qu'elle était la seule de ce genre dans le coin. C'était un privilège que d'avoir été appelée, elle le savait et avait bien conscience d'appartenir à une sorte d'avant-garde. Une élite, même...

Leone n'était évidemment pas une jeune fille ordinaire. D'abord, parce qu'il faut beaucoup de cran pour quitter un foyer confortable et des parents aimants. C'est qu'ils travaillaient dur, son père et sa mère. Petits employés tous deux, ils vivaient modestement mais avaient toujours pris soin de leurs enfants. Mis à part leur insignifiance et surtout leur désespérante résignation devant la vie, Leone n'avait rien à leur reprocher... Car c'était ça qui la différenciait vraiment de la masse, cette fille : l'intuition, depuis toujours, que le monde ne s'arrête pas à ce que l'on en perçoit. Que le réel apparent n'est qu'un leurre et qu'une vérité supérieure se dissimule derrière lui... Ni son père ni sa mère n'avaient jamais ressenti cette évidence qui l'animait au plus intime de ses fibres. S'abrutir chaque soir devant les programmes stupides de télévision pour oublier qu'ils sacrifiaient leur existence dans un travail inepte afin de payer un tas de crédits inutiles, c'était tout ce qu'ils savaient faire. C'était leur horizon, celui que le système leur avait imposé, et ils n'en concevaient pas d'autre. Pour Leone, vivre ainsi était impossible et voilà pourquoi un matin elle était partie de chez elle sans se retourner. La moitié d'une année avait passé depuis lors et pas un instant elle n'avait regretté son choix, même si, seule sur les routes, elle avait connu le froid, l'épuisement et la faim. Même si elle avait eu peur aussi et que, plus d'une fois, son odyssée avait failli mal tourner. Mais elle avait du cran, Leone. Et de la volonté. Elle avait vite appris les codes qui régissent la société des marginaux et des errants…

Et puis, surtout, il y avait eu ce jour où elle avait trouvé le livre… C'était au Texas, dans la banlieue de Lubbock. Un paysage désespérant, une ville-dortoir, faite de maisons sans caractère, toutes identiques. Plus beaucoup de travail sur place ou dans les environs. Les gens avaient presque tous fichu le camp. Devant une bicoque de guingois, partiellement enfoncée dans le sol trop meuble, un vieil édenté vendait du bric-à-brac dans l'espoir de se faire un peu d'argent. Il y avait de la vaisselle ébréchée dans des cartons, des vêtements élimés, garantis grand style années 1970, des outils rouillés… Leone avait négligemment regardé ce fourbi avant de tomber en arrêt devant la couverture insolée d'un livre en piteux état. Le vieux lui avait souri bizarrement quand elle l'avait pris et avait commencé à le feuilleter. Elle n'était pas du genre à s'intéresser à la littérature, d'ordinaire, mais là, c'était différent. Le livre l'avait littéralement aimantée. Ce n'était pas un roman cependant. Rien d'une lecture facile. Le genre de texte sans illustrations, avec des mots compliqués et même des notes de bas de page. Goguenard sur sa chaise de camping, le bonhomme lui avait dit :

« Si ça te tente, tu le prends, petite. Je te le donne...

— Il y a marqué que vous vendez tout à un dollar, sur votre écriteau. J'ai assez pour vous le payer, avait crânement répliqué Leone.

— Surtout pas ! s'était exclamé l'homme en refusant le billet froissé qu'elle lui tendait déjà. À mon âge, j'en ai vu assez pour croire aux signes. Ce livre, il est fait pour toi comme t'es faite pour lui. Prends-le, petiote. De toute façon, c'est pas avec ça que je ferai fortune, et je l'ai tellement lu que je le connais par cœur. Moi, j'ai pas eu le courage de suivre les conseils écrits là-dedans. C'était peut-être pas de mon temps non plus... Toi, c'est autre chose. C'est maintenant que ça va se passer, et c'est pour ta génération qu'il a été écrit, ce bouquin. Prends-le, je te dis. Je te promets que c'est de grand cœur que je te le donne... »

Alors Leone était partie avec le livre serré contre sa poitrine. Elle l'avait lu de bout en bout une première fois, et relu de nombreuses fois encore. Au cours de chaque lecture étaient apparus des sens nouveaux. Ce livre était plus qu'une révélation pour elle, c'était la confirmation de tout ce qu'elle savait d'instinct sur le monde et devinait du sens réel de la vie. La justification même de son départ sur les routes...

La couverture grise ne portait ni titre ni nom d'auteur. À l'intérieur, aucun code-barres, mention d'éditeur ou d'imprimeur. La seule indication hors texte, en première page et manuscrite à l'encre rouge, était le numéro d'exemplaire et le nombre de tirage. Le livre que possédait Leone était le huitième sur un total de quarante. Quarante seulement… La gamine se demandait souvent qui pouvaient bien être les propriétaires des trente-neuf autres exemplaires. Des marginaux comme elle, sans doute aucun. À qui pouvait bien s'adresser un tel ouvrage ? Pour en pénétrer le sens, il fallait être marqué au sceau du destin, marqué presque par un signe divin. Car dans les pages de ce vieux bouquin défraîchi, mal relié et dont une mauvaise presse avait imprimé les lettres tremblantes, se succédaient des visions et des fulgurances impossibles à déchiffrer si l'on ne s'était pas extrait de quelque façon de la masse hébétée de l'humanité ordinaire, que l'on en ait été expulsé de force ou, comme Leone, que l'on se soit sauvé à corps perdu pour échapper à l'asservissement général. Pour comprendre ce livre, assurément, il fallait porter en son cœur l'incertitude et l'amertume, l'impatience et la fièvre. Des qualités difficiles à vivre et pas données à tout le monde… Chaque soir, qu'elle soit cachée dans un abri de fortune ou allongée dans un dortoir, la jeune fille relisait dévotement des passages du livre sans nom. C'est en eux qu'elle puisait détermination et espérance. Car le vieil édenté de Lubbock avait dit vrai : dans ces pages, c'était bien son destin qui se trouvait annoncé. Son destin personnel mais surtout et plus encore celui du monde entier…

*

* *

Eliot Paul Hendricks s'appuya contre un arbre et gémit plus fort qu'un damné. Réverbéré par les frondaisons de la forêt, son hululement sourd fit s'envoler en croassant les corbeaux qui nichaient dans les ramures. À jeun depuis bientôt trois jours, il sentait se consumer ses dernières réserves d'énergie. Brisé de fatigue, il se laissa glisser au sol et se recroquevilla entre les racines plantées tels d'énormes doigts dans l'humus noir. Il ferma les yeux. Jamais encore il n'avait éprouvé pareil épuisement. Dans son costume déchiré, il grelottait. Gorgés d'eau, ses vêtements l'enserraient tels les bras glacés d'une grande pieuvre des profondeurs. Déformées par la pluie, couvertes de boue et les semelles déchirées par les cailloux, ses chaussures de ville lui cisaillaient cruellement la peau des talons. Hendricks avait mal, il avait faim et il tremblait de froid... Mais Hendricks avait peur, surtout.

Comme les autres survivants de la falaise, il était parti droit devant, sans se retourner. Marchant plein est, il avait été le premier à voir l'aube se lever. Il avait déjà gagné les bois, à cet instant. Toute la journée qui avait suivi l'« événement », sous la lueur diffuse d'un soleil pâle, il avait avancé mécaniquement, vide de toute pensée. Écorce sans esprit mais animée d'un mouvement d'automate, il avait franchi des vallons forestiers, traversé une rivière sur un pont de planches et était passé sans s'arrêter non loin d'un hameau où les chiens avaient hurlé à la mort en humant sa présence. La nuit l'avait trouvé parcourant une lande tourbeuse où l'herbe haute grouillait de crapauds et de rongeurs. Sans chercher meilleur abri, il s'était affalé là, dans un trou, somnolant tant bien que mal en attendant le retour de la lumière. De sa mémoire s'était déjà presque effacé qui il était vraiment. Même s'il se rappelait son nom et sa vie passée, l'être intime d'Eliot Paul Hendricks n'était plus le même : la venue de l'inconnu au village avait tout changé. Un peu comme si son identité et l'ensemble des événements qui avaient composé son existence n'avaient été que quelques lignes tracées à la craie sur un tableau noir. Quelques lignes fragiles, désormais rendues presque illisibles par la pluie venue avec l'étranger…

Que faisait Eliot quand tout avait commencé ? Il s'en souvenait à peine. Il se revoyait penché sur des dossiers dans un bureau aux murs gris. C'est à cet instant qu'il avait entendu l'Appel. Au début, ce n'avait été qu'une petite mélodie qui s'insinuait sournoisement, un air répétitif et banal tournant comme un disque rayé. Des paroles s'étaient plaquées sur cette mélodie doucereuse. Des paroles qu'Eliot ne se remémorait pas mais qui l'avaient touché au point qu'il avait dû arrêter son travail pour les écouter plus attentivement. La mélopée semblait provenir du dehors. Il était sorti pour savoir d'où elle venait. Peu lui importaient l'eau qui tombait et le vent qui soufflait sur la petite ville. Eliot avait marché dans la rue, sur les pas d'un homme qui avançait lentement. Tous les habitants accouraient derrière lui, eux aussi pris par le charme de son chant…

Quand le cortège s'était engagé sur la piste menant aux falaises, Eliot avait commencé à se sentir inquiet. Malgré la mélodie, une boule d'angoisse avait grossi dans son ventre. Quelque chose de mal allait se produire, il en était conscient. Il aurait voulu partir, faire demi-tour et retourner dans son bureau aux murs ternes et rassurants, mais la chansonnette était plus forte que sa volonté. Autour de lui, Eliot voyait que la plupart des gens souriaient béatement en suivant l'inconnu. Quelques-uns cependant semblaient lutter comme lui contre la pulsion qui les contraignait à suivre la foule. Leurs yeux roulaient en tous sens, ils cherchaient follement à se libérer de l'attraction fatale. Mais, comme Eliot, ils n'étaient que des mouches prises dans une toile d'araignée. Leur sort était scellé. Eliot Paul Hendricks avançait dans un cauchemar, sa raison lui commandant à chaque pas de s'arrêter mais sa volonté subjuguée, plus puissante que tout, lui commandant d'avancer toujours plus près de la falaise.

Devant lui, des dizaines de villageois s'étaient déjà laissés tomber dans les flots déchaînés. Le cœur battant à tout rompre, le corps en sueur, Hendricks allait à son tour basculer dans le vide quand une main s'était soudain posée sur son épaule. La main large de l'inconnu... Il n'avait pas sauté. Ainsi que trois autres désignés par l'étranger, il était redescendu en tremblant vers la petite ville morte. Si la mélodie entêtante ne paralysait plus son cerveau, une nouvelle impulsion s'était imposée à lui, un ordre qui, revenant en boucle, l'avait poussé à avancer vers l'orient sans se retourner. Avancer quoi qu'il arrive...

Eliot Paul Hendricks n'avait pas dévié d'un degré depuis lors. Même s'il lui avait fallu franchir des ravins et gravir des pentes boueuses, patauger dans des friches ou traverser des ronciers. Il avait marché jusqu'à l'extrême limite de ses forces. Et voilà qu'il se trouvait là, recroquevillé entre les racines d'un chêne noir, le ventre vide et le corps brisé. Il fallait pourtant continuer. Au bout du chemin, il y avait quelque chose à faire. Quoi ? Hendricks n'en avait pas la vision claire. C'était pourtant plus fort qu'une certitude, plus fort même que l'épuisement et les douleurs qui vrillaient sa pauvre carcasse transie. Eliot se redressa et quitta son piètre refuge. Les bras croisés sur la poitrine pour essayer de conserver le peu de chaleur qui lui restait, claudiquant, il atteignit une route qu'il se mit à suivre. Sous un ciel d'un gris de plomb, il boitilla longtemps avant que sa silhouette misérable ne suscite la pitié d'un camionneur. Le type conduisait une énorme citerne. Il donna un grand coup de klaxon pour prévenir de son arrêt et se rangea sur l'accotement, un peu devant Hendricks.

« Accident ? » demanda-t-il par la vitre baissée.

Hendricks fit signe que non.

« Vous allez où ?

— Où vous irez », répondit Eliot dans un souffle, avant de grimper dans la cabine. Bercé par la tiédeur qui régnait là, il enleva ses souliers déformés et s'endormit presque aussitôt. Le routier lui jetait de temps en temps un coup d'œil. Il avait l'habitude de prendre des auto-stoppeurs et en avait ramassé de toutes sortes : des fugueuses, des étudiants voyageurs, des paumés traînant les pires histoires, mais il ne savait pas dans quelle catégorie ranger ce type en costume trempé, et cela l'intriguait.

Deux heures s'écoulèrent avant une pause. L'arrêt du moteur réveilla Hendricks. « Café ? » proposa le chauffeur. Eliot hocha la tête avant de renfiler péniblement ses chaussures. Il était trois heures de l'après-midi et ils se trouvaient sur une aire de stationnement, devant un complexe de plusieurs bâtiments – station Shell, Motel6, cantine A & W, magasin de bricolage Rona –, groupés en haut d'une côte. En contrebas s'étendait la banlieue résidentielle d'une petite agglomération : pavillons propres et jardins entretenus, deux ou trois voitures neuves dans chaque garage, familles ordinaires, vies ordinaires… Hendricks suivit le routier à l'intérieur de l'A & W et se laissa offrir un gobelet de café. Chaude et amère, la boisson tordit son estomac vide. Il grimaça.

« T'as faim ? » fit le conducteur de la citerne.

Hendricks haussa les épaules.

« Fais pas le fier. Je sais ce que c'est, les ennuis. Je peux pas beaucoup t'aider mais te payer une bricole à manger, c'est encore dans mes moyens... »

Le gars partit chercher un club sandwich dans un distributeur et le tendit généreusement à Hendricks. Les deux hommes s'installèrent face à face à une petite table en formica. Le routier but son expresso tandis que son passager dévorait à pleines dents.

« Je vais aux toilettes, dit l'homme. Ensuite, tu me parleras de ce qui t'arrive, si tu en as envie... »

Hendricks avala jusqu'à la dernière miette de son repas. Il se demandait ce qu'il allait bien pouvoir raconter à son bienfaiteur quand son visage se tourna vers la grande baie vitrée sur sa droite. La fenêtre donnait sur le parking, précisément là où était garé le camion-citerne. Le métal de la cuve luisait doucement sous la pluie. Ce fut comme une révélation pour Hendricks. Il n'était pas chimiste mais, à cet instant, il sut précisément ce que contenait le réservoir : quatre-vingts mètres cubes de C_3H_6. Du gaz propylène. Inflammabilité excellente. Volatilité extrême. Un des principaux composants du napalm. Utilisé fréquemment dans l'industrie civile pour des produits aussi divers que des crèmes cosmétiques ou des mousses décapantes servant à nettoyer les fours.

Hendricks se leva précipitamment et quitta le restaurant. Autour de lui, personne ne lui prêtait attention. Des serveurs rangeaient les plateaux, des gens mangeaient un morceau en famille, des clients faisaient la queue aux caisses. L'ordinaire d'une station-service sur un grand axe routier… Revenu près du camion, Eliot plaqua un bref instant ses paumes bien à plat sur la citerne puis, les deux poings à présent serrés aussi fort qu'il le pouvait, partit se cacher derrière les pompes à essence, du côté du poste de lavage, là où il pouvait observer sans être vu. Quelques minutes s'écoulèrent avant que le routier ne sorte de l'A & W. Surpris par la disparition soudaine de son passager, le type jeta vaguement un coup d'œil au parking, mais sans insister suffisamment pour apercevoir Hendricks, dissimulé dans un recoin. Résigné, le conducteur remonta dans la cabine et mit le contact. Le camion vibra et son échappement lâcha une grosse bouffée de fumée grise. Il quitta l'aire de stationnement à petite vitesse pour s'engager sur la voie menant à la ville, aux maisons bien entretenues, aux pelouses impeccables…

Hendricks ferma les yeux et desserra brutalement les poings. Il n'attendit pas de voir s'allumer la boule de feu. Pas besoin. Il n'était pas au spectacle et connaissait très bien les effets que le propylène allait produire en explosant à plus de mille degrés Celsius au beau milieu des résidences. Pour la plupart des victimes, la mort serait instantanée. Chair et os cuits en un millième de seconde, elles ne se rendraient compte de rien, passant d'un seul coup de l'existence au néant. On les retrouverait comme des statues de carbone, figées dans la pose où la mort les avait prises. Dans leur cuisine en train de ranger les courses. Dans la salle de classe, à réviser la grammaire ou la géographie. Devant la télévision, à regarder leur émission favorite. Mais pour les autres, pour ceux qui seraient trop éloignés du cœur de l'explosion, les choses seraient différentes. Leur peau en lambeaux mettrait à nu les muscles et les nerfs. Leurs yeux éclateraient comme des œufs plongés dans l'eau bouillante et leur chevelure s'enflammerait plus vite que du papier journal jeté dans une cheminée. Ils mourraient, sûrement, mais pas tout de suite, et c'était ça, le pire. L'attente de la mort dans des souffrances que toutes les injections de morphine du monde seraient impuissantes à calmer. Oui, Hendricks savait tout cela, et c'est pour cela qu'il avait préféré s'enfoncer le plus tôt possible dans la forêt. Lorsque la détonation se produisit et qu'un océan de flammes envahit la tranquille banlieue résidentielle, il venait de franchir la barrière métallique courant derrière le magasin Rona. Devant lui, c'était de nouveau le couvert des bois qui l'attendait.

III

La bouteille datait de l'époque où il vivait en couple avec Farah. Redevenu célibataire, Raphaël Banes n'avait plus acheté d'alcool et ce Château Lafite était le tout dernier de ses réserves. Cuvée 1998. Excellente année, avait assuré le caviste. Peut-être… Si Banes appréciait les bonnes choses, ses compétences en œnologie n'avaient jamais été très développées. Depuis qu'il vivait seul, aucune occasion d'ouvrir ce cru ne s'était présentée. De retour de Boston avec en poche le miraculeux contrat de la Fondation Farnsborough, Raphaël jugea que le moment convenait à merveille pour s'intéresser au bordeaux. Son verre à la main, il se coula dans son fauteuil préféré et se laissa envahir par la volupté du silence ambiant. L'avion s'était posé tard et le taxi ne l'avait pas ramené chez lui avant une heure du matin. Tout était calme en cet instant dans les rues d'Ithaca.

Banes but une première gorgée sans que la liqueur ajoute au léger vertige qui, depuis sa rencontre avec Franklin Peabody, ne l'avait pas quitté. Pour la première fois de sa vie il allait profiter d'un peu d'aisance financière et cette perspective était pour lui troublante. Se contentant de faire au mieux avec son médiocre salaire de professeur, il ne s'était jamais battu pour gagner plus d'argent que nécessaire. Vivant presque en reclus, ses dépenses étaient limitées et il comptait parmi ces caractères rares pour lesquels se restreindre n'est pas nécessairement synonyme de frustration. En cela comme en bien d'autres choses, Banes n'était décidément pas de son époque. Avec le salaire que lui accordait la fondation, il allait néanmoins pouvoir s'offrir quelques petits extras bienvenus. Achever de régler à Farah le solde du rachat de la maison, puis effectuer sur le toit quelques réparations depuis longtemps différées faute de moyens. Viendraient ensuite quelques véritables gratifications personnelles. Une toile ou deux d'un peintre local dont il goûtait la manière, peut-être, et puis surtout un petit pécule uniquement consacré à compléter sa bibliothèque. Il y avait toute une liste d'ouvrages qu'il désespérait d'acquérir depuis de nombreuses années.

Souriant à la perspective de placer bientôt ces volumes sur ses rayonnages, Banes se servit un second verre de vin. Avant de jouir des libertés autorisées par les futurs émoluments de la Fondation Farnsborough, il allait tout de même falloir remettre la main sur Milton Millicent. Banes avait déjà pris le parti de ne plus s'inquiéter des raisons qui poussaient Peabody à vouloir rencontrer ce garçon. Cela, après tout, ne le regardait pas. Il allait donc débusquer Milton sans poser de questions et le ramener par la peau du cou, si nécessaire, jusqu'à Boston. Une mission finalement très simple, sa première pour le compte de la Farnsborough… Banes termina tranquillement son bordeaux et monta se coucher, l'esprit serein.

À neuf heures, le lendemain matin, il était devant son ordinateur et commençait à rassembler les fichiers qui, de près ou de loin, concernaient Millicent. Il retrouva vite les quelques notes que l'étudiant lui avait envoyées à propos de son sujet de thèse. Il remit aussi facilement la main sur son dossier d'inscription à la faculté. Une photo ornait sa fiche. Physiquement, Millicent était un grand dégingandé au visage ingrat, le front et les joues encore mangés par des restes d'acné adolescente. Avec ses grands yeux humides à fleur de tête et son large front, il n'avait rien d'un séducteur. Pas le genre de jeune homme bien dans sa peau sur lequel les filles se retournent. Sûrement pas un *quarterback* capable de diriger l'équipe du campus, mais pas non plus le type *nerd* authentiquement dévoré par une fièvre intellectuelle. S'il avait fallu le rattacher à un archétype, Banes aurait plus volontiers classé Milton dans la catégorie des artistes. Le professeur avait toujours senti que le jeune homme se trompait de voie en s'inscrivant en faculté de sociologie et de politique ; sans jamais lui en avoir fait la remarque, il l'aurait plutôt vu au conservatoire de musique ou, à la rigueur, aux cours de théâtre... Peut-être l'étudiant avait-il compris son erreur d'orientation, et c'était la raison pour laquelle il avait abandonné son doctorat. Peut-être...

Banes composa le numéro de téléphone portable mentionné sur le bordereau d'inscription de Millicent, mais une voix synthétique lui apprit que la ligne avait été désactivée. Il rédigea donc un e-mail priant le jeune homme de le contacter d'urgence. C'était tout ce qu'il pouvait faire depuis son bureau. Malheureusement, le reste des opérations était à mener en extérieur, et cela contrariait sérieusement Raphaël. Contrairement à la plupart des étudiants, Millicent ne résidait pas sur le campus mais à Lansing, une commune située à quelques miles au nord d'Ithaca sans histoire ni personnalité, dont le centre commercial géant constituait le seul point remarquable. Soupirant, Banes saisit ses clefs et se résigna à prendre sa voiture pour aller jusque là-bas. Laissée la plupart du temps au garage, sa vieille Chevrolet rechigna à démarrer. Le professeur ne l'utilisait que très peu. De nature maladroite, facilement désorienté, il se savait médiocre conducteur et n'aimait pas prendre le volant. Avançant prudemment, à faible vitesse, sur une route pourtant droite et peu fréquentée, il mit une quarantaine de minutes à atteindre Lansing, presque le double du temps nécessaire à un chauffeur ordinaire.

Milton logeait dans un studio au quatrième et dernier étage d'une vieille maison occupant l'arrière-cour d'une pizzéria minable. L'endroit n'avait rien d'engageant : des murs de briques noircies par le temps, un terrassement défoncé, des poubelles amoncelées à côté d'un dépôt de chaises en plastique cassées, et même des rats courant en plein jour dans les ordures. C'était ça, le décor dans lequel évoluait Milton Millicent. Délabrée, la cage d'escalier était ouverte à tous les vents. Banes grimpa les marches quatre à quatre, espérant ne pas se déplacer en vain. Chaque fois qu'il franchissait un palier, il percevait quelque chose qui lui déplaisait – des voix qui braillaient, de la musique désaccordée aux basses puissantes, des télévisions écoutées à fond... Banes plaignit son étudiant d'être contraint de supporter ça.

L'appartement de Milton n'était pas difficile à repérer. Gonds et chambranle arrachés au pied-de-biche, sa porte, défoncée, ne tenait plus en place que par une charnière. Malgré l'inanité de ce geste, Raphaël toqua au panneau par acquit de conscience.

« Monsieur Millicent ? C'est Banes, de... » Un automatisme allait lui faire dire « de l'université Cornell », mais la réalité de sa situation lui revint en mémoire et il s'interdit cette imprécision. « C'est votre professeur... », reprit-il simplement.

Silence. Banes poussa précautionneusement le vantail. Pillé depuis longtemps, l'appartement se trouvait dans le plus grand désordre. Tout ce qui avait un peu de valeur avait été volé : les vêtements dans l'armoire, les ustensiles du quotidien, même les produits de ménage sous l'évier et le savon dans la salle de bain crasseuse. Seul appareil encore en place, un petit four pour potier amateur trônait sur une sorte d'établi maculé de terre à modeler ; à côté de l'engin, de vieux paquets de glaise entamés finissaient de se dessécher. Banes nota l'étrangeté de la chose mais n'y prêta guère attention. Que Milton s'adonne à la poterie durant ses instants de loisir était un peu surprenant, mais ne fournissait aucun indice particulier pour retrouver le jeune homme. Fouillant un dernier placard, Banes eut enfin la bonne surprise d'y découvrir deux dossiers oubliés. Il allait les ouvrir quand une voix fluette résonna dans l'appartement.

« Qu'est-ce que vous faites là ? » C'était un gamin qui posait la question, un petit Latino fin comme un haricot, les mèches en bataille. « Qu'est-ce que vous faites là ? répéta durement l'enfant comme s'il était préposé à la garde des lieux.

— Je suis un ami de Milton, expliqua Banes. Je n'ai plus de nouvelles de lui. Tu sais où je peux le trouver ? »

Le gosse gonfla les joues et expira d'un coup en imitant un bruit de ballon qui éclate. « Sais pas ! lâcha-t-il. Il y a longtemps qu'il est parti...

— Depuis quand ? » voulut savoir Raphaël.

L'enfant fit une mimique supposée exprimer un intense effort de concentration. « J'me rappelle plus. Au début des vacances d'été, je crois.

— Le début des vacances d'été ? » répéta Banes pour lui-même.

Cela faisait plus de quatre mois. Millicent avait pu faire un sacré bout de chemin depuis lors...

Retournant à sa fouille, Raphaël ouvrit l'un des dossiers. De belles photos en noir et blanc, au format 20 × 30, y étaient rangées. Toutes représentaient le même genre de scènes. C'étaient, dans les rues, des portraits de gens en déshérence. Parfois un peu flous, comme pris à la volée, ou bien au contraire très posés et presque artistiques, les clichés ressassaient à l'envi la même thématique. Hommes assemblés autour de braseros sous des ponts ; individus couchés à même le sol enveloppés dans des couvertures ; miséreux poussant des chariots de supermarché remplis de vieux sacs ; familles entières dépossédées de tout, réduites à dormir sur des parkings dans leur voiture... Tous naufragés de la civilisation, rebuts de la société d'opulence américaine aux marges de laquelle ils évoluaient comme des ombres. Certaines de ces images étaient si poignantes que Banes, malgré sa faible propension naturelle à l'empathie, ressentit des frissons. Milton était l'auteur de ces vues, c'était évident. Le jeune homme s'intéressait aux mécanismes économiques parallèles structurant les sociétés de marginaux, et ces photos illustraient parfaitement son champ d'étude. Des enveloppes administratives, pour la plupart non ouvertes, étaient rassemblées dans la seconde chemise cartonnée. Des notes diverses sur des feuilles volantes aussi… Entassé pêle-mêle, rien de tout cela ne semblait classé. Par acquit de conscience, Banes considéra une dernière fois l'appartement jusque dans ses moindres recoins, mais sans rien dénicher qui puisse le mettre sur la piste de son élève.

Les deux dossiers sous le bras, le professeur quitta l'immeuble, déçu et contrarié. L'humeur assombrie par l'ambiance déprimante qui régnait à Lansing, il regagna sa chère Ithaca en s'autorisant cette fois un semblant de vitesse. La porte de chez lui enfin refermée, le professeur plaça *Les Indes galantes*, de Rameau, sur la platine, se fit couler un café et, une cigarette au coin des lèvres, se mit à dépouiller les documents trouvés chez son élève.

Il n'y avait là rien de bien remarquable : des avis d'échéance de loyer ; des rappels pour des factures d'électricité en retard ; du courrier publicitaire… Les notes étaient en revanche plus intéressantes. De manière désordonnée, Milton avait jeté sur le papier quelques considérations sur son travail de doctorat. On y trouvait une ébauche de plan, des références d'articles ou d'ouvrages, des amorces de fiches de lecture et même, sur une courte période, le détail de déplacements effectués dans la région de New York dans le but de recueillir le témoignage de personnes en situation de précarité. À la fin du mois d'avril, le jeune homme s'était ainsi rendu au centre de l'Armée du Salut de Newark. La première semaine de mai, il avait visité un centre social dans le Bronx. Un peu plus tard, il fréquentait une association caritative de Coney Island… Les rapports concernant ces visites étaient clairs mais peu informatifs. Quelques noms, quelques données banales que l'on pouvait trouver dans n'importe quelle enquête sociologique courante. Banes avait passé la moitié de la pile de documents en revue quand il écrasa son ultime mégot dans le cendrier.

À court de tabac, il dut sortir pour se ravitailler en Dunhill. Malgré la pluie, marcher au grand air lui fit du bien. Il aurait pu rentrer sitôt sa course effectuée, mais il préféra déambuler encore sous le crachin. En cette toute fin d'après-midi, il y avait foule dans les rues voisines du campus. Sac sur l'épaule, les étudiants sortant de leur dernier cours allaient et venaient autour des *coffee shops*. Banes entra par automatisme au *Marty's*. Il n'avait plus peur de se montrer en ville. Nul ici n'en avait conscience, mais son statut social avait changé. Appointé par la très sélect Farnsborough Foundation, il n'avait désormais plus rien de commun avec le petit professeur humilié qu'il était encore quelques jours auparavant. L'opinion que pouvaient avoir de lui ses anciens collègues lui indifférait à présent, et s'il y eut bien des coups d'œil curieux jetés dans sa direction, il ne les remarqua pas. L'esprit détendu, il profita tranquillement de l'ambiance du lieu. Même si le *Marty's* n'était pas – et de loin – le plus beau café du monde, il aimait cet endroit en ces jours d'automne, lorsque les élèves venaient y potasser en solitaire sur leurs tablettes ou faire des messes basses en petits groupes dans les canapés du fond.

Sa tasse bue, Banes quitta le pub et rentra chez lui en traçant une dernière boucle qui le fit passer sous les fenêtres de la grande maison occupée par Jacobus Friedkin. Il ne changea pas de trottoir. Ralentissant son pas, il voulut au contraire signifier qu'il se tenait toujours là, sans peur et sans honte, qu'Ithaca était sa ville et qu'il ne comptait pas la fuir comme un paria sous prétexte qu'un sale type maniant l'équerre et le compas l'avait pris en grippe. Il y avait très peu de chances pour que Jacobus se tienne à sa fenêtre en cet instant, mais peu importait que le Vénérable soit ou non dans sa tanière. Intime, le plaisir que s'offrait Banes n'avait besoin d'aucun témoin.

Raphaël venait de regagner son bureau quand le téléphone retentit. Au bout du fil, Franklin Peabody s'impatientait déjà.

« Alors, Banes, où en êtes-vous avec votre Millicent ? Vous l'avez contacté au moins ? »

Raphaël déglutit difficilement. Il détestait rendre des comptes et appréciait moins encore être bousculé. Seule la pensée de son mirifique salaire le retint de répondre rudement à son employeur.

« Je viens de récupérer une partie de ses archives, dit-il. J'ai commencé à les dépouiller. Laissez-moi deux ou trois jours… »

Franklin insista pour être tenu au courant de l'avancée de ses recherches. « Si vous avez besoin de quoi que ce soit, faites-le-moi savoir, commanda-t-il. Peu importe l'heure. Je suis toujours joignable. Allez, Banes, localisez vite ce gamin. Qu'on voie ce qu'il a dans le ventre et puis qu'on passe à autre chose… »

Le coup de fil de la fondation déplut passablement à Banes. Contrarié, il se remit sans enthousiasme au dépouillement des notes de Milton. Il désespérait de trouver quelque chose quand un feuillet particulier lui tomba sous la main. Arraché aux pages d'un carnet, c'était une série de mots de passe inscrits sous les adresses de divers sites Internet. Banes alluma son ordinateur et entra les coordonnées l'une après l'autre. Il commença par vérifier l'historique des commandes de livres effectuées par Milton sur des librairies en ligne et découvrit la mention de l'achat du four de potier. Millicent l'avait acquis sur eBay à la mi-juillet, quelques jours seulement avant de disparaître. Plus intéressant, les identifiants bancaires de Milton permirent de vérifier l'état de ses finances. Aucun mouvement depuis trois mois n'avait troublé la sérénité de l'unique compte courant que possédait l'étudiant. L'achat du four était la dernière acquisition effectuée sur sa Visa. La précédente, datée de quelques jours plus tôt, concernait un règlement de deux cent trente et quelques dollars dans une boutique du Queens. Il ne restait que des miettes sur ce compte à présent inutilisé.

Le professeur poursuivit ses recherches en se connectant sur le compte Skype de Millicent. Seuls deux numéros étaient inscrits au répertoire : l'un était apparemment celui d'un Français, l'autre celui d'une Russe. Banes jeta un coup d'œil à sa montre pour évaluer le décalage horaire et tenta, sans succès, de joindre le dénommé Antoine Ferrault. En Russie, en revanche, la correspondante se manifesta immédiatement et apparut sur l'écran. C'était une jolie fille en milieu de vingtaine, portant des petites lunettes rondes d'intellectuel. Elle paraissait très déçue de voir un visage inconnu surgir en lieu et place de celui de Millicent.

« Qui êtes-vous ? demanda-t-elle dans un anglais teinté d'un bel accent slave.

— Je suis désolé de vous déranger, je suis un ami de Milton… Son professeur, en fait. Il n'a pas donné de nouvelles depuis longtemps et je m'inquiète pour lui.

— Vous utilisez son réseau ? s'étonna la fille.

— J'ai trouvé ses codes dans ses papiers. Étant donné les circonstances, j'ai pensé que je pouvais m'autoriser cette liberté. Vous savez où je peux le joindre ? C'est important.

— Vous êtes le docteur Banes, alors ? C'est vous son directeur de thèse, non ? »

Raphaël était surpris que la Russe le connaisse. « C'est moi, convint-il. Vous savez où il est ?

— Non. Aucune idée. Moi aussi je m'inquiète pour lui.

— Vous ne pouvez rien m'apprendre qui me donnerait une indication ? Pas la moindre idée de l'endroit où il pourrait se trouver ?

— Au contraire. J'en ai trop, des idées, et c'est bien ça le problème ! Il cherche le Scribe, vous savez... Il pense qu'il est toujours en vie et qu'il vient de chez vous...

— Le scribe ? s'étonna Banes. Qui est-ce ? »

À l'autre bout du monde, la fille le regarda comme s'il venait de proférer une sottise. Ses yeux s'arrondirent derrière ses verres. « Le Scribe ! répéta-t-elle comme si la ligne était mauvaise. Vous n'êtes pas au courant ?

— Pas vraiment. À ce propos, je ne sais pas non plus qui vous êtes... »

La petite Russe ôta ses lunettes et entreprit de les nettoyer en les frottant négligemment au revers de son chemisier. « Mon nom est Gabriela. J'étudie à l'université Lomonossov de Moscou. Je rédige mon doctorat en sciences sociales. J'espère le soutenir l'an prochain.

— Félicitations, coupa Banes.

— Merci. Je fais des recherches sur un sujet très voisin de celui qui intéresse Milton, et c'est pour ça que nous sommes en contact. Il y en a un autre, aussi. Antoine, un Parisien inscrit à la Sorbonne.

Tous les trois, on a remarqué les mêmes phénomènes. Les garçons de leur côté aux États-Unis et en France, moi en Russie. On a longtemps échangé des données. Avec Antoine, ça fonctionne toujours mais Milton, lui, s'est volatilisé.

— Quel est votre sujet d'étude, précisément ? voulut savoir Banes.

— C'est un peu compliqué... En fait, ça tient autant de la sociologie que de la politique ou de l'histoire des religions. Pour résumer, nous étudions les nouveaux récits de la fin des temps qui se propagent dans les populations marginales. Vous savez, les clochards et tous ces gens rejetés par les hoquets de l'économie. Il y en a de plus en plus partout...

— Je sais, convint tristement Raphaël.

— La chose bizarre, c'est qu'il y a une unité dans ces récits. En Amérique, en Europe de l'Ouest ou ici, on retrouve exactement la même trame.

— Elle dit quoi, cette trame ? »

Ses verres dégraissés, Gabriela chaussa de nouveau ses lunettes et plissa le front comme pour ajouter à la solennité de ce qu'elle allait dire. « Que c'est bientôt la fin du monde, professeur.

— Rien que ça ? répliqua ironiquement Raphaël.

— Ce n'est pas assez pour retenir votre attention ? »

Banes ne put s'empêcher d'émettre un petit rire narquois. « Toutes les époques ont leurs récits eschatologiques, vous savez. Selon Hésiode, l'Antiquité craignait l'Âge de fer ; le haut Moyen Âge redoutait l'approche de l'an mil et vous devez comme moi avoir gardé un souvenir très net de ce qu'on racontait concernant l'apocalypse maya avant 2012. Quant aux tombereaux d'inepties proférées juste avant l'an 2000, tout le monde en rit encore. La crainte de l'avenir n'est pas une nouveauté, mademoiselle. Rien de très intéressant, selon moi. Millicent m'avait un peu parlé de ça et je lui avais conseillé de laisser tomber. C'est juste un marronnier pour tabloïds.

— Je comprends que Milton ait été déçu par vous, rétorqua sèchement Gabriela. Vous n'avez pas prêté une oreille attentive à ce qu'il essayait de vous faire comprendre. Vous ne trouvez pas curieux que les récits dont il vous parlait soient exactement les mêmes partout dans le monde, alors que les gens qui les véhiculent ignorent manifestement tout les uns des autres ? Quel rapport entre un mendiant du boulevard Saint-Michel, un sans-domicile-fixe couché sur un trottoir de la Smolenskaïa et un vagabond traînant sur Times Square ? À part tendre la main, apparemment aucun. Ils n'utilisent pas les réseaux sociaux, ces gens-là, ils ne parlent pas la même langue. Et pourtant, ils pensent tous que les sociétés telles que nous les connaissons vont s'effondrer ; que des hommes exceptionnels vont apparaître et que la lutte qui les opposera balaiera l'humanité. Ensuite, le monde ne sera jamais plus comme avant. S'il existe encore ! »

Banes leva les yeux au ciel. « Simple phénomène de compensation afin de supporter leur marginalité subie... Ils ont besoin d'espoir. Ils se raccrochent à une attente de revanche messianique et magique sur un monde qui n'a pas eu de pitié pour eux. Rien de plus. N'allez pas vous imaginer des choses...

— C'est votre diagnostic, professeur ?

— Le modèle qui sous-tend la société industrielle d'abondance est entropique, c'est pour moi aussi une évidence, admit Banes. La fin de notre modèle – le laisser-faire économique – est juste une question de temps, même si je doute que vous et moi en soyons les contemporains. Malgré tous ses défauts, la superstructure tiendra bien encore trois ou quatre générations, je pense. Ensuite, oui, ce sera une période de refondation, une nouvelle étape de notre histoire. Mais les événements à venir seront suffisamment sportifs comme ça pour que le surnaturel n'ait pas à s'en mêler, croyez-moi ! Il y aura du tangage, peut-être des guerres importantes. Au bout du compte, même si l'Amérique d'alors sera très différente de celle que nous connaissons, je suis quand même optimiste. La grande majorité s'en sortira ! »

À Moscou, Gabriela leva les yeux au ciel pour marquer son scepticisme.

« Au fait, qui est ce scribe que vous évoquiez tout à l'heure ? enchaîna Banes.

— Le Scribe ? Personne ne sait qui c'est. C'est le terme que nous employons pour désigner l'auteur anonyme d'un livre de prophéties qu'on trouve justement dans les poches de certains vagabonds en Amérique, en Europe ou ici, en Russie. Un livre qui résume toutes ces croyances et qui n'a pas de titre non plus, d'ailleurs. Entre nous, on l'appelle *Virga Vagos*, le “Flambeau des errants”. »

Banes sourit. « Pourquoi un titre qui sonne comme du latin d'opérette ?

— Vous avez raison, professeur. Ça n'a rien d'un intitulé académique et les puristes s'étrangleraient en entendant notre traduction. Mais c'est Milton qui l'a baptisé ainsi. Je ne sais pas d'où ça lui est venu. Peut-être qu'il a entendu ça quelque part, ou bien il l'a inventé, et ça lui plaisait parce que ça sonne un peu mystérieux. Milton est le seul à en avoir déniché un exemplaire complet. Celui que j'ai fini par trouver est en partie détruit, malheureusement. Quant à Antoine, il a pu en consulter brièvement un en France et il tente depuis de se procurer son propre volume. C'est difficile parce que ce bouquin est comme un ouvrage sacré que les détenteurs ne veulent pas voir diffuser dans le monde profane. En tout cas, d'après nos déductions, c'est bien partout le même texte. Tiré à très peu d'unités, rédigé et traduit par on ne sait qui. Alors ? Toujours pas intéressé ?

— Qu'est-ce qu'il raconte exactement, votre *Virga Vagos* ?

— Il développe ce dont je viens de vous parler et donne des détails sur les péripéties à venir. Malheureusement, je n'ai pas pu le lire en entier. Je vous l'ai dit, seul Milton était parvenu à mettre la main sur un exemplaire intact. J'ai eu beau insister, il n'a pas voulu me révéler ce que contenaient les parties qui me manquent. Je lui en ai beaucoup voulu pour ça. Tout ce que je peux avancer, c'est que Milton était persuadé d'en avoir identifié l'auteur : le Scribe. À mon avis, il est parti chercher ce gars-là, mais je ne peux rien vous dire de plus.

— C'est déjà beaucoup, assura Banes. Vous verriez un inconvénient à ce que je le lise, ce livre ?

— Je peux vous envoyer les extraits que j'ai numérisés, mais la plupart sont en cyrillique. Vous comprenez le russe ?

— Malheureusement, non ! Laissez tomber, alors...

— Attendez, fit Gabriela. Il y a quand même deux ou trois petits passages que j'ai traduits en anglais, et puis des pages qui, même si vous ne les comprenez pas, vous intéresseront sûrement. J'aimerais bien avoir votre avis dessus. Moi, je sèche... Je vous envoie ça tout de suite, si vous voulez.

— Ce serait magnifique, la remercia Banes. J'ai assez abusé de votre temps. Merci encore pour cette conversation.

— Professeur ?

— Oui ?

— Faites-le-moi savoir, si vous avez des nouvelles de Milton. À mon avis, chercher le Scribe est sûrement plus dangereux qu'il ne le pense. Je l'aime bien, moi, ce garçon. C'est un sensible, vous savez. Et fragile aussi. Pas quelqu'un d'ordinaire.

— Je commence à le croire, répondit Raphaël. Ne vous inquiétez pas. Je finirai bien par le récupérer sain et sauf, votre correspondant. »

Les documents promis par la Russe arrivèrent dans l'heure. Gabriela avait bien fait les choses : outre les copies des pages du *Virga Vagos*, l'étudiante avait expédié un petit mémo résumant ses propres conclusions. Lançant l'impression, Raphaël le lut au fur et à mesure que les feuillets sortaient de la machine.

L'exemplaire en ma possession est un in-octavo artisanal. Ni sa composition ni sa reliure ne sont le fait d'un atelier professionnel. Le volume complet semble compter 380 à 400 pages. C'est une estimation, car les feuillets ne sont pas numérotés et un pourcentage important d'entre eux reste manquant. Le texte est protéiforme. Il alterne les styles, passant sans transition des vers à la prose. Souvent hermétique, il fait habituellement preuve d'une syntaxe recherchée, précieuse même, où les figures abondent et où le vocabulaire est rare, technique ou exagérément poétique. D'autres parties, en revanche, sont bâties sur le modèle de l'élocution enfantine : expression grammaticale rudimentaire limitée à la chaîne sujet-verbe-complément ;

catalogue linguistique réduit ; descriptions littérales et sans métaphores. De très nombreux passages sont rédigés dans une langue non identifiée. J'ai longtemps cru qu'il s'agissait de paragraphes idioglossiques, notés donc de manière aléatoire, peut-être dans un but d'hypnose incantatoire. À l'étude, ces extraits se révèlent cependant être des récurrences logiques qui semblent au contraire indiquer qu'il s'agit bel et bien d'un langage structuré, et non d'une création spontanée et anarchique. Le modèle répondrait en ce sens aux standards d'une cryptoglossie : une écriture et un langage réservés aux seuls initiés. Sous son niveau très élevé de complexité, cette langue secrète ne peut cependant dissimuler son origine indo-européenne patente. Des racines grecques archaïques et protogaéliques y sont notamment repérables, même si des éléments tiers non identifiés viennent en interdire la compréhension formelle.

En ce qui concerne les passages rédigés en langue vernaculaire directement accessible, j'ai pu en classer les thématiques selon trois catégories.

Catégorie 1 : une métaphysique.

Catégorie 2 : une eschatologie.

Catégorie 3 : une prophétie.

La métaphysique paraît contredire en tout les présupposés issus des religions abrahamiques : pas de Dieu créateur ; pas de salut des âmes ; pas de péché originel ; pas de châtiment dans l'au-delà. La mort humaine n'est, dans la plupart des cas, que pure et simple oblitération. L'eschatologie, quant à elle, narre, en bonne conséquence de la métaphysique, non pas l'anéantissement total du monde, mais plutôt son renouvellement, sa métamorphose. Cela implique une notion de temps cyclique de type panthéiste et non linéaire, telle que s'accordent à la décrire à la fois le créationnisme et l'évolutionnisme. Enfin, la prophétie livre des détails sur les événements catastrophiques aboutissant à ce changement. Le cortège habituel des calamités est repris dans une litanie classique déjà énoncée dans les récits apparentés que sont, par exemple, l'Apocalypse de Jean ou la Völuspa *nordique... Outre les désordres naturels, tels que les épidémies, famines et tempêtes, les désordres sociaux sont mis en relief. Les révoltes, guerres civiles, massacres, effondrements des États et destruction des nations sont des sujets omniprésents.*

Au sein de ce chaos, une grande importance est accordée aux populations en errance. Celles-ci paraissent se décomposer en trois unités. Unité 1 : la masse des individus rejetés par le système dominant, à la suite de l'effondrement lent de ce dernier (« effritement » ou « érosion » seraient d'ailleurs des termes mieux choisis). Cette masse humaine est une matière primitivement passive, mais terriblement puissante pour qui saura la manipuler. Unité 2 : un groupe consciemment voué à la précipitation des calamités. Des faiseurs de miracles et des prophètes se placeront à leur tête en tentant en outre de dominer l'Unité 1. Unité 3 : un groupe destiné à s'opposer de manière frontale au précédent. Des figures emblématiques semblent également promises à surgir pour en prendre la tête.

Banes fronça les sourcils et soupira. Malgré les spectaculaires promesses énoncées par le résumé de Gabriela, son intérêt n'était guère éveillé. Peu perméable au surnaturel, il ne cultivait aucun goût pour le catastrophisme apocalyptique. Les religions se réduisaient selon lui à des systèmes d'organisation sociale fondés sur la gestion des émotions collectives et, s'il admettait que des groupes humains puissent à l'occasion présenter l'illusion d'une sorte de psyché rudimentaire – comme les bancs de poissons ou les vols d'étourneaux en font parfois démonstration –, sa tolérance à l'irrationnel connaissait là sa limite. L'eschatologie – la science de la fin des temps – heurtait en outre de plein fouet sa conception de l'histoire. Adepte d'un extrême relativisme en la matière, il refusait que celle-ci ait un sens supérieur, préférant penser que les logiques et les passions humaines seules en déterminent le cours. Un coup d'œil sur les extraits du texte traduits par Gabriela ne fit que fortifier son scepticisme. Il lut :

Ophis ! Ophis ! Ophis ! Trois fois invoqué pour le corps, l'esprit et l'âme. Garant du renouvellement. Souffle secret du monde. Okhlos veut ta mort et la fin de tout. Il en a la puissance. Un jour viendra où son armée se mettra en marche. Le crépuscule du matin se lèvera alors au ponant et celui de l'aube tombera à l'orient. Terre de cendres et de famine, les grandes nations éclateront quand seront venues les cinq ordalies. Tempêtes, feux, poisons, guerres et bêtes hurlantes. Les hordes de Gog et Magog aux portes des nouvelles Babylone et Jérusalem. Les orgueilleux du bosquet des bohémiens, ceux qui portent le crâne et les os, pleureront comme des enfants malades. Okhlos ne leur parlera pas. Il ne les regardera pas. Ils mourront dans son ombre, consumés par leur insignifiance, car il ne restera plus rien de ce monde ancien dont ils étaient les maîtres...

Plus loin, Banes lut encore :

Là où il y avait un sol cachant des cryptes fermées de portes aux clefs multiples, une mer s'étendra. Elle roulera des vagues d'absinthe qui rongeront ceux qui s'y embarqueront. Des sept soleils sous la constellation desquels elle naîtra ne viendra pas la lumière, mais la nuit. De l'océan est née la vie. De cette eau viendra la mort. Le fils d'Okhlos le véritable – honte à l'Usurpateur – le sait, qui trahira son père et deviendra le Nautonier...

Quant aux passages rédigés dans ce prétendu langage inconnu et hautement crypté, ils étaient purement et simplement incompréhensibles :

Hypos philïsander m'neag hsal d'vergar. Canaldev'o aer sacrata. Yeul davar 'insimeth ektasis. Keres. Keres z kakodaömnis kryptoï.

Lorsqu'il eut fini de parcourir toutes ces pages de délires et de charabia, l'opinion de Raphaël était définitivement formée : Antoine à Paris, Gabriela à Moscou et Milton à Cornell, les trois étudiants s'étaient laissé piéger par un grossier canular. À coup sûr, le *Virga Vagos* était issu de ce genre d'esprits dérangés qui perdent leur temps à écraser des épis de maïs dans les champs pour faire croire à des messages extraterrestres. Si cela pouvait impressionner des adolescents, ce n'était sûrement pas un homme tel que lui qu'on allait ainsi mystifier !

IV

À chaque marée haute, trois jours de suite, Terence Harper avait ramassé de nouveaux cadavres échoués sur le sable. Sous la tente qui servait de poste de commandement aux hommes de la police montée, il n'avait que peu dormi. Comment trouver le sommeil en pratiquant pareille moisson ? Chaque fois qu'il fermait les yeux, de terribles images s'imposaient à son esprit. Des corps emmêlés dans des paquets d'algues brunes ; une adolescente, la peau blanche et froide comme l'émail d'un évier, les lèvres mangées par les poissons dessinant une plaie ronde autour de ses incisives baguées par un appareil dentaire ; un gamin au ventre ouvert par les roches coupantes...

L'officier n'était pas le seul à trouver difficile de prendre du repos. Ses collègues étaient dans le même cas. Au-dessus d'eux, dans le ciel dominant la longue plage, tournoyaient des hélicoptères. Si quelques-uns appartenaient à la sécurité civile, d'autres ne portaient aucune immatriculation sur le fuselage. Ni lettre, ni numéro, pas même la feuille d'érable, l'emblème national. Harper en voyait un tournoyer en altitude tandis que trois autres vrombissaient comme des hannetons à la verticale du port de pêche. Le capitaine se doutait bien à quelle administration appartenait cette flotte-là : SCRS, le Service canadien du renseignement et de sécurité. Mauvaise engeance selon le sentiment d'Harper qui, en bon *mounty*, n'avait jamais oublié les rivalités ayant opposé les deux services au début des années 1980. Alliés et pourtant ennemis autant que pouvaient l'être la NSA et le Mossad, la police montée et les espions d'État n'étaient plus depuis longtemps sur la même longueur d'onde.

Quand on avait annoncé une réunion générale mêlant les bureaux, Harper avait senti que son camp allait être promis à subir une nouvelle humiliation. Arrivés d'Ottawa, tous les grands chefs des Habits rouges étaient présents. Même si aucun d'eux n'avait pataugé depuis des jours dans l'eau froide pour en retirer les morts, ils n'avaient pas l'air dans leur assiette pour autant. Les visages étaient fermés. Devant eux, un petit type baraqué semblait les avoir sous sa coupe. Harper avait aisément reconnu les autres – le commissaire général Serrez, les surintendants principaux Battardy ou Lodden –, mais le costaud était inconnu à l'organigramme. Levant les bras pour réclamer le silence, il parla d'une voix forte. Sans prendre la peine de se présenter, il rappela d'abord le serment qui obligeait chacun ici présent au respect le plus absolu du secret professionnel. Dans un silence de tombe, il expliqua ensuite que le travail de la police montée était désormais considéré comme terminé et qu'à partir de cet instant chacun avait le devoir de retourner à son affectation habituelle. L'enquête sur l'incident du port, relevant de la sécurité nationale, ne devait évidemment faire l'objet d'aucun commentaire privé ou public. Le petit homme les remercia des efforts qui avaient été fournis et du remarquable travail effectué par les *mounties*, mais le dossier, pour eux, était définitivement clos. Tout cela se termina par un « Rompez ! » sans appel.

Pas plus que les autres, Harper n'était évidemment satisfait de la tournure des événements. Ses collègues et lui étaient à la fois frustrés et vexés par la manière dont ils étaient mis à l'écart. Si discipliné qu'il soit, le capitaine se demanda s'il allait vraiment obéir aux ordres. Ne rien connaître du fin mot de cette histoire qui avait coûté la vie à la population entière d'une petite ville le plongeait dans un malaise profond. Après tout, s'il avait passé le concours de la police montée, ce n'était pas spécialement par amour des chevaux, mais plutôt parce qu'il s'était toujours intéressé de près, de très près, à la vérité.

*

* *

Il y avait quelque chose d'anormal chez ces deux types. Leone les avait remarqués tout de suite quand, au petit jour, ils étaient descendus du camion pour venir travailler dans les champs. Il fallait pourtant avoir l'œil averti pour les distinguer de la masse car rien ne les différenciait des dizaines d'autres ouvriers occupés à ramasser les légumes. Toute la matinée, ils n'avaient cessé de l'observer. Chaque fois qu'elle levait la tête de son sillon, elle en apercevait au moins un qui la fixait. Ils avaient commencé à six ou sept rangs d'elle, puis, à mesure que la matinée avançait, s'étaient arrangés pour se rapprocher. Une heure avant la pause, ils n'étaient plus qu'à deux travées de Leone, et celle-ci commençait vraiment à s'inquiéter. Ils avaient beau lui sourire, s'autoriser même de discrets signes de connivence, la jeune fille sentait que ces deux gars-là n'étaient pas de son bord. Et quand Leone pensait cela, c'était un euphémisme : elle *savait* que ces types étaient des ennemis. Elle en était sûre. Même si elle n'en avait encore jamais croisé au cours de son périple, elle n'ignorait pas que l'événement était destiné à se produire, et maintenant que la perspective se réalisait, elle était prise au dépourvu. Elle sentait qu'il fallait fuir, bien sûr, mais au beau milieu d'une gigantesque plaine maraîchère aussi plate qu'une feuille de papier, il n'y avait nulle part où se cacher. Il fallait au moins attendre le soir et le retour au cantonnement. Là, elle ferait son sac en vitesse et trouverait sans doute quelqu'un avec une voiture pour la descendre en ville. Au pire, elle filerait en secret durant la nuit et le lendemain matin la trouverait déjà loin.

À la pause de midi, alors qu'elle croyait s'être discrètement mise à l'écart entre des piles de caisses sous un hangar, les deux types, furetant partout, la dénichèrent. « Salut toi ! » dit le premier en affichant un sourire aux dents jaunes. Leone savait qu'elle n'avait qu'à crier pour qu'on vienne à son secours ; les autres travailleurs demeuraient à portée de voix. Pourtant, malgré cette assurance, elle sentait le danger plus nettement que jamais.

« T'en es, pas vrai ? continua l'homme en s'approchant doucement.

— J'en suis de quoi ?

— Tu sais bien... La guerre et tout... Elle a commencé pour de bon, maintenant. T'es pas au courant ? »

Leone fit signe qu'elle ne comprenait pas de quoi on lui parlait. Tel un gros chat s'apprêtant à bondir sur une souris, l'homme s'approcha de quelques pas. Les yeux brillants, son acolyte gardait la sortie du couloir de caisses dans lequel s'était stupidement fourrée la fille, sans penser à se ménager une issue.

« Alors ? T'es de quel côté, petite ?

— Pas du nôtre ! souffla l'autre derrière lui. Je le sens bien. Perds pas de temps, Kyle ! Crève-la ! Ça en fera toujours une de moins ! »

Leone sentit une sueur glacée inonder son dos. Elle voulut crier mais sa gorge était sèche. Elle lança un appel mais ce n'était qu'un malheureux filet de voix inaudible. Un bref éclat se mit à luire dans la main de Kyle. Un couteau ! L'homme passa la langue sur ses lèvres et s'avança encore, tendant les bras vers Leone pour l'attraper et la saigner. Mais, au moment où il aurait dû la saisir, un ordre claqua dans le hangar. « Au boulot, vous ! Qu'est-ce que vous fichez encore ici à traîner ? Avec les autres, et vite ! » Sauvée in extremis par l'arrivée d'un contremaître, Leone inspira à fond tandis que Kyle reculait, cachant prestement sa lame sous sa chemise. Il la fixait encore du regard et prit le temps de passer son index en travers de sa gorge pour bien lui faire comprendre qu'il n'en avait pas fini avec elle. Quoi qu'il arrive, elle allait y passer et il n'y aurait personne pour lui sauver la vie la prochaine fois…

Les jambes tremblantes, Leone rejoignit ses coéquipiers pour la vacation de l'après-midi. Au bout d'une heure de tri, elle prétendit souffrir de maux de ventre et exigea qu'on la ramène à son baraquement. Renonçant à sa paye de la semaine, elle rassembla ses affaires aussi vite qu'elle put et quitta la ferme par la route de l'ouest. À moins d'un mile, elle le savait, se trouvait un arrêt de bus Greyhound. Elle monta dans le premier et, le cœur battant, laissa la grande plaine derrière elle. Miraculeusement, elle avait échappé à Kyle et son complice, mais il y en avait d'autres, il y en aurait même de plus en plus, maintenant que la grande partie avait commencé. Il fallait redoubler de prudence et bouger sans jamais s'arrêter jusqu'à ce que le destin s'accomplisse. Quel sort était réservé à Leone ? Elle l'ignorait. Peut-être, lorsque tout serait achevé, se trouverait-elle encore debout, aux côtés des derniers survivants. Peut-être au contraire était-elle promise à mourir vite, tuée par une lame ennemie dans un coin sombre, comme cela avait failli lui arriver quelques heures plus tôt. Peut-être... Mais peu lui importait une telle fin, car tout valait mieux que de passer sa vie comme la plupart des gens, en comptant des points de retraite pour finir, le fessier encroûté d'excréments et le corps lardé de sondes, dans un asile de vieillards. De ça, oui, Leone était convaincue...

Le Greyhound la descendit à Nogales, bien après la tombée de la nuit. Le quartier de la gare routière n'était pas sûr. Des types saouls beuglaient sur des bancs tandis que d'autres rôdaient telles des hyènes à l'affût d'une proie. Leone quitta rapidement les alentours et passa le reste de la nuit dans un parc, dissimulée derrière un buisson. Elle reprit la route tôt le lendemain, à l'heure où les métros sont bondés d'employés du tertiaire qui commencent leur journée. Dans les faubourgs de la ville, elle entra dans une armurerie. Pour cinquante dollars, elle acheta un long couteau de chasse et, pour moins de vingt, une petite dague de botte forgée en acier industriel 440. Si elle devait de nouveau faire face à des types comme Kyle et son acolyte, au moins aurait-elle désormais de quoi défendre chèrement sa peau.

*

* *

Méthodique avant tout, Camden Hodge détestait le hasard. Après avoir quitté la falaise aux suicidés comme Crystal, Hendricks et Mungo, il s'était tout d'abord dirigé vers Vancouver mais, réflexion faite, il avait jugé plus intelligent de revenir sur ses pas. La route promettait d'être longue, Camden le savait, incertaine et dangereuse aussi. Il fallait s'équiper en conséquence.

Camden Hodge habitait seul la plus belle maison de tout le village. C'était, un peu à l'écart du bourg et presque à flanc de falaise, une vaste villa dont il avait lui-même dessiné les plans dix ans plus tôt. De retour chez lui, Hodge avait pris dans son coffre une grosse liasse d'argent liquide composée pour les deux tiers de dollars américains. Il avait aussi choisi dans ses placards sa meilleure paire de chaussures de marche, un manteau confortable et du linge de rechange. Dans son armoire à pharmacie, il avait ramassé des bandages, du coton hydrophile, une bouteille de désinfectant et un garrot. Sac au dos il était ensuite reparti, abandonnant ses papiers d'identité et ses cartes bancaires sur son bureau, négligeant même de fermer la porte derrière lui.

Il n'avait pas marché longtemps la première nuit. Il connaissait un petit abri de chasse dans une clairière, à deux ou trois miles à peine, caché en pleine forêt, où il tenait parfois l'affût quand l'envie le prenait. Ce n'était qu'une grossière cabane en hauteur, mais il savait que personne ne viendrait le chercher là. Il y avait dormi tranquillement avant de repartir, dans le silence des premières heures du jour. Il avait ensuite progressé lentement, attentif au moindre signe lui indiquant la direction à prendre pour que se révèle et s'épanouisse son don. Car Hodge n'en doutait pas, un pouvoir allait bientôt germer en lui. Un pouvoir qu'il espérait à la hauteur de sa personnalité d'exception. Il cultivait une haute opinion de lui-même et c'était peut-être pour cette raison que la vie, somme toute, lui avait accordé plus de douceurs qu'elle n'en dispense en général à des gens tout aussi talentueux mais moins sûrs de leur valeur. À cinquante-cinq ans, il jouissait d'une parfaite forme physique et mentale. Prenant grand soin de son apparence, il avait entretenu son corps comme une machine de prix, de sorte que ses muscles répondaient mieux et plus vite que ceux de bien des hommes de vingt ans moins âgés. Urbaniste assez doué, il avait amassé un joli magot en dessinant des tours de bureaux en Amérique du Nord, au Moyen-Orient et en Asie. Il connaissait le monde mais – justement parce qu'il en avait fait le tour plusieurs fois – ne l'appréciait pas plus que ça pour autant... Trop concerné par lui-même pour s'attacher à une femme au point de fonder une famille, il avait cessé de courir les commandes sitôt sa fortune faite et s'était retiré en solitaire sur la côte du Canada. Il jouissait depuis lors de la vie en esthète, dans son immense maison assise sur les hauteurs de ce littoral sauvage dont l'âpreté satisfaisait les hautes exigences de son esprit.

Au quatrième jour après son départ, ses réserves de nourriture épuisées, il fit halte dans un de ces relais routiers mêlant les genres, mi-café, mi-drugstore. Il y fit le plein de provisions avant de s'attabler pour prendre un repas chaud. Non loin de lui, uniques clients à cette heure creuse, deux hommes faisaient de même. Si Camden ne fit que noter d'un œil distrait leur allure douteuse relevée de piercings divers, eux, en revanche, remarquèrent qu'Hodge réglait sa note en tirant ses quinze dollars d'un généreux rouleau de billets. Quand il reprit son chemin, l'architecte ne marcha pas vingt minutes avant qu'un gros pick-up Toyota ne ralentisse à sa hauteur.

« Vous allez où, m'sieur ? On peut vous déposer ? »

Reconnaissant les deux mangeurs du restaurant, Camden se contenta d'un signe supposé signifier quelque chose comme *Je ne vous demande rien, occupez-vous de vos affaires*...

« C'est pas poli de pas répondre aux gens qui vous proposent de l'aide, relança le chauffeur en finissant de baisser sa vitre. Vous allez où comme ça, à pied ? Y a rien, par ici. Vous êtes un touriste ou quoi ? »

Camden s'enferma dans le silence. Inclinant la tête, il avançait en fixant le sol. Il traversait une forêt de pins. La brume saturait l'air et il n'y avait personne d'autre que lui et les deux occupants de la Toyota sur ce segment de route. À l'arrière de la voiture, dans la caisse ouverte, trois énormes chiens noirs étaient attachés. L'un d'eux grogna en découvrant ses dents longues. Camden sursauta. Il n'avait pas encore remarqué les bêtes et il avait toujours craint ces animaux-là. Sa réaction fit éclater de rire les deux types.

« Y a rien à craindre, m'sieur ! ricana le passager Ils sont pas méchants, les chiens !

— C'est pas comme nous », précisa le conducteur. Et comme il disait cela, il braqua la voiture pour contraindre Camden à s'arrêter. Tout se passa alors très vite. Surgissant du 4×4, les deux hommes jetèrent l'architecte au sol et le bourrèrent de coups. Hodge ne put rien faire. Ses agresseurs savaient frapper. Le crâne touché, le foie endolori, il gisait, paralysé, sur le gravier de l'accotement. Hodge sentit qu'on le fouillait. Ses agresseurs s'emparèrent de son argent puis répandirent le contenu de son sac sur le bitume. Tandis qu'ils triaient ses possessions, la main d'Hodge se referma sur une pierre coupante, grosse comme un œuf de cane. Instinctivement, il la lança de toutes ses forces sur le type le plus proche. Le caillou l'atteignit en pleine tempe. Furieux, le front en sang, l'homme attrapa Camden et lança son poing à répétition contre son visage avec la force d'un marteau rebondissant sur une enclume. Hodge ne perdit pas connaissance, au contraire. Sous les coups qui pleuvaient, son esprit parut se dilater, s'étendre jusqu'à des dimensions inconnues. Ses pensées s'accélérèrent et ses perceptions s'affinèrent. Sa vue, même, changea. Il voyait maintenant la scène de haut, comme si son esprit, rompant l'attache qui l'amarrait à son corps, flottait au-dessus. Les gestes et les actions lui paraissaient ralentis. Il observait son bourreau martyriser sa chair, mais il n'en ressentait aucune douleur.

À l'arrière de la voiture, les chiens étaient excités. L'odeur du sang affluait à leurs narines et affolait leur cerveau. Ils tiraient sur leur laisse fixée à un piton dans la carlingue et, haletants, brûlaient de participer à la curée... Camden Hodge perçut alors l'extraordinaire mollesse de leur âme. Il se glissa en eux et occupa sans résistance tout le champ de leur volonté. Sans qu'il comprenne les mécanismes de ce miracle, il était maintenant les chiens et les chiens étaient lui, homme et bêtes pétris en une seule entité intelligente et féroce. Sur son ordre, les animaux tirèrent de toutes leurs forces sur leur lien dans un effort conjugué. L'accroche céda. Gueule ouverte, les yeux brillants d'une envie de mort, les trois molosses bondirent. Les deux premiers se jetèrent sur l'homme qui martyrisait Camden, tandis que le troisième refermait déjà ses crocs sur la gorge de l'acolyte. L'assaut fut rapide et l'issue sans surprise. En pièces, le conducteur de la Toyota et son passager n'eurent pas eu le temps de comprendre que c'était leur fin. Camden se releva. Traînant les cadavres dans le fossé, il rassembla ses affaires éparpillées et essuya d'un revers de manche le sang qui coulait de son arcade sourcilière.

Les trois chiens étaient à présent assis à ses pieds, calmes et soumis. Il aurait pu leur faire faire n'importe quoi, tourner en rond à la queue-leu-leu comme dans un cirque ou sauter au travers d'un anneau en feu. Les animaux, Hodge le sentait, lui auraient obéi, quoi qu'il leur demande. Un rire amer secoua l'architecte. Ainsi, c'était ça son don ? Maître-chien ? Dresseur de cabots pour numéro sous chapiteau ? Qu'était-il supposé réaliser de grand avec un talent pareil ? Il était déçu, il méritait mieux, beaucoup mieux ! Ce pouvoir n'était pas à la hauteur de ses espérances…

Empli de rage et de frustration, Hodge tapa du poing sur la carlingue de la Toyota. Il avait rêvé d'autre chose, de commander à des êtres humains et non à de stupides bestioles. Il s'était imaginé conduire des foules ! Des légions ! Pas de simples meutes, jappantes et bornées ! Non, décidément, cela ne pouvait pas se passer ainsi. Hodge jeta son sac dans la Toyota et ordonna aux molosses de reprendre leur place à l'arrière. Serrant les mâchoires, il tourna la clef de contact et mit rageusement le moteur en marche. Les mains crispées sur le volant, malgré ses blessures qui le faisaient maintenant violemment souffrir, il se sentait encore assez fort pour contraindre le destin à rebattre les cartes.

V

Soixante-sept. C'était le nombre de photographies qu'avait trouvées Raphaël Banes chez son élève, Milton Millicent. Les images étaient là, étalées pêle-mêle sur le sol de son bureau. À force de les contempler, Banes les connaissaient par cœur. Une, surtout, la seule à se distinguer du lot, car c'était la seule sur laquelle l'étudiant apparaissait en personne. Comme les autres, il s'agissait d'un cliché en noir et blanc. L'image était un peu tremblée mais son léger flou n'empêchait pas de reconnaître le visage de Millicent. Sans aucun doute possible, même si l'apparence du jeune homme avait changé depuis que Banes l'avait vu pour la dernière fois. Milton avait mûri. Ses épaules, spectaculairement élargies, s'étaient redressées et ses yeux toisaient l'objectif sans rien trahir de cette timidité qui, autrefois, lui aurait fait fuir à coup sûr la confrontation avec l'appareil.

Posant devant un vieux bus scolaire modèle *long nose* poussiéreux et grossièrement repeint en noir, deux personnages encadraient le jeune homme. L'agrippant fraternellement par l'épaule, un type, la petite trentaine sympathique, arborait la panoplie complète du marginal : crâne tondu au double zéro, longue barbiche effilée, tatouages couvrant ses bras nus révélés par un T-shirt déchiré, un formidable sourire d'enfant sur son beau visage maigre. À la droite de Milton se tenait une fille. Jeune et presque aussi tatouée que son camarade, belle à sa manière malgré ses allures de sauvageonne et ses longs cheveux clairs encroûtés en dreadlocks qui lui tombaient jusqu'à la taille. Sensuellement collée à Milton, elle tirait la langue au photographe en tendant son majeur en un geste de provocation gratuite. Cette photo devait son intérêt à la seule présence de l'étudiant de Cornell, mais un autre détail la rendait précieuse aux yeux de Banes : contrairement aux autres clichés, elle portait une indication sur la date et le lieu où elle avait été prise. *Central Park, 1er juin, Shams, Durell, Louie...* La piste était ténue mais c'était le seul indice exploitable que Banes ait pu retirer des documents ramassés dans le taudis de Lansing ou des extraits du fumeux *Virga Vagos* envoyés par la Russe Gabriela. Il avait un lieu. Il avait des noms. Il avait des visages. Que cela lui plaise ou non, Raphaël se savait maintenant condamné à plonger au cœur de cet horrifiant cloaque qu'avait toujours été New York selon lui.

Résigné, il prépara une petite valise pour trois ou quatre jours, réserva une chambre dans un hôtel de milieu de gamme près de la gare de Grand Central et s'installa dans le train du matin assurant la liaison Ithaca-New York. Deux cents miles séparaient les rives du lac Beebe de celles de l'Hudson. Banes profita de ces heures de voyage pour essayer de se changer les idées en lisant les journaux, mais les nouvelles, partout déprimantes, le lassèrent vite. Somnolent, il laissa le temps passer sans penser à rien. Arrivé vers midi, il prit aussitôt un taxi pour Central Park. Circuler dans cette ville lui donnait toujours l'impression d'être un rat de laboratoire jeté dans un labyrinthe. Les façades des gratte-ciel étaient comme les parois d'une fosse, les murs d'un réseau de tranchées cyclopéennes au fond desquelles s'agitaient des foules sans forme et sans âme. Si d'autres se trouvaient exaltés par le cosmopolitisme exubérant de Big Apple, par le prométhéisme triomphant orgueilleusement clamé par le verre et l'acier de ses buildings, Banes voyait au contraire en New York une déclinaison contemporaine de Pandémonium, la cité démoniaque des récits légendaires, une agglomération trop grande, trop peuplée, où il était même difficile de respirer. Il y avait des années que le professeur ne s'était pas promené dans le centre de Manhattan. La dernière fois, il s'en souvenait assez bien, c'était évidemment en compagnie de Farah. Ils avaient déjeuné un jour de printemps au restaurant surplombant le Réservoir – le grand plan d'eau s'étendant au milieu des pelouses et des bosquets du parc. Euphorisée par le bon vin et la douceur de l'air, Farah avait voulu canoter. Se voyant mal manier les rames et détestant tout ce qui pouvait souligner sa maladresse naturelle, Raphaël avait évidemment refusé. Fâchée, elle avait boudé jusqu'à ce qu'il se fasse pardonner en lui offrant un chapeau de paille hors de prix dans une boutique de luxe sur la 5e Avenue.

Beaucoup de choses avaient changé depuis cette époque. Le pays n'était plus le même. En quelques années, la crise avait ravagé des pans entiers de la société et fragilisé la nation tout entière. Vague mais réel, innommé mais partout sensible, le doute s'était définitivement emparé de l'Amérique. Doute sur la justesse de son modèle économique. Doute sur l'efficacité de son système politique. Doute même quant à l'armature morale qui avait fondé son histoire et justifié son existence. À qui savait voir – ou plutôt : à qui voulait voir –, une nuée de détails trahissait partout la lente déchéance américaine. Le drapeau national n'était plus aussi souvent arboré sur la façade des habitations privées ; les gens dans la rue – même dans un endroit aussi préservé qu'Ithaca – se montraient moins affables et plus méfiants ; les services municipaux accumulaient retards et dysfonctionnements... Tout un ensemble de petites choses en apparence anodines, mais qui, mises bout à bout, contribuaient à modifier en sourdine l'atmosphère du pays. Aux abords de l'université Cornell, la situation était encore sous contrôle. La poste fonctionnait, les gens n'avaient guère changé leurs habitudes de consommation, les professeurs continuaient d'enseigner les inaltérables vertus du libéralisme et les élèves songeaient tout autant aux *parties* de fin de semaine qu'à la réussite de leurs examens.

À New York, néanmoins, l'ambiance était plus lourde et ce qui se passait précisément vers Central Park en était certainement l'exemple le plus frappant. Depuis plus d'un an, Banes le savait, une partie du lieu s'était transformée en bidonville. Ce n'était pas la première fois que cela se produisait. Au début des années 1930, déjà, des centaines de malheureux avaient fait de cet endroit leur refuge. Dressant un village de tôle, de carton et de planches, ils s'étaient ancrés là des mois durant, baptisant par dérision leur campement Hooverville, du nom du président de l'époque. Quelque neuf décennies plus tard, la misère réapparue, un camp de fortune avait resurgi au même endroit. La mairie avait bien tenté une évacuation, mais l'opération avait tourné à l'émeute. Il y avait même eu des morts. Pétrifié par l'indignation des associations d'aide aux mal-logés et foudroyé par une série d'articles vengeurs de la presse progressiste, le conseil municipal avait abandonné toute prétention de chasser les milliers de sans-abri qui avaient investi le terrain en pratiquant la politique du fait accompli. On avait bien placé un rideau de barrières pour, un temps, séparer leur campement du reste des espaces verts, mais le flot continu de nouveaux réfugiés avait rapidement rompu cette digue dérisoire. Depuis plusieurs mois, Central Park s'était donc vu définitivement abandonné aux malheureux qui, sous ses frondaisons, perdaient lentement le contact avec le reste de la ville.

« Vous êtes sûr que vous voulez aller là-bas, m'sieur ? demanda le chauffeur de taxi quand Raphaël lui indiqua sa destination.

— Angle 8e Avenue et 59e Rue, oui, confirma le professeur.

— C'est vous qui payez, soupira le *cabbie*. Mais j'espère que vous savez ce que vous faites !

— C'est si dur que ça, ce quartier ?

— Dingue ! confirma l'autre en s'élançant dans le flux de la circulation. C'est fou ce que les choses peuvent changer du tout au tout en peu de temps. C'est une vraie leçon, ça, vous savez... Moi, je vous dépose mais je ne vous attends pas. Je vous préviens, vous aurez du mal à trouver un collègue dans le secteur pour rentrer. Il n'y a plus beaucoup de monde pour marauder dans le coin, maintenant... »

Comme à son habitude, Banes n'avait aucune envie de poursuivre la conversation. Il ne relança pas le conducteur et s'enferma dans le silence. C'était un début d'après-midi aux couleurs incertaines. Agité, le ciel humide se déchirait parfois pour laisser filtrer de beaux éclats dorés entre deux averses. Avec sa brise coupante et ses lumières cristallines, l'automne, chaque jour, s'affirmait. Quand Banes descendit de voiture, il reconnut à peine cette partie de la ville. Les premiers signes de changement étaient visibles dès l'extérieur du parc. Avec une cote foncière en chute libre, de nombreux immeubles riverains portaient des panneaux indiquant leur mise en vente ou la location au rabais de leurs appartements. Après avoir longtemps figuré en bonne place dans la liste des quartiers les plus huppés du monde, les abords de Central Park se voyaient désormais désertés par les ménages à haut pouvoir d'achat et les boutiques de luxe. Les cabinets d'avocats déménageaient, les centres médicaux prestigieux ou le siège des grandes marques étrangères également. C'était tout le centre de Manhattan qui, depuis quelques mois, plongeait dans la décrépitude.

Banes pénétra dans le parc par la grande entrée du rond-point de Broadway. Il marcha d'abord jusqu'au Pond, un petit lac où la pêche était autrefois autorisée comme loisir, à condition de remettre à l'eau les poissons ferrés. Il n'y avait plus de prises à faire ici. Ses carpes et ses sandres depuis longtemps dévorés, l'étang n'était plus qu'un marigot souillé par les taches d'huile et les déchets en plastique qui flottaient à sa surface. Sous une première rangée d'arbres, Raphaël avisa deux grandes tentes marquées du symbole de la Croix-Rouge. C'étaient un poste de consultation médicale et un autre de distribution de colis. Deux files de malheureux serpentaient devant l'entrée. Hésitant à s'avancer, Banes alluma une cigarette. Ce qu'il avait sous les yeux le mettait mal à l'aise.

Ce n'était pourtant pas la première fois qu'il assistait à pareille scène. Depuis qu'il avait l'âge de s'intéresser à l'actualité, dans les journaux ou à la télévision, sa mémoire était emplie d'images de centres de secours. Mais, en l'occurrence, les malheureux qui faisaient ici la queue pour consulter ou se ravitailler n'étaient pas les victimes d'une guerre lointaine ou d'une catastrophe naturelle survenue à l'autre bout du monde. Ce n'étaient pas la Mésopotamie du chaos ou l'Asie des typhons, c'était l'Amérique ! New York ! Le cœur même du rêve américain ! Surplombés par les silhouettes hautaines du Rockefeller Center ou du Dakota Building, des milliers de miséreux dûment estampillés citoyens de l'empire US ne pouvaient recourir qu'à la charité pour assurer leur survie. Si la misanthropie native de Banes lui avait toujours évité de se sentir directement concerné par le sort de ses semblables, le professeur ne pouvait malgré tout s'empêcher d'éprouver de la gêne devant le dénuement de ces gens.

La gorge serrée, Raphaël jeta sa cigarette et, rassemblant son courage, remonta la file qui patientait devant la tente où l'on distribuait des colis alimentaires. Tendant la photographie qui représentait Milton et ses deux compagnons, il espérait que quelqu'un lui fasse signe. « Avez-vous vu ces gens ? demandait-il. Je cherche ces personnes... Regardez la photo, s'il vous plaît... » Baissant les yeux, la plupart des nécessiteux évitaient de s'intéresser à lui. Celui-ci le comprit, ce n'était pas par mauvaise volonté mais plutôt par honte qu'ils détournaient le regard. Cette même honte que ressentent les vaincus lorsqu'ils sont vus à terre... Avec ses vêtements élégants et propres, ses chaussures de cuir sans défaut et le léger parfum de violette imprégnant ses joues bien rasées, Banes n'appartenait pas au même monde que les réfugiés de Central Park. Bien qu'il n'ait jamais joui d'une folle aisance financière, le professeur avait toujours eu sa place parmi les passagers de première classe de la société américaine. Les gens qu'il côtoyait ici, en revanche, n'étaient même plus des voyageurs de troisième zone. Devenus indésirables dans leur propre pays, ils avaient vu toutes les portes se fermer devant eux. Sans avenir, ils survivaient au jour le jour sans savoir ce que demain leur réserverait.

« Attendez ! Faites un peu voir ! »

Pointant soudain au-dessus de la file, une main ridée venait d'apparaître. Jouant des épaules, une femme âgée écarta ses voisins pour atteindre Banes. Petite, ses cheveux gris plomb tombant en désordre sur ses épaules, elle s'approcha du professeur.

« Montrez ! dit-elle en arrachant presque la photo des mains de Raphaël.

— Vous les connaissez ? » demanda celui-ci avec espoir.

Mais les yeux noirs de la vieille ne glissèrent qu'une seconde sur l'image. Plantant ses prunelles dans celles du professeur, elle fouilla du regard Raphaël comme une dague pénètre un corps. Pendant au bout de ses doigts maigres, la photo ne l'intéressait pas.

« Vous pouvez me dire quelque chose à propos de ces gens ? » insista maladroitement Banes.

Dévisagé, il avait l'impression que la femme forait jusqu'à son âme. Déstabilisé, il voulut fermer les yeux, mais ses muscles ne répondaient plus. Ses poumons même se figèrent. Il paniqua, une sueur froide perla sur ses tempes et dans son dos. Son cœur se pétrifia. Brutale, l'impression ne dura cependant qu'un instant.

« Non, je ne les connais pas, ceux-là... » finit par avouer la vieille en lui rendant la photo. Retrouvant son souffle et l'usage de ses membres, Banes reprit son bien et s'éloigna pour aller s'asseoir sur le premier banc à sa portée. Il tremblait. Quand il releva la tête, il essaya, en vain, de retrouver la silhouette de la vieille aux cheveux couleur de métal dans la file, mais elle avait disparu, avalée par la foule.

Comme tout le monde, Raphaël avait parfois croisé des individus suscitant chez lui une répugnance immédiate, et Jacobus Friedkin en était un bon exemple, mais ce qu'il avait ressenti au contact de cette inconnue n'avait rien de commun avec ça. C'était une angoisse irraisonnée, violente et primitive, qui lui rappelait les impressions laissées par ses pires cauchemars d'enfant. Il reprit une cigarette, la grilla en entier avant de trouver le courage de se relever.

Près du centre médical, une jeune volontaire déchargeait des cartons de médicaments. Banes lui montra la photo. « Oui, je les ai déjà vus, ces deux-là, répondit la fille en désignant les deux jeunes gens qui fanfaronnaient aux côtés de Milton. Ils ont longtemps été installés dans leur bus, sur la rive est du Réservoir. Ils font des tatouages et des piercings. Ils étaient très populaires. Mais ils ne sont plus là. Ils sont partis dans l'Ouest, je crois...

— Où ça, dans l'Ouest ? » voulut savoir Banes.

La fille de la Croix-Rouge fit un geste d'impuissance. « Aucune idée. Désolée ! »

Déçu, Banes la remercia. Il fallait se résigner à l'évidence : la piste de la photo s'arrêtait là. Retrouver un bus de tatoueurs perdu quelque part entre New York et San Francisco était tout bonnement impossible. *Fin de partie*, pensa Banes en se demandant déjà comment annoncer la mauvaise nouvelle à Franklin Peabody.

À la fois désœuvré et curieux, il s'enfonça tout de même dans les profondeurs du parc. Plus il progressait et plus allées et pelouses étaient négligées. Il n'y avait plus de fleurs pour colorer les plates-bandes. Plus d'élagage pour contenir la profusion des taillis. Pourrissant depuis l'hiver passé, les feuilles tombées dégageaient une forte odeur de moisissure. Du bois mort jonchait les travées et les larges terre-pleins se transformaient lentement en bourbiers. Raphaël aperçut une première rangée de cabanes de fortune : murs en planches ; toits en tôle ; portes en vieilles palettes récupérées sur les marchés... Des gens s'activaient près des petites habitations. Une dizaine d'hommes qui venaient d'abattre un arbre débitaient le tronc à la hache. Non loin, des gamins sales jouaient à se poursuivre tandis que des filles revenaient des rives du plan d'eau en portant des seaux à bout de bras. À regarder distraitement la scène, on aurait pu croire à l'animation d'un de ces villages pédagogiques où l'on explique aux touristes la manière dont on vivait autrefois dans les campagnes. Les vêtements n'avaient cependant rien de commun avec ceux d'antan. Pas de robes longues pour les femmes, ici ; pas de beaux gilets brodés pour les hommes non plus mais, indifféremment pour tous, des baggies, des jeans et des sweats à capuche bon marché, malpropres et usés.

Banes sentit que le sol descendait en pente douce : la zone du Réservoir se situait légèrement au-dessous du niveau de la mer, si bien qu'une sorte de dôme de calme flottait au-dessus d'elle.

Comme une nouvelle séquence de pluie s'annonçait, les nuages brouillèrent la *skyline* de New York, et toute trace de la grande ville finit par disparaître autour de Banes. Évoluant au sein d'un silence cotonneux, Raphaël longea le lac couvert de brume. Des feux de camp étaient allumés sur les rives. Attroupés autour de braseros, des hommes discutaient d'une voix forte. Banes ne comprit pas de quoi ils parlaient, mais leur conversation s'interrompit dès qu'ils l'aperçurent. Leurs regards méfiants posés sur lui arrêtèrent net le mouvement d'approche du professeur. Préférant faire demi-tour plutôt que de se confronter à cette bande, Raphaël comprit qu'il venait de pénétrer un territoire où les inconnus n'étaient pas les bienvenus. Il battit en retraite, se dépêcha de gagner la sortie la plus proche et rentra à son hôtel à pied plutôt que de s'infliger la promiscuité du métro. Il dîna légèrement sur le chemin du retour dans un petit italien puis se cloîtra dans sa chambre, impatient de prendre une douche pour se débarrasser des mauvaises odeurs de la ville qui semblaient s'être accrochées à lui comme des algues à la coque d'un navire. Allongé sur son lit, il tira son ordinateur de sa valise et abattit l'ultime carte qui lui restait à jouer. Milton, Banes s'en souvenait, avait effectué son dernier règlement par carte bancaire dans un commerce du Queens. C'était là qu'il fallait chercher.

Vérifiée sur Internet, l'adresse était celle d'une animalerie. Pourquoi Milton y avait-il dépensé plus de deux cents dollars ? Quand Banes se présenta à la boutique le lendemain, peu après l'ouverture, le vendeur se montra étonnamment coopératif. Le magasin ne payait pourtant pas de mine. Sentant les croquettes et les produits pour aquariums, c'était un endroit sombre, d'une propreté douteuse, que les yeux humides et suppliants des pauvres bêtes enfermées dans des cages achevaient de mener aux frontières du sordide. Banes présenta la photo de son élève au gérant, mais celui-ci, évidemment, répondit qu'il ne se rappelait pas cette personne.

« Tout ce que je peux vous dire, assura l'homme, c'est que ce n'est pas un client régulier. Donc, si vous me dites qu'il a dépensé pas mal d'argent ici en une seule fois, c'est peut-être parce qu'il voulait voir le Bouquiniste...

— Le Bouquiniste ? reprit Banes. Qui est-ce ?

— Un excentrique qui vit dans le coin. Je ne connais pas son vrai nom, mais tout le monde l'appelle comme ça. C'est un vieux qui ramasse les livres dans les poubelles. Il paraît qu'il en trouve des rares, parfois. Des collectionneurs viennent le voir et le paient souvent en nourriture pour ses chats. Il en nourrit des quantités qui tournent autour de sa baraque. M'étonnerait pas que le garçon que vous cherchez soit passé chez lui. »

Dès qu'il avait entendu prononcer le mot bouquiniste, le cœur de Banes avait bondi.

« Où peut-on le trouver, ce monsieur ? » demanda-t-il.

Le vendeur dessina obligeamment sur un bout de papier l'itinéraire jusqu'au repaire de l'homme aux chats. Banes atteignit sans trop de mal un embranchement donnant sur une ruelle étroite et sombre. Avec ses flaques et ses ordures jetées à même le sol, la voie avait tout du coupe-gorge. Banes s'y avança cependant et déboucha ensuite sur une placette. Dominée par les façades aveugles des immeubles mitoyens, une étrange baraque se blottissait là. C'était une construction basse et bancale, édifiée comme les cabanes de Central Park à l'aide de matériaux de récupération, planches, tôle, bâches en plastique, bouts de toile goudronnée... Vingt ou trente chats rôdaient alentour. Certains étaient allongés sur le toit de la masure ; d'autres montaient la garde, sournoisement cachés derrière des monticules de vieilleries qu'on laissait pourrir contre les murs, leur présence seulement trahie par la phosphorescence de leurs yeux.

Raphaël s'avança vers la maison en annonçant fort et clair son arrivée, mais personne ne répondit à ses appels. Jetant un coup d'œil à travers un carreau sale, il aperçut des milliers de vieux livres entassés partout dans la pièce. Il y en avait alignés sur des étagères, empilés sur les tables, entassés sur le sol en colonnes massives montant presque jusqu'au plafond. De sa vie et bien qu'il ait l'habitude de fréquenter les librairies, jamais Banes n'avait vu autant de reliures dans si peu d'espace.

« La boutique est fermée ! » gronda alors une voix dans son dos.

Raphaël sursauta et se retourna vivement. Devant lui se tenait un vieil homme grand et maigre, au manteau élimé et au chapeau de feutre noir usé. Son visage osseux n'avait vraiment rien d'aimable. Perçant, son regard détaillait Banes avec la froideur d'un entomologiste étudiant un nouvel insecte s'agitant sous sa loupe.

« Je ne veux pas vous déranger, se défendit Raphaël comme s'il se trouvait en faute.

— Ben c'est déjà fait ! Qu'est-ce que vous voulez ? Vous cherchez un livre ? Lequel ? Crachez-moi le titre et qu'on en finisse. Je vous trouve ça sous huit jours si je ne l'ai pas en stock.

— Un livre ? balbutia Banes. Non. En fait, je cherche quelqu'un qui cherche un livre. Regardez... »

Une fois encore, le professeur tira de sa poche la photo de Milton et la présenta au brocanteur. Celui-ci n'eut pas à regarder longtemps le portrait avant d'assurer :

« Oui, je l'ai vu, celui-là. Il y a un petit bout de temps. Il commençait à faire chaud. C'était en juin ou juillet. Je lui ai trouvé ce qu'il demandait. Pas facile comme commande, d'ailleurs...

— Qu'est-ce qu'il voulait ?

— Vous êtes qui pour vous inquiéter de ça, vous ? Son père ?

— Non, sourit Banes. Je suis son directeur de thèse. Comme il ne donne plus de nouvelles, je voudrais savoir ce qu'il est devenu. Qu'est-ce que vous pouvez me dire sur lui ? »

Le Bouquiniste franchit un nouveau degré sur l'échelle de la suspicion. « Je suis pas une agence de renseignements, moi, rétorqua-t-il. Et puis, s'il a voulu passer sous votre radar, c'est son affaire, à ce gamin. Peut-être que vous lui revenez pas. En tout cas, j'ai rien à dire. Allez, fichez le camp si vous n'avez que ce genre de questions. »

La rudesse du vieil homme désarma Raphaël. Un instant, il se sentit désemparé. Il enfonça les poings dans ses poches et allait se résigner à partir quand il tenta :

« Moi aussi je cherche un livre, dit-il. Mais c'est un volume qui n'a pas de titre officiel, même si certains l'appellent *Virga Vagos*.

— Ah ! fit l'autre en relevant un peu son chapeau pour se gratter le front. Le même bouquin que votre prétendu étudiant, je suppose...

— C'est ça, oui. Vous pourriez m'en procurer un exemplaire ?

— C'est que celui-là, il est de plus en plus dur à trouver, voyez-vous... Vous m'auriez demandé l'édition 1555 de la *Divine Comédie* par Ludovico Dolce, ou une belle version XVIIe des *Centuries* de Nostradamus, c'était faisable dans un délai raisonnable. Mais là... je ne sais pas. C'est vraiment une commande spéciale. Et puis, à quelqu'un comme vous, ça coûterait un paquet...

— Combien ?

— Le tarif pour ce livre-là remis entre vos mains à vous, je vous le ferais à... six mille !

— Ah oui, quand même ! s'exclama Banes. C'est qu'il est beaucoup demandé, ce livre ? »

L'homme haussa les épaules. « C'est pas tellement ça, mon petit monsieur. C'est surtout que ce bouquin est pas vraiment fait pour vous. Moi, je crois que les livres et les gens sont pas tous forcément raccord les uns aux autres, voyez ? N'importe qui ne devrait pas être autorisé à lire n'importe quoi. Le monde a connu des malheurs à cause de cette idée-là. J'ai pas une vision égalitaire de la culture, comme vous pouvez vous en rendre compte. Alors, si jamais je vous le trouve, ce livre – ce que je ne garantis d'ailleurs pas –, il faudra au moins que vous y mettiez le prix. Question d'éthique, voyez ? »

Surpris, Raphaël essaya de ramener le Bouquiniste à de meilleures dispositions. « Six mille, c'est une somme, commença-t-il. Je crois vraiment que vous en surestimez la valeur. Vous savez au moins de quoi il traite, cet ouvrage ? »

Le vieux grommela. « Qu'est-ce que j'en sais, moi ? Si vous croyez que je lis toutes les saletés que je ramasse. Pas le temps. D'ailleurs, faut que je commence ma tournée. Venez avec moi, histoire qu'on se mette d'accord sur le pourquoi du comment de votre commande... »

Banes suivit le brocanteur jusqu'à un appentis où il rangeait un vieux chariot de supermarché. Poussant son caddie, le Bouquiniste se mit en route en agitant la main pour dire au revoir à ses chats. « À plus tard, les enfants ! Surveillez bien la maison... » Banes lui demanda innocemment si des chiens n'auraient pas été plus efficaces comme gardiens, mais l'autre objecta que l'odeur des chats suffisait à elle seule à éloigner les pires ennemis des livres : les rongeurs.

« Y a pas un rat ou une bon Dieu de souris à deux cents yards à la ronde, ça je peux le garantir sur facture. C'est que ces vermines auraient vite fait de boulotter mon dépôt ! Je me casse pas le train à ramasser les bouquins jetés aux ordures dans toute la ville pour qu'on vienne se faire les dents sur mon capital. Alors ? Comment on fait ? Je vous mets sur la liste de mes clients ou pas ? »

Banes hésitait. « Six mille, c'est beaucoup quand même...

— Je ne peux pas me décider à votre place, grogna le Bouquiniste. Vous êtes un velléitaire, vous. J'aime pas ça, moi, les velléitaires...

— Il vous a payé autant, mon étudiant ?

— Bon sang, je vous ai dit que je faisais mes factures selon les cas ! Évidemment non qu'il a pas payé autant, ce gamin ! Il a même rien versé du tout, si vous voulez savoir.

— Comment a-t-il fait alors ? »

Le brocanteur cessa de pousser son chariot pour observer une nouvelle fois Raphaël. « Il a payé en me rendant un service..., avoua mystérieusement le vieux.

— Quel service ?

— Le genre qu'on demande à une personne de confiance.

— Je suis une personne de confiance », risqua Banes. Prononcée sans assurance, l'assertion n'était pas convaincante.

Le Bouquiniste hoqueta. « Vous manquez pas d'air, monsieur… Rien qu'à vous voir bien habillé et parfumé comme vous l'êtes, je sais bien à quel genre vous appartenez.

— Quel genre ? s'inquiéta Raphaël.

— Le genre pas méchant mais un peu déconnecté du réel, si vous me permettez l'expression. Sûrement pas foutu de se débrouiller sans électricité, eau du robinet, chauffage central en hiver et climatisation en été.

— Excusez-moi de vivre dans mon siècle, se dédouana Banes.

— Oh, vous excusez pas ! Vous n'êtes pas le seul ! Il y en a des millions comme vous, rien que dans cette foutue ville. Des gens sans malice mais pas bien futés ! Des gens qui croient ce qu'ils lisent dans les journaux et entendent à la télé.

— Je ne lis plus les journaux depuis longtemps et je ne suis pas du genre à regarder la télévision, se défendit Banes.

— Si c'est vrai, vous marquez un sacré point !

— Je vous assure que c'est vrai, continua Raphaël sans savoir où menait cette conversation.

— Alors votre cas n'est peut-être pas perdu, et ça me donne presque envie de vous aider… Vous voulez vraiment retrouver votre élève ?

— Oui.

— Le bouquin dont on parle, franchement, je ne sais vraiment pas si je vais pouvoir en retrouver un exemplaire. Mais je peux faire autre chose pour vous.

— Quoi ?

— Vous demander le même service que j'ai réclamé à votre étudiant, pardi ! Comme ça, vous saurez au moins où ce gamin est allé...

— Parfait, s'enthousiasma le professeur, je ne demande que ça. Je vous écoute !

— La chose ne se passe pas ici. Il va falloir que je vous fasse rencontrer des gens. Et puis, si l'affaire se conclut, dites-vous bien que c'est une double faveur que je vous fais. Il faudra en être conscient !

— Oui, oui..., rétorqua Banes sans toutefois cerner ce que son interlocuteur voulait dire.

— Bon, lâcha le Bouquiniste. Maintenant, venez avec moi... »

Agrippant son caddie, le vieil homme au manteau noir se mit en marche à grands pas. Quittant le réseau des ruelles, il s'engagea en direction du nord, Raphaël sur ses talons. Le brocanteur avait beau soutenir bonne allure, il s'interrompait régulièrement pour vérifier des poubelles sur son passage et y récupérer les objets les plus divers. Il n'hésitait pas à plonger à pleines mains dans leurs entrailles afin d'en brasser le contenu sans se soucier des morceaux de verre ou des bouts de ferraille coupants qui pouvaient s'y cacher. Hésitant entre amusement et dégoût, Banes le regardait procéder, à l'écart, et prenait son mal en patience en grillant cigarette sur cigarette.

« Quand est-ce qu'on arrive ? ne put-il s'empêcher de demander comme son guide s'attaquait à un huitième conteneur.

— Si vous trouvez le temps long, vous pouvez toujours m'aider pour que ça aille plus vite », rétorqua l'autre.

Banes déclina l'invitation avec une moue de répugnance qui fit sourire le Bouquiniste.

« Évidemment, répliqua celui-ci, ça tacherait vos beaux vêtements... Mais faut pas croire que je m'amuse. Fouiller les poubelles, c'est le fondement même de mon boulot. Vous pouvez pas imaginer tout ce que les gens peuvent jeter. Des trésors, des fois... Et y a pas que les particuliers ! Tiens, comme est dans le coin, je vais vous montrer un truc qui va sûrement vous intéresser. Ramenez-vous ! »

Le fond de son chariot déjà rempli de vieilleries, l'amateur de livres traversa la rue sans se préoccuper de la circulation. Faisant piler des voitures, il franchit la chaussée dans un concert de klaxons et d'invectives des conducteurs exaspérés. Banes dut lui aussi se jeter au milieu du trafic pour ne pas perdre de vue son guide.

« Où m'emmenez-vous ? demanda-t-il une nouvelle fois.

— Juste là ! »

Raphaël tourna les yeux vers le bâtiment désigné par le clochard.

« Bibliothèque municipale de New York, section du Queens, dit le chiffonnier comme si Banes était incapable de déchiffrer les inscriptions gravées sur la façade. C'est derrière que ça se passe. Venez... »

Contournant la grande bâtisse néoclassique, les deux hommes parvinrent sur un dégagement bétonné. Quatre ou cinq grandes bennes à ordures étaient alignées là, attendant d'être vidées par les services municipaux. Excité comme un gosse devant un arbre de Noël, le vieux bascula à mi-corps dans la première d'entre elles.

« Ces idiots de fonctionnaires sont en pleine campagne de numérisation, dit-il tout en fouillant à l'intérieur. Ils jettent la plupart des documents après les avoir scannés. Même les livres. Les barbares ! Quel gâchis ! D'un autre côté, ça m'arrange parce qu'il n'y a plus qu'à se baisser pour les ramasser. Tenez ! Regardez ce que je viens de dégotter ! » Revenant à la lumière, le Bouquiniste brandit deux volumes reliés en cuir et un grand rouleau de papier fort. « *Histoire des guerres indiennes* par Rochefort ; la première édition de 1898 de *La Rivière du hibou*, d'Ambrose Bierce, et une grande gravure panoramique de New York vers 1850 des ateliers Witzer. Il y a des amateurs qui paieront un bon prix pour ça. Je reviendrai tout à l'heure pour regarder le reste. Allez, on repart ! »

Accroché aux basques du chiffonnier, Banes arpenta encore le quartier une bonne heure durant. Par trois fois, le vieux s'arrêta pour discuter avec des types installés sur des cartons posés à même le trottoir. Au milieu des palabres, des échanges se firent. Le Bouquiniste troqua ce qu'il avait trouvé le matin même – un petit poste de radio, des piles, un tapis – contre de nouveaux livres ramassés par ses correspondants au hasard de leurs propres pérégrinations.

« Ces gars-là, c'est mes lieutenants, expliqua-t-il à Banes. Je peux pas tout quadriller moi-même. Eux, ils s'en fichent des bouquins, c'est pas ce qui les occupe. Ils me gardent ce qu'ils trouvent et moi je leur file un petit billet, des frusques ou d'autres trucs utiles que je récupère de mon côté…

— Malin... », jugea poliment Banes, que l'économie parallèle des laissés-pour-compte de New York n'intéressait pas plus que ça.

Au fil des rues, le chariot se remplit des volumes les plus divers. Romans de gare ou grands classiques, dictionnaires, manuels techniques ou revues de sport, le Bouquiniste prenait tout ce qu'on lui donnait.

Les deux hommes poursuivirent ainsi leur chemin droit vers l'East River en longeant la 34e Avenue jusqu'au Vernon Boulevard, puis descendirent sur deux cents yards en prenant les quais. Quelques années auparavant, cette ancienne zone industrielle était en pleine réhabilitation. Des musées, des galeries d'art, des restaurants chics s'étaient ouverts. Une renaissance qui n'avait pas duré. Avec la *supercrise* et l'incapacité de Washington à assainir une économie américaine en phase terminale, le Queens – comme tant d'autres endroits – avait replongé dans la pauvreté et la crasse des années 1970.

« Bon, on arrive, dit le Bouquiniste. Regardez ! C'est là-bas... »

Pointant une longue bâtisse qui se dressait derrière un grillage gondolé, le brocanteur s'engagea sur un sentier terreux.

« C'est quoi, cet endroit ? demanda Banes.

— Une ancienne briqueterie, répondit l'autre. La ville a essayé d'en faire un centre culturel ou une idiotie du même genre. Mais il y a plus de sous, alors c'est abandonné. Enfin, pas pour tout le monde... Et puis, surtout, il y a encore les fours ! »

Raphaël suivit le vieux sans parvenir à éviter de salir ses chaussures et le bas de son pantalon dans les flaques de boue qui crevassaient la voie.

Il y avait de l'activité dans le secteur. Des silhouettes allaient et venaient autour du bâtiment. Ce n'étaient pas des ouvriers mais, selon toute évidence, des réfugiés économiques comme ceux qui bivouaquaient à Central Park.

« On va rencontrer quelqu'un d'important, avertit l'amateur de livres en se retournant vers Banes. Alors laissez-moi parler et surtout faites bien le modeste. C'est moi qui arrange le coup. Compris ? »

Contraint d'approuver, Raphaël grogna un vague assentiment en commençant toutefois à se demander ce qu'il faisait là, à suivre un chiffonnier jusqu'aux tréfonds d'une usine désaffectée. Près du fleuve, le vent mauvais d'octobre faisait grincer les pales de trois éoliennes bricolées au pied desquelles s'étendaient des carrés potagers où poussaient des fanes d'automne, amoureusement soignées par une petite troupe de jardiniers. Banes pénétra dans la fabrique à la suite du Bouquiniste. Ce dernier était ici figure connue, on le saluait, on lui tapait gentiment sur l'épaule. L'atmosphère n'avait rien d'hostile, au contraire. Malgré l'évidente précarité de leur situation, les gens paraissaient plutôt détendus. On entendait des rires. Pas de beuglements d'ivrogne ou de cris poussés par des énergumènes énervés. Pas de musique agressive, pas de saletés jonchant les couloirs. Il n'y avait pas seulement des hommes, d'ailleurs.

Comme il progressait au cœur du complexe, Banes vit des enfants en train de jouer à se poursuivre dans les couloirs, des femmes occupées à des tâches ménagères banales, préparant des repas dans une vaste cuisine ou lavant en commun des vêtements dans un ancien vestiaire transformé en lingerie. Il découvrit aussi des chambres occupées par des vieillards ou des malades. Couchés sur des lits en fer, ceux-ci n'étaient pas laissés à eux-mêmes mais veillés et soignés. Banes remarqua que l'un d'eux bénéficiait d'une perfusion et qu'un autre avait une jambe plâtrée de frais. L'ensemble donnait l'impression d'une communauté organisée, villageoise presque, et non de gens en totale perdition, rassemblés au gré des circonstances comme c'était le cas à Central Park.

On conduisit Banes jusqu'à une salle de belle taille dont l'entrée était dissimulée derrière un lourd rideau. Saisi par ce qu'il découvrait, Raphaël resta figé. Devant lui, le décor ressemblait aux salles de lecture qu'il avait l'habitude de fréquenter à l'université Cornell. Une vingtaine de larges tables, équipées de petites lampes de travail, étaient sagement alignées. Contre les murs, les rayonnages portaient des livres par centaines. Dans un coin, près d'une haute fenêtre, on avait installé un grand tableau noir face à un hémicycle de chaises. Des formules mathématiques y étaient encore inscrites à la craie, sous un intitulé de cours : *Résolution d'équations du premier degré*. Deux dizaines de personnes de tous âges étudiaient là, reproduisant l'atmosphère d'une bibliothèque ordinaire.

Le Bouquiniste posa sur une table quelques-uns des ouvrages dont il avait fait la collecte au cours de la matinée.

« Vous voyez le grand type près du tableau ? murmura-t-il à Banes.

— Oui.

— Il s'appelle Sainclair, mais ici on dit aussi le Régent. C'est le patron. C'est son idée, tout ça – le chiffonnier désigna emphatiquement les lieux d'un large geste. Genre université populaire, voyez ?

Gratuite et tout. C'est un gars formidable. Je vais lui parler. Attendez deux minutes. »

Il quitta Banes pour entamer une conversation à voix basse avec ledit Régent. Celui-ci était un Afro-Américain d'une cinquantaine d'années, grand, athlétique, au port de tête altier et au visage agréable. Élégamment vêtu, il portait curieusement une grosse chevalière dorée, de mauvais goût, à son annulaire droit. Il observait Raphaël de loin, pendant que le clochard l'entretenait. Banes s'avança quand les deux hommes lui firent signe d'approcher.

« D'après ce que l'on m'apprend, vous êtes enseignant, monsieur ? Où ça ?

— La vérité est que j'*étais* enseignant, corrigea Raphaël un peu gêné. Malheureusement, je suis actuellement en délicatesse avec mon administration. Université Cornell. Département des sciences politiques. »

Sainclair exprima sa surprise d'un petit « Oh ! » admiratif. « Qu'est-ce qui vous conduit précisément chez nous, professeur ?

— J'ai une proposition de travail pour un de mes anciens étudiants que j'ai perdu de vue, et il semble qu'il soit passé chez vous. J'essaie seulement de le retrouver.

— Ah oui, ce garçon... Comment s'appelle-t-il, déjà ? Notre ami m'a dit son nom.

— Millicent. Milton. J'ai sa photo. Tenez. »

Sainclair observa attentivement le cliché. « Je me souviens de lui, en effet. Il a accepté de nous rendre un service.

— Il était bien obligé, intervint le Bouquiniste. C'était sa partie du contrat, après tout...

— Il est encore ici ? s'enquit Banes.

— Non, non, dit Sainclair. Il est parti.

— Et la nature de ce service ? C'est confidentiel ou vous pouvez me dire de quoi il s'agissait ? »

Le Régent échangea un bref coup d'œil avec le Bouquiniste.

« Vous pouvez lui dire, lâcha celui-ci. Y a rien à craindre de lui. Il veut savoir et puis on a besoin de gens, de toute façon. Il comprendra... »

Sainclair soupira. « Si vous le dites...

— Oui, oui, insista l'autre. J'en prends la responsabilité.

— Je crois que le plus simple serait que l'on vous montre, dit alors Sainclair à l'intention de Banes. Venez. »

Quittant la salle d'étude en compagnie des deux hommes, Raphaël parcourut une enfilade de couloirs jusqu'au seuil d'une nouvelle salle aussi vaste que la précédente. Toutefois, ce n'étaient plus des tables et des étagères qui meublaient la pièce, mais le matériel de l'ancienne briqueterie. En pleine activité, deux fours ronflaient sous la surveillance d'une équipe d'artisans, tandis qu'une dizaine d'autres personnes, penchées sur des établis, s'affairaient à une occupation qui médusa Raphaël.

« Je me méprends ou bien ces gens recopient-ils vraiment des textes sur des tablettes d'argile ? demanda-t-il, incrédule, au Régent.

— Vous avez compris l'idée, admit ce dernier en souriant.

— Dans quel but ?

— Parce que nous pensons être les contemporains du proche effondrement de la nation américaine et du retour à la barbarie, professeur, avoua candidement Sainclair. Puisque c'est votre spécialité, vous ne craindrez pas quelques références. Vous savez ce qu'est la théorie de l'anacyclose de Polybe, Cicéron et Giambattista Vico : les civilisations sont régies par des cycles dont les bénéfices engendrent au bout du compte la décadence. C'est aussi la loi d'hétérotélie de Monnerot : une dislocation brutale suit obligatoirement l'irruption d'un pic de puissance, car les mêmes causes qui ont présidé à l'apogée d'un système provoquent, par saturation et retournement, sa perte. Dieu sait que notre nation fut puissante. Malheureusement, cette époque est d'ores et déjà révolue. Comme après la chute de Rome, un nouvel âge des ténèbres approche, et il sera bien plus terrible que le précédent. Mais cela ne nous effraie pas car nous y serons préparés. Les grands textes de l'humanité seront préservés. Les savoirs essentiels aussi. Les livres brûlent, professeur, les copies numériques sont sensibles aux chocs électromagnétiques et nécessitent de l'électricité pour être utilisées. Les plaquettes de terre cuite que nous préparons ici, en revanche, traverseront le temps sans dommage. Dans trois mille ans, elles seront aussi lisibles qu'au jour de leur confection. Sans contrainte. Sans restriction. C'est l'immense supériorité de la simplicité sur la sophistication. »

Banes était abasourdi. Il trouvait le projet à la fois grandiose et pathétique, sublime et dérisoire.

« Depuis quand vous êtes-vous attelés à la tâche ? demanda-t-il tout en s'approchant des copistes pour mieux les observer.

— Nous avons commencé très modestement il y a plus de vingt ans, répondit placidement le Régent. Nous n'étions qu'une poignée à l'époque, mais nous avons fait beaucoup d'adeptes depuis lors. Les gens ouvrent les yeux. Ils ont compris combien la modernité est fragile. Nous avons déjà reproduit et entreposé des milliers de volumes :

les classiques de la littérature et de la philosophie, bien sûr, mais aussi et surtout des ouvrages techniques, des traités de médecine, d'agriculture, d'architecture, de mécanique, toutes les sciences auxquelles vous pouvez songer. C'est un projet sans fin que seule la catastrophe finale arrêtera.

— Un projet dont vous êtes l'instigateur ? » voulut savoir Banes.

L'homme sourit. « Malheureusement non. Je ne peux revendiquer la paternité de cette idée. D'ailleurs, personne ne le peut, puisque nul ne sait vraiment qui a commencé. Comme vous, j'ai croisé par hasard la route de quelqu'un qui savait, il y a longtemps déjà... Moi, je n'ai fait que trouver cet endroit et organiser son aménagement. Il existe d'autres lieux comme celui-ci dans le pays. En Californie, à Dallas, en Louisiane, à Baton Rouge...

— Vous avez besoin de moi pour quoi, au juste ? Pour faire de la copie sur argile ?

— Ne soyez pas ironique, répondit doucement Sainclair. Nous avons autant de volontaires que nous voulons. Non. Ce sont des livreurs qui nous manquent en revanche. Surtout maintenant.

— Des livreurs ?

— Il faut bien les entreposer quelque part, ces tablettes, enchaîna le Bouquiniste. Inutile de se donner du mal à les fabriquer si c'est pour les laisser dans un endroit comme New York où n'importe quoi peut leur arriver. Non. On a un dépôt sûr pour ça. On l'appelle le Caveau.

— Le Caveau ? Qu'est-ce que c'est ?

— Un lieu que l'on garde secret. Enfin, *secret* est un bien grand mot. Disons *discret*, plutôt. Le plus discret possible. C'est un réseau de galeries dans les Rocheuses. »

Raphaël pâlit. « Les Rocheuses ? Vous voulez que j'aille déposer vos plaques d'argile dans les Rocheuses ?

— Nous, on veut rien, corrigea le Bouquiniste. C'est juste une proposition et une faveur qu'on vous fait... Parce que c'est quand même vous qui vouliez savoir où était passé votre étudiant, non ?

— Vous l'avez envoyé là-bas ?

— Oui.

— Il y est toujours ? »

Sainclair écarta les mains en signe d'ignorance. « Aucune idée. Il est parti. C'est tout ce qu'on sait. Ceux qui sont de garde au Caveau ne sont pas du genre à avoir le téléphone. On ne fait pas non plus de suivi sur ce qui arrive là-bas. Généralement, les transports se passent bien. Il n'y a pas de raison que celui de votre ami se soit mal déroulé... »

Le Bouquiniste haussa bizarrement les sourcils à l'écoute de cette phrase, mais Banes ne prêta pas attention à cette discrète marque de scepticisme.

« Bon, admit Raphaël, je vais vous prendre quelques tablettes et les déposer dans votre fameux Caveau. Donnez-moi juste l'adresse. Ce sera fait dans quelques jours. »

Sainclair sourit à Banes, comme il l'aurait fait face à un enfant naïf, mais le Bouquiniste pouffa.

« C'est pas comme ça que ça se passe, monsieur, expliqua-t-il en essuyant ses lèvres humides d'un revers de manche. Il a pas d'adresse, le Caveau. Sa localisation, on la donne pas comme ça. Vous devrez partir avec d'autres gars qui savent, eux... Le prochain convoi part quand, Régent ?

— Après-demain matin. Neuf livreurs. Vous ferez le dixième. Habillez-vous chaudement et confortablement.

— Non, non, répliqua Banes, soudain affolé. Je ne vais nulle part. Moi, je ne sais pas vraiment qui vous êtes et il est hors de question que je voyage jusqu'aux Rocheuses avec des gens ! Ce sera seul ou rien !

— Ben, ce sera rien, alors, répliqua le Bouquiniste sur le ton le plus neutre. Nous, on s'en moque que vous partiez ou pas. Vous y allez, c'est bien. Vous restez, c'est pareil. C'est pas ce que vous allez transporter sur vos maigres épaules qui va beaucoup changer l'état du stock, de toute façon...

— Attendez, tenta Sainclair. Je comprends vos réticences, professeur. Mais il y a peut-être moyen de s'arranger. Que voulez-vous savoir sur nous, pour commencer ? »

Banes hésita. « Cet endroit et ces gens, demanda-t-il. Qu'est-ce que c'est au juste ? Une communauté ? Une secte ? »

Une nouvelle fois, le Bouquiniste éclata de rire.

« Une communauté, certainement, admit Sainclair. Une secte, sûrement pas ! Personne ne commande, les décisions sont prises en commun. Moi, je m'occupe de l'organisation, c'est tout. Nous ne sommes pas des illuminés. Au contraire. Tout ce que nous faisons est mûrement réfléchi. Et les faits nous donnent raison... La plupart des gens que vous avez croisés n'auraient jamais imaginé se trouver parmi nous il y a seulement un ou deux ans. Seulement voilà, vous connaissez l'état de notre pays aussi bien que moi, et vous voyez comme je la vois la situation se dégrader chaque jour. Le système a fonctionné un temps, mais l'époque de sa sénescence est venue. Il se heurte à ses contradictions, il est irréformable. C'est une vérité difficile à affronter mais c'est un fait. Tandis qu'il agonise, de plus en plus de gens sont laissés sur le bas-côté. Des inutiles, dit-on, des inadaptés qui ne veulent pas comprendre que le monde change… Moi, je pense que c'est faux. Ce ne sont pas ces gens qui sont coupables. C'est l'édifice politique et social qui génère cela. Considérant la limitation des ressources, une minorité de nantis ne peut mécaniquement survivre que si elle paupérise et marginalise une part toujours plus grande de la population. C'est mathématique, il n'y a rien à faire contre cela.

— Je ne suis pas loin de penser comme vous, admit Banes, qui curieusement retrouvait là des réflexions qu'il avait lui-même maintes fois développées dans ses cours. Mais de là à préparer la fin du monde, je crois que vous avez une perception un peu immature des événements. »

Le Régent aurait pu s'offusquer de ce qualificatif. Il ne se vexa pas.

« Peut-être avons-nous tort de nous préparer au pire. Peut-être… Mais ce que nous, anonymes, démunis, avons entrepris depuis des années – et qu'aucun gouvernement n'a jamais eu l'idée de réaliser –, ce n'est pas seulement de protéger le patrimoine le plus précieux de l'humanité, c'est aussi, et peut-être surtout, de donner un dessein et une raison d'exister à des centaines de braves gens broyés par un monde indifférent. Ceux qui viennent à nous, monsieur Banes, ceux qui, d'une manière ou d'une autre, trouvent notre refuge, nous les traitons bien. Mieux que le système ne l'a jamais fait. Avec moins de moyens sûrement, mais avec beaucoup plus d'humanité. Nous ne laissons personne de côté. Ni les vieux, ni les faibles, ni les pauvres d'esprit. Les indigents, nous les nourrissons et les habillons. Les abandonnés, nous les prenons sous notre aile.

Les ignorants, nous les instruisons et leur donnons des livres. Il y a des cours chaque jour sur tous les sujets, ici. On apprend à penser, à raisonner, à composer de la vraie musique selon les règles classiques, à peindre et à dessiner selon les canons académiques. Cela élève l'esprit des gens. Des étudiants qui ne bénéficient plus de bourse viennent chez nous achever leurs études. Des professeurs mis à la porte parce que des villes n'ont plus les moyens de payer leur salaire poursuivent leur mission d'enseignement avec nous. Même chose pour des infirmiers au chômage ou des artisans dont les banques ont saisi la maison. La société *normale* ne veut pas de nous ? Tant pis pour elle ! Nous lui laissons ses règles qui ne nous conviennent pas et nous en inventons d'autres. *Secessio plebis*... Vous qui êtes un lettré, vous devez savoir ce que cela signifie ?

— La *sécession de la plèbe*, traduisit Banes, particulièrement féru d'histoire antique. C'est un terme qui renvoie aux rivalités entre patriciens et plébéiens au début de la République romaine, si je ne m'abuse. La masse, opprimée par l'oligarchie, choisit de se retirer de la ville plutôt que de recourir à la violence. Laissés seuls face à eux-mêmes, sans personne pour s'occuper des champs, fabriquer les objets du quotidien ou simplement les débarrasser des tâches domestiques, les patriciens furent contraints d'octroyer des droits à ceux qu'ils voulaient asservir. C'était très bien joué de la part du petit peuple romain, qui a mené là une révolte douce, d'autant plus efficace qu'elle s'est exprimée sans violence. Des précurseurs de la désobéissance civile à la Gandhi, en somme...

— Vous connaissez vos classiques sur le bout des doigts, le félicita Sainclair. Ce que vous dites est exact. Nous reprenons un peu l'esprit de cette époque, à cette différence près que nous avons totalement rompu avec le système dominant. Nous ne voulons pas qu'on nous accorde plus de droits à l'intérieur de sa matrice. Nous cessons de jouer le jeu, tout simplement. Et nous écrivons nos propres règles.

— Le Régent a raison, m'sieur, enchaîna le Bouquiniste. Cette société-là, elle est destinée à mourir bientôt. Les USA, ils sont en faillite depuis longtemps. Les dollars, c'est rien que de la fausse monnaie qui vaut même plus le prix de son papier et de son encre. De toute façon, c'est de l'argent de contrebande depuis que la Fed a été créée en 1913. C'est de l'argent privé vendu au peuple avec un taux d'usure effarant. Il y a pas beaucoup de gens qui savent ça, mais c'est la pure vérité, m'sieur. Les autres pays commencent à s'en rendre compte aussi. Ils veulent plus acheter en dollars. L'arnaque de Bretton Woods, c'est fini ! Le billet vert équivalent du lingot d'or, plus personne n'y croit. La banqueroute généralisée va se produire bientôt. Le gouvernement pourra plus payer les fonctionnaires et les prestations sociales. Il va y avoir des grèves et des révoltes. Les gens des villes vont souffrir parce qu'il y aura plus rien dans les supermarchés. Des États voudront quitter l'Union. Washington va tenter le tout pour le tout en déclarant la guerre ouverte à son propre peuple. Ça va craquer de partout ! »

Tout en déroulant le chapelet des calamités à venir, le Bouquiniste s'empourprait comme un devin en transe. Le Régent le calma en lui posant la main sur le bras.

« Je crois que vous effrayez notre hôte, mon ami.

— Non, non, assura Banes. C'est intéressant, ce que vous dites. On m'a déjà parlé de ça récemment. Je suis assez d'accord sur le diagnostic, mais je pense que nous parviendrons à surmonter nos problèmes sans les convulsions que vous redoutez.

— C'est parce que vous avez les jetons, s'énerva le vieux. Vous refusez de regarder la réalité en face à cause de votre position encore préservée des ennuis, et ça vous arrange de croire que tout ça durera au moins jusqu'à ce que vous ayez le temps de passer l'arme à gauche tranquillement dans votre lit, à quatre-vingts balais et plus. Mais ça n'ira pas jusque-là, m'sieur. Non. Malheureusement...

— Ce que vous me racontez, c'est un peu ce que résume le livre que vous avez trouvé pour mon étudiant, non ? »

Le Bouquiniste haussa les épaules. « Doit y avoir un peu de ça, admit-il. Mais je l'ai pas vraiment lu, ce volume. À peine jeté un coup d'œil.

— Il y a toujours eu des livres prophétiques qui ont circulé, monsieur, ajouta Sainclair comme s'il connaissait bien lui-même le *Virga Vagos*. Qu'il y en ait de nouveaux pour notre époque, quoi de plus normal ? Mais, passé ou présent, aucun n'a vraiment d'intérêt car l'avenir se révèle partout sans fard pour qui veut voir. Dans les statistiques des ressources naturelles disponibles. Dans les prévisions démographiques. Dans les constantes comportementales individuelles et collectives. Aujourd'hui, inutile d'avoir des révélations. Pour qui a le courage de regarder la vérité en face, toutes les données sont sur Wikipédia. Enfin... jusqu'à ce qu'il y ait des centrales électriques en état de fonctionner pour alimenter l'Internet ! »

Banes soupira. Décidément, la maladie du catastrophisme semblait faire des ravages parmi les populations en rupture de ban.

Le Régent ne perdit pas son temps en nouvelle démonstration. « Si vous voulez retrouver votre ami ou même seulement vous rendre utile, rejoignez le convoi qui quittera la briqueterie dans quarante-huit heures à destination du Caveau. Sinon, retournez à vos affaires. Elles sont sûrement plus importantes que de protéger quelques misérables fragments de trente siècles de savoir… »

Gêné, Raphaël ne sut que répondre. Impressionné par le charisme du Régent et l'œuvre authentiquement philanthropique qui s'accomplissait ici, il demeurait cependant étrangement réservé.

« Je crois que je vais décliner l'invitation, finit-il par avouer. Désolé. Je voudrais vous aider, mais je me vois mal faire le voyage jusqu'aux Rocheuses. Je peux peut-être, en revanche, faire un don à votre cause… »

Comme il portait déjà la main à son portefeuille, le Régent l'arrêta. « Votre contribution est inutile, monsieur. Merci pour l'intention, elle vous honore. Mais depuis longtemps nous ne comptons plus que sur nous-mêmes pour nous en sortir. Comme vous l'a fait comprendre notre ami, désormais l'argent n'est plus une valeur sûre, vous savez… »

Banes quitta la briqueterie sous la pluie. Il héla le premier taxi et regagna son hôtel. Tournant en rond dans sa chambre, il patienta jusqu'à ce que cesse l'averse puis sortit dîner par automatisme plus que par faim.

Tandis qu'il attendait son plat, il griffonna quelques lignes dans son carnet dans l'espoir de clarifier ses idées. De cette journée passée aux côtés du Bouquiniste et de Sainclair, il y avait à la fois beaucoup et peu à tirer. Combinés aux éléments dont il avait déjà connaissance, les fragments d'information collectés ce jour même dans le Queens composaient un ensemble évident dont Banes échouait pourtant à définir l'unité. Et puis une connexion se fit. Une évidence qui aurait dû le frapper depuis qu'il avait vu les fours dans la briqueterie, mais que son esprit avait sottement occultée. Si Milton avait acquis un matériel de poterie quelques jours seulement avant de disparaître, ce n'était pas pour ses loisirs, mais pour fabriquer une copie du livre de prophéties rédigé par le Scribe. Un duplicata secret et exhaustif sûrement destiné à la sécurité du Caveau ! Le cœur de Banes s'emballa. Quelques pièces du puzzle, enfin, s'emboîtaient.

À onze heures du soir, revenu dans sa chambre, Raphaël appela Peabody.

« Ravi de vous entendre, monsieur Banes, dit chaleureusement Franklin. Du neuf ? »

Sans rien lui cacher, Raphaël lui relata dans le détail les derniers événements.

« Ce que vous rapportez est passionnant ! s'enthousiasma l'homme de Boston. C'est fascinant, cette histoire de préservation des livres opérée par des gens sans moyens. Vous devez aller jusqu'à ce Caveau. Je veux absolument savoir où se trouve cet endroit. Cela devient votre priorité… »

Banes avala difficilement sa salive. Ce qu'il avait à dire, il le savait, n'allait pas convenir à Peabody. « Je crois que je suis allé aussi loin que je le pouvais par moi-même, monsieur, commença-t-il. Je vous l'ai déjà dit, je ne suis pas un homme de terrain. Mettez-moi dans une bibliothèque ou des archives, je vous trouve le bon document plus rapidement que n'importe qui, mais les déplacements hasardeux en compagnie d'inconnus, franchement, ce n'est pas pour moi. Maintenant que j'ai dégagé la piste, je pense qu'il faudrait que ce soit un autre qui la suive, quelqu'un de taillé pour mener l'enquête. Je suis certain que vous devez avoir ça dans vos relations, non ?

— Vous êtes un fichu pantouflard, Banes ! s'énerva aussitôt Franklin. Un peu trouillard aussi, non ? Cette mission, c'est à vous de la mener. Je ne vais pas perdre mon temps avec des histoires de remplaçant à vous trouver. C'est bien à vous que le Régent, ou je ne sais plus comment vous l'appelez, a fait la proposition ? Assumez, mon vieux !

— Cette histoire commence à m'ennuyer, monsieur, se cabra Raphaël. Je préférerais que nous arrêtions notre collaboration, si vous n'y voyez pas d'inconvénient. On met fin au contrat. Disons que je ne vous dois rien et vous non plus... D'accord ?

— C'est une option qui me déplaît ! décréta Peabody au bout du fil. Si vous y tenez, on fera comme ça, mais réfléchissez bien avant de lancer ce genre de procédure, parce que vous pourriez le regretter. Je vous conseille plutôt de passer une nuit tranquille et de profiter de la journée de demain pour reprendre vos esprits. Vous verrez que vous considérerez la chose différemment. Bonsoir, Banes. »

La sécheresse avec laquelle cette dernière phrase avait été prononcée glaça Raphaël. L'avenir de sa relation avec la Farnsborough Foundation venait de s'obscurcir sérieusement. Après tout, Peabody avait peut-être raison : déchirer l'engagement fraîchement signé n'était peut-être pas la meilleure chose à faire, même si cela impliquait quelques jours d'inconfort. Banes passa le reste de la nuit dans l'indécision, sans que rien ne puisse l'aider à trancher entre le désir d'abandon qui le taraudait et le pragmatisme qui lui ordonnait de mettre ses réticences sous le boisseau afin de continuer à chercher Milton.

Toute la journée du lendemain, il hésita encore, passant d'une décision à l'autre telle une aiguille de métronome incapable de se fixer. Le soir tomba sans que Banes soit capable de dire comment il agirait le lendemain matin : rentrer à Ithaca ou se présenter à la briqueterie et remettre son sort entre les mains de Sainclair et de sa troupe. Il dormit mal et peu. Quand l'aube se leva, il boucla fébrilement sa valise, descendit régler sa note et pria le concierge de lui appeler un taxi.

« Quelle destination ? demanda le chauffeur.

— Le quartier du Queens, répondit Banes d'une voix blanche. Les quais… »

Le professeur était-il sûr de savoir ce qu'il faisait ? Au constat du malaise qui le tourmentait, un observateur n'aurait pas pris grand risque à parier sur la négative. Mais, malgré les apparences, Banes avait pris sa décision. Oui, il allait se faire violence quelques jours durant afin de mener à bien la mission confiée par Peabody et assurer sa position au sein de la Fondation Farnsborough. Considérant l'état de son compte en banque, l'idée de saborder son contrat avec la firme de Boston n'était qu'un caprice injouable.

Les jambes flageolantes, Banes descendit de la voiture et franchit le portail d'enceinte de la briqueterie en tirant péniblement sa valise à roulettes dans la boue du chemin. Trompé par la lumière hésitante du petit jour, il plongea jusqu'aux chevilles dans une flaque sale qui lui glaça les pieds. Non loin de l'entrée principale du bâtiment, une vingtaine de personnes étaient rassemblées sous un préau. Des sacs de marche s'empilaient dans un coin et une grosse cafetière collective trônait sur une table chargée de nourriture consistante. C'était la collation avant le départ de la troupe. Le Régent était là, conversant avec chacun. Quand Banes fit son apparition, il s'interrompit pour se porter immédiatement à sa rencontre.

« Je suis heureux de vous voir parmi nous, dit Sainclair en le gratifiant d'une chaleureuse poignée de main. C'est donc décidé ? Vous allez accompagner ce groupe jusqu'au Caveau ?

— Si vous voulez toujours de moi, répondit timidement Banes.

— Bien sûr, assura Sainclair, toutes les bonnes volontés sont les bienvenues. Mais vous ne comptez pas partir habillé comme ça, j'espère ? »

Raphaël marqua son incompréhension d'une simple mimique.

« Je vous avais conseillé de vous vêtir confortablement, reprit Sainclair. Vos vêtements de ville ne sont pas adaptés à la marche.

— La marche ? s'étrangla Banes. Il faut aller jusqu'aux Rocheuses à pied ? C'est une plaisanterie ?

— Non, vous n'allez pas faire l'intégralité du trajet à pied, naturellement, mais il est tout de même indispensable de vous équiper mieux que vous ne l'êtes. On va vous trouver quelque chose. Venez… »

Sainclair guida Banes vers une petite construction annexe, un dépôt d'accessoires et de vieux vêtements. Une désagréable odeur de naphtaline flottait à l'intérieur, Banes se pinça le nez. « Notre caverne aux trésors », annonça fièrement Sainclair en allumant les néons. Sur des étagères et des portants, des centaines d'habits étaient stockés. « Je vais vous trouver ce qu'il vous faut. Tenez, prenez ça et puis ces affaires-là aussi... » Avec l'assurance d'un sergent-fourrier habitué à évaluer les morphologies d'un simple coup d'œil, le Régent saisit une veste en cuir, un pantalon épais, un ample chandail et une vieille paire de godillots à semelles crantées et tige haute. Plaçant le lot dans les bras de Raphaël, il s'attendait à ce que ce dernier s'en revête sur-le-champ, mais la chose était contraire à tous les principes de vie du professeur. Enfiler des vêtements d'occasion était un véritable cauchemar pour Raphaël. La simple pensée d'avoir à passer des frusques et des chaussures portées par d'autres lui était insupportable. Cela ne lui était jamais arrivé de toute son existence et, malgré le désir qu'il avait de ne pas vexer Sainclair, museler sa répulsion était au-dessus de ses forces.

« Je crois que j'ai ce qu'il faut dans ma valise, dit-il. Ne vous inquiétez pas pour moi, ça ira, merci...

— Alors changez-vous maintenant. Au moins, ce sera ça de fait. »

La voix qui venait de s'exprimer était sèche et coupante. Surpris, Banes se retourna. Un inconnu le regardait. Son visage aux traits marqués, aux sourcils froncés et aux lèvres minces était l'image même de la sévérité. Il se tenait si droit qu'on aurait dit ses vertèbres soudées, et sa silhouette dure et maigre évoquait celle d'un sous-officier habitué à commander.

« Leland va faire le trajet avec vous, annonça le Régent en présentant le nouveau venu. Il sait tout ce qu'il faut savoir. Avec lui, vous n'aurez pas de problème...

— Lui n'aura peut-être pas de problème avec moi, grogna Leland en désignant Banes, mais moi, qu'est-ce qui me garantit que je n'en aurai pas avec lui ?

— Il n'y a pas de raison que les choses se passent mal, répliqua Sainclair. Nous œuvrons tous ici pour une bonne cause. Équipez-vous, monsieur. Au fait, c'est idiot, mais je ne sais même pas comment vous vous appelez, professeur !

— Raphaël Banes.

— Raphaël ? grogna Leland. C'est du genre européen, ça, non ? Difficile à retenir...

— Vous pouvez m'appeler Fano si vous voulez. C'est comme ça que ma femme m'appelait parfois.

— Rêvez pas, mon vieux, répliqua Leland d'un air dédaigneux, je suis pas votre gonzesse, moi... Allez, fringuez-vous et venez vous présenter aux autres. »

Banes déglutit difficilement. « Je vais plutôt rester comme ça pour l'instant et mettre ce que vous me donnez dans ma valise. Je préfère... »

Leland leva les yeux au ciel. « Comme vous voulez, mais n'allez pas vous plaindre que vous avez mal aux pieds. Et personne ne traînera votre truc à roulettes à votre place, alors réfléchissez bien. Régent, donnez son chargement à *monsieur* Fano, s'il vous plaît. On partira juste après.

— Ne faites pas attention à lui, s'excusa Sainclair. Il a des manières un peu rudes mais c'est un excellent routard. Et puis il a un bon fond. Quand on le connaît... »

Raphaël se mit à genoux pour entasser tant bien que mal les fripes dans sa Samsonite. Rien que de devoir manipuler les affaires élimées et les godillots cabossés le dégoûtait.

« Venez, dit le Régent. Nous allons prendre votre colis. »

Dans la salle des fours, des paquets de tuiles étaient alignés sur un comptoir. Soigneusement emballées dans plusieurs couches de papier bulle, les tablettes de terre cuite étaient d'une taille légèrement supérieure à celle d'une feuille de papier ordinaire, minces comme des ardoises de toiture et très finement gravées au stylet sur les deux faces. Chacune compilait environ dix pages de texte d'un livre d'une édition standard.

« Il faudra faire très attention, monsieur Banes, prévint le Régent. Elles sont fragiles. Nous allons vous donner un sac à dos pour les porter. Souvenez-vous toujours de ce qu'il contient et ne le faites pas tomber. Graver ces objets demande du temps et de l'habileté. C'est un chargement précieux.

— Je peux savoir ce que vous me confiez ? s'enquit Banes.

— Cela n'a rien de secret. Décidez vous-même ! »

Chaque paquet portait une étiquette précisément rédigée. Raphaël lut : J. W. von Goethe, *Traité des couleurs ;* Hérodote, *Histoires ;* collectif, *Cours de mécanique générale volume IV : Causes thermodynamiques du mouvement matériel* ; faculté de médecine de l'université Columbia : *Manuel de dentisterie opératoire.* Il y avait une quinzaine d'autres titres en attente, mais Banes avait déjà fait son choix.

« Hérodote, dit-il à Sainclair. Je prends Hérodote. »

Le Régent saisit soigneusement la pile emballée puis tira de sa poche un cylindre brunâtre et un briquet. Précautionneusement, comme s'il effectuait un rituel, il fit fondre l'extrémité du bâtonnet de cire, l'apposa sur le paquet de Banes avant d'y imprimer le motif de sa grosse chevalière. Puis il glissa le précieux colis, désormais marqué au sceau de la communauté des copistes de New York, dans une vieille sacoche aux sangles de cuir qu'il confia à Raphaël.

« Vous vous rappelez quel texte avait choisi Milton Millicent ? interrogea Banes en suspendant la besace à son flanc.

— Ça n'avait rien d'un texte banal, répondit Sainclair, qui semblait avoir conservé un souvenir net de l'événement. Il avait choisi *La Divine Comédie*. Le premier chant, pour être précis. "L'Enfer". »

VI

Bien qu'aussi curieux que lui de l'affaire – et tout aussi furieux d'avoir été humiliés par les services secrets –, ni Jablonsky ni Peters n'avaient osé se risquer à ses côtés. Mais Harper ne leur en voulait pas. Chargés de famille, ses deux collègues ne pouvaient se permettre d'enfreindre les ordres. Pour le capitaine qui n'avait personne à charge, la perspective n'était pas la même. Si un pépin survenait, il serait seul à supporter les conséquences de ses actes et cela faisait toute la différence. Terence Nicolas Harper n'était plus un jeune homme, loin de là. Il s'était même engagé depuis peu dans la dernière ligne droite menant à la retraite. Demeuré toute sa vie célibataire, il avait eu la prudence de ne jamais faire d'enfant aux rares femmes qui avaient compté dans son existence. Non que le capitaine soit particulièrement égoïste, mais les choses s'étaient passées de cette manière et il ne regrettait rien.

Dévoué à son métier, Harper était heureux seul. Et précisément parce que sa fonction était son unique horizon, il supportait mal d'avoir été écarté de l'enquête relative au drame du port. Cinq ou six cents braves gens s'étaient mis d'accord pour plonger tous ensemble du haut des falaises, un soir de tempête. C'était vraiment le cas le plus étrange et le plus intrigant qu'il ait eu à traiter de toute sa carrière. La façon dont les autorités allaient se débrouiller pour justifier le décès simultané de toute la population d'un village ne l'intéressait guère. Qu'ils soient totalitaires ou démocratiques, il savait que les gouvernements mentent chroniquement à leurs administrés, ce n'était pas un mensonge de plus ou de moins – même de cette taille – qui allait effrayer les cyniques en poste à Ottawa. Ce que voulait à tout prix savoir Harper, en revanche, c'était le fin mot de l'histoire. Et pour cela, une seule solution : passer en douceur le périmètre de surveillance établi par les SCRS pour aller fouiner sur place. Il risquait beaucoup s'il se faisait prendre, mais le jeu en valait la chandelle, et Harper n'avait jamais hésité à miser gros quand il le fallait.

Seul, donc, il partit un soir en direction du village côtier. Laissant sa Land Rover dans un sous-bois à plus d'un mile du hameau, il avança à travers les buissons pour aborder les premières habitations par le sud-est. La zone était toujours étroitement gardée et c'était l'armée elle-même qui s'en chargeait désormais. Harper avait évidemment anticipé la chose. Revêtu d'un treillis noir, il s'était équipé de jumelles de vision nocturne. Prenant son temps, étudiant le terrain avant toute progression, le capitaine parvint à se faufiler entre les patrouilles. Marchant contre le vent pour ne pas alerter les chiens, il lui fallut quarante minutes de reptation difficile pour atteindre la première maison. Des caméras avaient été installées sur des poteaux. Heureusement, elles n'étaient pas discrètes et Harper avait suffisamment de métier pour évaluer leur axe de prise de vue. Se coulant d'angle mort en flaque d'obscurité, il entreprit de remonter la grand-rue. On avait posé des scellés partout. La moindre porte, la moindre fenêtre était condamnée, mais ce n'était pas un ruban maintenu par un simple cachet de cire qui allait arrêter l'officier. Harper rompit un premier cordon et pénétra dans une maison en découpant un carreau avec un diamant de vitrier. La fouille se révéla vaine. C'était une habitation familiale très ordinaire et sans histoire. Rien, dans ce que vit Harper, ne pouvait justifier la mort brutale de ses occupants. Le capitaine avait pensé un instant que l'agglomération était le repaire d'une secte apocalyptique, à l'image de celle dirigée par le prédicateur Jim Jones à la fin les années 1970. Tout s'était alors terminé par un drame, plus de neuf cents personnes s'étant collectivement suicidées au cyanure de potassium en pleine jungle du Guyana. Harper ne découvrit rien dans les affaires de la famille qui puisse faire penser que celle-ci se trouvait sous l'emprise d'un gourou. Pas de littérature religieuse, pas de poster d'un quelconque grand maître, pas de croix ni de symbole particulier aux murs...

Le capitaine visita une autre habitation où le même constat de normalité s'imposa. Toujours prudent, il remonta la rue principale sur quelques dizaines de yards en passant par les arrière-cours. Il consulta sa montre : trois heures trente du matin. Cela lui laissait le temps de fouiner encore un peu. Il s'apprêtait à visiter une nouvelle maison quand une patrouille plus silencieuse que les autres faillit le surprendre. Il s'aplatit contre le sol, derrière un appentis dans le jardin. Le chien des gardes grogna mais sans insister suffisamment pour que les soldats s'en alarment. Le danger passé, Harper préféra tout de même quitter le cœur du village. Les suicidés s'étaient jetés de la falaise, et c'était cet endroit qu'il voulait maintenant explorer.

Se déplaçant vers les hauteurs, il perdit vite la trace du vieux sentier et dériva jusqu'aux abords d'une belle villa accrochée à un promontoire en surplomb de l'océan. Harper pensa à ces architectures audacieuses des années 1950 à la Frank Lloyd Wright. Sans être aussi spectaculaire, la maison était – et de loin – la plus singulière du bourg. Le capitaine y pénétra sans difficulté. L'intérieur était meublé avec recherche, même si la décoration, minimaliste, donnait une désagréable impression de froideur. Aucun désordre ne troublait la stricte harmonie des pièces. Les coussins étaient géométriquement alignés sur les canapés ; les placards de la cuisine impeccablement fournis et méthodiquement rangés. À l'intérieur du réfrigérateur, des étiquettes indiquaient même les dates d'ouverture et de péremption de la moindre denrée alimentaire… Aucun enfant ne vivait ici. Aucune femme non plus. Harper avait suffisamment d'expérience et d'intuition psychologique pour comprendre que cet endroit était le refuge d'un homme célibataire. Un homme qui maîtrisait une puissante énergie intérieure – une grande violence peut-être même – par une rigueur excessive.

Intrigué, il continua son exploration jusqu'à découvrir la pièce de travail du propriétaire. C'était à la fois un bureau, une bibliothèque et un atelier qui profitait d'une immense baie vitrée donnant sur l'océan. Le centre de la pièce était occupé par un large diorama représentant une ville aux allures futuristes. Des plans et des esquisses correspondants étaient suspendus au mur. Tous les documents portaient l'inscription :

projet Agathopolis, Camden Hodge, architecte concepteur. Harper observa le modèle réduit avec intérêt. Sculptés à l'aide d'une imprimante 3D, les bâtiments rivalisaient de détails. Jetant ensuite un coup d'œil sur les étagères, le capitaine constata vite que l'architecture et l'urbanisme n'étaient pas les seuls centres d'intérêt de M. Hodge. Sa bibliothèque était emplie d'ouvrages de politique ou de philosophie, de sommes juridiques, de traités de sociologie, d'économie et même d'éthologie. Impressionné, l'officier en était encore à déchiffrer les dos des livres quand la lumière inonda brutalement la pièce. Sursautant, il n'eut pas le temps de réagir. Des mains fermes le plaquèrent au sol et une cagoule noire lui fut passée sur la tête. On le menotta, on le fouilla et puis on le traîna au-dehors pour le jeter dans un véhicule.

S'il était furieux de s'être fait prendre, Harper ne s'affola pas pour autant. Il savait qu'il allait passer un mauvais quart d'heure aux mains des agents spéciaux avant d'être sermonné par ses propres supérieurs, mais les conséquences ne pouvaient guère mener plus loin. Il se trompait. Quand il eut passé la désagréable épreuve de l'interrogatoire par les services secrets et celle des remontrances par deux colonels des *mounties*, une sanction administrative tomba, à laquelle il ne s'attendait pas. Ce fut son responsable de secteur qui la lui annonça en personne.

« J'ai une bonne et une mauvaise nouvelles pour vous, Harper. La mauvaise : vous êtes suspendu jusqu'à nouvel ordre. La bonne : vous pouvez faire tout ce qui vous plaît de votre temps libre ! »

*

* *

Il fallait aller au nord. C'était pour Leone une intuition, bien sûr, mais elle était aussi convaincue de la justesse de son instinct que les pigeons voyageurs le sont quand ils confient à leur sixième sens le soin de les ramener au nid. Depuis trois bonnes heures, Leone suivait donc une voie de chemin de fer montant vers l'Utah et le Colorado. Un train de marchandises l'avait déjà frôlée mais, sur la portion de terrain plat qu'elle arpentait alors, le convoi roulait trop vite pour qu'elle puisse se hisser à bord sans risque. Il fallait trouver une côte forçant la locomotive à ralentir.

Leone n'avait voyagé qu'une seule fois en passagère clandestine. Dans une gare de triage, au milieu d'une zone industrielle, elle était montée dans un fardier alors à l'arrêt. Elle y était restée deux jours, sans que personne ne la dérange. C'était l'été et elle avait parcouru presque trois cents miles en regardant tranquillement défiler le paysage. Elle n'était pas pressée, à l'époque. Contrairement à aujourd'hui, rien n'avait alors vraiment commencé…

Leone marcha patiemment, sachant qu'elle finirait bien par trouver l'endroit propice. Effectivement le terrain s'inclina bientôt suffisamment pour lui faire mal aux cuisses. Inutile d'aller plus loin, il n'y avait plus qu'à attendre le passage du prochain train. Le lieu était parfait, isolé en pleine nature. À perte de vue, ce n'étaient que lande et broussailles. Leone posa son sac et s'assit en mâchonnant un brin d'herbe. Elle n'avait rien avalé depuis une vingtaine d'heures et son estomac gargouillait. Heureusement, il lui restait de l'eau et, même si ses réserves solides étaient épuisées, elle savait qu'elle pouvait encore se passer de nourriture un jour ou deux sans véritable désagrément, à condition de demeurer correctement hydratée. Le vent finit par lui apporter le bruit d'un grondement dans le lointain et les rails se mirent à vibrer. C'était le signal. Tiré par une énorme locomotive jaune, le convoi consistait en une longue succession de transports standardisés de l'Union Pacific. Malgré son fabuleux pouvoir de traction, la motrice peinait à avaler la côte. Leone se prépara. La faible vitesse de la machine était idéale. La jeune fille repéra un fourgon dont la ridelle était à demi ouverte. Elle jeta son sac dans l'ouverture, courut pour attraper un montant et tenta de se hisser à la force de ses muscles. Mais le jeûne lui avait ôté plus de vigueur qu'elle ne l'avait pensé. Violemment sollicité, son corps affaibli répondit mal. Elle glissa et resta, les jambes ballantes, à quelques pouces des roues qui crissaient sur le rail. Haletante, incapable de se rétablir, envahie par la peur, elle se voyait déjà lâcher prise et passer sous les essieux du *boxcar*. L'imminence de sa mort la submergea. Tremblante, elle s'efforça de se reprendre, mais en vain. Ses muscles étaient tétanisés. Leone ferma les yeux. Contractées à l'extrême, ses mains lui brûlaient et ses bras s'étiraient, comme torturés au palan. Tenir plus longtemps devint impossible. Résignée, elle décrispa ses doigts, mais, au moment où le vide la happait, elle se sentit brusquement soulevée par une poigne ferme qui la fit basculer à l'intérieur du wagon.

Un homme la serrait contre lui. Grand et fort, il l'avait saisie si étroitement qu'il l'étouffait presque. Quand il se rendit compte qu'elle peinait à respirer, il la lâcha et recula. Leone toussa. Son cœur battait à tout rompre. Vacillante, elle prononça un « Merci » mal articulé. Son bienfaiteur la regardait en silence. Comme elle, c'était un voyageur. Un *hobbo* lui aussi. Difficile de lui donner un âge. Quarante ans ? Dix de plus, peut-être... Ses cheveux blonds abondants lui tombaient presque aux épaules et une barbe de quelques jours adoucissait ses traits. Ancienne et fine, une cicatrice barrait sa bouche. La trace d'une lame... Mais elle ne le défigurait pas, au contraire, elle renforçait l'impression de noblesse toute léonine qui se dégageait de cet homme.

« Pas trop de mal ? demanda l'inconnu.

— Je vais bien. Merci pour le coup de main...

— Pas de quoi... », répondit-il en s'enfonçant dans l'ombre.

Leone ramassa son sac et alla se tasser dans un coin, à l'opposé de l'endroit où il se tenait.

« Qui c'est ? » demanda alors une voix enfantine qui sortait de nulle part.

Leone sursauta.

« T'inquiète pas, dit l'homme. Tout va bien...

— T'as un gosse ? s'inquiéta-t-elle.

— Oui », reconnut-il, visiblement peu désireux d'évoquer le sujet.

Comment peut-on faire la route avec un môme ? songea la jeune fille. Mais sa réflexion n'alla pas plus loin. Après tout, l'identité de ce type et ce qu'il faisait avec un enfant ne la concernaient pas.

Elle s'installa, ouvrit son sac et but une grande rasade à la bouteille. Elle avait vu la mort de près, et c'était une expérience qui donnait soif.

« T'as faim ? lui lança le gars depuis son territoire.

— Non », répondit Leone malgré son estomac vide.

Pourquoi mentait-elle ? Pourquoi refusait-elle de partager un peu de nourriture avec celui qui venait de lui sauver la vie ? Elle n'en savait rien. Il n'y avait pas de raison objective à cela. Seulement voilà, en dépit de la dette qu'elle avait contractée envers lui, Leone n'aimait pas le voyageur. C'était instinctif et inexplicable.

Se gardant de laisser paraître son aversion, elle s'adossa à une paroi sans rien dire, le menton posé sur les genoux. Malgré la fatigue et le roulis du wagon qui la berçait, elle demeura en alerte. Dans son coin, l'homme parlait doucement à l'enfant. Leone distinguait à peine ce dernier car il y avait plus d'obscurité que de clarté dans cette bétaillère au plancher couvert de paille. Ce que ces deux-là se disaient, elle ne le comprenait pas non plus. Le gosse semblait inquiet, c'était tout ce qu'elle pouvait percevoir de la conversation.

Le temps passa. La fatigue et les oscillations régulières du train firent leur œuvre. Leone se mit à somnoler. Ses paupières se fermèrent, les muscles de son cou cessèrent de soutenir sa tête, qui s'affaissa brutalement sur sa poitrine. Une secousse la réveilla, sans qu'elle puisse dire combien de temps avait duré son assoupissement. Devant elle, le gamin la regardait.

« T'en veux un ? » Le petit lui tendait gentiment un paquet de marshmallows.

« Non », assura Leone en découvrant à quoi ressemblait le garçonnet.

C'était un enfant de sept ou huit ans, un petit brun, joli de visage, des fossettes au creux des joues. Bien coiffé. Bien nourri. Et des vêtements certes un peu sales, mais sûrement pas ceux d'un pauvre. Le gosse ressemblait à un petit-bourgeois des beaux quartiers plutôt qu'à la progéniture d'un raté sans le sou. C'est alors que Leone comprit... La coïncidence était extraordinaire mais elle expliquait tout. C'était écrit dans son livre... Une prophétie, une vision… Neuf enfants qui s'opposeraient à la venue des Bienfaiteurs. Neuf petits égarés, capables de tout faire échouer si on ne les arrêtait pas ! Leone le comprenait à présent : le garçon était précisément l'un de ces enfants-là ! Le type blond l'avait trouvé et le ramenait parmi les autres, les adversaires… Leone ne pouvait pas laisser faire ça ! Il fallait agir. Tout de suite et sans réfléchir ! Portant la main à sa ceinture, elle dégaina son couteau et se jeta sur sa proie avec la rapidité d'une vipère. La lame fendit le cœur du garçon qui s'écroula, sans même avoir eu le temps de souffrir.

Comprenant ce qui venait de se passer, l'homme poussa un cri. Il tira une machette dissimulée sous son manteau et attaqua Leone. Se roulant par terre, celle-ci sentit le souffle du formidable coup de taille qui manqua de la décapiter. Ivre de rage et de haine, l'homme ne la laissa pas l'esquiver une seconde fois. Sa lame entra profondément dans son épaule, éclatant la tête de l'humérus. Leone lâcha son arme sous l'effet de cette douleur vrillante, insupportable. Le clochard la prit à bras-le-corps et la projeta de toutes ses forces au fond du wagon. Volant dans les airs telle une poupée de chiffon, la fille s'écrasa sur le plancher rugueux, presque assommée, privée de l'usage d'un de ses bras et perdant son sang. Le combat était déjà terminé. Leone tenta de s'emparer de sa dague de botte, mais trop tard. Revenu sur elle, l'homme lui donna le coup de grâce. Quand elle vit l'acier tomber sur son front, Leone était en paix avec elle-même. Sa mort lui importait peu car un miraculeux hasard – ou le destin plutôt – venait de lui faire accomplir un exploit dont elle était démesurément fière. Parce qu'elle venait d'exécuter cet enfant, cette fin du monde qu'elle appelait si ardemment de ses vœux venait de franchir quelques francs degrés sur l'échelle des probabilités.

*
* *

Si un élément positif était à relever dans la vie récente d'Eliot Paul Hendricks, c'était bien d'avoir pu survivre seul et sans ressources durant les jours qui avaient suivi l'explosion de la cuve de propylène. Caché dans les bois, il avait filé à marche forcée. Sans manger, buvant aux ruisseaux, dormant en se couvrant de feuilles et de mousse, il n'avait pas osé s'approcher des routes et des villes. De l'aube au crépuscule, il avait avancé sans faire de haltes – même si ses semelles, décousues sur le devant, ne tenaient plus à l'empeigne que par quelques points. Tremblant de froid et d'épuisement, Hendricks ne savait plus où il se trouvait depuis longtemps. Arbres, fougères, taillis, rochers et combes… Sous les nuées d'automne voilant un soleil pâle, le décor semblait promis à un éternel recommencement.

Péniblement parvenu au sommet d'une butte, Hendricks aperçut pourtant la proche balafre d'un sentier de débardage. Épuisé par ses constantes évolutions en terrain difficile, il s'y engagea et le suivit longtemps. C'était une sente de glaise jaune, gorgée d'eau en raison des pluies récentes. Ses chaussures y adhéraient comme à du chewing-gum collé sur un trottoir. Glissant au bord des flaques, il progressait plus lentement qu'un vieillard quand il atteignit un pont couvert traversant une rivière au débit fort. Il s'assit pour souffler et profiter de la protection du toit. Il n'avait plus faim désormais. Son corps était passé au-delà de cette exigence. De même qu'il ne sentait plus la fatigue ou les douleurs dans ses muscles, Hendricks ne ressentait plus la peur, car la honte avait pris toute la place dans son cœur. Honte d'avoir commis l'irréparable. Honte d'avoir tant de morts sur la conscience. Honte de n'avoir pas eu la force de s'opposer à la volonté parasite qui s'était emparée de lui depuis que l'inconnu était arrivé en ville et avait contraint les habitants du port à se précipiter du haut des falaises. À son image, Hendricks était un tueur de masse désormais. Il en souffrait plus que du froid et de la faim, d'autant qu'il savait que l'explosion du camion-citerne n'était que le début d'une longue série de catastrophes à venir. Il allait vite devoir passer à une plus grande échelle. Bien plus grande. C'était nécessaire. C'était ce à quoi il était maintenant destiné, et rien ne pourrait plus l'empêcher.

Malheureux mais résigné, il attendit que la pluie cesse avant de se remettre en route. L'étroit sentier le conduisit à un chemin plus large, et celui-ci aux abords d'une *highway*. Comme un automate, il longea l'autoroute sans rien percevoir du décor qui l'entourait. Traversa-t-il une forêt ? Sûrement. Une ville ? Peut-être. Une friche entre ces deux mondes ? Certainement. Le soleil était-il à sa droite ou à sa gauche ? Il ne savait plus. Une voiture finit par s'arrêter à côté de lui. Ce n'était pas un de ces vulgaires véhicules d'aujourd'hui. C'était, lourde et noire, une Cadillac série 75 des années 1940 en parfait état de marche. À son ronflement suave, on comprenait que son moteur baignait dans la graisse avec autant de volupté que Messaline dans un bain de lait. La portière arrière s'ouvrit. « Montez... », dit une voix féminine. Démuni, épuisé, affamé, qu'avait-il à perdre, Hendricks ? Il s'engouffra dans la voiture. Ça sentait bon le cuir neuf à l'intérieur, mais aussi des odeurs de poudre cosmétique comme dans les stands de luxe des grands magasins. Un parfum agréable. Très agréable…

La voiture repartit. Une vitre teintée séparait les passagers du chauffeur. Hendricks ignorait qui conduisait. La femme à son côté, en revanche, il la voyait bien. C'était une belle femme, plus vraiment jeune, mais encore mince et très élégamment habillée. Ses cheveux blonds étaient tirés en un chignon serré sur la nuque et son visage aux traits harmonieux était rehaussé de couleurs pastel sur les lèvres, les pommettes et les paupières. Lissée par le fond de teint, sa peau brillait sans défaut sous la maigre lumière du jour tombant. À côté d'elle, Hendricks se sentit misérable, indigne de se tenir en sa présence. Il cala ses jambes autant qu'il put sous la banquette afin qu'elle ne remarque pas le bas déchiré de son pantalon et ses souliers bâillants. Il l'ignorait encore – comment aurait-il pu le concevoir ? –, mais c'était elle la plus intimidée. Tandis qu'elle observait son invité, son émotion était telle qu'elle pouvait à peine s'exprimer. La gorge sèche et les mains légèrement tremblantes, elle dit enfin : « Bienvenue, maître… »

*

*   *

Mungo savait que c'était mal, et pourtant il ne pouvait s'empêcher d'en concevoir de la jalousie. C'est en passant devant la vitrine d'un magasin de télévisions, quelques jours plus tôt, qu'il avait vu les images. Comme d'autres curieux, il s'était arrêté sur le trottoir. La chaîne d'information diffusait un reportage sur une banlieue résidentielle dévastée par une explosion chimique. Tout était réduit en cendres. Mungo sut tout de suite d'où venait le coup ; pas besoin de lire les légendes qui défilaient en bas de l'écran ou d'écouter les journalistes envoyés sur place. De toute façon, ces gens étaient payés pour ne rien comprendre, et ce n'était pas sur cette affaire qu'ils allaient soudain se révéler performants. Mungo saisit donc que ce carnage était dû à l'un de ses compagnons rescapés de la falaise. Lequel ? Il avait aperçu parmi eux Camden Hodge, un Américain venu s'installer au Canada depuis bientôt dix ans. Il avait reconnu aussi une petite jeune fille prénommée Amber ou Crystal, il ne savait plus. Et puis cet employé de banque maigrichon, Hendricks... Oui, Hendricks... C'était sûrement à lui qu'on devait ce coup de maître ! Pour un commencement, c'était un joli commencement, mais cela ennuyait tout de même un peu Mungo. Hendricks avait beau travailler dans la même équipe, le mécanicien pensait posséder une nette supériorité sur l'employé. Une supériorité de vocation, pour tout dire. Car quand la main de l'inconnu s'était posée sur son épaule, Mungo avait tout de suite compris le Projet. Or, contrairement à lui, Hendricks n'agissait pas de son plein gré et n'adhérait pas totalement au plan. Mungo avait perçu son hésitation lorsqu'il était redescendu à ses côtés vers la ville dépeuplée. Ça, c'était vraiment contrariant. Mungo était dans la situation d'un bon élève chargé d'un devoir capital qui voit tout à coup le cancre de la classe réussir mieux que lui. Il y avait de quoi enrager ! Heureusement, Mungo sentait que l'inspiration venait. Assurément il débuterait avec un certain retard sur Hendricks, mais il allait vite se rattraper et prendre la place qui était naturellement la sienne : la première après l'indépassable Meneur élu par l'implacable déesse Nécessité...

*
* *

Les chiens ont un sacré flair, il faut leur reconnaître ça. Sans eux, Camden Hodge aurait été incapable de remonter la piste de la petite Crystal Benning et de l'étranger. Ça n'avait pas été une partie facile, pourtant. Même avec trois molosses aux truffes capables de capter la moindre particule odorante à des miles à la ronde, la chasse avait pris un peu de temps. Heureusement, Hodge discerna enfin les silhouettes du grand type et de la jeune fille qui se profilaient droit devant lui, sur ce tronçon de route déserte entre Quesnes et William's Lake. Les deux marcheurs se trouvaient encore à une bonne cinquantaine de yards, mais Camden n'avait aucune hésitation quant à leur identité. Dans la caisse ouverte de la Toyota, les chiens non plus n'avaient pas de doute. L'un d'eux aboya et Camden le fit taire – rien de plus facile pour lui désormais, puisque son esprit et celui des animaux ne faisaient qu'un. L'architecte arrêta la voiture peu avant de se trouver à portée de voix de ceux qu'il poursuivait. Ils marchaient toujours d'un pas régulier, sans se retourner, et peut-être même sans avoir conscience d'être observés.

Camden descendit tranquillement du pick-up. S'adossant à la portière, il regarda les trois chiens bondir au sol et s'élancer vers les cibles qu'il venait de leur désigner. Bien qu'il ait les yeux ouverts et sa conscience personnelle pleinement active, Camden voyait ce que les bêtes percevaient et ressentait ce qu'elles ressentaient, sans différence, sans filtre... Les molosses coururent silencieusement sur la route, heureux d'être envoyés à l'attaque, leur instinct de chasseur magnifié par l'intelligence que leur meneur avait placée en eux. Le plus rapide sauta sur l'étranger. Recevant de plein fouet quatre-vingt-dix livres de muscles et de nerfs lancées à pleine vitesse, l'homme bascula sur le gravier tandis qu'à leur tour les deux dernières bêtes plongeaient sur lui. La fille cria. Le vagabond tenta de se relever mais les chiens, les dents plantées dans sa chair, ne le lâchaient pas. Des crocs pincèrent sa nuque. Des griffes labourèrent ses jambes. Tétanisée, Crystal Benning tenta de porter secours à son chaperon mais celui-ci lui hurla de s'enfuir. Les mains dans les poches, un léger sourire aux lèvres, Camden s'avança...

À la tache rouge qui s'étendait déjà sur la route, aux grondements que faisaient les chiens, aux plaies qui s'ouvraient plus nombreuses à chaque seconde sur le corps de son mentor. L'adolescente comprit qu'elle n'avait d'autre choix que d'obéir. Se débarrassant du sac qu'elle portait sur le dos, elle partit à toutes jambes à travers bois. Camden se trouvait encore à trente yards de l'endroit où les chiens étaient à la curée. Comme l'inconnu bougeait encore, il préféra concentrer sur lui les efforts des animaux, pensant que la petite ne pourrait pas aller bien loin dans cette forêt où les fourrés s'entremêlaient en d'épaisses barrières. Courant pour sa vie, filant droit devant, les avant-bras relevés pour protéger son visage du fouet des ramures basses, Crystal traversa un premier taillis, fendit sans s'arrêter un buisson d'épines, rebondit sur un hallier plus serré que les tresses d'une canisse, se releva, reprit sa course, sauta par-dessus un tronc mort, glissa entre deux roches et avança jusqu'à ce que son cœur explose. La respiration coupée par une douleur qui lui déchirait l'abdomen, le corps en sueur et les joues griffées, elle s'arrêta pour écouter… La nature était muette. Pas d'aboiements. Pas de claquements de branches cassées indiquant une traque. La tension nerveuse suscitée par la peur baissa d'un cran. Les muscles de son pelvis se relâchèrent sans qu'elle puisse les contrôler. Tiède, un filet d'urine serpenta contre sa cuisse. Crystal se força à reprendre la fuite à petite allure. Trottinant – elle ne pouvait se mouvoir plus vite –, elle parcourut péniblement cent yards sous la sylve. Cent yards… assez pour desserrer l'étau qui comprimait sa poitrine, rassembler un peu de forces et se remettre à courir vraiment.

Alors qu'elle retrouvait de la vitesse, une force immense la poussa soudain en avant. Elle chuta, son menton heurtant le sol sans que rien n'amortisse le terrible choc. Ses mâchoires claquèrent et du sang emplit sa bouche. Une forme sombre s'abattit devant ses yeux. Un ventre de fauve, noir et suant… Crystal hurla tandis qu'elle sentait des dents puissantes se refermer sur sa jambe, trouer son vêtement et déchirer ses muscles. Elle tapa des mains contre le sol, donna des coups de reins tel un crotale furieux saisi par les serres d'un aigle, tenta d'appeler mais personne n'était là pour lui venir en aide. Les trois chiens de Camden œuvraient à présent sur elle comme ils l'avaient fait sur l'homme. Leurs crocs se plantèrent dans son front, ses tempes et son cou. Sa peau se déchira, ses os éclatèrent, ses veines se rompirent et la vie s'écoula hors d'elle.

Lorsque Hodge rejoignit sa meute, la jeune fille était morte. Ravagée par les morsures, sa face n'avait plus rien de reconnaissable. Camden flatta ses trois bêtes aux babines mouillées de sang et rebroussa chemin avec elles. Il était satisfait. Tout s'était bien passé. L'homme arrivé quelques jours plus tôt au village n'était plus et lui, Camden, allait recevoir en dépôt son formidable pouvoir. Ainsi le voulait la nature des choses. L'architecte sourit. Il avait eu l'audace de refuser son destin. Déterminé, il avait défié l'indicible et il avait gagné. C'était à lui, désormais, d'entrer dans les villes comme un spectre pour décider qui vivrait et qui mourrait ; à lui de choisir des disciples pour les envoyer aux quatre coins de l'horizon préparer la venue des Temps nouveaux ; à lui de...

Telle une crevasse qui s'ouvre sous les pas d'un marcheur, toute pensée s'effondra soudain dans l'esprit de Camden Hodge. Au bord de la route, là même où il avait laissé le cadavre de l'inconnu, il n'y avait plus rien ! L'architecte serra les poings. Balayant du regard l'accotement, il ne perçut que la terrible absence de ce corps qu'il croyait avoir vaincu. Aucune forme étendue, aucune silhouette cherchant à se dissimuler... Il y avait du sang, pourtant, sur la route, une piste large et facile à suivre, même si elle s'enfonçait au cœur de la forêt... Camden ne perdit pas de temps. Le blessé ne pouvait être loin. Avec les meurtrissures que les chiens lui avaient causées, sa fuite n'allait pas durer. Camden lança ses bêtes à sa recherche et pénétra à leur suite sous les frondaisons. Les molosses se coulèrent à travers les fougères. Il les perdit rapidement de vue mais peu importait puisque, uni à leur conscience, il savait où ils allaient. Il passa un fossé et dévala une déclivité couverte de feuilles mortes. Il entendait les chiens gronder. Il les rejoignit près d'un torrent large et bruyant. Les animaux tournaient en rond près de la rive. Truffe au sol, ils tentaient de capter la trace du fuyard. Camden aperçut une tache écarlate et brillante sur une pierre tout près de l'eau. Diluant sa piste dans l'écume, l'homme avait su tromper l'odorat de la meute. Camden dispersa les animaux. L'un franchit le cours d'eau, un autre le remonta et le troisième en descendit le lit. Les minutes passèrent. Puis une heure, et une autre encore... Le soir tomba et la forêt s'obscurcit jusqu'à ce que, toute lueur disparue, dans un silence de nécropole, les ombres se marient aux ombres...

VII

Erreur. Le mot revenait sans cesse à l'esprit de Raphaël Banes. *Erreur*... Cela s'imposait désormais comme une évidence : en se soumettant à la demande de Franklin Peabody et en poursuivant la piste de Milton Millicent, il avait fait le mauvais choix. Au lieu de se trouver, en cet instant, confortablement installé dans sa chaude maison d'Ithaca, le professeur souffrait dans son corps comme jamais auparavant. Les muscles de ses jambes étaient roides. Ses pieds saignaient dans ses chaussures. Trop longtemps crispés sur la poignée de sa Samsonite, ses doigts ne pouvaient plus se desserrer et la bandoulière de la sacoche chargée des lourdes tablettes d'argile barrait sa poitrine d'un trait de feu. Fatigué, transi, il traînait en queue de colonne, la tête basse, n'avançant que parce que Leland, posté en serre-file, veillait à ce qu'il continue à marcher.

Depuis qu'il l'avait vu pour la première fois, Banes détestait Leland, et ce dernier le lui rendait bien. S'il n'était pas officiellement le chef du groupe, l'homme en avait toutes les attitudes – cassant, autoritaire. Qui commandait vraiment la bande, d'ailleurs ? Et qui étaient les gens qui la composaient ? Depuis quarante-huit heures qu'il subissait leur compagnie, Banes ne savait presque rien d'eux.

Quand leur troupe de dix hommes avait quitté la briqueterie deux jours plus tôt, la pluie tombait encore sur New York. On avait assuré à Raphaël que la partie pédestre du voyage se résumerait à sortir de la ville et que, sitôt atteinte la rive ouest de l'Hudson, un moyen de transport était prévu. Aussi Banes s'était-il résigné. Avec les autres, il avait emprunté le Queensboro Bridge et, ravalant sa fierté, traversé le centre de Manhattan en compagnie de ces types dont l'allure lui faisait honte. Car si Raphaël pouvait, à cet instant encore, passer pour un homme ordinaire aux yeux des citadins affairés, ses acolytes ne ressemblaient en rien aux silhouettes élégantes qui s'engouffraient dans le hall des grands buildings ou sous le porche des magasins huppés. Tels les sherpas des hauts plateaux d'Asie, ils ployaient sous les sacs, les gibernes et les ustensiles accrochés à leurs brêlages. Éclaireurs d'une étrange tribu, ils se déplaçaient parmi la foule affairée sans que celle-ci semble seulement remarquer leur présence. Banes, lui, avait baissé les yeux tout le long des rues animées. Craignant qu'on puisse le compter parmi ses membres, il prenait volontairement ses distances avec le groupe. Pourtant, qu'il le veuille ou non, il était déjà l'un d'entre eux, même s'il était mieux rasé que ses compagnons et si ses mains étaient plus blanches que les leurs.

Ce fut par le Lincoln Tunnel qu'ils traversèrent le fleuve. Un camion était supposé les embarquer sur un parking, non loin de la sortie du souterrain. Un camion conduit par qui ? Affrété comment ? On n'en avait pas fait la confidence à Banes. Barda posé et bras croisés, ils avaient patienté des heures sur le lieu du rendez-vous sans que le véhicule espéré se présente. Au crépuscule, il avait bien fallu se rendre à l'évidence : personne n'allait les emmener en ligne directe jusqu'aux Rocheuses. Plus compliqué que prévu, le voyage s'annonçait mal. Le groupe passa la première nuit sur les berges du fleuve, à trois miles à peine de son point de départ, dans un hangar désaffecté. C'était la première fois de son existence que Banes ne dormait pas dans un lit. Contrairement aux autres, il ne possédait aucun matériel de camping et n'avait pas même une couverture dans laquelle s'envelopper. À l'écart de la troupe, il se blottit dans un coin et resta prostré, les bras croisés, à essayer d'oublier le froid en fermant les yeux pour trouver refuge dans le sommeil. À l'aube, il se réveilla transi comme jamais. Sa gorge lui faisait mal et il avait envie d'éternuer. Un type lui apporta du café dans une timbale en ferraille. Banes lui proposa une cigarette en échange mais l'autre, un petit homme auquel son nez retroussé donnait de faux airs de lutin, refusa. « Pas bon pour la santé, les clopes, dit-il. Merci quand même... De votre côté, vous devriez arrêter, m'sieur. P't-être que la balade vous y aidera... » Banes grogna une banalité en se raccrochant à l'odeur de la nicotine comme seul plaisir de l'instant.

Ils marchèrent ensuite toute la journée, direction plein ouest, ne faisant halte qu'en une seule occasion pour s'alimenter. Une fois encore, Banes n'avait rien prévu pour se ravitailler. Si contrarié qu'il n'avait rien pu avaler la veille, son corps réclamait maintenant de la nourriture. Le même curieux petit homme qui lui avait offert du café le matin revint vers lui pour partager sa pitance.

« C'est vrai ce qu'on dit à votre sujet ? demanda le généreux en lui tendant un morceau de pain.

— Qu'est-ce qu'on dit ?

— Que vous n'avez jamais fait la route et que vous êtes un monsieur avec encore une maison à lui, et tout et tout ?

— C'est la vérité, admit Banes comme s'il avouait une sorte de faute.

— Ben mince ! Alors, c'est vraiment beau, ce que vous faites !

— Qu'est-ce que je fais de si particulier ?

— Porter des plaques jusqu'au Caveau, pardi ! Faut avoir une sacrée conscience pour faire ça quand on est encore qu'un *abonné*.

— *Abonné* ? releva Banes sans comprendre.

— *Abonné*, oui ! C'est comme ça que, nous, on appelle ceux qui sont encore dans le système. Ils sont abonnés à la télé, au gaz, à l'électricité, au téléphone portable, et tout, voyez... Les gens dans la facilité, quoi. Vous saisissez ?

— Oui, oui...

— Et c'est quoi, le livre que vous portez ?

— Les *Histoires* d'Hérodote, dit Banes en finissant de mâchonner son quignon.

— Connais pas ! lâcha le type en retour. Mais c'est sûrement bien. Moi, c'est Mark Twain. La deuxième partie d'*Huckleberry Finn*. J'ai transporté la première il y a plus d'un an de ça. Au fait, moi c'est Gerald.

— Banes, avoua Raphaël entre ses dents tout en se forçant à serrer la main d'une propreté douteuse que l'autre lui tendait. Merci pour le pain... »

Décrétée par Leland, la fin de la pause déboucha sur un long après-midi de marche.

« Où va-t-on ? demanda le professeur à son nouvel ami Gerald.

— Grimper dans un train. Il y a une grande gare de triage à Scranton. On y sera demain. On trouvera bien un wagon. Tout sera plus facile, à ce moment-là... »

Ce fut après cette halte que les premières douleurs se révélèrent dans le corps de Raphaël. Ses muscles refroidis avaient eu du mal à repartir. Ses pieds, surtout, avaient gonflé dans ses chaussures mieux adaptées à l'épaisse moquette des bureaux de la Farnsborough Foundation qu'à l'asphalte des routes. Boitillant, il essaya un temps de tenir le rythme, mais ses limites physiques furent rapidement atteintes. Perdant du terrain, il passa en queue de file, avant d'être suffisamment distancé pour que Leland soit contraint de l'attendre.

« Laissez tomber votre valise ! brailla ce dernier. C'est pas fait pour les longues distances, ces trucs-là. Vous ralentissez tout le monde !

— Ça ira ! » assura Banes en fournissant un gros effort afin de recoller au groupe.

Tirant sur ses forces, il parvint à marcher avec les autres jusqu'au soir. On avait progressé d'une petite vingtaine de miles au cours de la journée, une performance médiocre pour des marcheurs entraînés mais qui, pour un novice tel que le professeur, représentait une distance considérable. Épuisé, Raphaël vécut comme une bénédiction l'instant où il put enfin s'asseoir. Le lieu choisi pour bivouaquer n'avait rien de bucolique, pourtant. Situé près d'une *highway*, c'était un terre-plein entre deux entrepôts aux murs de tôle ondulée, à proximité d'une zone commerciale. On avait allumé un feu et ceux qui en possédaient une avaient dressé leur tente, les autres se contentant de tapis de sol sur lesquels étaler leur sac de couchage. Gerald voulut de nouveau partager sa pitance avec Banes, mais ce qui restait de provisions ne lui permettait plus une grande générosité. Jetant un coup d'œil autour de lui, le petit homme partit alors en direction de bennes à ordures rangées devant un hangar. Plongeant la moitié du corps à l'intérieur, il en revint en brandissant un pot de yaourt et un paquet de pancakes. Banes renifla avec suspicion le laitage et les crêpes industrielles qu'il lui tendait.

« C'est périmé ! » dit-il d'un ton dégoûté après avoir vérifié l'étiquette sur les emballages.

Les autres le regardèrent d'un drôle d'air.

« On prend ce qu'on trouve, vous savez, s'excusa Gerald. Mais vous inquiétez pas : c'est sûrement encore bon après ce qu'il y a de marqué. Avec tous les conservateurs qu'ils mettent dans la bouffe maintenant, il paraît que même les morts ne pourrissent plus aussi vite qu'avant. Vous pouvez y aller en confiance. Et puis, le moisi, c'est comme de la pénicilline, non ? »

Banes ouvrit le yaourt. Une forte odeur en émanait. Il lâcha le pot avec répugnance et jeta les crêpes par la même occasion. Décidément, il ne pouvait passer au-dessus de son aversion et se forcer à manger ça.

Leland se moqua de lui. « Si M. Banes saute un repas, il n'a qu'à s'en prendre à lui-même. Qu'il fasse avec. Personne n'a à le nourrir ou à lui porter ses affaires. Et que ce soit clair pour tout le monde ! »

Banes accusa le coup mais ne se laissa pas démonter si vite. Après tout, il possédait un sésame dont personne ne semblait avoir la jouissance dans le groupe. Il partit donc sans rien dire en direction des enseignes commerciales brillant non loin de là : Starbucks Coffee et KFC.

« Eh, où vous croyez aller comme ça, professeur ? s'écria Leland.

— Suivre vos conseils et me débrouiller pour manger chaud ! » répondit Banes en palpant sa veste pour y chercher son portefeuille.

Claudiquant et traînant sa valise comme un touriste en perdition, il entra dans le premier restaurant à sa portée. Attablé le long de la vitrine il voyait, installés à trente yards de là, les autres taper du pied près du feu de camp et lui jeter des coups d'œil envieux tandis qu'il s'empiffrait d'une pizza à triple garniture. Il eut pitié d'eux. Leur faisant de grands signes, il finit par les inviter à le rejoindre. Les employés n'apprécièrent pas de voir cette bande de routards entrer, tirer des chaises pour s'asseoir à une table commune, mais Raphaël sut les rassurer en brandissant sa carte bancaire. « Ces messieurs sont avec moi, dit-il. Je paie... » Gerald et ses camarades se confondirent en remerciements pour l'occasion qui leur était donnée de manger à leur faim dans un lieu confortable. Leland, lui, s'obstina évidemment à rester dehors, dans le froid, et se contenta de grignoter stoïquement une maigre ration de biscuits énergétiques.

Le repas fini, le problème du coucher se présenta de nouveau. Banes n'avait aucune envie de passer une autre nuit en plein air, mais il ne voyait décemment pas comment profiter d'une chambre de motel quand la bande allait devoir subir les intempéries sans autre protection qu'une toile de canadienne. Comprenant ce qui chagrinait Raphaël, Gerald prit les devants.

« Ce serait bien que vous vous reposiez ce soir, m'sieur. Vous êtes fatigué et ça se voit. Une bonne nuit de sommeil vous fera du bien. La marche, c'est tuant quand on n'a pas l'habitude. Il y a un Red Roof Inn pas loin. Puisque vous pouvez vous le permettre, allez-y. Nous, on n'y voit pas d'inconvénient. Pas vrai, les gars ? »

Les commensaux approuvèrent largement. L'estomac rempli par les bonnes grâces de Banes, comment auraient-ils pu s'opposer au bien-être de celui à qui ils devaient leur satiété du moment et qui, peut-être, serait assez généreux pour renouveler son invitation ? Épuisé, Raphaël accepta la proposition sans faire de manières. Laissant les marcheurs retourner dans l'humidité nocturne, il loua une chambre à quarante dollars dans un motel au bord de l'autoroute. Malgré la douche brûlante qu'il avait prise pour se délasser avant de se coucher, il ne parvint à trouver le sommeil que tardivement et, pénétré d'un froid qui ne le quittait pas, grelotta longtemps sous les couvertures.

À sept heures du matin, Gerald frappa à sa porte. Tel un somnambule, Raphaël s'habilla et reprit sa place parmi les autres. Le maigre repos qu'il avait réussi à prendre n'eut que peu d'effets réparateurs. Au bout de deux heures de marche, il était de nouveau le dernier de la file tandis que dans son esprit le mot *Erreur* revenait sans cesse en un mauvais jeu d'échos.

« Feriez mieux d'abandonner tout de suite, Banes. On ne va pas traîner un poids mort comme vous jusqu'aux Rocheuses… »

Derrière le professeur, la voix de Leland était maintenant plus dure et plus moqueuse que jamais. Elle blessa Raphaël dans sa fierté. Serrant les dents, le professeur se redressa et essaya d'allonger le pas pour prouver qu'il n'était pas impotent à ce point.

« Il n'y aurait pas de honte à jeter l'éponge, tenta encore Leland. On n'a pas tous les mêmes capacités. Moi, si j'étais vous, je prendrais mon joli téléphone portable, j'appellerais un taxi et je me ferais déposer à la gare la plus proche pour rentrer chez moi. Au fait, c'est où que vous habitez ?

— Ithaca.

— Ah oui... l'université et tout... Vous devez sûrement avoir une femme et des mômes qui vous attendent là-bas. Pourquoi vous n'êtes pas auprès d'eux ?

— Pas de femme, pas d'enfant, grogna Banes.

— M'étonne qu'à moitié, commenta Leland d'un ton plein de sous-entendus. Qu'est-ce qui vous a pris de vouloir faire la route ?

— Et vous ? répliqua Raphaël du tac-au-tac. C'est quoi votre motivation pour porter des tablettes de terre cuite sur trois mille miles ?

— Je pense sincèrement que Sainclair a raison. Quelque chose va se passer et ça vaut vraiment le coup de protéger les meilleurs textes. Et puis, ça donne un but dans la vie. Une mission. C'est vital quand on ne possède plus rien...

— Qu'est-ce qui vous est arrivé, Leland ? voulut savoir Raphaël. Comment vous êtes-vous retrouvé à la rue ?

— Ne faites pas semblant de vous intéresser, Banes. Vous n'êtes pas plus psy que je ne suis dépressif. Alors avancez et bouclez-la. On arrive bientôt... »

Ni ville ni campagne, on traversait un décor incertain. « Périurbain » : c'était le terme employé par les statisticiens et les géographes pour décrire ce genre de lieu sans âme où des tours d'habitation décrépites se dressent au milieu de terrains vagues et de dépotoirs. Des lignes de chemin de fer apparurent derrière un grillage. Gerald avait une pince coupante dans son sac, il sectionna les fils d'acier pour dégager un passage.

« On a le droit de faire ça ? » demanda sottement Banes alors que la moitié du groupe était déjà passée de l'autre côté.

Leland éclata de rire. « Tant que personne n'est là pour nous en empêcher, oui, on a le droit… »

Banes franchit à regret la trouée. Agrippée par un fil de fer, une manche de son beau manteau se déchira dans un craquement sinistre. Contrarié par l'incident, Raphaël ne vit pas qu'un petit fossé courait parallèlement au grillage. Il s'affala de tout son long dans la rigole pleine de boue. Jurant, il se releva péniblement, le visage et le torse maculés. Indifférent, Leland passa à côté de lui sans l'aider à se redresser.

Les plus avancés d'entre eux avaient déjà atteint les quais d'une gare de triage. Comme l'avait annoncé Gerald, l'endroit était un vaste nœud ferroviaire fait de postes d'aiguillage, d'innombrables voies enchevêtrées et de convois en formation. Banes n'aurait pas pu s'y retrouver dans ces rames de wagons de marchandises en attente d'un chargement et d'un accrochage. Comment connaître leur destination ? Pour n'importe quel novice, c'était impossible. Pour Leland et les siens, en revanche, la lecture des signes inscrits à la craie sur les parois des fourgons semblait aussi naturelle que la consultation des pages d'un indicateur.

« Celui-là est pour Kansas City, dit un type en désignant une voiture vide.

— Pas idéal mais mieux que rien, déclara Leland. On changera une fois arrivés dans le Missouri… »

À l'intérieur du wagon, l'espace était bien assez grand pour que les dix hommes s'y installent sans se gêner. Banes grimpa le dernier, hissé par Gerald. Se calant contre une paroi, il délaça aussitôt ses chaussures. Sévèrement écorchés, ses pieds avaient imbibé de sang ses chaussettes. Il retira celles-ci et contempla d'un air effrayé ses ongles noircis par des caillots formés sous la surface. Gerald s'approcha de lui et lui tendit un tube de talc. « Utilisez ça, m'sieur, ça vous fera du bien. Mais ne remettez pas vos godasses de ville. Elles sont foutues, de toute façon... » Raphaël jeta un coup d'œil navré à sa paire de richelieus de luxe, gorgés de boue et définitivement abîmés par deux jours de randonnée intensive. Il essuya ses chairs meurtries à l'aide d'une chemise sale et s'enduisit de siccatif comme Gerald le préconisait. Il achevait ses soins quand une secousse ébranla le wagon. Un bruit métallique résonna et une nouvelle vibration se fit sentir. « Ils accrochent la motrice, expliqua Leland. On va pas tarder à partir... » Il ne fallut pas longtemps pour que le train se mette en marche. Sous allure lente, le convoi entama son voyage vers l'ouest. C'était une bonne nouvelle pour tous, mais pour Banes, c'était un soulagement particulier. Enfin, il n'avait plus à fournir d'efforts pour se déplacer. De la patience, c'était tout ce que le voyage allait maintenant lui coûter, et ce n'était pas à Raphaël que cette vertu faisait défaut. Le professeur se fit un oreiller en tassant des vêtements puis, se laissant bercer par le tangage, il croisa les bras et s'endormit.

Des heures en nombre avaient passé lorsqu'il rouvrit les yeux. Le train roulait toujours. Autour de lui, dans la pénombre, ses compagnons se reposaient ou bavardaient en sourdine. Assis à l'écart,

Leland s'occupait les mains à la lumière d'une petite lampe électrique fixée sur le front. Banes ne voyait pas précisément ce qu'il fabriquait mais ses gestes minutieux et la profondeur de sa concentration lui firent penser à de l'origami. Plus proche de Raphaël, Gerald dormait à poings fermés dans son sac de couchage. Banes se leva doucement pour se dégourdir les jambes. Par l'entrebâillement de la porte à glissière, il regarda longuement à l'extérieur, bien que la luminosité soit sourde et grise et qu'une brume consistante rende tout contour fantomatique. Il grilla le plus lentement possible l'une de ses dernières cigarettes avant de retourner s'asseoir dans son coin. Il tira alors de sa valise son ordinateur et passa un long moment à disputer des parties d'échecs contre l'intelligence artificielle. Joueur plus que médiocre, il perdit trois parties sur quatre. Furetant ensuite dans les nombreux dossiers de son portable, il tomba incidemment sur des photos prises à l'époque où il vivait avec Farah. Revoir des images de la seule femme dont il ait jamais été amoureux le noyait d'ordinaire sous des torrents de mélancolie. Cette fois, curieusement, il n'éprouva aucun regret, aucune nostalgie. Il savait qu'il ne prendrait plus jamais cette fille dans ses bras, ne sentirait plus jamais la chaleur de son corps ni ne goûterait la saveur de ses lèvres, mais cela ne le troubla pas. Froidement, il déplaça même les clichés dans la corbeille, qu'il vida. Dans un chuintement imitant le bruit du papier froissé, les pixels portant la trace de son ancienne compagne s'effacèrent à jamais…

Résigné, Banes ferma son ordinateur. Leland et lui étaient désormais les seuls encore éveillés. Le chef de groupe semblait en avoir fini avec sa mystérieuse occupation. Dans le pinceau de lumière de sa frontale, il observait avec satisfaction le produit de ses efforts quand il remarqua le regard de Raphaël ostensiblement posé sur lui. « C'est pour vous, Banes ! Cadeau ! » Le petit objet sur lequel Leland venait de s'échiner vola soudain dans les airs. Surpris, Raphaël faillit ne pas le rattraper. Du bout des doigts, il récupéra la pièce d'un demi-dollar que l'autre venait de lui lancer.

« Pourquoi me donnez-vous ça ? demanda-t-il au vagabond.

— *Memento mori !* Tout le monde devrait toujours en porter un sur soi. Même un type aussi insignifiant que vous… »

Banes écarquilla les yeux pour mieux voir. En apparence, c'était une vulgaire pièce de cinquante cents, une de celles offrant le profil de Kennedy d'un côté et le sceau présidentiel de l'autre. En réalité, aucun commerçant sur le territoire des États-Unis ne risquait plus d'accepter cette rondelle de cuivre et nickel après le traitement qu'elle venait de subir. Avec une dextérité d'orfèvre, Leland avait totalement transformé les images gravées sur les faces. À la place du visage de J. F. K., c'était désormais un crâne lisse et grignant qui ornait l'avers de la monnaie, tandis qu'au revers ce n'était plus l'aigle aux ailes déployées qui s'exhibait fièrement mais un autre visage, plus dégoûtant encore que le premier. Il était surmonté d'une inscription de quatre lettres : *V. O. U. N.*

« Comment avez-vous fait ça ? demanda Banes, aussi surpris que vaguement dégoûté par les images de la grande faucheuse.

— Vieille tradition *hobbo,* répliqua Leland en rangeant dans sa poche la lime dont il s'était servi. Les marins de l'ancien temps gravaient des dents de morse. Nous, les vagabonds, on se délie les doigts en resculptant des piécettes. C'est comme ça. À regarder tous les matins avant de se mettre en route et tous les soirs avant de dormir. Exercice spirituel pour se rappeler...

— ... l'inévitabilité de la mort, compléta Raphaël.

— Ou plutôt le fait qu'elle peut survenir n'importe quand et que chaque jour peut être le dernier.

— Et les lettres ? Elles renvoient à quoi ?

— Je croyais que vous étiez cultivé, s'étonna l'artiste. Cherchez...

— *Vulnerant omnes, ultima necat ?* risqua Banes. *Toutes les heures blessent, la dernière tue ?* C'est un classique du genre.

— Tout juste, le félicita Leland avant d'éteindre sa loupiote et de se voiler les yeux avec son écharpe. Vous n'êtes pas si mauvais que ça, après tout... »

Raphaël rangea le cadeau dans son sac et se résolut à dormir lui aussi.

Un long chapelet d'heures s'était égrené quand de brutales oscillations le réveillèrent en sursaut.

« Que se passe-t-il ? demanda-t-il à Gerald.

— Un arrêt pas prévu au programme, je crois... », répondit l'autre.

Ils poussèrent le vantail pour observer les alentours. Sans raison apparente, le train venait de s'immobiliser au beau milieu d'une plaine aux champs tristes et nus. Deux hommes partirent en éclaireurs en remontant le convoi jusqu'à la locomotive. Enfin, ils revinrent avec des nouvelles.

« Les conducteurs disent que c'est leur syndicat. Grève générale dans tout le pays. Ils doivent arrêter le trafic et ne savent pas quand ils pourront repartir. Peut-être pas avant plusieurs jours.

— Qu'est-ce qu'on fait ? demanda Gerald.

— On ne va pas attendre sans rien faire, répondit Leland. Le mieux, c'est de se remettre en marche... Allez, vous autres, préparez-vous ! »

Pour Raphaël, c'était une très mauvaise nouvelle. Il allait devoir se confronter de nouveau aux rudesses de la route. « Pas question pour vous de nous imposer vos caprices, Banes, l'avertit aussitôt Leland. Transférez ce que vous pouvez de votre valise dans votre sac et jetez-moi vos habits de parade. Mettez ce que le Régent vous a donné. »

Fatigué, Raphaël n'avait plus envie de négocier. Passant cette fois sur ses réticences, il enfila le vieux pull ainsi que la grosse veste élimée et chaussa même les bottines usées. Il fut bien obligé d'admettre qu'il était plus confortablement vêtu ainsi qu'avec son manteau ajusté et ses chaussures fines. Leland lui donna à regret un vieux sac à dos qu'il avait en surplus. C'était un modèle dépassé, à peine imperméable, au brêlage sans rembourrage qui lui sciait les épaules comme un cilice, mais Raphaël dut s'en contenter. Il y rangea précautionneusement son ordinateur en l'enveloppant de linge et sa trousse de toilette. Abandonnant à regret sa Samsonite, il ajusta à son flanc la précieuse besace contenant l'Hérodote et quitta le wagon à la suite des autres pour prendre docilement place dans la colonne.

« Quelqu'un sait où on est ? demanda-t-il alors que la compagnie se mettait à longer la voie.

— Au jugé : un peu avant Dayton, répondit un type. On y sera sûrement ce soir. »

Dayton... Cela raisonnait pour Banes comme une promesse d'Eldorado. À Dayton, il y avait de quoi manger et où dormir entre quatre murs, des radiateurs diffusant une bonne chaleur, des lumières et des magasins... Raphaël s'accrocha à cette perspective tandis qu'il avançait dans les champs gris, le vent hululant à ses oreilles et le froid lui gerçant les mains.

« La ville », dit enfin Leland en pointant du doigt, loin encore devant eux, les silhouettes à peine visibles de gratte-ciel. Ils se dirigèrent droit sur ce cap, mais la lumière déclina bien avant que le groupe n'ait atteint l'asphalte enserrant la cité. Il faisait nuit noire quand les hommes entrèrent enfin dans une rue digne de ce nom. Sans motif apparent, Leland commanda soudain l'arrêt. « Par ici, dit-il en tournant au coin d'un embranchement sombre. Suivez-moi...

— Qu'est-ce qui lui prend ? demanda Banes à Gerald.

— Aucune idée », répondit celui-ci, aussi interloqué que le professeur.

Personne dans le groupe ne discuta l'injonction. Leland s'était naturellement imposé comme meneur, et nul n'aurait songé à mettre en doute ses capacités de prendre en main le destin collectif. Comme s'il cherchait un signe connu de lui seul, il scrutait bizarrement murs et trottoirs. Le visage parfois levé vers le haut ou baissé pour examiner la chaussée, il semblait suivre une piste dont Banes, pas plus que les autres, ne déchiffrait les balises. Remontant une rue, il s'arrêta devant une maison banale, retranchée derrière une grille et un jardinet bien entretenu. La boîte aux lettres était marquée aux noms de Rose et Vincent O'Neil. Avec la désinvolture d'un fils prodigue revenant au foyer, Leland souleva le loquet et toqua à la porte. Une petite dame à l'allure proprette lui ouvrit sans méfiance. La conversation qu'elle tint avec lui se résuma à quelques phrases. Puis, appelant la bande à le rejoindre, il pénétra dans la maison à la suite de Rose O'Neil. Cette dernière, Raphaël en était témoin, n'avait été en rien menacée ou maltraitée, et c'était bien de son plein gré qu'elle ouvrait à présent sa demeure à dix parfaits inconnus. « En huit ans sur les routes, j'ai jamais vu ça », lui souffla Gerald avant de pénétrer à son tour dans la maison.

L'endroit sentait le propre et du parquet luisant montait une bonne odeur de cire. Banes et les autres eurent beau s'essuyer les pieds du mieux qu'ils purent sur le paillasson, la boue accrochée à leurs semelles macula le plancher encaustiqué.

« Ne vous inquiétez pas de ça, dit Rose d'une voix affable en voyant ses invités gênés. Rien de tout cela n'a d'importance. Venez, messieurs, soyez les bienvenus... Vincent ! Vincent ! Regarde qui est là ! » s'exclama-t-elle, le sourire aux lèvres et les yeux brillants. Vêtu d'un gilet confortable, Vincent était un monsieur digne, au visage encore frais malgré son âge avancé. Avançant à petits pas, il serra la main de chacun, accueillant chaleureusement ses visiteurs. « Des *Sheltas* ! dit Mme O'Neil en tapant dans ses mains et en tressaillant de joie. Cela faisait si longtemps que nous n'en n'avions pas vu !

— C'est quoi des *Sheltas* ? demanda doucement Raphaël à Gerald.

— Aucune idée. Ils sont dingos, ces vieux. Gentils, mais dingos ! »

Leland prit le couple à part et lui murmura quelques phrases. Rose eut une expression de surprise mais son sourire épanoui ne la quitta pas. Vincent, lui, semblait en admiration devant Leland.

« Mme et M. O'Neil acceptent de nous héberger pour la nuit, dit celui-ci en s'adressant à l'équipe. Remerciez-les car ce sont de braves gens. »

Un « merci » général monta de la petite troupe. « Mettez-vous à l'aise, messieurs, dit Vincent. Installez-vous. Cette maison est la vôtre. Nous allons vous préparer quelque chose à dîner. Ici, vous ne craignez rien. »

Raphaël demanda encore à Gerald ce qu'il pouvait bien y avoir à craindre mais ce dernier, une nouvelle fois, haussa les épaules en signe d'ignorance. On posa les sacs et bardas dans l'entrée et on se réunit au salon. Vincent fit pousser une commode pour dégager un peu d'espace et trouva des chaises afin que chacun puisse s'asseoir. Rose apporta du café, des gâteaux apéritifs et des jus de fruits avant de disparaître dans la cuisine. Affamé, Raphaël accepta avec gratitude la tasse d'arabica et les biscuits qu'on lui tendait. À l'exception de Leland, les membres de la bande semblaient perplexes. Aussi inattendue que sincère, l'hospitalité de ces deux charmantes personnes âgées était pour eux un véritable réconfort. L'enthousiasme avec lequel le couple O'Neil les recevait leur semblait cependant étrange. Parcourant le pays depuis des années, ils connaissaient la méfiance – pour ne pas dire l'hostilité – qu'ils suscitaient d'ordinaire. Pauvres, ils inspiraient le mépris aux nantis ; nomades, ils étaient rejetés par les sédentaires ; libres, ils étaient jalousés par les médiocres. Si – rarement – une famille leur ouvrait sa porte, c'était par obligation religieuse, afin d'obéir au devoir de charité. Magnanimité calculée. Générosité terrestre motivée par un espoir de récompense dans l'au-delà. Mais, pour Rose et Vincent, à l'évidence, il n'y avait aucune intention cachée derrière la spontanéité de leur accueil. Seul un altruisme authentique expliquait leur prodigalité et leur gentillesse.

Habile cuisinière, Mme O'Neil confectionna un dîner complet avec viande et légumes. Si tous avaient leur attention, les époux accordaient une faveur toute particulière à Leland. Son assiette était servie la première et on le poussait plus que les autres à se resservir. Ils lui parlaient et lui souriaient aussi plus volontiers.

À la fin du repas, Vincent assigna à chacun sa place dans la maison. Avec Gerald, Banes eut la jouissance d'une véranda chauffée donnant sur le jardin arrière. Il y avait là deux canapés assez grands pour s'y étendre. Rose passa de pièce en pièce pour distribuer les couvertures et encouragea ces messieurs à utiliser la salle de bain comme bon leur semblait. Banes fut le seul à ne pas résister à la tentation de se décrasser. Quand il en ressortit, le silence était presque total dans la maison. Regagnant la véranda, il passa devant la chambre qu'occupait, seul, Leland. La porte était entrouverte. À voix basse, les O'Neil étaient en pleine discussion avec leur invité et le trio, absorbé par la conversation, ne remarqua pas la silhouette de Raphaël qui se faufilait dans le couloir. Le coup d'œil fortuit que ce dernier jeta incidemment dans la pièce le figea. Avec un air solennel, Monsieur Vincent tendait un objet à Leland. C'était un poignard à lame longue et garde rouge, une sorte de glaive que le clochard examina un instant avant de le glisser dans sa ceinture, sous sa veste. Adossé au mur, faisant sa respiration discrète, Banes tenta de capter les paroles échangées mais il ne put en saisir que des bribes. Rose multipliait les mises en garde.

« Faites attention. C'est la fin désormais. Ce qu'on attend ne tardera plus...

— Méfiez-vous, renchérit son mari. Il y en a un, dans votre groupe, à qui je ne ferais pas confiance…

— Je sais à qui vous faites allusion. Ne vous inquiétez pas, je l'ai à l'œil. »

Banes se replia dans la véranda avant d'être surpris. Prenant le petit carnet qui ne le quittait jamais, il y nota le mot *Shelta.* Sous *Scribe, abonné* et *Virga Vagos*, c'était une nouvelle entrée dans la liste des termes ambigus ou cocasses qu'il tenait depuis le début de son enquête sur la disparition de Milton Millicent. Il ferma les yeux avec la louable intention de réfléchir à tout ce qu'il avait vu et entendu au cours de ses recherches. Ses réflexions, malheureusement, demeurèrent confuses, et c'est sans connaître de révélation qu'il franchit les portes du sommeil.

Les marcheurs quittèrent les O'Neil le lendemain matin. Madame Rose avait passé une partie de la nuit à confectionner des sandwichs et chacun, Banes compris, était désormais suffisamment pourvu en provisions pour subsister durant les prochains jours. Leland sortit le dernier de la maison et ce fut Raphaël, cette fois, qui se retourna pour l'attendre. Il le vit, s'attardant au portail du jardin, frotter la grille comme pour effacer une salissure ou un signe.

« Vous connaissiez ces gens ? lui demanda Banes quand Leland fut à portée de voix.

— Jamais vus avant hier soir.

— Ça n'en donnait pas l'impression, insista Raphaël.

— Avancez…

— Où va-t-on ?

— Vous ne vous souvenez pas ? Les Rocheuses, Banes ! Les Rocheuses !

— On y arrivera dans combien de temps ?

— Si les trains circulent à nouveau, un peu moins d'une semaine. Sinon, ça prendra le temps que ça prendra. »

Avant de quitter la ville, Banes acheta deux cartouches de cigarettes. Il abandonna aussi quelques cents pour le journal local. La grève des transports ferroviaires occupait la première page. Ce genre d'événement était plutôt rare dans la culture américaine, et les commentaires des journalistes sur les syndicats responsables du débrayage général étaient féroces. Pourtant, en dépit de la réprobation des chroniqueurs, la paralysie des chemins de fer semblait non seulement promise à durer mais à s'étendre, puisque des compagnies de transports par bus commençaient elles aussi à cesser le travail. Banes froissa le quotidien. Comme il s'apprêtait à le jeter dans le caniveau, Gerald le retint :

« Faites pas ça ! Faut pas gaspiller ! C'est précieux, le papier journal tout propre ! »

Déchirant soigneusement les feuilles, le petit homme au nez en trompette montra au professeur comment placer des pages à même la peau sous son pull pour couper le vent et le froid. « C'est une des trois seules vraies utilités des canards, ajouta Gerald. Faire isolation sous les fringues... »

Constatant immédiatement l'efficacité de cette pratique, Banes eut assez de curiosité pour s'enquérir des deux autres fonctions.

« Ben, servir d'allume-feu et emballer le poisson, pardi !

— Vous oubliez informer, quand même, non ? »

Gerald pouffa. « Vous croyez à ça, vous ? C'est vraiment un truc d'*abonné* de croire que la presse est là pour instruire le peuple ! Moi, je vais vous dire : elle est là pour le faire tenir tranquille, et c'est tout ! Brouiller définitivement le peu d'esprit des couillons avec des trucs sans importance, genre sport et potins, et faire croire aux légèrement moins couillons qu'ils font partie de l'élite sous prétexte qu'on les entretient un peu des grandes affaires du monde. Mais c'est rien que du vent, tout ça. Les journaux appartiennent à des banques ou à des consortiums industriels. Vous croyez vraiment que les conseils d'administration vont laisser les reporters travailler au risque de nuire aux intérêts des actionnaires ? De la blague, oui ! D'ailleurs, j'ai toujours dit qu'il suffisait de prendre le mot *information* dans sa forme brute pour comprendre ce que ça voulait vraiment dire.

— Je ne comprends pas...

— *Informer,* littéralement, c'est rendre informe, non ? Eh bien c'est justement ce que font les journalistes, d'après moi. Ils sont payés pour rendre *informe* ce qui justement devrait avoir une *forme*. Vous me suivez ? »

Banes acquiesça vaguement, sans être convaincu le moins du monde par cette démonstration hasardeuse. Sur sa lancée, Gerald continua :

« Dans le même registre, vous savez pourquoi le gouvernement laisse tant de pauvres dans la rue, m'sieur ?

— Parce qu'il n'y a pas assez d'argent pour les accueillir dans des centres sociaux. C'est la crise... »

Gerald éclata de rire. « La crise, c'est aussi un mensonge des journaux, m'sieur ! J'y croirai quand les traders et les banquiers de Wall Street se jetteront du haut de leurs tours ! Non, vous avez tout faux. L'argent, le gouvernement en a bien assez pour ses porte-avions, ses missiles de croisière, ses satellites et tout le tremblement ! Alors, vous savez pas, hein ?

— Non.

— Ben moi, je vais vous la dire, la vraie raison ! Le gouvernement, démocrate ou républicain, notez bien, de toute façon c'est pareil… le gouvernement laisse des millions de gens crever dehors pour faire peur au reste de la population ! C'est du contrôle social, que ça s'appelle !

— Vous voulez dire que c'est une manière d'effrayer ceux qui ne sont pas encore tombés dans la pauvreté ?

— Tout juste ! On laisse les miséreux déambuler dans les villes parce que c'est comme un message lancé par les autorités. Ça veut dire : *Regardez un peu ce qui vous attend si vous ne filez pas droit ! Il y a des millions de braves gens qui dorment dehors, un de plus un de moins, ça ne fera pas de différence. On n'aura aucune pitié pour vous si vous sortez des clous ! Payez vos impôts, travaillez, consommez, baissez la tête, soyez contents et surtout pensez pas !* Voilà pourquoi ils font pas grand-chose pour remédier à la misère, les types aux commandes. Vous captez ?

— Oui, oui… convint Raphaël pour la forme.

— À la fois victimes et épouvantails du capitalisme ! poursuivit le vagabond. C'est ça qu'on est, nous autres. Comme des pendus pour l'exemple accrochés à leur gibet en plein milieu de la place du village, voyez ? C'est le même principe ! J'ai saisi ça parce qu'on réfléchit mieux quand on est dans le besoin que quand on a tout ce qu'il faut, conclut Gerald. On voit des choses que le commun voit pas et on comprend des trucs que les *abonnés* veulent surtout pas comprendre… »

Malgré leur caractère loufoque et assurément paranoïaque, les remarques du vagabond ne semblaient pas si stupides. Malheureusement, Banes n'avait pas en cet instant l'opportunité d'y réfléchir sérieusement, car les efforts que lui réclamait la marche accaparaient toute sa concentration. Soutenir la cadence n'était pas facile pour lui. Peu à peu, toutefois, il sentit que ses muscles s'habituaient à l'action. La troupe avança toute la journée sans incident. Elle laissa Dayton derrière elle et se dirigea plein ouest vers Indianapolis. C'était la prochaine grande étape, là où, Leland l'avait laissé espérer, une de ses connaissances pourrait peut-être leur prêter un véhicule dans lequel embarquer tous. Enveloppé dans la couverture dont Rose O'Neil lui avait fait don, Banes passa les trois nuits suivantes au milieu des autres, sans tenter de s'abstraire du sort commun en s'arrogeant le luxe d'une chambre de motel. Gerald n'était plus le seul à lui parler amicalement désormais. La discrétion nouvelle du professeur et les efforts qu'il consentait maintenant à faire pour se fondre dans le groupe avaient été remarqués de tous. De son côté, Leland avait tout à fait cessé de s'adresser à lui, et Raphaël s'accommodait à merveille de cette nouvelle indifférence.

À la périphérie d'Indianapolis, un cordon de forces de l'ordre les empêcha d'entrer dans la ville. Avec ses chevaux de frise, ses barbelés et ses barricades, le dispositif était impressionnant. Des hélicoptères tournoyaient dans le ciel. Banes voulut savoir ce qui motivait un tel déploiement. Un officier lui répondit que la Présidente était en ville pour une visite officielle et qu'un parti d'anarchistes du Black Block causait du désordre sur le parcours du cortège. Le maire avait ordonné la fermeture des grands axes afin qu'aucun renfort ne vienne grossir le flot des émeutiers. La petite troupe s'adapta à la situation en cherchant une autre voie pour continuer son chemin malgré tout. Le long d'une bretelle d'accès à la Highway 70, elle se heurta bientôt à un nouveau barrage. Derrière les fonctionnaires de l'Indianapolis Metropolitan Police Department, des hommes en combinaison anti-émeute se tenaient prêts à intervenir. Aucun insigne officiel n'ornait leurs manches.

« Contractants, dit laconiquement Gerald à Raphaël en désignant ces pelotons.

— Contractants ? releva Banes. Vous voulez dire : des mercenaires ?

— Sûr. Plus dociles que les flics ordinaires. Surtout moins regardants à cogner sur le peuple si nécessaire. Moins enclins à fraterniser, voyez. Je suis certain qu'il y a pas mal d'étrangers parmi eux, des gars à qui ça ne fait ni chaud ni froid de taper sur des Américains... »

Raphaël était choqué. Jamais encore il n'avait pensé que le conseil municipal d'une ville américaine puisse s'abaisser à recruter des soldats de fortune pour assurer le contrôle de la population. Il pensait cette pratique réservée aux régimes dictatoriaux. Connaissant bien le système législatif, il ne se rappelait aucune loi fédérale autorisant le recrutement de milices pour effectuer des opérations de maintien de l'ordre sur le sol national. Juridiquement, Indianapolis violait de la sorte l'esprit même de la Constitution.

« Impossible d'entrer en ville au moins avant demain, conclut Leland. Il faut attendre. » Chercher un endroit où s'installer fut compliqué par la survenue d'une averse brutale. Accompagné d'un certain Dermott, Gerald partit en repérage tandis que les autres attendaient, tassés dans le renfoncement d'un mur.

« Il y a un hébergement de l'Armée du Salut pas loin d'ici, annonça Gerald qui revenait en courant. On pourra manger et dormir au sec. »

La nouvelle fut accueillie avec enthousiasme par le groupe. Seul Leland, fidèle à sa morosité habituelle, exprima de la mauvaise volonté.

« Allez-y si vous voulez. Moi, je ne mettrai pas les pieds dans leur dortoir… » Les autres tentèrent de le convaincre, mais rien n'y fit. Laissant Leland s'organiser comme il l'entendait, ils se présentèrent au centre d'accueil.

Installé dans un vieil immeuble, le foyer affichait déjà presque complet. Banes se trouva séparé de ses compagnons et dut partager une chambre avec des inconnus. Une sonnerie annonça l'ouverture du réfectoire, grand comme celui d'une école. Le professeur estima à près de trois cents le nombre de pauvres hères attablés là en même temps que lui. Retrouvant Gerald et les autres, il se brûlait la langue en mangeant un riz fade quand un type énervé monta soudain sur une chaise et commença à se déshabiller en braillant :

« Ils arrivent, les Seigneurs du Mal ! Ils ont surgi et personne ne les arrêtera ! Je le sais comme vous le savez tous ! Pourquoi vous n'en parlez pas, bande de rats ? Vous avez peur ? Vous avez raison ! Ils vont tous nous tuer ! Tous ! Autant crever tout de suite ! »

Chemise relevée et pantalon baissé, il trépignait et bavait comme un épileptique. Brandissant un couteau, il se planta la lame dans la gorge. Le sang jaillit. Le fou s'effondra. On se précipita à son secours et on l'emporta hors de la cantine, laissant de larges traînées rouges sur le sol. Impressionné par l'incident, Banes avait pâli.

« Faut pas vous en faire, m'sieur, le rassura Gerald. Les illuminés, ça court les rues. Moi, j'en ai croisé plein, des gars qui croient que Dieu leur parle en direct. Faut pas vous affoler...

— Dieu ou le diable, ajouta Dermott. Parce que l'autre nudiste, là, c'est plutôt le démon qui lui causait.

— Il en faut pour tous les goûts ! conclut Gerald, philosophe.

— À ce propos, questionna Banes, ça vous dit quelque chose, un livre qui parlerait de prophéties sur la fin du monde ou ce genre de choses ?

— Un livre de prophéties ? reprit Dermott, sincèrement étonné. Vous voulez dire quoi au juste ? Comme dans la Bible et tout ?

— Un peu ce genre-là, oui.

— À part les passages à la fin du Livre saint avec la bagarre entre Christ et Satan... non ! Pourquoi ? ».

— Rien. Ça n'a pas vraiment d'importance. »

Un nouveau hurlement de sirène les avertit de la fermeture prochaine de la cantine et Banes se trouva bientôt de retour dans sa chambrée. Une vingtaine de types étaient installés sur des lits superposés comme dans un dortoir de caserne. Si la promiscuité forcée avec ces inconnus lui était désagréable, il se consola en entendant la pluie redoubler au-dehors. Mieux valait être au chaud, ici, qu'à la merci des intempéries. Un de ses voisins se mit à ronfler. Banes prit son portable. Il restait un peu de batterie dans l'appareil. Ajustant les écouteurs, il ferma les yeux et laissa Bach s'occuper du reste. Les lumières s'éteignirent et il glissa dans le sommeil.

Quand il sentit une paume appuyer sur sa bouche, Raphaël passa sans transition du calme à la panique pure. On le traîna hors de son lit, on l'accabla de coups. Un uppercut au foie le plia en deux. Un crochet à la tempe fit vaciller son cerveau. Un direct en pleine face le fit crier de douleur… Il tomba à genoux et reçut un nouveau coup de pied. Il aurait pu se relever et même essayer d'empêcher ses agresseurs de fouiller ses affaires. Il resta au contraire immobile, pantelant, comprenant qu'on le frappait pour le voler, mais préférant subir plutôt que de riposter. Passif, il regarda ses agresseurs piller son sac. On le dépouilla de son ordinateur, de son portefeuille et de son mobile. On lui prit sa montre. C'était un objet précieux, cadeau de Farah, le dernier souvenir d'elle qui ne le quittait jamais. Paralysé par la peur, incapable de se défendre, Banes laissa faire. Il ne raidit même pas le bras quand on détacha la Patek de son poignet. Plus fort que les précédents, un ultime coup le priva de conscience.

Quand il recouvra ses esprits, il ne se trouvait plus dans la chambrée. Transporté à l'extérieur, il avait été jeté dans une benne à ordures. Si toutes les régions de son corps lui envoyaient de furieux signaux de douleur, ses os étaient indemnes. Il s'extirpa maladroitement du conteneur et jeta un coup d'œil autour de lui. Il était dans une arrière-cour, sûrement derrière les cuisines du centre d'accueil. La lumière n'était déjà plus celle de l'aube. Se tenant les côtes, Banes regagna l'intérieur du bâtiment en boitant. Son visage couvert de sang coagulé effraya les volontaires de l'Armée du Salut. On le conduisit à l'infirmerie, où Gerald finit par le retrouver. « Qu'est-ce qui vous est arrivé, m'sieur Banes ? Ça fait bien une heure qu'on vous cherche ! » Encore groggy, Raphaël fit le récit de son agression, espérant qu'il était toujours temps de rattraper ses agresseurs. Mais ils avaient quitté les lieux sitôt leur méfait accompli, et personne ne pouvait plus rien pour l'aider à récupérer ses affaires. Dépossédé de ses biens les plus précieux, Raphaël n'avait maintenant ni téléphone, ni ordinateur, ni argent, ni papiers d'identité. Il n'était plus personne.

« Coup de chance qu'ils n'aient pas touché aux tablettes, remarqua Gerald. Et ils ont pas pris vos fringues non plus. »

Ses hématomes enduits de crème émolliente, Banes se rhabilla tant bien que mal avant de rejoindre les autres, qui l'attendaient pour repartir. Leland faisait les cent pas devant la porte du centre. Quand il constata l'état dans lequel se trouvait Raphaël et qu'on lui rapporta la mésaventure, il préféra garder pour lui les réflexions désagréables qui lui brûlaient pourtant les lèvres.

Banes s'était comporté en lâche et il en ressentait une honte immense. Déchaîner sa hargne dans un moment de jalousie contre un type adipeux et lent, fût-il de la taille du Vénérable Friedkin, était une chose ; être envahi par la panique au point de se laisser tabasser sans réagir en était une autre. Dans ce dortoir, Raphaël avait découvert une facette de son être dont il soupçonnait depuis longtemps l'existence, mais dont la révélation au grand jour le dégoûtait. Enfermé dans le silence, perdu dans le dédale obsessionnel du dénigrement systématique de lui-même, il marcha longtemps, les yeux rivés au sol, sans se préoccuper de savoir où l'on allait.

La bande tenta de revenir vers le centre-ville d'Indianapolis. À en juger par les traces d'incendies sur les façades, l'asphalte défoncé et les vitrines brisées, les émeutes de la veille avaient été particulièrement violentes. Banes se demanda ce qui avait bien pu motiver de tels débordements. Lui, qui avait l'habitude de consulter chaque jour l'ensemble de la presse nationale, n'avait lu depuis six jours que le quotidien local de Dayton. Sans aucune idée de ce qui se passait dans le monde en général et aux États-Unis en particulier, il avait l'impression d'être redevenu un enfant évoluant dans un univers qu'il ne comprenait pas.

Leland conduisit la troupe par des rues étrangement calmes, aux murs souvent bombés de symboles anarchistes ou de slogans vouant les banques et le gouvernement fédéral aux gémonies. Après les troubles, la ville était encore en état de choc. Des patrouilles de police circulaient en nombre tandis que, aux principaux carrefours, des sections de contractants assuraient la surveillance comme leurs homologues le faisaient dans Bagdad. Des barrages filtrants étaient partout mis en place. Le quartier que Leland voulait atteindre semblait particulièrement difficile à approcher. Le dispositif de sécurité était si concentré à ses alentours qu'avancer devint bientôt impossible.

« Pourquoi justement l'endroit où on veut aller ? demanda Gerald d'un ton plaintif. Peuvent pas boucler une autre zone, non ?

— C'est le coin des squats et des autonomes, expliqua Leland. Les types qui ont flanqué le bazar hier s'y sont réfugiés, d'après ce que je comprends. C'est l'état de siège, ici. Mes contacts sont sûrement grillés. Pas la peine d'insister, sinon on risque de se faire rafler…

— Rafler ? intervint Banes. Vous exagérez !

— Regardez. »

Leland désigna une unité de police stationnant non loin de là. Un officier les observait d'un air suspicieux. Derrière ses hommes, des fourgons cellulaires étaient prêts à recevoir leur charge de détenus.

« Ça sent pas bon par ici, dit Dermott. On ferait mieux de pas traîner dans le coin…

— Exact, confirma Leland. Demi-tour ! »

Ils quittèrent Indianapolis vers midi, sous un ciel de plomb dans lequel des hélicoptères s'étaient remis à bourdonner. Ils marchèrent toute la journée vers l'ouest, le long de routes moins fréquentées qu'à l'ordinaire. Banes se remettait mal de la correction reçue dans la nuit. La respiration coupée par les coups autant que par l'angoisse et la honte, il se demandait ce qu'un homme tel que lui, tranquille professeur amoureux des arts et des livres, avait fait pour mériter pareil traitement. Avec dégoût, il se rappelait l'odeur rance de ses agresseurs, mélange de puanteur de rue, de détritus et de crasse. Qu'on ait pu s'en prendre à lui le révoltait. Découragement et écœurement le submergèrent. Détruit par un formidable sentiment d'injustice, il s'arrêta net.

« J'en ai assez, déclara-t-il. Je veux rentrer chez moi ! »

D'un geste, Leland signifia la halte générale. « Nous y voilà ! lâcha-t-il comme s'il s'attendait à ce que l'abcès crève. Alors, Banes, on fait sa crise ?

— Pas de crise, rectifia le professeur. Je rentre chez moi. C'est tout… Désolé pour la livraison de l'Hérodote, mais j'abandonne. Je vous laisse le sac !

— Pas de problème, répondit Leland d'une manière parfaitement détachée. Donnez-moi votre paquet et partez. Je ne vous retiens pas. »

Sous les yeux médusés des autres, Leland empoigna le chargement dont se débarrassait Banes.

« On peut pas le laisser seul ! protesta Gerald. Il saura pas se débrouiller !

— Il veut partir ? Alors qu'il parte ! déclara le chef. C'est pas mon genre de retenir qui que ce soit ! »

Raphaël était surpris de la facilité avec laquelle il retrouvait sa liberté, sans drame, sans menace. Il remercia la bande pour l'expérience, donna une franche poignée de main à Gerald et tourna le dos à tout le monde avec l'enthousiasme d'un chiot auquel on retire finalement sa laisse. Puis il entama son retour vers Indianapolis. Il résista longtemps à la tentation de vérifier si les autres ne le suivaient pas. Quand il jeta enfin un coup d'œil par-dessus son épaule, il constata qu'il était bel et bien seul, au bord de la route. Ni Dermott ni Gerald et encore moins Leland ou l'un des autres ne lui avaient emboîté le pas. Secrètement froissé par le désintérêt que son cas suscitait, il continua sa progression, heureux tout de même d'en avoir fini avec cette triste odyssée. Bientôt, il allait retrouver sa maison et la douceur de sa vie rangée à Ithaca. À bien y réfléchir, la situation n'était pas si désespérée. Sitôt rentré, il allait engager un avocat afin d'attaquer l'université Cornell pour licenciement abusif et la Farnsborough Foundation pour l'avoir contraint à effectuer une mission qui ne relevait pas des attributions spécifiées dans son contrat. Il était dans son bon droit et se ferait grassement dédommager ! Banes en était déjà à calculer le montant des indemnités réclamées aux uns et aux autres lorsque la pluie se remit à tomber. Il grelottait. Il n'avait rien mangé depuis la veille au soir. Le jeûne, les coups et les heures de marche se conjuguèrent au froid pour engourdir ses muscles et le figer sur place. Honteux, il tendit alors le pouce dans l'espoir d'arrêter un véhicule filant vers la ville. Mais qui, au crépuscule, aurait voulu prendre comme passager un type trempé, mal vêtu, au visage tuméfié ? Personne n'eut pitié de sa pauvre silhouette d'homme perdu.

Le désespoir le força à se remettre en marche. Il lui fallut longtemps pour regagner la périphérie d'Indianapolis. Les lumières des bâtiments ne le réconfortèrent pas longtemps. Sans argent, il ne pouvait ni manger, ni s'abriter convenablement. La seule solution était d'appeler à l'aide. Banes boitilla jusqu'à une station-service Exxon dont les néons brillaient tout près. Il y avait un téléphone public installé contre un poteau. Raphaël décrocha en espérant joindre la seule personne en mesure de lui porter secours. Quel était le numéro de Farah ? Il y avait longtemps qu'il avait délégué à la mémoire de son portable ce genre d'information. Incapable de reconstituer la suite de chiffres, il joua sa dernière carte en composant le 911.

« 911 à l'écoute. Quelle est votre demande ? »

Banes eut un blanc. Comment décrire sa situation ?

« Je veux… Je veux…

— Quel est votre problème, monsieur ? Accident ? Crime ? Incendie ?

— Non, rien de tout ça. C'est juste que… Il faut que je rentre chez moi !

— Eh bien, rentrez, monsieur, ce n'est pas moi qui vous en empêche, mais n'encombrez pas la ligne pour ça. Bonsoir. »

Lorsqu'un claquement sec mit un terme à la conversation, Raphaël prit définitivement la mesure de son état de naufragé : livré à lui-même, sans aucun moyen d'action sur le monde qui l'entourait, à des centaines de miles de chez lui. Il tituba et se laissa glisser contre le mur. Assis sur le sol mouillé, il plongea la tête entre ses bras. Anéanti, il ne savait que faire.

Enfin la pluie cessa. Un peu de force lui revint et il se remit en marche jusqu'à atteindre un quartier animé où de nombreux passants vaquaient à leurs affaires. Banes les voyait, à la sortie des épiceries, des victuailles dépassant de leurs sacs en papier, ou bien dans les restaurants à jeter un coup d'œil à la carte. Au travers des vitrines, il les observait en train de choisir des vêtements chauds dans les magasins ou attablés entre amis à profiter des *happy hours* à la fin de leur journée de travail. Sans même s'en rendre compte, il tendit la main. « Aidez-moi, s'il vous plaît ! » En dernier recours, Banes en appelait à la charité. Mais cette humiliation ne servit à rien. Personne ne le prit en pitié ni ne s'arrêta pour le réconforter d'un regard compatissant. Bousculé, rejeté, il n'était qu'un déchet humain flottant sur une mer d'indifférence.

Comprenant qu'il ne tirerait rien de son abaissement, Raphaël abandonna la partie et chercha un endroit isolé pour y passer la nuit. Il s'enfonça dans des allées obscures, pareilles à celle où vivait le Bouquiniste de New York. À l'arrière d'une pizzeria, il trouva des poubelles et n'eut plus aucune réticence à fouiller les bennes pour y dénicher des restes. Il fit son repas d'un fond de bouteille de lait, de vieilles tomates molles et d'un morceau de croûte charbonneuse. Il tira ensuite des cartons sur lui pour se protéger du vent et des averses et passa la pire nuit de son existence, pénétré de froid et de faim, anxieux du lendemain et regrettant amèrement d'avoir quitté Leland et les autres. Comment allait-il revenir à Ithaca ? À quelle porte allait-il pouvoir frapper pour quémander du secours ? Terrifié, il se rendit compte qu'il suffit d'un simple concours de circonstances pour qu'un homme tel que lui, habitué au confort et croyant jouir naturellement de tous ses droits, se retrouve démuni, solitaire, aux marges de la société…

L'aube le découvrit engourdi, hébété, indifférent à la lumière du jour nouveau. Il se demandait pour la centième fois comment se tirer de sa misère quand il entendit quelque chose ou quelqu'un approcher. Inquiet, il se terra sous les cartons et attendit. Ça bougeait maintenant à côté de lui. Ça reniflait ! C'était un chien ! La bête aboya. Banes se recroquevilla autant qu'il put, cessant de respirer, saisi par la peur.

« Il est encore là, votre pèlerin ! Je vous l'avais bien dit ! »

Rauque et enjouée, la voix de l'inconnu n'avait rien d'agressif.

« Sortez de votre trou, Banes ! Votre crise a assez duré ! Vous nous faites perdre du temps ! »

Raphaël sursauta. C'était Leland qui lui parlait. Timidement, il émergea de sa tanière et vit d'abord la truffe noire d'un bâtard qui le humait.

« Doucement, Marcel. C'est un ami, à ce qu'il paraît… »

Derrière la bête se dressait un vieux bonhomme étrange. Avec son ventre proéminent, son long manteau rapiécé et sa barbe blanche lui tombant sur la poitrine, il faisait songer à un Père Noël expulsé de son isba du Grand Nord pour cause de loyers impayés. Leland tendit la main à Banes pour l'aider à se relever.

« Toujours envie de vous débrouiller seul ? » demanda-t-il, narquois.

Raphaël baissa les yeux comme un enfant présomptueux confronté aux limites de ses capacités. Il ne répondit rien.

« Prenez ça, m'sieur, ça va vous réchauffer ! » Arrivant à son tour avec un thermos de café, Gerald lui tendit une tasse fumante. Buvant à grands traits la boisson amère, Banes reprit assez d'assurance pour parler.

« Je suis idiot, dit-il. Je ne sais pas ce qui m'a pris. Merci d'être revenus !

— Remerciez Finn, dit Leland en désignant Santa Klaus. Sans lui et son clébard, on ne vous aurait peut-être pas remis la main dessus aussi facilement. Et puis remerciez Gerald et les autres, surtout. Ils m'ont cassé ce que je pense jusqu'à ce que j'accepte de revenir vous pêcher ! Moi tout seul, pas sûr que je me sois donné cette peine ! »

Réconforté par l'attention que la bande lui avait manifestée, Banes exprima à tous sa profonde gratitude.

« En plus, il y a une bonne nouvelle, ajouta Leland. Les trains se sont remis à rouler, apparemment. On va vérifier ça tout de suite. Finn vient avec nous, maintenant. Pas d'objection ? »

Confit dans le remords et la culpabilité, Banes n'était évidemment pas en position de refuser quoi que ce soit à ses sauveurs. Certes, il n'était pas promis à revoir Ithaca de sitôt, mais au moins ne serait-il plus seul sur les routes à risquer de mourir de faim et de froid. Il chargea de nouveau son sac sur ses épaules après en avoir tiré le dernier des sandwichs confectionnés par Rose O'Neil quelques jours plus tôt. Heureux de repartir avec les autres, il se glissa dans la file et suivit le mouvement général.

Dans les dépôts de la gare principale, ils trouvèrent un train de marchandises promis à un prochain départ pour l'Ouest. Une fois installé avec les autres dans un wagon vide, Banes s'endormit aussitôt. Lorsque le convoi s'ébranla, il était à ce point épuisé qu'il ne ressentit rien.

VIII

On se fait une haute opinion de l'efficacité de l'administration, mais elle n'est ni toute-puissante ni à l'abri de commettre des erreurs. Contre toute logique, les mots de passe utilisés par le capitaine Harper pour se connecter au réseau central de la police montée avaient échappé à la désactivation consécutive à la mesure de suspension prise à son encontre. Bien qu'il soit momentanément *persona non grata* dans les locaux des *mounties*, il pouvait encore accéder, depuis son domicile, à l'intranet de tous les services que son grade l'autorisait à consulter d'ordinaire.

S'il n'y avait évidemment rien, sur le réseau, qui concerne l'affaire des suicidés, les autres enquêtes en cours étaient normalement référencées. Harper parcourut les dossiers de ces dernières par routine. La nuit passée, une effraction avait mal tourné pour le voleur à Chilanko Forks. Le gars s'était pris une volée de calibre 12 en plein ventre par le propriétaire de la maison dans laquelle il venait de pénétrer. Une station-service avait été cambriolée à Lac la Hache. Pas de victime. Les bandes de vidéosurveillance étaient consultables en hyperlien. À Lone Butte, un homme avait poursuivi sa petite amie dans la rue avec un couteau après que la fille lui eut annoncé son intention de le quitter. Le type était recherché… L'événement le plus marquant s'était produit quelques jours plus tôt : l'explosion d'un camion transportant des produits chimiques dans la petite ville de Quintette. Harper avait vu le désastre à la télévision. Qui aurait pu le manquer puisque le drame, une semaine après les faits, faisait encore l'objet d'articles en bonne place dans les journaux ? C'était une catastrophe similaire à celle qu'avait subie l'Espagne à Los Alfaques, à la fin des années 1970, quand une citerne de propène avait explosé sur une route bordant un camping en plein mois de juillet.

Le site de la police montée ne cachait rien des éléments de l'enquête : le gaz s'était échappé par une fissure de la cuve et, mélangé à l'air, s'était embrasé. C'était la thèse la plus probable car, étant donné l'état de la carcasse du camion, il était impossible d'expertiser quoi que ce soit. Accablé, Harper avait regardé avec horreur les photographies prises par les légistes. Jamais pareils clichés ne paraîtraient dans la presse. Bouleversants, ils étaient à peine soutenables, même pour un professionnel tel que lui. La violence de l'événement était telle que le capitaine faillit manquer ce qui aurait pourtant dû le frapper immédiatement : la banlieue où s'était produit l'accident et le village aux suicidés n'étaient éloignés que de quatre-vingts miles. Quand il se rendit compte de la proximité relative des deux événements, il lui parut possible que ces drames soient liés. Suivant son instinct, il se mit à étudier des cartes de la zone, évalua les probabilités de déplacement d'un homme à pied, traça des cercles à partir de la côte, calcula des distances, élabora des théories au point de ne plus savoir que penser. Il passait à côté de quelque chose, il le sentait...

Seul, il allait tourner en rond. Il lui fallait de l'aide. Sans trop savoir à quoi il se préparait mais la nécessité d'agir chevillée au corps, Harper se décida à prendre les choses en main. Après tout, personne ne le retenait, ni femme, ni enfant, ni famille d'aucune sorte. Comme l'administrateur de la police montée le lui avait fait remarquer, il était libre de ses mouvements puisqu'il n'avait plus à répondre à sa hiérarchie. C'est donc en simple particulier qu'il prépara un sac avec quelques affaires et glissa sa carabine Remington 700 calibre 308 dans sa house de nylon. Avec un engin pareil dans les mains et malgré ses cinquante-huit ans, il se savait encore capable de mettre une balle dans n'importe quelle cible à un demi-mile de distance. Il confia les clefs de sa maison à son plus proche voisin et s'en alla, tôt le matin, dans sa Jeep Cherokee flambant neuve en direction du nord.

Du port de Prince-Rupert, le ferry partit à huit heures à destination de l'île de la Reine-Charlotte. Au cours des trois petites heures que dura la traversée, l'officier Harper quitta le pont seulement pour prendre quelque chose de chaud au bar. Le reste du temps, malgré le froid et le crachin, il demeura accoudé au bastingage à regarder les vagues creuser méchamment le détroit d'Hécate. À onze heures, il débarqua sur la terre ferme. Ses essuie-glaces chuintant sur son pare-brise, il roula vers l'ouest, en direction du cap Knox. Il y avait longtemps qu'il ne s'était pas rendu là-bas, et rien ne paraissait changé depuis sa dernière visite. Les petites routes étaient les mêmes et le paysage, âpre et rural, toujours semblable... Il retrouva la maison sans demander son chemin. C'était la troisième d'un hameau comprenant une quinzaine d'habitations. Coincées entre une rivière lente et un coteau abrupt surmonté de vergers mal en point, aucune d'entre elles ne payait de mine et celle de Jaffary peut-être encore moins que les autres. Son propriétaire, pourtant, n'était pas à plaindre. S'il l'avait voulu, Harper le savait, Jaffary aurait pu prétendre à une bien meilleure situation. Mais non. Même s'il touchait les loyers de cinq ou six beaux appartements qu'il possédait à Calgary et Vancouver, le rentier préférait se contenter de sa bicoque perdue, à peine reliée à l'électricité.

Harper arrêta sa jeep devant le portail et donna trois coups de klaxon pour annoncer son arrivée. Prévenu de sa visite, Jaffary apparut sur le seuil. Si le paysage alentour n'avait pas changé d'une once, Jaffary accusait en revanche un bon coup de vieux. Harper se rappelait le bonhomme avec vingt kilos de moins et des cheveux sur le crâne. L'officier monta les trois marches en ciment qui menaient à la baraque et s'essuya les pieds sur un paillasson en lambeaux. Comme dans les vieilles fermes, on entrait directement dans la cuisine. Ça sentait le renfermé à l'intérieur et de la vapeur s'échappait d'une grosse marmite mise à bouillir sur la gazinière. De la buée dégoulinait sur les carreaux, mais Jaffary et sa femme n'étaient pas du genre à accorder beaucoup de vertus à l'aération.

« Ça doit être grave », commença le paysan en posant deux petits verres sur la table. Harper haussa les épaules sans répondre. « Vraiment grave, je veux dire ! insista Jaffary. Et vous savez à quoi je le comprends ?

— Non, avoua Harper.

— C'est la manière dont vous êtes habillé. Pas en uniforme mais en civil. Et puis vous êtes seul, aussi. Ce n'est pas normal. Pas la procédure ordinaire des *mounties*. Je me trompe ? »

On pouvait certainement reprocher à Jaffary de vivre comme un rustre mais ça n'en faisait pas un imbécile. Observateur et malin, il reniflait de loin les bobards. Harper avala d'un trait la gnôle qu'on venait de lui servir et reconnut :

« Je pense que c'est grave, oui. Et je ne fais pas ça dans les règles, c'est vrai. Si ça vous gêne, je peux repartir tout de suite sans vous mêler à ça... »

Jaffary reversa deux doses d'alcool. « Tant que c'est vous qui le demandez poliment, conclut-il, je veux bien tout ce que vous voulez, même si c'est pas régulier. Alors, c'est qui cette fois ? Vous avez quelque chose ? »

Harper présenta l'unique photo du port aux suicidés qui traînait sur le site de la police. Jaffary chaussa ses lunettes pour examiner l'image. Penchée sur son faitout, sa femme ajoutait des légumes à son fricot sans prêter attention aux palabres des hommes.

« Vous n'avez que ça ?

— Que ça, confirma Harper.

— Dans ce cas, quand il n'y a rien qui touche directement à une personne, victime ou bourreau, c'est toujours plus compliqué. Je n'aime pas les choses trop abstraites, vous savez... »

Le capitaine Harper savait. Il avait rencontré Jaffary quinze ans plus tôt à l'occasion d'une enquête particulièrement pénible. Une jeune fille de la bonne société de Vancouver avait été enlevée pour une banale demande de rançon. Bouleversés, les parents avaient facilement accepté de payer, mais la Criminelle, voulant prouver sa compétence, avait monté un traquenard sans en avertir la famille. L'opération s'était soldée par un désastre. Le père avait été tué par les ravisseurs avant que ceux-ci ne soient à leur tour abattus. Résultat du fiasco : personne ne pouvait plus révéler où la fillette était maintenue prisonnière. En désespoir de cause, un supérieur de la police montée avait suggéré de faire appel à une sorte de radiesthésiste de sa connaissance : Jaffary, un sourcier qui repérait les nappes phréatiques avec un pendule... Harper faisait partie de ceux qui l'avaient vu travailler. Passant d'une carte routière ordinaire à un plan d'état-major, il n'avait pas eu besoin de beaucoup de temps pour indiquer un endroit avec précision. C'était, dans la province de l'Alberta, un grand élevage industriel de bovins. « La fille est dans le sol, avait dit le voyant. Enfermée dans une sorte de cuve en ferraille. » On avait fouillé avec des détecteurs de métaux, sans rien trouver cependant. « Insistez ! avait ordonné Jaffary. Je vous dis qu'elle est là ! » On avait pris des pelles, des pioches, et l'on avait creusé dans une étable géante, précisément là où le pendule oscillait à son maximum. Des centaines de bêtes y étaient gardées pendant la saison froide. Chargés de produits chimiques médicamenteux eux-mêmes bourrés de microparticules métalliques, leurs excréments avaient saturé le sol au point de brouiller tous les signaux d'induction magnétiques. À huit pieds sous terre, on avait effectivement découvert une vieille citerne toute rouillée qu'on avait dégagée à la pelle et à la pioche. La fille était dedans. Moribonde mais animée d'une volonté de survivre peu commune... L'affaire avait fait grand bruit à l'époque et Jaffary avait été consulté depuis lors sur deux ou trois autres cas similaires.

« Les victimes, en général, ça reste en place, commenta le bonhomme tout en ouvrant un tiroir du buffet pour en extraire un petit poids de laiton suspendu à une chaîne. Les bourreaux, en revanche, ça bouge... Leurs traces ne sont pas fixes. Ce que je vais vous dire sera sûrement vrai, notez. Mais je ne peux pas vous garantir du cent pour cent.

— Je m'en contenterai », assura Harper.

Jaffary observa de nouveau la photo puis il étala les cartes annotées par le capitaine et se concentra. Pendant trois ou quatre minutes, on n'entendit plus dans la pièce que le glougloutement monotone de la marmite sur le feu.

« Votre image vient de là », commença Jaffary en pointant du doigt l'endroit exact de la petite ville aux suicidés. Harper se retint d'approuver ou de nier. « Il y a plusieurs personnes impliquées dans cette affaire. Beaucoup de vibrations négatives. Beaucoup de morts... Et ce n'est que le début ! Pas habituelle, votre histoire. Je n'ai jamais rien senti de pareil. Il y a quatre ou cinq pistes qui rayonnent à partir de la côte. C'est confus... »

Harper remarqua que le médium pâlissait. Concentré, Jaffary se mit à respirer plus fort et plus vite.

« Un de vos gus a coupé à travers la campagne pour arriver... là ! » L'index était maintenant posé sur la banlieue résidentielle qui avait été rayée de la carte par l'explosion du C_3H_6. Harper s'empressa d'entourer de rouge le point désigné.

« Ensuite, il est reparti mais il n'est plus seul maintenant... À l'heure qu'il est, je le perçois... dans cette zone... Il semble à l'arrêt. » Harper nota précisément le lieu au-dessus duquel battait le lest du pendule. « Les autres aussi ont la bougeotte, constata Jaffary. Ce n'est pas qu'ils avancent forcément vite, remarquez, mais ils sont assez constants... Attendez ! Quelque chose s'est passé là ! »

Le capitaine, une fois encore, prit note du lieu indiqué : Dog Creek. « De quoi voulez-vous parler ?

— Un mort. Unique mais pas un clampin. Quelqu'un d'important. Les énergies se brouillent. Changement de plan. Renversement d'alliance... Je ne sais pas au juste mais c'est fort. Inattendu pour tout le monde ! »

Jaffary semblait épuisé. Sa voix perdait de sa force. Harper le pressa :

« Quoi d'autre ?

— Je ne sais plus, s'excusa l'homme. C'est un sacré nid de frelons que vous avez là. Tous affreusement dangereux. Pas un pour racheter l'autre. Et rien de naturel ! Faudra prendre les grands moyens contre eux. Ne leur laissez pas une chance, surtout...

— Lequel j'arrête en premier ? »

Le médium fit un geste d'impuissance.

« Qu'est-ce qu'ils vont faire ?

— Je ne suis pas devin, monsieur Harper. Je me contente de capter les empreintes que les gens laissent en agissant. Je ne suis pas capable d'anticiper celles que leurs actes à venir n'ont pas encore produites ! Les intentions, je les perçois parfois. Ici, c'est tellement contradictoire que je ne sais quoi vous dire, sinon vous mettre en garde. Il y a juste une dernière image qui s'impose...

— Laquelle ?

— C'est comme... comme une roue de feu dans la nuit... Elle s'allumera pour vous.

— Une roue de feu pour moi ? Qu'est-ce que vous voulez dire précisément ? »

Jaffary se passa la main sur le visage et plissa son vieux front.

— Rien d'autre que ce que je dis, murmura-t-il dans un filet de voix. Je ne sais pas à quoi ça correspond. C'est vous qui comprendrez le moment venu. »

Laissant son pendule tomber sur la table, le médium se tut.

Le capitaine le remercia, prit congé de la maisonnée et retourna au port. Le départ du prochain ferry vers le continent n'était programmé qu'en début de soirée. Il s'installa donc dans un snack pour déjeuner. Tandis qu'il attendait son repas, l'officier fit quelques recherches sur son smartphone concernant les lieux pointés par le sensitif, mais sans rien trouver de significatif à leur propos : Dog Creek n'était qu'un endroit perdu en pleine forêt et la zone montagneuse un massif situé à quelque distance de Calgary. Feuilletant ensuite les gros titres du *National Post* et du *Globe & Mail*, il parcourut les articles en une concernant la guerre ouverte qui opposait la Goldman Sachs à la J. P. Morgan. La lutte à mort que se livraient les deux titans de la banque américaine depuis des années venait d'entrer dans sa phase finale et l'adversaire de la Firm était en passe de succomber. Wall Street s'affolait de cette catastrophe annoncée dont personne, sur fond de crise diplomatique internationale et de mouvements sociaux de plus en plus marqués, ne pouvait prédire les conséquences.

« J'espère que vous n'avez pas d'actifs en Bourse, m'sieur, dit le serveur en apercevant l'article que consultait Harper. Parce que tout va bientôt plonger !

— Je ne suis pas du genre rentier, le rassura le *mounty* en éteignant son écran.

— Moi non plus. Jamais eu confiance dans ces machins-là… »

Harper approuva avant d'entamer sa viande. Il était trois heures de l'après-midi mais la lumière n'était guère plus forte qu'au crépuscule. Chargé de nuages noirs, le ciel déversait une pluie pénétrante qui semblait ne jamais devoir s'arrêter. Harper déjeuna tandis que les bourrasques redoublaient. L'auvent tendu au-dessus de la terrasse déserte du restaurant se mit à claquer telle une voile de sloop dans la tempête. Sa structure d'aluminium grinça. On sentait qu'elle souffrait pour retenir la toile gonflée par les rafales. En mer, ça devait taper dur… Harper commença à craindre que le bac du soir ne soit retardé ou même annulé, le coinçant pour un bout de temps sur l'île de la Reine-Charlotte. Mais c'était ça, une traque. Tout jouer à quitte ou double. Constamment. Être soumis aux aléas et payer la moindre erreur au prix fort.

*

* *

Il passait de l'une à l'autre sans se fatiguer. Étendues ensemble devant lui, offertes comme des mets délicats au caprice d'un gourmet, la mère et la fille comblaient également ses sens. Bien qu'il en ait déjà maintes fois parcouru la géographie et goûté les délices, Eliot Hendricks ne se lassait pas des contours de leurs corps. Depuis qu'elle l'avait recueilli, pantelant et transi, au bord de la route, Mme Shawn avait tout donné à son protégé. Un abri, tout d'abord, et de luxe car, héritière d'une fortune conséquente, elle résidait dans une splendide villa sur les hauteurs de Calgary. De quoi reconstituer ses forces avec ce qu'il y avait de meilleur, ensuite : caviar et gelée royale, grands crus, viandes rares et fruits exotiques… Elle l'avait également habillé de vêtements de marque confortables et élégants. Et puis, surtout, elle s'était livrée tout entière avec son enfant à celui qu'elle ne nommait jamais autrement que *maître*.

Quand Hendricks avait vu, pour la première fois, Mme et Mlle Shawn se déshabiller devant lui, il n'avait osé en croire ses yeux. En dépit de leurs différences de fruit vert et de fruit mûr, les deux femmes étaient également belles et désirables. Myriam, quadragénaire sculpturale au corps préservé par l'ascèse et l'exercice, modelé dans son corset noir ; Alice, sa fille gracile et émouvante comme une orchidée fraîchement éclose, si naturellement faite pour l'amour que nul artifice n'avait besoin d'en rehausser l'éclat. Misérable petit employé sans envergure et sans allure, Hendricks n'avait possédé de sa vie semblables créatures. Et voilà qu'elles s'étaient soumises à lui, sans jeu ni retenue, avec la bénédiction du mari et père, Eric Shawn, heureux d'offrir ce qu'il possédait de plus cher à l'homme qu'il prenait lui aussi pour l'annonciateur des temps nouveaux. Hendricks avait bien compris que ces gens attendaient sa venue depuis longtemps. Quelque chose ou quelqu'un les avait prévenus. Mais quoi, ou qui ? Cela n'avait que peu d'importance face à l'émerveillement qu'il éprouvait d'être ainsi traité comme un prince de retour d'une longue croisade, un messie fébrilement espéré...

Au troisième soir de son arrivée chez les Shawn, une quinzaine de voitures se rangèrent dans les allées de la propriété. En robe du soir, la gorge ceinte de cinq rangs de perles, Mme Shawn reçut ses invités sur le perron, telle une diplomate accueillant des hôtes sur le seuil d'une ambassade. Hendricks savait que de tout le pays affluaient des sectateurs prévenus de son assomption. Comme leurs hôtes, les visiteurs étaient issus des classes les plus aisées : on comptait parmi eux des administrateurs de sociétés, des avocats renommés, des chirurgiens éminents ou des politiciens locaux d'influence. Tous voués au même culte. Tous, malgré leur opulence, prêts à abandonner carrière et privilèges pour suivre Eliot Hendricks dans sa quête, où que cela les mène et quoi qu'il leur en coûte.

« Montrez-nous, maître... s'il vous plaît ! »

Au milieu de son grand salon, Myriam Shawn implorait Hendricks de révéler son pouvoir à l'assemblée. Mis en confiance par la dévotion qui lui était accordée, celui-ci s'exécuta. Serrant son poing un bref instant puis ouvrant brusquement sa paume, il répéta le geste très simple qu'il avait accompli, quelques jours auparavant, lorsqu'il avait provoqué l'explosion du camion de produits chimiques. Une étincelle dansante et claire naquit à la hauteur de son visage. La flamme s'étendit jusqu'à former un petit nuage de feu concentré et ronflant, un soleil miniature miraculeusement suspendu dans les airs. Exaltée, Mme Shawn serra fort la main de son époux tandis que dans le ventre de leur fille, Alice, pointait un nouvel émoi. Médusés, les convives étaient frappés d'une sainte stupeur. Ainsi donc, on ne leur avait pas menti ! Un prophète était bien descendu parmi eux ! Porteur de flamme, il allait purifier ce monde en décadence en le consumant par un juste châtiment. Au feu, les horreurs des siècles passés ! Au feu, la populace grouillante des villes ! Au feu, les vieilles croyances ! Place aux élus, disciples du Feu primordial ! Hendricks referma son poing et l'astre miniature s'effondra sur lui-même en jetant un dernier éclat, à l'image d'une étoile qui meurt.

Il existait bien des noms que les hommes présents, ce soir-là, avaient en tête pour nommer Hendricks. Certains, en leur for intérieur, évoquaient Satan ou Lucifer ; d'autres, aux références plus orientales ou plus nordiques, Agni ou Loki. Pour les femmes, en revanche, il importait peu de baptiser précisément le maître, du moment qu'il daignait les combler de ses faveurs. L'une après l'autre, elles se donnèrent à Hendricks, chacune espérant en secret que la sève du messie flamboyant la fasse mère d'un enfant saint. Mais quand, robe tombée, la troisième vint à lui, la foi de l'époux vacilla. Jaloux, l'homme perdit tout contrôle sur lui-même en voyant Hendricks s'unir à elle. « Imposteur ! lâcha-t-il à haute voix. Charlatan ! » Hendricks fit comme s'il n'entendait pas, mais les autres, réunis autour du canapé où avaient publiquement lieu les étreintes, se tournèrent, scandalisés, vers l'incroyant.

« Vous ne comprenez pas que ce n'est pas celui que nous attendons ? éructa l'homme, devenu livide. Ce n'est qu'un profiteur qui nous a ébahis avec un vulgaire tour de cirque. Ce qu'il veut, c'est profiter de notre espérance. C'est un escroc ! un usurpateur ! »

Hendricks mit un terme à l'union. Se redressant, il fit face à son détracteur. Plus clairs que jamais, ses yeux verts brillaient d'une lueur intense. Le mari baissa la tête tandis qu'Hendricks conjurait une nouvelle flamme. Mais, cette fois, l'incandescence n'était pas destinée à la simple édification des fidèles. Enveloppant l'incrédule, le nimbe incendiaire coula sur lui comme un torrent de lave descendu d'un volcan. L'homme s'embrasa tel un morceau d'étoupe. Déjà fondue dans sa bouche, sa langue ne pouvait plus implorer ni ses mains, rongées par la braise, se joindre en un geste de supplique... Il tournoya dans la pièce, toupie ardente répandant l'incendie autour de lui. Tissus, rideaux et vêtements entrèrent en ignition. La veste d'Eric Shawn brûla. Rien ne pouvait arrêter le feu surnaturel convoqué par Hendricks. La peau de M. Shawn se couvrit de cloques et de la fumée s'éleva autour de son corps.

Alice hurla en voyant son père se débattre en vain dans son linceul crépitant. Attiré par ces cris, dans un ultime espoir de secours, Shawn s'approcha de sa fille et, se collant à elle, lui transmit sa lèpre brûlante. La tunique légère que portait l'adolescente disparut comme par enchantement, rendant son corps, l'espace d'une seconde, à sa nudité native. Mais la fournaise aussitôt reprit, noircissant la jeune fille comme du charbon et chauffant ses os jusqu'à la réduire, poupée de cendres, à la taille de sa petite enfance. D'autres connurent les mêmes affres, sorciers apprentis tués au feu d'un maître incertain. La maison entière devint un bûcher d'où il fut bientôt impossible de s'échapper. Hendricks seul, salamandre royale, demeurait insensible à la chaleur et aux suffocations. Les flammes n'étaient pas plus dangereuses pour lui que les vagues pour un dauphin. Il quitta la demeure juste avant que celle-ci ne s'effondre. Devant les ruines, les rares rescapés erraient, hébétés, comme des civils après un bombardement. Myriam Shawn, au contraire, ne semblait atteinte en rien par le doute. Malgré le double deuil qui venait de la frapper, sa foi en son héros demeurait intacte. Quand elle quitta la propriété avec Hendricks à bord de la Cadillac 75, la pensée qu'elle conservait pour elle seule le maître du feu la remplissait d'une joie que n'atténuait l'ombre d'aucune tristesse.

*
* *

La banderole barrant la façade de l'édifice ne servait à rien, car la queue qui s'étirait sur le trottoir suffisait à faire comprendre de quoi il s'agissait ici. *Soupe populaire* lut pourtant Mungo. Cela tombait bien : il ne s'était rien mis dans le ventre depuis la veille, quand il avait volé quelques fruits sur un marché. Il s'avança et prit son tour dans la file. Il y avait de tout devant lui : femmes, hommes d'âge divers, adolescents en perdition et même des gosses issus de la classe moyenne que leurs parents n'arrivaient plus à nourrir et qu'ils envoyaient là sans oser encore s'y présenter eux-mêmes. Mungo piétina une bonne heure avant d'être servi. Il fallait entrer dans un grand hall pour prétendre à une ration. Des volontaires y distribuaient des petits pains à la consistance de polystyrène, de la soupe industrielle, du ragoût en conserve, des barres chocolatées avec plus d'additifs, d'excipients et de rehausseurs de goût que de cacao, et des pommes cueillies deux ans plus tôt mais conservées dures et brillantes par les radiations. Mungo grommela un morne remerciement quand on lui donna son plateau puis s'assit à une des nombreuses tables que comptait le réfectoire.

C'est quand il plongea sa cuiller dans le potage qu'il sentit un drôle de picotement au bout des doigts. Une fine cendre grisâtre les couvrait, sorte de poussière de plâtre qui ne s'envolait pas quand on la frottait. Mungo ne s'était pas lavé les mains depuis longtemps mais cette espèce de moisissure ne pouvait se confondre avec de la crasse. Son étonnement ne dura pas, car il comprit vite ce qui lui arrivait. Enfin ! Enfin il était authentiquement béni ! Béni comme l'homme de la falaise, et béni comme Hendricks et les deux autres, à leur manière, l'étaient aussi…

Mungo posa les mains sur son bol et sentit se produire exactement ce à quoi il s'attendait. Peut-être n'était-ce visible que pour lui – d'ailleurs, cela ne *devait* être visible que pour lui – mais il discerna nettement que la nourriture se corrompait. Cette saleté – cette merveille ! – passait par capillarité à travers la matière ! Pour l'ancien mécano du *General Dogsbody,* ce fut un instant d'intense satisfaction. D'immenses champs de possibilités s'ouvraient à lui. Des champs qu'il fallait commencer à parcourir sans plus attendre…

Délaissant son plateau, Mungo se dirigea vers les tréteaux derrière lesquels une dame en tablier et bonnet en plastique servait la soupe en puisant à la louche dans un grand chaudron. Il y avait du monde en attente, mais Mungo joua des coudes et, faisant preuve de culot, parvint à court-circuiter la file. Il ne lui fallut qu'une seconde pour tendre le bras et plaquer brièvement la paume sur la marmite. Bien que l'aluminium soit brûlant, cela n'avait aucune importance. La serveuse poussa un petit « Oh ! » exprimant tout à la fois la surprise, l'avertissement et l'interdiction. Mungo lui répondit par un sourire torse qu'elle prit pour la grimace d'un dérangé. Voilà ! C'était fait et ce n'était pas plus compliqué que ça ! Mungo revint à sa place. Sachant qu'il ne craignait rien, il se mit à manger son bouillon. *Porteur sain,* qu'ils appelaient ça à la télé quand ils parlaient d'un gars capable de transmettre une maladie sans en souffrir lui-même. Oui, c'était ça. Mungo était *porteur sain*.

Il épongeait la sauce de son ragoût avec un morceau de pain quand se manifestèrent les premiers désordres. Cela venait de l'autre bout de la salle, loin derrière des rangées de têtes sagement baissées sur leurs assiettes. Ce fut comme une vague montant des profondeurs. Il y eut des exclamations, des quintes de toux, des appels... Une bousculade. Mungo se leva pour voir. Des gens se tordaient sur le sol et râlaient comme des écorchés. Des vomissures souillaient leurs vêtements. Ils hurlaient comme si on leur arrachait les entrailles. Leurs yeux étaient exorbités et de l'écume jaillissait de leur bouche. La panique prit les chanceux qui n'avaient pas avalé les miasmes. Mungo fourra les barres de chocolat dans sa poche et fit briller la pomme irradiée en la frottant contre sa chemise. Mordant dans son fruit, il quitta tranquillement les lieux. Comme il possédait un peu de culture religieuse, il se souvint d'une image qui l'avait frappé lorsqu'on l'avait obligé à lire la Bible dans sa jeunesse. C'était, dans l'Évangile de Jean, celle des quatre cavaliers de l'Apocalypse qui faisaient s'abattre les malheurs sur le monde. *On leur donna le pouvoir sur le quart de la terre pour exterminer par l'épée, la faim, la peste et les fauves de la terre*, se rappela-t-il. L'inconnu arrivé au village l'autre jour allait faire se dresser les gens les uns contre les autres dans des guerres sans fin. La famine, peut-être, arriverait par Hendricks et la façon qu'il avait de déclencher le feu partout où il passait. Lui, Mungo, c'était la maladie son talent, la peste donc... Quant au maître des fauves, bien qu'il ne se soit pas encore révélé, à n'en pas douter son temps ne pouvait manquer d'advenir. Serait-ce Camden ou la petite Crystal ? Mungo penchait pour l'Américain. Mais que ce soit l'un ou l'autre, le compte n'y était pas ! Mungo et sa clique étaient cinq, et non quatre, il y avait donc quelque chose qui ne collait pas avec la prophétie biblique. Bizarre ! Mais, après tout, ce machin-là n'était qu'un vieux texte rédigé il y avait belle lurette. Les gars de l'époque n'avaient peut-être pas tout compris ou pas vu le futur avec assez de précision. Oui, ça ne pouvait être que ça ! Tout évangélistes et saints qu'ils soient, il n'avait pas été donné aux prophètes du Christ de contempler correctement l'avenir. Un tour du père Satan, sûrement ! Ou bien de quelque chose de plus puissant encore que le diable...

*

* *

Le coup de poker de Camden Hodge était manqué. Il avait joué.Il avait perdu. Il avait eu beau poursuivre sa battue dans les bois aussi longtemps qu'il avait pu, l'architecte avait échoué à retrouver l'étranger. Évaporé dans la forêt, celui-ci avait emporté son merveilleux pouvoir avec lui... Hodge était désemparé. Ses trois cerbères l'accompagnaient toujours, mais que pouvait-il faire de grand avec eux ? Avait-on jamais construit un empire avec trois chiens ? Évidemment non. Il fallait se faire une raison : Hodge avait raté la chance de sa vie et il devrait supporter le poids de cet échec jusqu'au terme de son existence.

Camden avait songé un instant à rebrousser chemin pour rentrer tout simplement chez lui. Mais revenir au village était impossible, il le savait. Les autorités ne le laisseraient pas réapparaître sans lui poser mille questions. Et puis, comment s'intéresser de nouveau aux choses du quotidien quand on avait vécu ce qu'il avait vécu, espéré ce qu'il avait espéré ? Impensable... Alors Hodge avait confié au hasard le soin d'écrire pour lui une page nouvelle. Il avait roulé sans consulter les cartes, sans s'inquiéter de la direction à prendre. Il avait les chiens. Il avait aussi suffisamment d'argent pour se permettre de refaire sa vie là où personne ne le connaissait. Il ne roulerait pas sur l'or, certes, mais au moins il serait libre. Il pouvait quitter le pays et s'installer en Asie, où, quelques années plus tôt, il avait construit des tours. Il s'accorda plusieurs jours de réflexion tout en conservant cette perspective en tête. En attendant, histoire de laisser mûrir sa décision, il joua les touristes.

Faisant halte dans des petits hôtels, il traîna de ville en ville, se changeant les idées en visitant les curiosités locales et les musées municipaux. Il franchit incidemment la frontière américaine un soir de grand vent, et son périple finit par le conduire à Seattle au premier jour de neige de la saison. Les flocons n'étaient pas encore très épais ni leur chute serrée, pourtant la ville blanchissait d'heure en heure. Camden promena ses chiens dans un parc, tout près du centre. Heureuses de l'air vif qui gonflait leurs poumons, les bêtes s'ébattaient en jappant sur les pelouses. Au passant innocent qui les auraient observés, l'idée que ces animaux joyeux étaient en réalité de redoutables tueurs d'hommes n'aurait jamais pu venir. Laissant les chiens se divertir, Camden déambula seul dans les allées jusqu'à longer une grille. Il y avait de l'agitation par là, des huées et des éclats de voix... Curieux, Hodge s'approcha. Devant un beau bâtiment sur lequel flottait crânement l'étendard municipal, un politicien juché sur une estrade s'adressait à un public agité, sous l'œil des caméras de télévision locale. L'édile semblait avoir toutes les peines du monde à calmer la foule qui brandissait des pancartes l'accusant de corruption, lui et l'ensemble du conseil municipal. Il y avait des gibets et des cercueils dessinés sur des banderoles. Quand des pierres se mirent à voler et que les premières grenades lacrymogènes furent tirées en retour, Camden préféra s'éloigner.

Laissant Seattle et ses désordres, il descendit vers Portland. Il conduisait depuis des heures lorsque, non loin du mont Saint Helens, il arrêta brutalement son pick-up. Sur le bord de la route, un vieux bus scolaire repeint en noir dont le moteur fumait était en perdition. Ordinairement, Camden n'aurait jamais prêté attention à un tel incident. Chroniquement indifférent au sort d'autrui, il serait passé sans ralentir, abandonnant les occupants du véhicule à leur problème mécanique. Mais quelque chose avait saisi Hodge à la vue du *long nose.* Graffité sur toute sa longueur, le véhicule était décoré d'une fresque dont le motif le sidéra. Son visage ! Son propre visage était peint sur la carlingue ! Et non seulement le sien, mais aussi ceux des trois autres rescapés de la falaise et de l'étranger venu apporter la mort dans sa petite ville... Hodge n'en croyait pas ses yeux. Stupéfait, il resta un instant immobile, à détailler les dessins. Sur fond de nuages sombres, ils étaient là tous les cinq, dominant l'océan dans lequel disparaissaient les noyés. Une photographie prise à l'instant du drame n'aurait pas mieux rendu l'événement. Camden frissonna. Il fallait qu'il sache qui avait réalisé ce dessin.

Il quitta sa Toyota et, escorté de ses chiens, se dirigea vers le bus. Deux hommes et une fille s'affairaient autour du véhicule en panne. Lâchant la clef anglaise qu'il tenait, un jeune type au crâne rasé et à la barbichette tressée exprima son incrédulité par un juron. Plus âgé, portant bottes mexicaines et Stetson poussiéreux marqué de l'emblème confédéré, l'autre homme vacilla comme un boxeur sous l'effet d'un direct. Le visage de la demoiselle, au contraire de celui de ses compagnons médusés, s'illumina d'un sourire splendide. Elle savait que le maître des chiens n'était pas un danger pour eux.

Les premiers mots échangés furent maladroits ; pas plus que les autres, Camden ne savait que dire. Mais s'il y avait de la surprise dans cette rencontre, elle était aussi tissée d'évidence et de nécessité. Par-delà leurs différences, ces quatre-là étaient faits pour se trouver. Timidement, chacun donna son nom. La fille se faisait appeler Durell ; le jeune rasé était Shams et le Sudiste se prénommait Louie. Ils montrèrent à Camden l'autre côté du bus, qu'il n'avait pas encore vu, et sur lequel la fresque se poursuivait. Ce n'était plus l'illustration d'un événement passé mais une allégorie supposée dépeindre le futur. Sur fond de scènes de carnage généralisé, Hodge était représenté sur un cheval jaune, trois chiens à la gueule ouverte courant à ses côtés. Plus loin, Camden reconnut Mungo à son visage émacié et à sa barbe naissante. Il était juché sur une monture pâle et des filaments noirs s'échappaient de ses mains. Hendricks venait ensuite, nimbé dans une mandorle de feu, dressé sur un alezan rouge. L'adolescente était là, elle aussi, celle que les chiens avaient tuée quelques jours auparavant. Hodge la découvrit maniant le pouvoir qui aurait dû lui revenir si lui-même n'avait prématurément arrêté le cours de son destin. Elle caracolait sur une jument blanche, et des tornades naissaient dans son sillage… Figure la plus terrible, enfin, celle de l'inconnu lui-même. Tenant ferme la bride d'un étalon sombre, il menait une myriade de gens à l'assaut d'une ville fabuleuse dont les tours évoquaient les gratte-ciel de Manhattan. En contemplant la scène, Camden murmura : « *Allons, marchons contre les Puissances du Ciel et plantons au firmament des étendards de ténèbres afin d'y célébrer le massacre des Dieux…* » Christopher Marlowe, le contemporain de Shakespeare, avait écrit ça dans son *Tamerlan*.

À grand renfort de pièces tirées de la Toyota, ils parvinrent à rafistoler le moteur du bus. Hodge y transféra ses affaires et y fit monter les chiens. Le *long nose* avait été vidé depuis longtemps de ses sièges et réaménagé. Deux hamacs, un vieux matelas débordant de coussins, des affaires en pagaille et des étagères sur lesquelles attendaient des armes blanches, haches, couteaux, ainsi qu'un fusil de chasse à canon scié. Dans le fond, Camden repéra un siège et une station de tatouage alimentée par un petit générateur. *Artistes corporels*, comme l'indiquait une enseigne sur le nez du bus, le trio pratiquait la division des tâches. À Shams le rasé revenait l'exercice des piercings et autres introductions de motifs en silicone sous le derme – étoiles, pointes, tout ce qu'on voulait... Louie le Sudiste était le maître-tatoueur. Durell, pour sa part, dessinait aussi avec des aiguilles mais sa spécialité véritable n'était pas là. Quand personne ne s'était présenté depuis longtemps et que l'argent devenait rare, elle assurait sans déplaisir le renflouement de la caisse. Son visage était beau, sa silhouette élancée, et sous le T-shirt couvrant son buste mince deux courbes lourdes se mouvaient avec grâce. Sur les parkings des *highways*, trouver des clients n'était pas compliqué. Tandis que Durell recevait, Shams et Louie surveillaient la file des amateurs en attente. Des bagarres éclataient parfois dans le rang. Il fallait calmer les impatients. Les armes étaient faites pour cela. Entre autres choses...

« Où allez-vous ? demanda Camden alors que le bus reprenait vie sous le coup de pédale du rasé.

— Burning Man !, répondit Louie.

— Va pour Burning Man ! » concéda Hodge sans même savoir ce que cette expression signifiait.

Et pour la première fois de son existence, l'architecte de la ville utopique d'Agathopolis confia à d'autres le soin de décider de sa destination.

IX

C'était une offre qui ne se présentait pas tous les jours. Il fallait les comprendre. Leland n'avait d'ailleurs fait aucune objection à leur départ. Sur les dix hommes partis de la briqueterie, sept venaient aujourd'hui de quitter la compagnie. Quand on n'est qu'un *hobbo*, on ne trouve pas si facilement de l'embauche et il ne faut jamais cracher sur la possibilité de se faire un peu d'argent quand l'occasion se présente. C'est à Omaha que l'affaire s'était faite. Le train dans lequel le groupe avait pris place depuis Indianapolis s'était arrêté en gare pour y être démantelé. Il avait fallu patienter avant de trouver un autre convoi filant dans la bonne direction. Les gars en avaient profité pour fureter alentour afin de chercher du ravitaillement. Ils avaient appris qu'un site de construction avait besoin de main-d'œuvre. Le patron payait au noir mais il y avait du boulot pour deux semaines au moins. La livraison au Caveau pouvait attendre… De toute manière, tous ou presque connaissaient l'endroit. Ils s'y rendraient sitôt le chantier terminé. Les adieux s'étaient résumés à des poignées de main vite échangées. Ceux qui le désiraient étaient donc restés en ville, laissant Leland, Dermott,

Banes et le vieux Finn continuer seuls jusqu'aux Rocheuses.

Raphaël avait éprouvé un peu de peine en se séparant de Gerald. Le petit homme avait toute sa sympathie et, même s'ils n'avaient guère discuté ensemble, le professeur avait apprécié sa bonne nature et la gentillesse dont il avait fait preuve à son égard depuis le début. Sans ce compagnon, la fin du parcours risquait d'être rude. Dermott n'était certes pas un mauvais bougre, mais c'était un taiseux qui n'avait jamais saisi les rares perches tendues par Banes pour lier connaissance. Leland était ce qu'il était, et ce n'était pas maintenant qu'il allait changer. Quant à Finn, Raphaël n'avait toujours pas compris pourquoi il s'était joint à la troupe. Leland et lui échangeaient beaucoup et semblaient même se connaître depuis longtemps. En effectif réduit, le groupe présentait maintenant l'avantage de pouvoir faire de l'auto-stop. Quatre hommes effraient évidemment moins qu'une dizaine, surtout quand on connaît certains codes et qu'on croit ferme en sa chance. Sur un carton qu'il suspendit bien en vue sur son sac à dos, Leland traça en gros les lettres W. D. M. W. M. Un point d'interrogation et un petit dessin en forme de serpentin tronçonné clôturaient la formule.

« Qu'est-ce que ça signifie ? » demanda Banes à Dermott, mais celui-ci n'en savait pas plus que le professeur.

« *Wha daur meddle wi me ? Qui oserait me toucher ?* C'est ça que ça veut dire ! lui apprit Finn.

— Je ne suis pas beaucoup plus avancé ! De quelle langue s'agit-il et qu'est-ce que c'est au juste ?

— C'est une variante du gaélique, fiston ! C'est comme ça que les *Sheltas* se parlent. Et c'est une de nos devises. »

Shelta ! Le mot n'était pas inconnu à Banes. Le couple O'Neil l'avait déjà cité. Raphaël pressa le vieux Finn de lui en dire plus.

« *Shelta* ? Tu connais pas ? C'est vrai que t'es pas vraiment comme nous. Leland m'a un peu raconté d'où tu viens... Alors écoute, je vais te le dire parce que personne ne devrait aller sur la route sans savoir certaines choses. Surtout de nos jours ! *Shelta*, c'est la manière de désigner les vagabonds celtiques, tu vois ? Dans le vieux monde, en Irlande, en Écosse et partout où il y avait des Gaëls autrefois, ils étaient déjà là... Des types pas comme les autres. Genre contestataires, si tu préfères. Pas des meurtriers ou des voleurs, hein, attention ! Juste des gars qui pensaient différemment des autres. Comme les autorités ne rigolaient pas à cette époque, tous ceux qui ne rentraient pas dans le rang étaient bannis. Les gars devenaient des errants. Comme ils n'avaient pas le droit de porter les couleurs héraldiques de leur clan d'origine, ils ont pris le serpent pour emblème. À cause de la mue, tu vois ? Et aussi parce que cette bestiole sait se faufiler partout sans trop se faire voir... C'est le tortillon que Leland a dessiné.

— Pourquoi est-il en morceaux, votre serpent ?

— Parce que même à travers des époques et des lieux différents, il reste toujours le même pour ceux qui savent.

— Intéressant. Mais quel rapport avec nous, aujourd'hui ?

— C'est qu'il y a toujours des *Sheltas*, mon gars ! Leland en est un, et moi aussi. Finn, ça sonne pas un peu irlandais à ton avis ?

— N'importe qui peut s'appeler Finn de nos jours, protesta Banes.

— Eh bien ça, c'est vraiment malheureux ! déplora l'autre. Moi, j'aime pas les mélanges. Après, tout vaut tout et c'est l'*indifférenciation*, comme on dit. Je trouve que c'est moche, l'indifférenciation !

— C'est moderne.

— Précisément ! La modernité, c'est sacrément moche, nom de Dieu ! T'es pas de mon avis ?

— Un peu, concéda Banes. Et qu'est-ce qu'ils font, les *Sheltas*, de nos jours ?

— Ce qu'ils ont toujours fait, pardi ! Ils ont beau être des cas sociaux comme on dit, ils sont tout sauf des mauvais garçons. En fait, ils protègent le monde, petit. Ils le font en douce mais c'est ça leur boulot.

— Leur *mission*, rectifia Leland en se mêlant de la conversation. Mission. Pas boulot.

— C'est vrai qu'on est un peu allergiques au travail, rigola Finn. Enfin, au travail compris au sens ordinaire du terme, évidemment. Parce que notre *mission*, c'est pas rien ! Ça demande un sacré tempérament ! De l'abnégation, je dirais même. Et, des fois, c'est dangereux.

— Vous voulez dire que vous n'êtes pas vagabonds par fatalité économique mais par choix ?

— Mieux que ça ! Par destinée ! »

Banes trouvait amusantes et poétiques les divagations du vieux. Il entra dans son jeu.

« Alors, les *Sheltas*, ils font quoi au juste ?

— Ils font la guerre, mon gars. La Guerre Majeure ! La mère de toutes les guerres ! répondit Finn en roulant des yeux et en prenant un ton mélodramatique.

— Quelle guerre ?

— La seule, l'unique, j'te dis. La grande guerre contre les pesanteurs du monde. La guerre contre ce que vous autres, les gens normaux, vous appelez : la *Réalité*. Là, je te garantis qu'on est des vrais héros ! Parce qu'il est pas question, nous, qu'on se laisse attraper par les conventions et les facilités ! On y perdrait notre liberté, tu vois. Et même pire : on y perdrait notre âme. Alors on se bat ! On renonce pas ! C'est dur mais on a l'arme la plus puissante du monde avec nous...

— Quelle arme ?

— L'imagination, fiston. Le rêve ! »

Raphaël s'esclaffa. « C'est assez bien enrobé, tout ça, mais ça cache tout de même mal un vrai penchant pour la paresse, non ? »

L'aimable visage de Finn se rembrunit. « La paresse ? Bah ! Peut-être qu'il y a un peu de ça dans le fond, t'as raison. Mais, pour être honnête, nous autres *Sheltas*, on fait pas qu'essayer d'échapper comme on peut aux contingences ordinaires auxquelles les autres succombent. Il n'y a pas que ça !

— Quoi d'autre alors ? » voulut savoir Banes.

Finn baissa la voix comme s'il allait révéler un grand secret. « On observe ce que font les ennemis. On les surveille pour qu'ils fassent pas trop de sales coups, tu vois ? Comme ils sont toujours en mouvement, nous autres on est bien obligés de fureter aussi. On est des veilleurs, comme qui dirait. On se rencontre sur les routes pour échanger ce qu'on a vu. On s'aide quand l'un de nous est en difficulté. Et puis on a une langue spéciale. En Europe, nos gars l'appellent le *cant* ou le *gammon*. Nous, ici, on dit plutôt *vieux parlé*... C'est pas que du celte. Il y a du latin avec et surtout pas mal de grec du temps d'Homère, parce que nos ancêtres

Sheltas sont allés plein de fois jusqu'en Grèce et qu'ils ont beaucoup causé avec les philosophes de là-bas. En retour, leur Pythéas s'est pointé chez nous, vers les Orcades, les Shetlands et même plus loin... Y a eu de sacrés échanges. C'est pour ça que le *vieux parlé*, c'est bourré de mots que les gens d'aujourd'hui savent plus ou captent de travers. Vu ce qu'on se dit souvent, heureusement pour eux, d'ailleurs ! »

La mention d'une langue composite à base de gaélique et de grec ancien provoqua une illumination dans l'esprit de Raphaël. C'était Gabriela, la correspondante russe de Milton, qui lui avait appris que le *Virga Vagos* était en partie rédigé dans un tel sabir.

« Il y a un livre qui circule parmi les routards. C'est un recueil de prophéties. Je pense qu'il est en partie rédigé dans ce que vous appelez le *vieux parlé*. Ça vous dit quelque chose ? »

Finn éclata de rire. « Sûr, mon gars ! »

Le cœur de Raphaël s'emballa. Il était sur le point de poser une nouvelle question quand un long véhicule klaxonna et s'arrêta à leur hauteur. C'était le camion d'un éleveur qui transportait trois beaux étalons reproducteurs jusqu'à Colorado Spring. Leland conversa un bref instant avec le chauffeur avant que celui-ci n'ouvre le vantail arrière pour faire embarquer les quatre hommes avec les bêtes. Ça sentait l'écurie à l'intérieur, mais il y faisait chaud et la présence des animaux était réconfortante. Le camion une fois reparti, Banes se cala dans un coin et voulut poursuivre la conversation avec Finn.

« Tu vois que c'est vrai, ce que je te racontais tout à l'heure, dit le vieux. Le routier, là, il connaissait les signes. Même si c'est pas un *Shelta* lui-même, il en a sûrement eu dans sa famille. Ou alors peut-être que ses parents lui en ont parlé. Ou bien encore sa grand-mère… T'as remarqué l'autocollant en forme de chardon sur le côté de son bahut ? C'est un des symboles de l'Écosse, fils. Le brave gars qui nous conduit, c'est un descendant de Calédoniens. Un frère… *Shelta*, *Kheltoï*, comme disaient les Grecs, ceux de *Kheldonia*… T'entends ? dit le vieux en tapotant son oreille. C'est la même sonorité ! Tout ça, c'est pareil ! C'est nous !

— Et ce livre ? le pressa Raphaël, peu désireux de creuser la question des étymologies fondées sur des assonances douteuses. Qu'est-ce que vous en savez ?

— C'est Kincaid qui l'a écrit, lâcha Finn.

— Kincaid ? répéta Banes, qui exultait d'obtenir enfin un nom. C'est lui, le Scribe ?

— Le quoi ?

— Laissez tomber… C'est qui, ce Kincaid ?

— Le roi des *Sheltas*, mon gars. Évidemment !

— Vous le connaissez ?

— Un peu que je le connais ! J'ai souvent fait la route avec lui autrefois. C'est un poète. Il a pas dormi pendant douze ans en échange du don de voir l'avenir. Ah, tu peux rigoler, c'est vrai ! J'ai marché avec lui un temps quand il faisait ça. Je l'ai jamais vu fermer l'œil. Parole ! Pas une seconde ! Ça me rendait dingue à l'époque. Mais ça a payé pour lui. C'est devenu un voyant. Les esprits lui parlent. C'est comme ça qu'il a écrit son bouquin. »

Évidemment, Banes ne croyait pas une seconde qu'un homme puisse demeurer des années en état de veille, mais ce n'était pas cette histoire invraisemblable qui l'intéressait.

« Vous savez où je peux le trouver ? »

Finn se gratta la tête et jeta un coup d'œil par en dessous à Leland. Allongé dans la paille d'un box vide, celui-ci, pas plus que Dermott, ne semblait prêter attention à la conversation.

« J'ai peut-être une idée, enchaîna Finn. Mais c'est pas du certain. Kincaid, il est comme nous tous. Il voyage…

— Un de mes amis le cherche. Et moi je cherche cet ami, vous comprenez. Si vous me dites où je peux trouver ce Kincaid, ça m'aiderait vraiment…

— En temps ordinaire, j'aurais sûrement pas fait trop de difficultés, mais maintenant c'est un peu différent. T'es au courant qu'il se passe des choses, non ? »

Banes fit une moue étonnée. « Quel genre de choses ?

— Du genre décrit dans le bouquin de Kincaid, justement. Et c'est bien ça le problème ! Le gars, c'est un vrai visionnaire, j'te dis. Tu sais pourquoi on dort, toi ? »

Banes tenta de deviner où était l'astuce et, surtout, quel pouvait bien être le rapport avec la localisation du prétendu roi des *Sheltas*. « Pour se reposer ? risqua-t-il.

— Justement non, couillon ! On dort pour rêver ! Seulement pour ça ! Kincaid, lui, il a volontairement économisé sur ses songes pendant des années. Tous les rêves qu'il n'a pas faits se sont accumulés en lui comme les eaux d'une rivière derrière un barrage. À un moment, la pression a été trop forte et ils se sont déversés d'un seul coup dans sa conscience. Sauf que les rêves, c'est pas que des fantasmagories. C'est surtout des souvenirs que l'âme garde de ses voyages nocturnes *in loca pallidula rigida nullida*, comme disait l'autre…

— *En des lieux livides, glacés et nus…*, traduisit Raphaël de mémoire, en se rappelant l'épitaphe de l'empereur Hadrien.

— Tout juste ! Eh bien, là où elle se balade quand le corps est en sommeil, l'âme contemple aussi bien le présent que le passé ou l'avenir. C'est tout pareil, là-bas. Et c'est pour ça que Kincaid est un prophète, le plus grand depuis saint Jean. Tu peux comprendre que ça lui vaut aussi des ennemis, parce que, ceux d'en face, ils ont aussi leur livre, figure-toi. Écrit par un gars qui a fait comme Kincaid. Et même bien avant lui. C'est pour ça que notre roi à nous, il a voulu jeter un coup d'œil à son tour derrière la barrière du temps. Ce qu'il a vu lui a foutu les jetons. Et maintenant qu'il a lancé ses avertissements au monde, il préfère la discrétion… Mais il refera son apparition en temps et en heure, ça je te le promets.

— Je ne lui causerai pas d'ennui », reprit Banes, sans vraiment comprendre qui étaient les ennemis dont parlait Finn ni pourquoi un vagabond délirant aurait besoin de prendre le maquis après avoir eu des visions. « Ce que je veux, c'est retrouver mon type. Votre Kincaid, c'est juste un moyen d'y parvenir. Je me fiche pas mal de votre prétendu roi, si c'est ça qui vous inquiète. Je ne veux de mal à personne, et évidemment pas à lui. »

Le gros barbu se secoua comme s'il s'ébrouait. « T'es p't-être sincère, petit, admit-il. C'est mon impression. Mais les autres, faut sacrément s'en méfier. Ils ont que le mensonge en bouche et c'est des loups malins. Sous tes airs de doux agneau, tu pourrais bien en être un, toi aussi. Faut que je consulte !

— Consulter qui ? »

Pointant son index vers les hauteurs, Finn souffla : « L'azur… »

De ses poches, le vieux tira une flasque d'alcool et en avala une longue gorgée. Le parfum du whisky premier prix arriva jusqu'aux narines de Banes. Finn ferma les paupières et croisa les mains sur sa poitrine. Une minute plus tard, il dormait aussi profondément qu'un nouveau-né. Allongé contre ses jambes, son chien regardait Raphaël d'un air navré, comme s'il voulait présenter des excuses pour les divagations de son maître.

« L'azur parlera pas de sitôt, on dirait, ironisa Leland.

— C'est vrai, tout ce qu'il a raconté ? voulut savoir Raphaël. Pas cette histoire d'absence de sommeil pendant douze ans, évidemment, mais le reste ? Les *Sheltas* ? Kincaid ? Ils existent ? »

Leland ne répondit pas. Se tournant sur le côté pour signifier qu'il n'était pas d'humeur à être dérangé, il prit une pose assoupie. Frustré, Banes comprit qu'il ne lui restait plus qu'à prendre son mal en patience.

Ils roulèrent quelques heures à bonne vitesse sans marquer d'arrêt. Au soir, ils atteignirent Colorado Springs et il fallut débarquer avant que le camion ne pénètre dans l'enceinte du centre équestre où les chevaux étaient attendus. Le chauffeur déposa ses quatre passagers au bord de la route et donna trois coups de klaxon pour les saluer tandis qu'il repartait vers sa destination. Celle de Leland et de sa bande n'était pas encore atteinte mais la majeure partie du chemin était désormais derrière eux.

Banes s'efforça de passer en revue les journées écoulées depuis le départ de New York, mais il s'égara dans son décompte.

« Vous connaissez la date ? » demanda-t-il aux trois autres.

Dermott exprima son ignorance par un hochement de tête, Leland ne prit pas la peine de répondre et Finn, sans avoir révélé encore ce qu'il avait vu en son azur, grogna un « Qui ça intéresse ? » si désarmant que Raphaël se trouva stupide d'avoir posé la question. Ils ajustèrent leurs sacs sur les épaules et se remirent en marche. Il fallait aller vers le nord-ouest, vers les montagnes... Avec la pluie, le groupe eut du mal à trouver un endroit où passer la nuit et dut se résoudre à s'installer sous un échangeur d'autoroutes. Résonnant sous les dalles de béton brut, le bruit de la circulation était infernal. Le jeu des phares balayant constamment l'accotement portait sur les nerfs. Seule l'heure avancée finit par tempérer le trafic.

Banes n'avait pas eu l'occasion de relancer Finn au sujet de Kincaid, roi des *Sheltas* et Scribe présumé. Si le vieux disait vrai, retrouver Milton Millicent n'était peut-être plus qu'une question de jours... Raphaël s'endormit, le ventre seulement rempli par un fond de café et une barre énergétique gracieusement offerte par Leland. À l'aube, une odeur forte le réveilla. Au-dessus du feu de camp où chauffait déjà la cafetière, deux lapins doraient doucement. Finn était aux petits soins : il les frottait d'herbes et les arrosait amoureusement de leur jus récupéré dans une jatte en émail.

« Ce sera bientôt prêt, dit l'Irlandais en saluant Banes, venu s'asseoir à côté de lui.

— Comment vous avez eu ça ? demanda Raphaël, émerveillé par les belles couleurs de cette viande croustillante qui finissait de cuire.

— Y a une friche un peu par-delà la route. J'y ai posé mes collets y a pas deux heures. Ça a bien donné : regarde ! » Trois autres prises gonflaient une de ses besaces. « Marcel m'a aidé aussi. Il y en a deux dans le lot qu'il a attrapés tout seul ! »

Comprenant qu'on parlait de lui, le chien de Finn bougea les oreilles et puis, sans raison apparente, s'approcha de Banes pour lui lécher la main. Pas plus qu'avec les gens, Raphaël n'était à l'aise avec les animaux, mais il laissa faire et trouva même le courage de caresser la bête.

« Te laisse pas attendrir, fiston ! avertit Finn. Le Marcel, il sait y faire pour se rendre agréable, mais ce qu'il espère, c'est que tu vas partager ton bout avec lui…

— Tant qu'il ne se frotte pas sur ma jambe, ce n'est pas grave, plaisanta le professeur.

— T'inquiète pas pour ça, s'amusa Finn. Il a rien d'inversé, Marcel. Il est comme moi, il apprécie les jolies filles !

— C'est pas un nom celtique, Marcel, releva Banes en essayant de revenir en douceur vers le sujet de conversation qui l'intéressait vraiment. Pourquoi l'avoir appelé comme ça, votre chien ?

— Parce que je l'ai trouvé tout p'tiot, attaché sous un portail d'église à Philadelphie, figure-toi. Le portail de saint Marcel, justement. C'est peut-être un nom qui sonne de façon marrante aujourd'hui, mais c'était un tueur de dragon, ce gars-là. Un sauroctone, comme on dit. Tu savais ça, toi ? » Raphaël avoua son inculture. « Marcel, dans son genre, c'est aussi une sorte de chevalier. Il m'a sauvé la mise plus d'une fois, je lui dois beaucoup. On a beaucoup bourlingué tous les deux et c'est un vieux briscard, maintenant. N'empêche qu'il m'étonne encore, des fois ! On prend soin l'un de l'autre... Au fait, t'es protestant, toi ? ajouta Finn comme si la question avait un rapport quelconque avec l'évocation du chien.

— Pas vraiment, répondit Raphaël. Par vague imprégnation, peut-être. Pas par conviction, en tout cas. J'ai plutôt fait ma vie sans la religion. Bien que je n'y sois pas hostile par principe, quand elle ne génère pas d'excès...

— T'es agnostique, quoi. Tu sais pas s'il y a quelque chose de supérieur ou non alors, dans le doute, tu t'abstiens, mais tu ne rejettes quand même définitivement rien. Au cas où...

— On peut dire ça, s'amusa Raphaël. C'est un défaut ?

— Surtout pas ! Moi, je dis que tant qu'on est heureux avec ce qu'on croit et surtout qu'on n'ennuie pas les autres, tout va bien. Pas vrai ?

— C'est exactement mon opinion.

— Va réveiller les deux ronfleurs, petit. C'est prêt ! »

Le long de la route menant au centre-ville de Colorado Springs, les quatre hommes dégustèrent en communion les lapins préparés par Finn. Un hachis de pissenlits mêlé de fleurs d'automne écrasées accompagnait la viande. Banes eut l'impression de n'avoir mangé morceaux si délicieux depuis des lustres.

« Il y a tout ce qu'il faut dans la nature pour bien se nourrir et rester en bonne santé, expliqua l'Irlandais, qui semblait lire à livre ouvert dans les pensées de Raphaël. Seulement, faut savoir ! »

Peut-être était-ce la chaleur de la viande dans son estomac, mais Banes sentit une légère euphorie monter en lui, comme après un verre ou deux de vieil alcool. Ici, sous ce pont en béton, dans ce décor urbain pourtant hideux et en compagnie de ces trois marginaux auxquels, autrefois, il n'aurait pas même accordé un regard, il se sentait étrangement bien. En regardant les tristes silhouettes se devinant dans les voitures qui passaient à fond de train devant eux, un mot monta soudain du fond de son cœur, qu'il ne put réprimer :

« *Abonnés !* lâcha-t-il avec un mélange de pitié et de condescendance.

— Tu connais ce mot-là, toi ? » rigola Finn.

Un peu honteux de s'être laissé aller à juger ainsi gratuitement ses semblables, Raphaël baissa la tête.

« *Abonné*, reprit Leland, soudain amical, c'est pas du *Shelta* ! C'est juste du paumé de base, mais ça veut quand même bien dire ce que ça veut dire ! Heureux de ne pas en être ! »

Levant spontanément leurs timbales de café et les heurtant à celle de leur meneur dand un taost fraternel, les trois autres répétèrent en chœur : « Heureux de ne pas en être ! » Et tous, se comprenant, se mirent à rire aussi fort que des prisonniers venant de réussir leur évasion…

De Colorado Springs, ils prirent la voie du sud-ouest pour traverser la chaîne des monts Sangre de Cristo jusqu'en Utah. Citadin casanier des villes de l'Est, Banes n'avait jamais visité cette partie du pays. Les États du Centre et de la côte Pacifique étaient pour lui *terra incognita.* Gravir les contreforts lui fut pénible. Encrassés par des années de nicotine, ses poumons souffraient. Crachant, suant, il demanda combien de temps encore il leur faudrait pour atteindre le Caveau. « Trois jours, assura Leland. Dans trois jours, on y sera… » Banes s'accrocha à la pensée qu'il n'avait plus que soixante-douze heures à peiner avant d'arriver à destination. Ce qui se passerait ensuite, il n'en avait pas la moindre idée, mais dans la situation où il se trouvait il ne pouvait envisager l'avenir qu'au jour le jour.

La végétation, lentement, se raréfia et le sol devint plus aride. Suivant le changement de topographie, la chaleur se fit aussi plus marquée. Banes tomba sa grosse veste et retroussa ses manches. En sueur, il sentit une curieuse odeur de tabac froid flotter autour de lui. « Tu sues ton poison, petit, lui fit remarquer Finn en le reniflant. Ton corps se purge. C'est la première étape du renouveau ! » Ignorant le diagnostic, Banes haussa les épaules mais il remarqua que, pour la première fois, il ne ressentait plus aucune envie de fumer.

« Maintenant que tes tuyauteries font leur vidange, ce serait peut-être bien d'en profiter pour apprendre à marcher comme un homme, enchaîna Finn incidemment.

— Quoi ? s'insurgea Raphaël en se redressant. Moi, je ne marche pas comme un homme ? »

Finn pouffa. À côté de lui, le chien Marcel eut un petit jappement ironique.

« Pas des masses, faut dire ! lâcha le vieux. Enfin, pas de méprise, hein ! Disons que tu te déplaces comme un citadin, quoi... Y a pas d'amplitude dans tes pas. Et puis tu places mal tes épaules. Tu te voûtes. Ta poitrine fermée peut pas laisser entrer l'air, alors tu te fatigues pour un rien et t'es tout contracté. Donc, au final oui, tu marches mal et c'est pas bon non plus pour l'impression que tu donnes. Ça fait quand même un peu fausset. Un peu chochotte, tu vois ?

— Comment faudrait-il faire alors ?

— Première chose : être re-la-xé ! Relaxé parce qu'il faut profiter de l'instant, toujours. Et ça, c'est plus qu'une pose, c'est carrément une hygiène de vie, je dirais. Je serais pas loin de penser que c'est même une philosophie !

— Parce que je ne suis pas décontracté ?

— Sûr que non ! T'es crispé tout le temps, au contraire. Comme si t'avais constamment peur de rater ton train ou que le percepteur frappe à ta porte. Dans la vie, ça sert à rien d'avoir les foies. Les emmerdes, elles arrivent de toute façon et tu les éviteras pas en étant tout replié. Et puis se garer des problèmes c'est pas le but, d'ailleurs. Toi, je suis sûr que tu penses qu'il faut faire attention à tout, souscrire plein d'assurances et jamais piétiner la ligne jaune afin de se faire enterrer tout propre, lisse et rose comme un poupon qu'aurait jamais grandi. C'est ça, hein, ton objectif ? Être un couillon de mort bien convenable ? » Raphaël haussa les épaules comme pour acquiescer. « Ben non ! s'emporta Finn. Le cercueil, c'est le contraire du berceau, figure-toi ! On devrait tous s'y allonger que les os vingt fois brisés et recollés, la gueule striée de cicatrices reçues dans des bagarres, la peau des mains usée à force d'avoir caressé des filles et les yeux devenus aussi grands que des soucoupes pour avoir vu trop de belles choses ! C'est comme ça qu'on devrait tous partir, avec comme dernière pensée : *Bon sang, ma vie, quelle putain de virée !* Et pas : *Est-ce que j'ai bien éteint la lumière au salon avant de claquer ?* Donc c'est pas en te tenant comme un gamin timide dans une cour de récréation que tu te rempliras l'âme et que tu montreras au monde que t'es un vrai monsieur. Allez ! Marche un peu devant moi en essayant de penser à ce que je viens de te dire, que je te corrige sur pièces… »

Banes renâcla pour la forme, mais obéit. Autant Leland le taiseux ne lui avait jamais été sympathique, autant le professeur ressentait pour Finn le débonnaire une affection qui frisait la complaisance. Amusé, il avança donc tandis que l'autre restait à distance pour l'observer. Tâchant de se donner une prestance, Banes se tint aussi martialement que possible.

« Je sens que tu te forces et c'est déjà bien, mais va falloir de la pratique parce que t'as des progrès à faire, ricana Finn. À quoi tu penses, quand tu marches ?

— À rien, se défendit Raphaël. Juste à avancer.

— Ah, ben, cherche pas plus loin ! C'est justement ça, le problème ! Pense que t'es un général et que t'es à la tête d'une armée. Faut toujours penser à ça quand on marche, fils. C'est une bonne image qui donne confiance. Imagine : toi t'es devant et tu montres le chemin à vingt mille bonshommes tout cliquetants d'or et d'acier juste derrière toi. Personne ne peut rien contre toi. T'es un conquérant, mec ! Alexandre le Grand ! Napoléon ! Attila ! T'excuse pas de vivre, mon gars ! Ton existence, elle est unique et elle est surtout sacrément courte ! Chaque jour doit y compter. Alors tiens-toi droit, laisse tes vertèbres bien mobiles, sens le sol vibrer jusque dans tes cuisses et, même si t'es vêtu que de haillons, comporte-toi comme un empereur, nom de Dieu ! »

Raphaël bomba le torse et s'imagina à la tête d'un régiment. Instinctivement, il se redressa, ses épaules se déployèrent et une solennité nouvelle rythma ses pas.

« Mieux ! grogna Finn, tout heureux de constater que ses conseils portaient leurs fruits. L'attitude, tu comprends ? Tu prends de l'altitude en ayant l'attitude ! C'est qu'un jeu, tout ça ! On est ce qu'on croit qu'on est ! La pensée est créatrice, fils. Ça vaut pour les individus comme pour les troupeaux. Allez ! Continue ! Continue ! »

Pris au jeu, à présent presque fier de lui, le professeur sentit un regain d'énergie parcourir tout son corps. Satisfait, il jugea le moment indiqué pour relancer son mentor.

« Au fait, et cet azur, reprit Raphaël, qu'est-ce qu'il a dit sur moi ? Je suis un loup déguisé en agneau ou pas ?

— Non, t'as même pas cet honneur, répondit l'Irlandais. Pour l'instant, malgré tes efforts, t'es encore rien qu'un clampin standard !

— Je suis un *abonné*, quoi, dit Banes, vexé.

— Non, j'ai quand même pas dit ça. T'es comme le gars, Dermott, là… Vous êtes tous les deux des *désabonnés* et c'est déjà sévèrement bien. Mais vous n'êtes ni des *Sheltas* ni des…

— Ferme-la, commanda soudain Leland. Arrête avec tes histoires ! T'intéresses personne ! »

Le vieux obtempéra mais, en aparté, il glissa un clin d'œil à Banes pour lui signifier qu'il lui parlerait plus tard, lorsque l'occasion se présenterait.

Raphaël crut cet instant arrivé lors du bivouac, quand Leland s'absenta pour ramasser du bois mais Finn, occupé à écorcher deux nouveaux lapins, n'avait pas le temps de discuter. Passée à la belle étoile, cette nuit-là fut moins rude que les précédentes. L'air était sec, la température presque douce. Banes appréciait surtout le calme de cet endroit pentu, en pleine nature, loin du bourdonnement des villes. L'obscurité profonde qui entourait les quatre hommes était impressionnante. Habitué à évoluer dans une constante pollution lumineuse, Raphaël n'avait jamais fait l'expérience d'une telle densité d'obscurité et il comprit à cet instant ce que les ténèbres avaient d'authentiquement effrayant. Heureusement, la vue de millions d'étoiles brillant au firmament compensait la peur primordiale qui, au cœur de la nuit, avait brutalement saisi le professeur…

Ils repartirent au petit matin, marchant vers l'ouest dans une oblique légèrement marquée vers le sud. La journée se passa sans que les quatre hommes échangent grands mots. Ils voulaient avancer et cela seul comptait. Finn abattit une perdrix posée sur une branche à l'aide d'une fronde. Le chien alla la chercher dans les fourrés et ils la firent cuire à la halte du soir. Ils avaient établi leur campement une fois encore en pleine sauvagerie, tout près d'une rivière au débit rapide. Quand le jour se leva, Banes entra dans le rio pour s'y laver. Marcel, de son propre chef, était venu avec lui. L'eau, glacée, était si claire qu'on pouvait voir le fond du torrent comme au travers d'une vitre. Nu, Banes s'y plongea tout entier mais le bâtard ne le suivit pas, se contentant de rester sur la rive à laper une flaque à grands coups de langue. Soudain, se raidissant, Marcel se mit à aboyer furieusement tandis que des filaments rouges apparaissaient autour de Banes. Celui-ci crut d'abord qu'il s'était écorché sans le sentir aux pierres de la berge, mais le sang ne venait pas de lui. Portée par le courant, une masse sombre le frôla. C'était un corps humain, flottant sur le ventre. Le professeur tendit le bras pour saisir le mort et le tirer hors de l'eau. Alertés par les aboiements, les trois autres arrivèrent vite et prêtèrent main-forte à Banes pour pousser la dépouille sur la terre ferme. Ils le retournèrent pour découvrir son visage. L'homme, vêtu comme eux d'habits de marche et portant deux ou trois sacoches en bandoulière, n'avait pas encore souffert de la corruption de ses chairs plongées dans l'eau. Il était mort depuis peu, le ventre crevé de deux larges plaies saignant toujours. « Couteau ! annonça Finn en désignant les blessures.

— Quelqu'un connaît ce type ? demanda Dermott.

— Non, répondit Leland. Mais je sais d'où il vient... » Dans sa main, il tenait un paquet découvert dans l'un des sacs du malheureux. Banes reconnut l'emballage caractéristique protégeant les tuiles de terre cuite identiques à celles que lui-même transportait. « C'est des plaques qui viennent des équipes de Baton Rouge, continua Leland en examinant le sceau de cire blasonnant le colis.

— On a tué un livreur ? balbutia Dermott en pâlissant. Mais pourquoi ? »

Ignorant la question, Finn et Leland se mirent à se parler en termes inintelligibles pour les deux autres. Banes eut beau se concentrer, il ne comprit rien des phrases prononcées dans le *vieux parlé* des *Sheltas*. La conversation, animée, ne dura pas longtemps.

« Il va falloir activer, dit Leland. On repart dans cinq minutes. Et ce sera au pas de course pour le reste du trajet. Je n'attendrai pas les crevards.

— Que se passe-t-il ? demanda Banes. Pourquoi ne prévient-on pas les autorités ?

— Laisse tomber tes *autorités*, fiston, dit Finn. Elles sont trop loin, et on n'a pas le temps. Et puis, rends-toi décent ! À moins que tu tiennes à crapahuter les fesses à l'air ! »

Choqué par l'événement, Raphaël en avait oublié qu'il était nu. « Mais ce pauvre type, insista-t-il en enfilant ses vêtements. On ne peut pas le laisser comme ça !

— Faudra bien ! Ce n'est plus lui, de toute façon. C'est rien que son cadavre. Le fourrer dans un trou et dire une prière ne le fera pas revenir. Viens ! »

Impuissant, Banes se laissa gagner par l'affolement. Ils foulèrent les braises du feu de camp, roulèrent les couvertures et s'en allèrent aussitôt au petit trot.

« Où va-t-on ? demanda tout de même Raphaël avant de se mettre lui aussi à courir.

— Au Caveau ! cria Leland. Activez ! »

Ignorant quelle urgence commandait cette ruée soudaine, Banes insista : « Pourquoi si vite ?

— *Fomoroï* ! avoua cette fois Finn. Les ennemis ! » Trottant sur les pentes, le groupe commença son parcours. À bout de souffle, Banes sentit rapidement un violent déchirement naître au-dessus de l'aine et lui couper le souffle. Il était prêt à s'arrêter quand le chien, grondant à ses côtés, le força à continuer en lui mordant les jambes. Stimulé par la bête qui veillait à ce qu'il avance comme s'il eût été le mouton malingre du troupeau, il ne put faire halte. Souffrant comme jamais, il atteignit enfin ce stade où le corps anesthésie de lui-même ses douleurs. Miraculeusement, ses poumons se détendirent, l'air revint en ses fibres et ses muscles se firent vigoureux. Soutenant l'allure des autres, il ne craignit plus d'être abandonné au milieu du grand nulle part. Malgré sa corpulence et son âge, Finn avançait bien lui aussi. Leland toujours en tête, les quatre hommes avalèrent les miles à travers les montagnes. Raphaël, oubliant toute velléité de réflexion, suivit les autres sans faillir. L'obscurité tomba pourtant avant qu'ils aient atteint le Caveau et ils furent contraints de s'arrêter. Banes s'écroula dans la poussière, gémissant comme un mourant. « Silence ! ordonna Leland. Retenez-vous, bon sang... » Se privant d'allumer un feu, ils se serrèrent dans une entaille de roche pour dormir quelques heures. Dermott semblait accepter beaucoup mieux que Raphaël la violence de la situation. Il n'avait posé aucune question depuis la découverte du cadavre et s'était embarqué sans broncher dans l'odyssée des *Sheltas*, rejoignant naturellement leur cause. Ils repartirent aux premières lueurs du jour. « Le Caveau n'est plus qu'à deux heures, estima Leland. Tenez bon. » Courant encore, la troupe passa des plis de terrain qui brisaient les muscles, puis escalada une nouvelle côte à forte déclivité. Arrivés au sommet, Leland décréta enfin la fin du périple. « Vous deux, restez ici, dit-il à Dermott et Raphaël. Finn et moi, on part en repérage. »

Les *Sheltas* disparurent dans les fourrés en contrebas, Marcel sur leurs talons. Banes essayait de repérer l'entrée du fameux Caveau, mais la végétation était trop dense et il ne discerna rien.

« Vous abîmez pas les yeux, murmura Dermott. C'est un peu plus bas. On ne peut rien voir d'ici...

— Vous savez ce qui se passe, vous ? *Fomoroï*, c'est quoi ? C'est qui ? demanda Raphaël.

— Sais pas au juste. C'est un mot de *Sheltas*, ça. Y a qu'eux pour savoir ce que ça veut vraiment dire. Mais je pense que c'est pas la peine d'utiliser un vocabulaire compliqué. C'est de plus en plus malsain sur les routes depuis quelque temps. Y a vraiment des sales bandes qui traînent, et ce mot-là doit sûrement les désigner. Les gens se tuent pour un oui, pour un non, maintenant. Surtout entre pauvres. Et puis il y a aussi ces histoires de types qui brûlent les bibliothèques un peu partout dans le pays. Vous avez quand même entendu parler de ça, non ? »

Raphaël regarda Dermott avec des yeux ronds. « Quoi ? Personne n'a jamais rien dit dans les journaux !

— Je ne sais pas, m'sieur. Moi, je m'occupe pas de ce qu'on écrit dans les canards. Je vous dis seulement ce que j'ai entendu en traînant à droite à gauche, d'Austin à Chicago. Des types prennent un malin plaisir à foutre le feu. Bâtiments des impôts, écoles et même hôpitaux, tout y passe… Mais on dit qu'ils ont une prédilection pour les bibliothèques. D'ici à penser qu'ils ont appris l'existence du Caveau et qu'ils veulent s'y attaquer, c'est possible… Moi, je crois que le Régent s'en doutait et que c'est pour ça qu'il nous fait maintenant partir en groupe. Avant, on y allait seul… »

Une fois encore, Banes était incrédule. Comment une information aussi bizarre avait-elle pu être escamotée par la presse ? Comme le vieux Finn, Dermott divaguait certainement…

Du bruit se fit entendre dans les buissons. Banes et Dermott se tassèrent sur place mais ce n'était que Marcel, qui revenait les chercher. Ils le suivirent jusqu'à une crevasse au fond de laquelle courait un sentier. Au bout de ce chemin serpentant entre les parois étroites d'un canyon, se découpait l'entrée d'un tunnel s'enfonçant sous terre.

« C'est quoi, ici ? demanda Banes. Le Caveau ?

— Oui, souffla Dermott. On y est ! C'est un vieux site militaire des années 1950, je crois. Ils voulaient creuser toute une base mais ça ne s'est pas fait, au bout du compte. Y a quand même un sacré réseau de galeries et des salles qui restent en bon état… »

Le complexe était impressionnant. Haut comme plusieurs hommes, un monstrueux portail d'acier rouillé en protégeait l'accès. Précédés par le chien, comme deux défunts de l'Égypte antique conduits au pays des morts par Anubis le psychopompe, Banes et Dermott s'enfoncèrent dans le dédale souterrain. Le silence ici était parfait. Trop parfait... Au détour d'un couloir, Finn se porta à leur rencontre. Le visage défait, le vieil homme n'affichait plus sa bonhomie coutumière.

« Qu'est-ce qui se passe ? questionna Dermott.

— Le pire... », répondit seulement le *Shelta*.

Le pire c'était, réunis dans une pièce devenue charnier, sept corps égorgés baignant dans leur sang. Agenouillé près d'eux, Finn palpait encore leurs dépouilles, espérant découvrir par miracle un souffle de vie chez l'un de ces malheureux. Mais tous étaient morts. Sur un mur, écrit en lettres sanglantes une formule rédigée en langue ordinaire légendait le massacre : *Selon la volonté d'Okhlos le béni de Scamall*. Okhlos ! Banes connaissait ce mot. Il apparaissait dans les extraits du *Virga Vagos* que Gabriela lui avait envoyés.

« Qui est Okhlos ? demanda le professeur.

— Le fond du fond, soupira Finn. La bête sauvage sans morale ni conscience. L'instinct pur, dépourvu d'esprit mais promis à gouverner des milliards de corps... Okhlos, c'est la foule des humiliés étouffant de ressentiment ; la masse humaine devenue soudain folle et lâchée sur le monde. C'est les mères qui tuent leurs enfants ; les fils qui crachent au visage de leur père ; les élèves qui frappent leur maître et les déments qui gouvernent à la place des sages... Okhlos, c'est les bas instincts avec le sceptre et la couronne jusqu'à ce qu'on crève tous... Tu comprends ? C'est ça, Okhlos !

— Sa puissance vient de *Scamall*, expliqua Leland en se redressant. La Nuée mauvaise. Celle où s'accumule ce qu'il y a d'ignoble en ce monde. Les égouts de la pensée des hommes depuis qu'ils ont troqué leur innocence de singes contre un peu de conscience... Kincaid avait raison : c'est maintenant l'heure de la révélation d'Okhlos et du surgissement au grand jour des enfants de *Scamall*...

— *Fomoroï*, souffla Finn avec un tremblement dans la voix.

— *Fomoroï* », confirma Leland.

Le crâne de Banes se mit à bourdonner. S'il ne comprenait rien des divagations des deux *Sheltas*, il était néanmoins bouleversé par la vue de ces pauvres types assassinés. Emplissant la pièce, l'odeur métallique du sang lui retourna l'estomac. Il sortit dans le couloir pour vomir et se mit instinctivement à prier. Il n'avait pas la foi, et ne connaissait aucune formule sainte, mais son cerveau affolé ressentait le violent besoin de se raccrocher à un rite, fût-il improvisé.

« Allons vérifier les plaques », dit Leland en lui tapant sur l'épaule pour le réconforter.

Raphaël s'essuya la bouche d'un revers de manche et suivit les autres. Les quatre hommes s'avancèrent dans le complexe jusqu'à une salle tout en longueur emplie de rayonnages sur lesquels d'innombrables tablettes de terre cuite avaient été méthodiquement brisées. Des années de labeur, des milliers d'heures consacrées à un travail opiniâtre, secret, par des anonymes instruits et patients, d'humbles clercs contemporains, dignes héritiers des copistes médiévaux, avaient été réduites à néant sous l'effet d'un inexplicable obscurantisme. Tandis qu'il contemplait ces poussières de textes, un nouveau voile de détresse s'abattit sur Raphaël. Aurait-il regardé les ruines fumantes de la bibliothèque du Congrès ou celles de la Bodleian d'Oxford qu'il n'aurait pas été plus triste.

« On n'a pas pris assez de précautions, souffla Leland au vieil Irlandais. On aurait dû leur dire, aux autres...

— Ils nous auraient pas cru, de toute façon. C'est un malheur, cette destruction, évidemment, mais ce n'est pas là-dessus qu'il faut pleurer. La guerre est déclarée, maintenant. Ça veut dire qu'ils vont mettre les bouchées doubles pour trouver les *Cryptoï*. Si ce n'est pas déjà fait ! C'est à eux qu'il faut penser. »

Une fois encore, Finn et Leland partageaient des notions étrangères aux deux autres. Banes en avait assez de ces énigmes.

« C'est trop grave, ce qui s'est passé ici, dit-il. Il faut vraiment avertir la police maintenant !

— Pas de police pour régler les comptes entre *Sheltas* et *Fomoroï*, on t'a dit ! grogna Leland. De toute manière, puisque Okhlos s'est révélé, ta police va bientôt disparaître, comme le reste de ton monde. Si tu veux encore en profiter un peu, c'est le moment ou jamais parce qu'il doit lui rester, au mieux, quelques mois d'existence. Rentre chez toi. Oublie ce que tu as vu et essaie de reprendre ta vie d'avant. De toute façon, t'as vraiment pas l'étoffe d'un combattant. »

Penaud, Banes voulut répliquer quelque chose mais Leland se tournait déjà vers Dermott. « Toi, c'est comme tu veux, lui dit-il. Avec Finn, on va se mettre en chasse. Si tu veux venir avec nous, on a besoin de toi, mais il faut que tu comprennes qu'on est en guerre ouverte maintenant. Tu saisis ce que ça signifie ? »

Dermott se gratta la tête. Gêné, ne comprenant guère mieux que Banes ce qui se passait réellement, il avoua : « Ça me fait peur, vos histoires. Moi, je voulais juste aider à transporter les livres en argile. Je trouvais ça bien comme idée. Ça me donnait un beau but dans la vie. Pourquoi il y a des morts maintenant ? C'est pas pour moi, ça ! Non, pas pour moi ! » Tremblant, il faisait pitié à voir.

« Doucement, mon gars, lui dit Leland. T'affole pas. On te force à rien. Je comprends que ce soit dur. Personne t'en voudra si tu te sens pas de venir avec nous. Pars avec Banes. Retournez d'où vous venez, tous les deux. De toute façon, vous n'avez plus rien à faire ici... »

Les quatre hommes regagnèrent la sortie. Dans une salle du dernier couloir, Leland fouilla dans un bureau. Faisant jouer un ressort caché dans un meuble, il libéra un tiroir secret d'où il tira une liasse de billets de banque qu'il tendit à Raphaël.

« Prenez ça. Vous pourrez regagner la côte Est plus facilement.

— Et vous ? demanda Banes en fourrant avec reconnaissance les dollars dans sa poche. Qu'est-ce que vous allez faire maintenant ?

— D'abord, trouver ceux qui ont tué nos camarades. Il y avait trois *Sheltas* parmi les morts. On les connaissait bien, Finn et moi.

— Et puis il faut surtout se magner pour trouver et protéger les *Cryptoï*, ajouta le vieux. Ce sera pas une mince affaire mais ça peut tout changer ! »

Banes négligea de formuler les nouvelles questions que soulevait logiquement cette dernière phrase. Sa tolérance aux mystères venait d'atteindre son point de saturation. Il se contenta de demander :

— Et les corps ? On les abandonne comme celui de la rivière ?

— Non, dit Finn. Même si ça nous mange un peu de temps, les *Sheltas* peuvent pas laisser les leurs sans un dernier hommage.

— On va au moins vous aider à faire ça », décida Banes, en parlant aussi pour Dermott.

Transportant les cadavres des gardiens hors du Caveau, ils alignèrent les dépouilles à l'extérieur, sous le couvert de beaux arbres au tronc rugueux. Tandis que Leland et Dermott dégageaient des trous à fleur de sol, Finn et Raphaël rassemblèrent toutes les grosses pierres qu'ils purent trouver. Ce travail mortuaire leur prit trois bonnes heures. Quand il atteignit son zénith, le soleil éclairait sept cairns. À l'aide d'un morceau de craie trouvé dans ses affaires, Finn traça le serpent, signe des *Sheltas*, sur chacune des tombes.

« Vous dessinez ce symbole même pour ceux qui ne sont pas de votre parti ? s'étonna Banes.

— Tous ceux qui meurent sous le couteau des *Fomoroï* deviennent des nôtres, déclara Finn avec tristesse. Maintenant, le dernier salut ! »

Fouillant une nouvelle fois dans les profondeurs de ses vêtements, le vieux tira un petit objet fixé au bout d'une longue cordelette de cuir. C'était un cylindre de métal percé de quelques orifices, sur lequel une tête de serpent était grossièrement gravée. Faisant tournoyer le sifflet dans les airs, Finn en fit naître un long hululement aux modulations indéfinissables. Banes n'avait jamais rien entendu de pareil.

« *Anál nathrach !* Le chant du Grand Serpent ! murmura Leland. Finn l'appelle pour qu'il écoute !

— Honneur aux guerriers ! commença le vieux en guise de prière. Leur nom d'homme sera peut-être oublié, mais de leur courage il restera toujours une trace en nos cœurs. Que leur exemple nous inspire et que par lâcheté nous ne salissions pas nos âmes en cette vie, afin de ne ressentir nulle honte lorsque nous rejoindrons nos frères aux champs d'éternité. »

Le poignet du vieil homme cessa d'imprimer un mouvement au sifflet, qui retomba silencieusement dans sa paume. L'heure de la séparation était désormais venue. Le cœur étrangement serré, Banes vit Leland et Finn s'éloigner au travers des broussailles. Pisteurs aguerris, ils avaient déjà trouvé la trace du groupe d'assassins qu'ils voulaient traquer. Le chien Marcel aboya une dernière fois à l'adresse de Banes et Dermott, comme une ultime invite à le suivre, puis, comprenant qu'ils ne viendraient pas, il se résigna et courut à pleine vitesse rejoindre son maître. Le silence tomba comme une chape dans le vallon du Caveau. Banes et Dermott n'avaient plus rien à faire que quitter cet endroit perdu et revenir à la civilisation.

« Vous connaissez la route ? voulut savoir Raphaël.

— Pas de problème, le rassura Dermott. En allant par là, on trouvera une petite ville dans pas si longtemps... »

Ils se mirent en marche sans parler. L'après-midi passa et la lumière faiblit. Pour la première fois depuis des heures, une question franchit les lèvres de Raphaël.

« On va passer la nuit en extérieur ? Je n'aime pas ça...

— Je ne suis pas sûr qu'on puisse éviter la chose, dit son compagnon. C'était peut-être plus loin que je n'imaginais. Avançons encore un peu. » La nuit tomba sans qu'ils aient atteint la ville promise par Dermott. L'obscurité les contraignit à faire halte. Renonçant à allumer un feu de camp de peur d'attirer l'attention, les deux hommes restèrent longuement enfermés dans leurs pensées sans oser formuler ce qui leur passait par la tête.

« Il vous a donné combien, Leland ? » finit par demander Dermott en allumant tout de même une petite lampe de poche. Éclairé par le pinceau électrique, Banes compta les billets.

« Mille trois cent vingt dollars.

— C'est pas mal. Qu'est-ce que vous allez en faire ?

— Simplement rentrer chez moi le plus vite possible. Train, autocar, avion, je ne sais pas... Mais on partage. Vous avez droit à la moitié. »

Raphaël tendit à Dermott la somme qui lui revenait.

« C'est plus que je n'ai eu depuis un sacré bout de temps, dit celui-ci en contemplant les billets. Ça fait drôle d'être riche, tout d'un coup...

— Où irez-vous ?

— Je ne sais pas. J'ai assez la trouille, pour tout vous dire. Après aujourd'hui, la vie ne peut plus être comme avant. Ça fait des années que je fais des voyages entre la Briqueterie et le Caveau. Pas que ça, bien sûr, mais souvent. Je pensais pas que ça se finirait de cette manière.

— Vous n'avez vraiment aucune idée de qui a pu tuer ces pauvres gens ?

— Des fous... Juste des fous. Qui d'autre ?

— Vous ne croyez pas aux histoires racontées par Finn et Leland ?

— Je sais pas, m'sieur. Peut-être qu'ils ont raison mais ça me fiche la trouille, je vous dis. Je préférerais plus parler de ça, s'il vous plaît... »

Banes n'insista pas. Dermott était sûrement un brave gars, mais peureux et préférant l'ignorance au savoir – il n'était somme toute qu'un type très ordinaire. Partageant à bien des égards les mêmes défauts, Raphaël ne pouvait décemment pas lui en tenir rigueur.

Ayant dormi tant bien que mal, les deux voyageurs se réveillèrent au point du jour. Comme Raphaël allait se remettre debout, il vit Dermott fondre sur lui. Il n'eut pas le temps de se protéger du terrible coup que l'autre lui porta. Lesté d'une pierre, son poing s'abattit sur la tempe du professeur avec toute la puissance d'un marteau sur une enclume. Quand, quelques heures plus tard, il revint à lui, son crâne n'était que souffrance. Recouvrant péniblement ses esprits, il se découvrit seul et évidemment dépouillé de l'argent que Leland lui avait remis. Dermott l'avait assommé pour s'emparer de ses dollars. C'était aussi simple que ça. Sous l'effet du remords, le traître avait quand même laissé un billet de cinquante glissé sous un caillou afin que Banes ne se retrouve pas totalement démuni. Ramassant le papier vert à l'effigie du président Grant, Raphaël pensa qu'il allait falloir faire preuve de beaucoup de discernement dans ses dépenses pour atteindre Ithaca muni d'un pécule aussi mince. Courageusement, il se remit en route en confiant au seul hasard le soin de lui indiquer la bonne direction. Au bout d'une heure, il repéra un fil électrique qu'il suivit jusqu'à découvrir enfin une route goudronnée menant à une petite ville endormie sous la poussière de l'Ouest. Il y pénétra fatigué, plus meurtri encore au moral qu'au physique. Voulant garder son peu d'argent pour le voyage il hésita à entrer dans un snack, mais il était affamé et n'avait rien bu depuis des heures. Il commanda le plat le moins cher et une carafe d'eau qu'il vida d'un trait. Les huit dollars de l'addition lui parurent une somme énorme, mais manger lui redonna un peu de vitalité. Il se rendit ensuite à la gare routière et étala au guichet toute sa monnaie, demandant jusqu'où il pouvait aller vers l'est pour une telle somme. L'employée le prit en pitié et lui calcula un trajet au plus juste pour seulement trente-sept dollars jusqu'à Ithaca. Son billet en poche, Banes rayonnait. Rentrer chez lui n'était maintenant plus qu'une question de patience. Dans quelques minutes, il allait prendre place dans un Greyhound confortable et n'aurait plus qu'à se laisser conduire jusqu'à sa porte, via deux correspondances à Nashville et Columbus. De toute son aventure, il ne lui resterait bientôt que l'exemplaire en argile des *Histoires* d'Hérodote, qui ballottait toujours à son flanc. Banes s'assit sur un siège à l'extérieur de la gare et attendit l'arrivée prochaine du car. Lorsque enfin celui-ci se rangea sur le quai de départ, Raphaël se leva, vérifia que le fronton du bus portait l'indication de la bonne direction, puis il tendit son billet au contrôleur qui vérifiait les titres de transport devant l'entrée du véhicule.

Un jappement plaintif figea son geste. Marcel venait d'apparaître devant lui ! La pauvre bête le fixait, la langue pendante, et son poil portait la trace d'une longue estafilade d'où suintait un peu de sang. Il soufflait comme une forge. Interdit, Raphaël ne savait plus que faire. Le bâtard lui lançait un appel au secours évident, Finn et Leland avaient besoin de lui...

« Alors ? demanda le type de la compagnie de voyage en dévisageant son client devenu aussi raide qu'un hoplite pétrifié par Méduse. C'est pour aujourd'hui ou pour demain ? »

Pour Banes, c'était l'instant du choix. Du vrai choix... Il avait en main tout ce qu'il fallait pour revenir à la normale, quitter pour toujours le monde des vagabonds et reprendre la place qui était sienne dans la vraie vie. En un éclair, il revit sa maison tranquille, ses livres et le paysage bucolique qui s'étendait jusqu'au lac Beebe sous la fenêtre de son bureau. Il revit les étudiants chics de Cornell attablés le soir dans les canapés profonds du *Marty's*. Il revit les couloirs luxueux de la Farnsborough Foundation foulés par les élégantes secrétaires et il revit même Farah qui lui souriait comme autrefois, lorsqu'il formait avec elle le plus beau couple du campus d'Ithaca... Il pouvait aisément retrouver tout cela. Reconquérir même son ancienne amante lui paraissait désormais possible. Il en ressentait la force et l'envie nouvelles. Mais, au plus secret de lui-même, ces perspectives ne pesaient d'aucun poids face aux révélation des derniers jours. Le froid, l'épuisement, la faim, la peur et les humiliations, oui, mais aussi l'amitié, la liberté, les limites surmontées et, plus que tout peut-être, une cause mystérieuse à défendre... Impossible d'abandonner Finn et Leland alors que ceux-ci étaient en danger. Il ne pouvait pas tourner le dos aux *Sheltas*. Plus maintenant...

Il déchira son ticket, dont les morceaux tombèrent comme des pétales blancs à ses pieds.

Quittant sans regret la file des passagers sur le point d'embarquer, il fit signe au chien qu'il était prêt à le suivre. Dans le sillage de l'animal, Raphaël Banes se remit à courir.

X

Où le professeur Banes avait-il bien pu passer ? se demanda Franklin Peabody. Trouver un étudiant parti en baguenaude ne devait pourtant pas être très compliqué, même si le territoire était vaste. De nos jours, tout le monde laisse des traces qu'il est facile de suivre. Pourquoi Banes ne donnait-il pas de nouvelles et ne répondait-il pas aux appels que Franklin lui faisait régulièrement passer par ses assistants ? Un tel manque de professionnalisme excédait littéralement Peabody. Plutôt que de s'énerver sur ce cas, il préféra ranger provisoirement le dossier Banes dans un placard et placer l'affaire en attente. À voir si, un jour, l'ancien professeur de Cornell trouvait judicieux de refaire surface... Tout bien considéré, le problème Banes/Millicent occupait une place mineure dans les multiples occupations de Franklin. La situation générale était mauvaise. Perdre un temps précieux avec des questions périphériques telles que celle-ci n'avait donc rien de raisonnable.

Seul dans son bureau, Peabody passa l'après-midi à compulser les derniers ajouts apportés par ses collaborateurs aux dossiers prioritaires. Vers dix-neuf heures, il quitta les locaux de la fondation pour honorer de sa présence une vente aux enchères organisée par la succursale Sotheby's de Boston. C'était une session spéciale, réservée à quelques privilégiés. Un excentrique cédait sa collection d'objets d'art voués au démon. Peabody n'était pas lui-même passionné par le sujet, mais il savait Tobias Memling, le directeur de la Farnsborough, particulièrement sensible à la perversité de ce thème. Sur le catalogue illustrant la vente, Franklin avait repéré une petite statuette chryséléphantine supposée représenter le dieu Mammon, prince des richesses, grand commandeur du péché d'avidité, officier supérieur des légions démoniaques et diable tentateur s'il en fut jamais. C'était une pièce française de style Art nouveau, de taille modeste – six pouces de hauteur à peine –, mais finement ciselée pour partie d'ivoire et d'or fin. Peabody en fit l'acquisition pour onze mille dollars. C'était un peu cher pour une pièce anecdotique, néanmoins il espérait que ce petit cadeau contrarierait la froideur des relations qu'il entretenait depuis plusieurs semaines avec Memling. Ce dernier, Peabody l'avait compris, accordait de plus en plus d'importance à Iris van der Loor. Malgré son expérience et son habitude de porter des coups bas, Franklin n'avait pas encore trouvé le moyen de discréditer la jeune femme aux yeux de son directeur, et c'est pourquoi il tirait une de ses dernières cartouches en essayant de jouer sur l'ancienneté des liens qui l'unissaient à Tobias.

Quand Memling, le lendemain, reçut l'hommage, il demanda quelle était l'occasion qui lui valait ce cadeau.

« Rien en particulier, mentit Franklin. J'ai seulement pensé que cela pourrait vous plaire. Il me reste un vieux fond de générosité et de désintéressement, vous savez. N'allez pas voir du calcul partout !

— Alors, je vous remercie d'autant plus, car c'est effectivement bien observé, approuva Memling en appréciant les contours délicats de la statuette. Mammon est un de mes démons préférés.

— C'est un plaisir, poursuivit obséquieusement Peabody en se préparant à prendre congé.

— Cela me fait penser que j'ai, moi aussi, quelque chose pour vous. Attendez... » Le directeur quitta son fauteuil et se dirigea vers une grande bibliothèque occupant le fond de la pièce. D'une petite boîte en bois précieux, il tira une rondelle brillante qu'il tendit à son subordonné. « Tenez, il y a longtemps que je voulais vous en offrir une. En remerciement pour l'abnégation dont vous avez toujours fait preuve et aussi pour la petite attention d'aujourd'hui qui me va droit au cœur...

— Qu'est-ce que c'est ? questionna Franklin en tendant la paume.

— Un statère d'or. Époque hellénistique. Authentique, bien sûr... Son revers représente Hadès, roi des Enfers, et son avers sa parèdre Perséphone. J'en garde toujours un sur moi. Exactement le même. Il servira à payer à Charon mon passage vers l'autre monde quand l'heure sonnera. Prenez exemple, conservez le vôtre à portée de main. À nos âges, c'est une sage précaution. Croupir éternellement dans les limbes faute de pouvoir payer le salaire du Nautonier serait stupide, n'est-ce pas ? Surtout pour des gens tels que nous... »

Peabody le remercia et fourra la pièce dans sa poche. « Bel objet, convint-il. Et utile, effectivement. Espérons seulement que nous en ayons besoin le plus tard possible.

— Bien sûr, renchérit Tobias Memling. Le plus tard possible ! »

*
* *

Il avait fallu un temps à Mungo pour s'y habituer. La pourriture au bout de ses doigts... Ce n'était pas innocent, cette affaire-là. Ça engourdissait les phalanges et modifiait la sensation du toucher. En fait, Mungo ne sentait plus ses mains. Il en avait fait l'expérience au bord d'un chemin en empoignant une pleine brassée d'orties. Un peu de sang avait perlé sur sa peau mais il n'avait éprouvé qu'un léger picotement quand les aiguilles avaient écorché ses chairs et que les bulbes urticants avaient explosé sous son derme. L'insensibilité... Ce n'était somme toute qu'un bien faible prix à payer en échange du pouvoir d'infection qu'il avait l'insigne honneur de répandre.

Depuis l'épisode de la soupe populaire, Mungo avait tracé sa route. Il avait commencé par se déplacer vers l'est avant de se rabattre lentement vers le sud. C'était vers les États-Unis qu'il fallait aller. C'était évident : la grande partie allait se jouer là-bas. Mais avant, rien n'interdisait de faire un peu de mal au passage. Enfin, le mal... tout était relatif et dépendait du point de vue. Selon Mungo, purger le monde d'une bonne partie de l'engeance humaine était, en dépit des apparences, le contraire d'un projet maléfique. De toute façon, ça ne pouvait plus durer et le marin du *General Dogsbody* était bien placé pour le savoir. Cela faisait des années déjà qu'il avait remarqué combien la mer était malade. Au fil des saisons, les filets ramenaient de moins en moins de poissons et il fallait désormais descendre dans les grandes profondeurs pour draguer quelque chose de valable. Et encore ! Même là, les réserves s'épuisaient. Et puis, non seulement on ne ramassait presque plus rien, mais les rares prises n'étaient plus saines. Des créatures bizarres peuplaient les hauts-fonds : des limandes à trois yeux, des morues difformes, des cabillauds à chair gélatineuse... Depuis un an ou deux, la moitié de la collecte était systématiquement rejetée par-dessus bord. Ça voulait bien dire ce que ça voulait dire... Personne ne respectait plus les consignes des autorités internationales. Ni les Japonais, ni les Russes, ni – bien évidemment car ils s'étaient de tout temps posés comme les champions du monde du contournement des règlements onusiens – les Américains. Tout le monde pêchait à outrance sans laisser aux réserves le temps de se reconstituer. Tout ça pour nourrir – combien qu'ils avaient dit qu'on était sur Terre à la télé ? six ? sept milliards ? –, oui, tout ça pour nourrir sept milliards d'individus inconscients, égoïstes et méchants qui se reproduisaient comme des lapins. C'était ça, le cancer du monde : la surpopulation.

Une planète trop petite pour une humanité pas vraiment sympathique que rien ne venait réguler... Alors, il fallait faire le ménage de temps en temps. Une vidange, comme quand le moteur du *General Dogsbody* était trop encrassé. C'était le boulot de Mungo de s'occuper de la mécanique sur le chalutier de Dennis Bonnel. Et il était normal, à présent, qu'il assure l'entretien de la planète en la débarrassant de son surplus d'êtres humains. C'était de l'écologie à la sauce *hardcore*, mais la situation l'exigeait. Pas moyen de faire autrement. C'est ce qu'avait dit la Voix qui résonnait dans la tête de Mungo depuis la nuit de la falaise. La Voix... la Nature, quoi. Pas la peine d'aller chercher loin pour comprendre qui elle était, ni de se lancer dans les complications en l'appelant Dieu. La Nature, donc, en avait assez des hommes et elle utilisait certains d'entre eux pour faire un grand courant d'air dans le cloaque qu'était devenu le monde. Aussi simple que ça. Et Mungo participait à l'événement. Pas aux premières loges, mais sur la scène ! Directement sur la scène !

Devenu vagabond sacré par la force des choses, Mungo traînait la jambe sur une route secondaire. Depuis qu'il était parti, il vivait d'expédients. Un peu de chapardage ici, un peu de mendicité ailleurs... Les premiers jours avaient été assez durs. Et puis il y avait eu le grand moment de bonheur où il avait découvert son don. La pestilence... Vraiment, c'était un beau pouvoir. Mais comment l'exercer de manière efficace ? Ce problème tournicotait dans sa caboche, si bien qu'il faillit manquer le signe gravé sur l'écorce de l'arbre. C'était un trait vertical d'où partait, dans son tiers supérieur, un court tortillon sur lequel s'appuyait une croix.

« Qu'est-ce que ça veut dire ? demanda-t-il en son for intérieur.

— Tu le sais bien, répondit la Voix. C'est le vieil alphabet des *hobboes*, l'écriture de ceux qui n'ont plus rien... Nourriture en échange de travail. C'est ce que ça signifie. Va voir, il y a peut-être quelque chose à faire...

Mungo renifla et essuya son nez qui gouttait sur sa manche. Machinalement, il porta aussi la main à sa tempe pour replacer correctement sa casquette envolée, mais le couvre-chef ne ceignait plus son front depuis longtemps. Difficile d'oublier les vieux réflexes, tout de même.

Mungo avança donc. La première chose qu'il aperçut fut quatre ou cinq éoliennes qui tournoyaient au beau milieu d'une friche. Oh, ce n'étaient pas ces monstres de technologie qui ressemblent à des moteurs d'avion juchés sur des mâts de cent yards de haut, non. C'étaient des éoliennes à l'ancienne, tout en bois et pas bien conséquentes… Non loin de là, toujours dans la friche, étaient disposés des panneaux solaires. Un poste à transformateurs grésillant émettait un bruit qui ressemblait au bourdonnement d'une ruche.

Mungo suivait les gros câbles qui partaient de cette mini-centrale électrique. Traversant un rideau d'arbres, il déboucha sur un plateau déboisé où s'alignaient une cinquantaine de maisons neuves. C'étaient des habitations sans étage, modestes mais propres. Avec leurs parois tapissées de bois verni et leur toit de chaume ou de lauze, elles ressemblaient à une image de livre pour enfants. Un sentier menait à elles. Juste avant la première, Mungo découvrit un grand panneau explicatif avec des pavés de texte et des schémas encadrés :

Transition Town. Village expérimental de décroissance. Les matériaux employés pour la construction des bâtiments sont entièrement naturels. Tout, ici, est pensé en termes d'autonomie, de recyclage et de production non invasive.

Suivaient des schémas expliquant comment l'électricité était fabriquée ; comment on avait renoncé à la motorisation des véhicules pour revenir à la traction animale ; comment on produisait sans engrais chimiques mais selon les procédés de la biodynamie ; comment on utilisait l'eau d'une source proche, etc.

Source ! Ça fit dans la tête de Mungo comme quand la boule de flipper touche un *bumper* à trente mille points. Au bas du panneau, un plan permettait de localiser les différentes activités du village : métairie, laiterie, centrale d'énergie, école, dispensaire, fours communs, forge, puits et pompes. Mungo eut la tentation de s'approcher tout de suite de ces dernières, mais un type arriva à sa hauteur.

« Bonjour, commença-t-il aimablement. Vous vous intéressez à notre village ?

— Oui, oui, répondit Mungo. C'est rudement bien, ce que vous faites. Et puis, je me demandais si par hasard vous n'auriez pas un peu de travail pour moi. C'est que j'ai plus de boulot depuis quelque temps. Vous savez ce que c'est... Je suis mécanicien. Je peux faire à peu près n'importe quoi... »

Le gars lui adressa un grand sourire et lui tapa sur l'épaule. « Le travail ne manque pas chez nous. On recommence tout comme avant, vous savez. Je veux dire, avant le moteur à explosion. À l'époque, tout le monde avait du travail et on s'entraidait plus facilement. Alors, si vous êtes capable de vous rendre utile, on a un toit et à manger pour vous, c'est sûr. Mais attention ! On ne paie pas. On a arrêté l'argent des banques ordinaires pour les échanges entre nous. On ne s'en sert que pour acheter ce qu'on ne peut pas encore se procurer par nous-mêmes. On va peut-être bientôt fabriquer nos propres pièces, mais c'est encore à l'étude. Pour l'instant, on fonctionne avec le troc. Ça vous va ?

— Manger et dormir au sec contre du travail, c'est tout ce que je demande, mentit Mungo. J'ai pas besoin de plus pour être heureux.

— À la bonne heure ! s'exclama le villageois en prenant le routard par l'épaule. Venez ! On va commencer par vous faire à manger et vous trouver une chambre. Ensuite vous nous donnerez un premier coup de main. Au fait, moi c'est Laren... »

Mungo suivit Laren dans la maison qu'il partageait avec sa femme et ses trois gosses : deux petits de trois et cinq ans et un bébé de quelques semaines. Bien reçu par la famille, le mécanicien prit place à la table de la cuisine. Ça sentait bon dans la pièce, des odeurs de cire d'abeille et de savon noir. Dans une assiette en bois, la dame lui servit du poisson d'eau douce avec des légumes. Tandis qu'il mangeait, il expliqua que l'entreprise dans laquelle il travaillait avait fermé et qu'il n'avait pas retrouvé d'emploi sur place.

« Histoire classique, commenta Laren. C'est partout pareil, maintenant. Ça nous est arrivé, à nous aussi, dit-il en désignant son épouse. Tous les deux fichus dehors il y a quatre ans déjà. Communication pour elle, finance pour moi. On gagnait bien notre vie, pourtant. On avait des diplômes et de l'expérience, on se croyait à l'abri. Et puis voilà ! Tout à coup, on a tout perdu, et tout le monde qui vous tourne le dos comme si vous étiez devenu contagieux. On a préféré quitter Montréal. On a entendu parler de ce projet de hameau autosuffisant et on est venus s'installer ici. Maintenant, on vit de ce qu'on produit et on ne doit plus rien à personne. Si nos parents nous voyaient ! Eux qui ne juraient que par le Formica, la voiture et la télé ! »

Mungo acquiesça. « Mine de rien, vous êtes sûrement plus heureux qu'eux, débarrassés de tout un tas de trucs inutiles...

— Sûr ! » approuva Laren d'un air satisfait.

On montra sa chambre à Mungo et on le laissa faire sa toilette.

« Comment je peux me rendre utile, maintenant ? demanda le mécano quand il réapparut. Il faut peut-être jeter un coup d'œil au système hydraulique ?

— Bonne idée. Je t'emmène ! »

Laren fit traverser le village à son nouvel ami. Chaque fois qu'ils croisaient quelqu'un, c'était un petit salut, un sourire et un brin de conversation. Laren présenta Mungo et annonça son arrivée dans la communauté. Tout le monde lui souhaita la bienvenue et on lui promit de lui construire bientôt une maison pour son usage personnel. *C'est pas mal ici*, se dit le mécano. *Un peu comme chez les Amish mais sans les bondieuseries obligatoires...* Pourtant, Mungo ne se laissa pas attendrir. Derrière les écuries, Laren ouvrit un enclos où ronronnaient des pompes puisant directement dans une rivière au débit puissant. La tuyauterie plongeait ensuite sous terre pour distribuer l'eau courante dans chacun des bâtiments.

« Je crois que tout fonctionne correctement, mais si tu vois des points à améliorer, n'hésite surtout pas à faire des suggestions. Tu t'y connais ?

— Assez bien », murmura perfidement Mungo en collant déjà ses paumes grises sur la machinerie.

*

*   *

Avant de partir au travail, Mme Kuan avait laissé ses coupons de nourriture mensuels sur la table de la cuisine. Avec eux, sa fille aînée pourrait faire le gros des courses du mois, tandis qu'elle-même irait, comme chaque jour, prendre son poste de chambrière dans cet hôtel de luxe de Winnipeg où elle travaillait depuis dix ans. À l'instar de huit millions de Canadiens et plus de soixante millions d'Américains, Mme Kuan avait droit à ces bons gouvernementaux qui faisaient beaucoup pour améliorer son ordinaire. Elle avait beau ne jamais refuser les heures supplémentaires, son salaire – maigre mais non misérable – ne lui suffisait plus depuis que les prix des denrées de première nécessité s'étaient mis à grimper follement sous l'effet des spéculations boursières.

Quittant le petit appartement de banlieue qu'elle occupait avec ses deux enfants adolescents, elle fit son trajet habituel en métro jusqu'à ce beau quartier où résidaient privilégiés et étrangers fortunés. Elle n'était pas à l'aise. Serrant sa médaille porte-bonheur gravée des symboles taoïstes de chance et de santé, elle espérait de tout cœur que sa journée se déroule sans incident. Ses deux vacations précédentes avaient compté parmi les pires de toute son expérience professionnelle, et la simple perspective de croiser de nouveau les clients de la suite 1711 lui tordait l'estomac. Quand elle eut vérifié que ceux-ci étaient bien inscrits sur le registre de présence affiché dans le vestiaire des femmes de chambre, elle songea à se faire porter pâle. Malheureusement, sa situation n'était pas si brillante qu'elle puisse se permettre de se passer de quelques jours de salaire.

Résignée, Mme Kuan ajusta donc sa coiffe blanche sur sa chevelure lisse, serra son tablier et entama sa tournée. Elle nettoya trois appartements à fond avant de se présenter devant la 1711, qui était une des plus belles suites de toute la ville. Devant la plaque de cuivre vissée à la porte d'acajou, l'employée sonna. Personne ne répondit. Soulagée, elle glissa sa carte de service dans la serrure et entra. L'espace était plongé dans la pénombre. Mme Kuan cherchait l'interrupteur à tâtons quand une main se plaqua sur sa bouche. Elle écarquilla les yeux tandis que son cœur se mettait à pomper le sang à gros débit. Elle sentit son dos se coller au large torse d'un homme. Une odeur fétide de sueur et de saleté lui monta au visage et lui fit tourner la tête. On la poussa à l'intérieur du salon puis on la jeta au sol et on la bâillonna. Son ravisseur n'était pas seul. D'autres inconnus étaient entrés dans la suite avec lui. Ils laissèrent la chambrière, poignets et chevilles liés, sur le sol pendant qu'ils fouillaient l'endroit. Mme Kuan voyait bien les intrus maintenant. Au nombre de sept, ils ressemblaient à ces sans-abri que l'on voyait désormais partout en ville. Frissonnante, elle reconnut parmi eux le clochard aux cheveux rares qui stationnait souvent près de l'entrée de service de l'hôtel et auquel elle donnait parfois un dollar ou deux quand ses moyens le lui permettaient. Depuis combien de temps connaissait-elle cet homme ? Plusieurs années sûrement. Il s'était toujours montré poli avec elle. Que faisait-il avec cette bande ? Quand il s'approcha et ôta le bâillon de sa bouche, elle le supplia de l'épargner, mais il lui posa doucement un doigt sur les lèvres et essaya de la rassurer.

« On vous veut pas de mal, madame. Pardon d'avoir été un peu violent avec vous, mais c'est pas après vous qu'on en a. On vous attache seulement pour que vous nous fassiez pas d'ennuis. D'accord ? »

Au milieu de ses sanglots, Mme Kuan fit signe qu'elle comprenait. « Pas d'ennuis, répéta-t-elle.

— Bien. Vous savez quand les occupants de la chambre vont revenir ? »

L'employée secoua la tête pour signifier son ignorance. Passant sa paume sur son crâne pelé, l'homme paraissait soucieux. Sur le dos de sa main, un petit serpent en tronçons était tatoué.

« Vous les avez vus avant aujourd'hui ? voulut-il savoir.

— Hier et le jour d'avant, balbutia l'Asiatique. Deux journées horribles. Des gens fous. Du bruit toute la nuit. Les autres clients se sont plaints mais la dame a payé beaucoup. Le monsieur traite tout le monde mal. Il a brûlé les meubles et les tapis, je ne sais pas pourquoi. Il y a encore des odeurs de feu, ici... Sentez ! »

L'homme n'eut pas à solliciter beaucoup ses narines pour repérer des relents de brûlé qui flottaient dans les pièces. Jetant un coup d'œil sur une console désignée par Mme Kuan, il vit que le plateau en était carbonisé.

« On va vous mettre à l'abri, assura le clochard. Je remets le bâillon pour être sûr que vous n'appellerez pas à l'aide, mais dès que nous aurons fini ici, nous vous libérerons, c'est promis... »

La voix était douce et rassurante. Malgré sa peur, Mme Kuan crut ce qu'il lui disait. Elle se laissa docilement transporter dans la grande penderie de la chambre principale. Dans la solitude et l'angoisse, elle attendit…

C'était le silence et l'obscurité à présent, dans la suite. Cela dura longtemps. Incapable de mesurer l'écoulement du temps, le cerveau affolé de la femme de chambre se concentrait sur les promesses de libération que lui avait faites le sans-abri. C'était la seule pensée à laquelle s'accrocher. L'unique espoir. Puis elle reconnut le *clic* caractéristique du pêne électrique de l'entrée. Quelques secondes passèrent, dans le silence, et tout alla très vite. Il y eut d'abord le cri désespéré d'une femme et le bruit d'un corps qui chutait. Il y eut ensuite un ronflement sourd, une basse terrible faisant vibrer les murs. Une lumière aveuglante comme un soleil filtra sous la porte du placard. Un hurlement. Des voix d'hommes, cette fois, poussant des vagissements de damnés et des suppliques à fendre l'âme. Quelque chose de lourd tomba contre la porte derrière laquelle se trouvait la femme de chambre, quelque chose qui sentait la chair brûlée et la graisse rissolante. Se tordant désespérément, la chambrière essaya de rompre ses liens, mais ils étaient bien trop serrés. Elle voulut appeler au secours. Son bâillon l'en empêcha. Une fumée noire filtra jusqu'à elle, puis des flammes… La robe longue qui pendait près de son visage s'embrasa. Des escarbilles tombèrent sur ses cheveux, ses yeux et sa poitrine. Elle ne pouvait plus respirer. Le feu était partout à présent. Il léchait les montants de la penderie, ronflait sur le sol… Les sprinklers activés n'y faisaient rien. Triomphant, brutal, l'incendie carbonisa tout l'étage.

Quand les pompiers pénétrèrent dans la suite 1711, ils découvrirent neuf corps réduits à l'état de moignons poudreux, aussi légers que de la pierre ponce. Sur celui qu'ils trouvèrent recroquevillé à l'emplacement d'un ancien dressing, un minuscule éclat de métal brillait encore. Encastrée dans les chairs consumées, c'était une rondelle de ferraille inexplicablement préservée, un de ces porte-bonheur que les Asiatiques aiment à porter sur eux. Mais sur ses faces, les symboles taoïstes de chance et de santé avaient disparu, dissous par la chaleur...

*

* *

Dog Creek. C'était un des endroits nommément désignés par Jaffary le médium. Un lieu-dit tourmenté et perdu dans les immensités de la forêt canadienne, à l'articulation de la Colombie-Britannique et de l'Alberta. Depuis deux jours qu'il battait les combes et les halliers, le capitaine Harper en connaissait la topographie par cœur. Les bois, vierges de tout sentier ; les affleurements de roche sous les sapinières ; le torrent engoncé dans sa balafre de schiste ; les coulées des bêtes à travers les buissons... Chasseur depuis toujours, l'officier était un familier de la nature. Mais il avait eu beau chercher, scruter les signes, il n'avait rien relevé qui puisse lui fournir une piste. Rien, sur ces quelques acres carrés, n'était susceptible de relancer la mission personnelle qu'il s'était assignée. De cet échec il ne tirait aucune conclusion mettant en doute les dons médiumniques de Jaffary. Mais il s'était écoulé bien du temps depuis l'holocauste du haut des falaises et des jours de pluie incessante avaient effacé toute trace. Les piétinements d'animaux avaient malaxé la boue et le vent avait dispersé les possibles indices. Le vieux de l'île de la Reine-Charlotte avait beau être en contact direct avec les sphères subtiles de l'univers, le concret demeurait une force contre laquelle il était difficile de rivaliser. Bien sûr, Harper avait consulté l'intranet de la police montée pour vérifier qu'aucun incident n'avait été répertorié dans la zone. La mention de Dog Creek n'apparaissait dans aucun fichier récent. Soit il ne s'était effectivement rien passé dans le secteur, soit les services secrets avaient déjà fait le black-out sur l'événement.

À bord de sa jeep, Harper passait pour la dixième fois à petite vitesse sur le tronçon de route traversant Dog Creek quand il aperçut un piéton marchant dans sa direction. Comme les pèlerins d'autrefois, le chemineur tenait un haut bâton dans sa main. Harper s'arrêta. L'observant, il admira l'assurance de l'inconnu : il marchait décidé, fier et droit, battant de ses grandes jambes les fougères de l'accotement. Abandonnant sa Cherokee, le *mounty* se porta à sa rencontre. Grand et mince, l'homme le dépassait d'une tête ou presque. Son visage allongé était étrange, les proportions en étaient comme faussées, presque contre nature... Il fallut qu'Harper parvienne à distance de parole pour comprendre ce qui le gênait. Portant ses cheveux clairs rasés très haut sur le front, l'homme avait souligné le contour de ses tempes, de ses yeux et de ses mâchoires à l'aide d'un trait de glaise rouge, ce qui accentuait le modelé de son faciès. Taillé en fourche comme la langue d'un serpent et pareillement teinté de terre, un bouc mince achevait de lui donner l'apparence d'un personnage hors du temps. Malgré cette excentricité, une grande douceur se dégageait de sa physionomie, une quiétude naturelle que ressentit aussitôt le capitaine.

« Sacré temps humide, pas vrai ? dit Harper afin d'engager la conversation. J'ai du café bien chaud dans ma thermos. Ça vous tente ?

— Invitation bienvenue... », répondit l'autre sans paraître surpris.

Ils se retrouvèrent ainsi, comme s'ils s'étaient toujours connus, appuyés côte à côte contre la voiture, un gobelet à la main, à contempler les arbres. En dépit de leurs différences, une immédiate connivence était née entre les deux hommes, une entente spontanée qui les dispensa de chercher longtemps leurs mots.

« Trou perdu, hein ? commença Harper.

— Peut-être... Mais c'est toujours dans ce genre d'endroit qu'il se passe des choses intéressantes. Imprévues...

— C'est vrai. C'est justement ce que je cherche, moi : l'imprévu.

— Et vous l'avez trouvé ?

— Pas encore. Je désespère... À moins, peut-être, que vous ne m'aidiez.

— Qu'est-ce qui vous a conduit dans le coin ? »

Harper eut un petit rire qui fit déborder une vaguelette de café de son gobelet en plastique. « Si je vous le disais...

— Dites-le-moi.

— Un paysan avec un pendule m'a envoyé ici. C'est à cause d'un voyant que je suis là. Et vous ?

— Moi, c'est à cause d'un livre.

— Quel livre ? Un classique ? »

L'homme rit à son tour. « Un futur classique, peut-être... Ce n'est pas un gros tirage. Il m'en reste un tout dernier exemplaire. Ça vous intéresse ?

— Je ne suis pas un grand lecteur mais vous m'intriguez. Je veux bien y jeter un coup d'œil, à votre bouquin. »

Harper prit l'ouvrage. C'était un vieux volume mal présenté, aux feuilles de mauvaise qualité, fines et craquantes. « Plutôt épais, constata-t-il. Et pas bien beau. Même pas de titre ?

— Non. Pas de titre.

— Qui est l'auteur ?

— Ça n'a pas d'importance. Lisez un passage au hasard… »

Le capitaine tourna rapidement les pages et s'arrêta où bon lui semblait. Il lut à haute voix :

Scamall est l'univers et celui-ci n'a pas été créé. Il est éternel. Sans commencement ni fin. Son ordre naît de son chaos. Sa beauté de ses laideurs. Les hommes en son sein n'y sont rien. Leur foule suivra celui qui est entré en Scamall et en lequel Scamall est entrée. Il en naîtra de grands bouleversements pour les nations. Mort et renaissance. Régression et renouveau. Mais, cachés, ils seront neuf. En eux sera la force de fécondation. Trouvés, traqués et sacrifiés, de neuf ils seront un qui scellera sous ses pas le destin du traître du ruisseau du chien…

« Jolie poésie, jugea Harper, mais je n'y comprends rien. Qu'est-ce que ça signifie ?

— Qui sait vraiment ? répliqua l'autre. Vous ne trouvez pas étrange que vous ayez précisément lu le passage où le nom de cet endroit est mentionné ?

— Dog Creek ? Le ruisseau du chien ? Oui. C'est une sacrée coïncidence, admit le capitaine.

— C'est parce qu'il s'est passé quelque chose d'important ici, poursuivit l'inconnu. La marque en imprègne le val et a influencé votre lecture. C'était un acte formidable d'orgueil et de volonté.

— Qui l'a commis ?

— Peut-être trouverez-vous la réponse dans un autre paragraphe. Je vous laisse ce livre. Moi, il faut que je reparte...

— Où allez-vous ? demanda le *mounty* alors que le pèlerin empoignait son bâton de marche et commençait à s'éloigner.

— Au sud ! Et c'est aussi là-bas que vous devriez vous rendre !

— Et de qui me vient le conseil ? voulut savoir Harper en forçant la voix.

— Kincaid ! C'est Kincaid qui vous le dit ! »

*

* *

Quatre années et un mois. Mille quatre cent quatre-vingt-onze jours. Seamus Todd avait habité Skid Row tout ce temps, jusqu'au moment où il en avait eu assez. Et il en avait eu assez parce qu'*habiter* n'était pas le terme approprié pour décrire sa situation. *Survivre* aurait mieux convenu. Personne n'*habitait* plus Skid Row, Los Angeles, depuis bien longtemps. Impossible de fonder une famille normale ici. Impossible de travailler ni de sortir le soir avec des amis pour boire un verre, d'emmener les enfants au parc ou d'aller au concert... Avec ces dizaines de milliers de sans-abri installés partout dans les rues, Skid Row était la grande favela de la côte Ouest. Avec ses tentes, ses baraques de tôle et ses cabanes en bois, c'était Rio de Janeiro sur océan Pacifique.

Nul ne se souvenait de la manière dont ce quartier tranquille avait commencé sa transformation.

Il devait bien y avoir mention des premières modifications consignées dans les archives de la ville, mais qui, de nos jours, avait suffisamment de temps à perdre pour aller fouiller dans de vieux papiers afin d'étudier les variations sociologiques d'un coin pareil ? Seamus Todd se fichait éperdument de connaître la manière dont un secteur pouvait changer de caractère. Sous l'effet de la spéculation immobilière, de la crise économique ou pour quelque autre raison que ce soit ; à ses yeux, ça n'avait pas d'importance. Il était arrivé ici alors que la mue avait déjà eu lieu. Jeté à la rue après une perte d'emploi et un divorce, il avait quitté son petit coin perdu d'Idaho natal pour aller chercher un peu de chaleur en Californie. C'était ça, sa motivation première, à Seamus : s'installer dans un endroit où sa carcasse de quadragénaire serait à l'abri du froid puisqu'il en était réduit à coucher dehors. But prosaïque, mais quand on n'a plus assez d'argent pour se payer des vêtements corrects, vivre au soleil est une nécessité vitale. C'est en chemin qu'il avait entendu parler de Skid Row. Des gars comme lui connaissaient l'endroit et lui en avaient parlé comme d'un paradis où les marginaux étaient désormais tellement nombreux que la municipalité avait renoncé à les en déloger. Décidant d'abandonner la zone plutôt que de créer des émeutes, le maire avait affirmé qu'il préférait sacrifier tout un quartier que de voir l'ensemble de la ville gangrenée par la présence de *homeless*. On disait qu'à New York, du côté de Central Park, la même chose se produisait.

Pourtant, se trouver un territoire et se faire accepter n'avait pas été aussi facile que Seamus se l'était imaginé. Certes, personne ne lui avait jamais réclamé de loyer pour le petit carré de béton qu'il s'était attribué derrière un immeuble en construction et jamais achevé, mais la solidarité entre nécessiteux n'avait pas été à la hauteur de ses espérances. Lui qui avait connu la relative convivialité des petites villes de province s'était heurté au nombre, à l'anonymat, à l'individualisme forcené régnant dans les grandes cités. Avoir de l'argent ou pas ne changeait rien à ces tares humaines-là. À Skid Row aussi il y avait des opportunistes et des profiteurs. On avait même essayé de le réduire en esclavage, lui, Seamus ! Un caïd de la Marabunta Salvatrucha était apparu dans son secteur. C'était un Salvadorien de dix-sept ans à la tête d'une bande de fous furieux constamment sous Captagon et haschish, le mélange des jihadistes du pays de Cham. Multipliant les assassinats, il avait enlevé le territoire de Skid Row au vieux clan C14 local et s'était mis en tête d'exploiter la décharge du coin comme un filon minier. Il faisait travailler plein de pauvres, les obligeant à fouiller dans les monceaux d'ordures toute la sainte journée dans l'espoir d'y dénicher un bout de tuyau en cuivre, un vieux portable, des réfrigérateurs, et tout ce qui pouvait être désossé et revendu à des ferrailleurs. Des femmes, des enfants même étaient réquisitionnés pour ce boulot par ces sales types. Ils avaient voulu pousser Seamus à se mettre, lui aussi, au triage des ordures. Il avait refusé. Ils l'avaient bousculé et même frappé… Il y était allé contraint et forcé, mais n'avait pas tenu deux jours dans ces conditions. Il s'était sauvé dès qu'il l'avait pu, et tant pis pour Skid Row.

Il était parti vers l'est, cette fois, et son aventure n'avait pas été banale. Parce qu'il s'était déplacé une vertèbre à soulever de la ferraille dans le dépotoir, il avait dû voler une mule dans un pré afin que l'animal porte son barda. Les épaules dégagées, tenant la bestiole par la bride, il avait quitté la Californie de la même manière que, un siècle et demi plus tôt, les chercheurs d'or y étaient arrivés. Comme eux, il était pauvre. Comme eux, il espérait sortir de sa condition en changeant de territoire. Sa terre promise à lui, c'était désormais un endroit du Nevada dont il avait entendu parler depuis longtemps et qui l'intriguait : le Burning Man Festival. Des années durant, l'événement s'était tenu près de la Black Rock Mountain, mais le site s'était déplacé cent cinquante miles plus au sud à la suite du changement de nature de la manifestation. Car ce qui n'avait été longtemps qu'un simple Woodstock saisonnier et bon enfant, version début de XXIe siècle, s'était transformé en une base de repli permanente pour ceux qu'écœuraient les valeurs de la modernité marchande.

Évoluant au milieu des tentes, des caravanes, des camping-cars et même des chariots hippomobiles, des milliers de marginaux, plus nombreux chaque jour, représentaient là-bas toutes les tribus de l'Amérique underground. Il y avait des altermondialistes et des anarchistes ; des écologistes radicaux ; des sécessionnistes, des racialistes et des libertariens ; des punks, des skins et des néo-hippies ; des survivalistes et des adeptes de la théorie du complot… Il y avait aussi – et leurs rangs n'étaient pas les plus clairsemés – des clandestins sud-américains et des milliers d'anonymes dont le seul tort était d'avoir eu la naïveté de croire en l'honnêteté des banques. Ces populations ne partageaient ni les mêmes intérêts ni les mêmes rêves. Certaines nourrissaient pour d'autres une aversion qui aurait pu les mener à l'affrontement direct. Malgré la promiscuité, les difficultés de ravitaillement et les détestations – c'était le miracle du lieu –, une paix parfaite régnait sur ce campement qui occupait, sur un immense terrain sableux et plat, un espace plus vaste que celui nécessaire à dix légions romaines. Au cordeau, à l'abaque et au fil à plomb, on en avait tracé les limites à la manière antique, sans GPS ni télémétrie. Vue du ciel, la figure était un cercle d'un mile et demi de diamètre, divisé en trente-six segments et percé plein nord d'une unique avenue permettant d'accéder à son centre.

Là, sur un terre-plein parfaitement dégagé, s'élevait le Burning Man. C'était une sculpture gigantesque, un titan en construction depuis le premier jour de la fondation du camp. Chacun devait apporter un objet personnel pour participer à son édification. C'était à cette seule condition que l'on pouvait se voir attribuer une place dans le périmètre. Agglomérat de matériaux et de reliques les plus divers, le golem présentait la forme d'un personnage assis, un androgyne vêtu d'une longue robe s'évasant à ses pieds. Pour ceux qui en avaient la référence, la figure évoquait l'ange contemplatif et morose de la *Melancholia* du graveur Albrecht Dürer. D'autres, un peu moins cultivés, voyaient en elle des similitudes avec l'œuvre de Bartholdi personnifiant la Liberté éclairant le monde depuis la baie de New York : même toge ou presque, même visage aux angles marqués, même couronne étrange ceignant son front. Mais, pour la plupart des gens ici, cette sculpture n'était qu'un immense amas de rebuts dont la forme spectaculaire ne devait son apparence qu'à l'inspiration des artistes en charge de sa réalisation.

Le jour de son arrivée, Seamus avait été frappé par l'immensité de la statue. « Combien fait-elle de hauteur ? avait-il demandé.

— Un peu plus de cent cinquante pieds, lui avait-on répondu. Deux fois et demie la taille des colosses d'Abu Simbel. »

Seamus avait poussé un sifflement admiratif comme s'il appréciait en connaisseur la valeur de la comparaison. « On peut visiter ? »

On pouvait. L'effigie était même faite pour ça. Creuse, large comme un auditorium de faculté, elle était largement capable d'abriter deux ou trois cents personnes à sa base. Seamus s'était allongé à l'aplomb de sa tête. Sur les échafaudages internes, des équipes vérifiaient l'équilibre de la structure et ajoutaient des débris pour la compléter. La calotte crânienne n'était pas encore posée à cette époque. Seamus était resté étendu là jusqu'à ce que l'obscurité tombe. On pouvait voir les étoiles à travers les premiers éléments de la couronne. Des millions d'astres composant la Voie lactée... Un spectacle que Seamus n'avait jamais si intensément observé dans son Idaho natal et jamais, au grand jamais, aperçu au cours de ses mille quatre cent quatre-vingt-onze nuits passées dans le bidonville de Skid Row.

« Qu'arrivera-t-il quand la statue sera terminée ? avait-il voulu savoir.

— Ça s'appelle comment ici ? avait rétorqué le jeune type assis près de lui.

— Burning Man... L'homme en feu...

— Je crois que tu as ta réponse ! »

Satisfait, Seamus avait pris le joint qu'on lui tendait et s'était endormi là, en paix, sans que son sommeil soit troublé par les angoisses qui le minaient lorsqu'il végétait à Skid Row.

Les journées suivantes avaient été bonnes elles aussi. Burning Man était assurément à la hauteur de sa réputation. Malgré les différences, on y vivait bien. Seamus s'était installé avec sa mule quelque part dans le segment 35. Comme tous les autres participants, il avait deux heures de travail d'intérêt collectif obligatoire et pouvait ensuite passer le reste de sa journée comme il l'entendait. Vu que son animal amusait les enfants, il était préposé à la garderie et faisait faire des tours aux gosses sur sa mule. C'était le meilleur emploi dont il ait pu rêver. Deux heures par jour à faire plaisir aux petits, vraiment, c'était une bénédiction. Le reste du temps, il traînait à droite à gauche, discutait avec tout le monde, reluquait les filles qui se baladaient à moitié nues dans le camp ou rêvassait tranquillement en regardant la sculpture géante prendre forme un peu plus chaque jour. De nouveaux arrivants s'installaient constamment. Le trente-cinquième segment du cercle acheva de se remplir et l'on assigna les premières places du trente-sixième...

C'était une chose curieuse de voir ce cirque immense, si densément peuplé qu'il devrait bientôt afficher complet. Que se passerait-il quand la dernière place serait attribuée ? Allait-on délimiter un second anneau ? Ou bien allait-on enfin incendier la statue ? Et pour faire quoi, ensuite ? Comme les catholiques s'inquiètent des événements qui se dérouleront lorsque sera occupé l'ultime caveau des papes dans la crypte de la basilique Saint-Pierre de Rome, les gens du Burning Man avaient tous en tête une sourde question : *et après ?* Mais quand Seamus vit arriver au camp un bus *long nose* noir peinturluré de fresques annonçant l'Apocalypse, il sut d'instinct que le voile obscurcissant l'avenir était enfin sur le point de se déchirer.

XI

Course éperdue à travers champs, sueur et poussière… Dépassant toute fatigue, sur des miles, Raphaël Banes suivit le chien de Finn loin de la ville et loin des routes. Les jambes battues par les buissons d'amarantes roulés par le vent et les poumons emplis de l'air sec de l'Utah, le professeur avançait aussi vite qu'il pouvait, concentré sur son souffle et la régularité de ses foulées. Dans la lumière rasante du crépuscule, son ombre longue et grêle qui s'étendait derrière lui marquait son sillage. Sautant un drain d'irrigation, le chien Marcel pénétra dans une friche de vieux épis qu'on avait laissés mourir sur pied. Brassant les tiges cassantes, Banes se fraya à son tour un passage dans la masse végétale. Le dernier rideau de plants écarté, il déboucha à trois cents yards d'une ferme basse dont les formes se découpaient à contre-jour.

Langue pendante, le bâtard était à l'arrêt. S'agenouillant à son côté, Banes s'accorda un instant pour reprendre son souffle. Flattant l'animal, il scruta les alentours, se demandant où Finn et Leland pouvaient bien se trouver. Marcel semblait hésiter. Humant, il agitait la tête en tous sens, cherchant une piste. Inquiet, il jappa soudain plaintivement avant de bondir vers une grange, un peu à l'écart des autres bâtiments. Raphaël hésita à s'engager sur ce long plateau où rien ne pouvait le dissimuler aux regards. Personne, pourtant, ne semblait évoluer alentour. L'unique son perceptible était celui de la brise du soir soulevant de fines volutes de poussière et la seule lumière, celle du soleil couchant.

Banes franchit aussi rapidement qu'il le put la distance le séparant de la remise dans laquelle le chien s'était engouffré. Il faisait sombre à l'intérieur. Encombré d'épaves de machines agricoles, de vieux sacs d'engrais éventrés et d'outils rouillés, c'était un dépotoir dans lequel il était difficile de se déplacer sans s'accrocher à un bout de fil de fer ou une tôle coupante. En vain, Banes chercha un interrupteur. Il se dirigea à tâtons vers le fond de la grange, là où de ses griffes Marcel grattait le bois frénétiquement. Gémissant, le pauvre animal poussait des plaintes à fendre l'âme. Raphaël le vit enfin, dressé sur ses pattes, derrière une pile de caisses, collé à une masse sombre plaquée contre une cloison.

Le cerveau de Banes eut du mal à accepter ce que ses yeux lui montraient : dans les dernières lueurs du jour filtrées par les planches mal jointes des murs, Finn était là, la tête sur la poitrine, les membres écartés, crucifié tel saint André, quatre longs clous de charpente perçant ses chevilles et ses poignets. Sur le coup, instinct et décision effacèrent en lui toute incertitude et toute impuissance. Banes fouilla frénétiquement l'endroit à la recherche d'outils qui pourraient l'aider à secourir son ami. Saisissant une pince, il tira de toutes ses forces sur les tiges de métal qui clouaient l'Irlandais. Désespéré, le chien tournait autour de lui en couinant d'impatience.

avait déniché pour Milton n'avait pas été rédigé par Kincaid mais par son homologue, le meneur de ceux que les *Sheltas* nommaient *Fomoroï*, les enfants de *Scamall* ? Et si Milton était devenu, lui aussi, un adepte de ces gens mauvais, de ces assassins ? Banes secoua la tête. Il était en train de raisonner comme si les divagations de Finn et Leland étaient fondées... Comme si le livre qu'il tenait entre les mains était autre chose que le fruit du délire collectif d'une poignée de marginaux. Non ! Il fallait revenir à la raison. Que des pauvres gens oublient leur misère en s'inventant des causes imaginaires, jusqu'à une guerre qu'ils menaient entre eux, n'avait rien d'impossible. À bien y réfléchir, une implacable logique présidait même à tout cela. Banes l'avait vécu dans sa chair : l'isolement, les épreuves, l'impossibilité d'agir en acteur sur le monde, tout cela faisait rapidement poindre de terribles ressentiments contre une société indifférente. Beaucoup cherchaient des dérivatifs dans la drogue ou l'alcool. D'autres, peut-être, plongeaient inconsciemment dans une sorte de jeu de rôle grandeur nature pour se donner un but, des raisons d'exister et d'espérer. Probablement l'état d'errance et de dénuement activait-il des zones cervicales engendrant hallucinations et délires... Il y avait sûrement une piste neurologique à suivre afin d'expliquer les comportements dont Banes avait été le témoin. Le professeur regretta de ne pas avoir accordé plus d'attention aux thèses de Milton. Son étudiant avait eu raison de s'intéresser à ces sujets. Le champ d'étude était passionnant et Raphaël se promit d'en faire sa nouvelle spécialité sitôt qu'il aurait retrouvé sa vie normale. En attendant, il fallait prévenir les autorités. Il n'était pas question de passer sous silence les crimes commis au Caveau et dans la ferme. Revenir en ville, c'était ce qu'il fallait faire...

Ajoutant les affaires de Finn aux siennes, Banes glissa le grand couteau dans sa ceinture et quitta la maison. Marcel l'attendait devant la porte. Quand le chien lui emboîta le pas, Raphaël n'eut pas le cœur de le chasser. Il avait presque atteint le champ de maïs quand un ultime remords le prit. Retournant jusqu'aux tombes, il traça à la craie sur les pierres le symbole ophidien des *Sheltas*, le serpent en pleine mue, la créature aux mille vies.

Retrouver une route ne fut pas aisé mais Banes, enfin, foula à nouveau de l'asphalte. Derrière un léger voile de brume de chaleur, la ville était là, à quatre miles seulement. Un panneau indicateur l'annonçait. Banes avait l'habitude de marcher désormais. Cette distance ne l'effrayait pas. Longtemps, on n'entendit que les griffes de Marcel cliqueter à côté de lui, sur le bitume. Puis un son rauque monta derrière l'homme et le chien. Un bruit de moteur. Indifférent, Banes ne se retourna pas. Le véhicule les dépassa à toute vitesse mais freina brusquement dans la poussière pour s'arrêter à un jet de pierre. C'était un camion de l'armée, un M35 décommissionné et transformé en transport civil. À l'arrière, sur son plateau à ridelles, une poignée d'hommes fixaient Banes. Marcel lâcha un aboiement unique, bref, qui sonnait comme un avertissement pas tant aux inconnus qu'à Raphaël lui-même.

« Viens ! lui crièrent les types dans le camion. Allez, grimpe ! »

Banes s'avança doucement. La tête de ces gars ne lui revenait pas. C'étaient des *hobboes*, eux aussi, des miséreux réunis en bande et qui le prenaient pour l'un des leurs.

« C'est bon, leur dit-il. Merci de vous être arrêtés, mais je continue comme ça…

— Non, tu viens, lui dit un homme aux épais cheveux blancs. On a besoin de monde. Plus on sera, mieux ce sera. Allez, grimpe. »

Banes n'était pas de taille à lutter. Il préféra gagner du temps en acceptant de se joindre à eux. Sitôt qu'il fut installé, on tapa contre la cabine et l'engin repartit.

« T'es d'où ? lui demanda Cheveux Blancs.

— Tucson », répondit instinctivement Banes, sans même comprendre pourquoi il mentait. Peut-être sentait-il qu'un clochard originaire d'Ithaca n'était pas très crédible. « Où allez-vous ? » voulut-il savoir à son tour.

Les autres se mirent à rire. « Où on va ? Burning Man, mec ! C'est là que ça va commencer, il paraît. T'es pas au courant ?

— Non. Qu'est-ce qui va commencer ?

— La révolution ! La putain de révolution ! Le début de la revanche pour les gens comme nous. On raconte qu'on va avoir un chef, là-bas. Tout le monde y va. Tu peux pas manquer ça. Ce sera historique. Historique ! »

Pour faire bonne figure, Banes prit la bière chaude qu'on lui tendait. Les types du camion ne lui plaisaient pas. Aucun d'entre eux. Ils avaient beau ressembler par leur allure aux marcheurs en compagnie desquels il avait quitté New York, l'impression qui se dégageait de leur groupe était bien différente. Raphaël sentait chez eux l'agressivité et l'envie d'en découdre. Leurs mains, leurs bras et parfois jusqu'à leur cou et leur visage s'ornaient de tatouages sinistres. Banes vit avec détresse s'éloigner la petite ville dans laquelle il comptait prévenir les autorités. Comme une dernière ironie, le camion passa devant la gare routière où, la veille, il avait failli embarquer pour son grand voyage de retour à la normalité. Occasion perdue ! Rien à faire pour effacer ce choix-là… La tête de Marcel posée sur ses genoux, Raphaël se laissa emmener sans avoir le courage de demander à descendre.

Ils filèrent direction plein nord. Après une seconde agglomération, ils chargèrent trois autres types, et même un quatrième puis un cinquième un peu plus loin. Les *hobboes* semblaient maintenant surgir de partout, tels des chiens de prairie soudain tirés d'hibernation par un printemps précoce. Le dernier embarqué était un petit jeune au visage mince, bizarrement profilé, en forme d'étrave de navire. Heureux d'avoir été cueilli par ceux qu'il appelait ses *frères*, il avait une nouvelle à annoncer.

« Vous savez ce qui s'est passé pas loin ? »

Les autres firent signe que non.

« Padden ! enchaîna le gamin. Le grand Padden est dans le coin ! »

L'annonce provoqua l'enthousiasme.

« Padden ? reprit Cheveux Blancs. T'es sûr ?

— Officiel ! confirma l'Étrave. Lui et son groupe, ils ont buté plusieurs *Sheltas*. Certains se planquaient dans une grotte dans les montagnes, et puis deux autres encore tout près d'ici. Mais c'est pas le meilleur. Ils ont surtout mis la main sur une fille. Ils pensent que c'est une *Cachée* !

— Whoooo ! hulula Cheveux Blancs comme un coyote excité. *Cryptoï !* Si c'est vrai, c'est bon pour nous, tout ça ! Il paraît qu'il y en a un autre, un gamin, qui s'est fait tuer par une sœur il y a pas dix jours au Nouveau Mexique…

— Comment tu sais ça ?

— Rumeurs…

— Ça veut dire qu'on est presque au bout ! Il en resterait combien, des *Cryptoï* ? »

Cheveux Blancs compta sur ses doigts puis lâcha : « Sur neuf, plus que trois à ce que je sais. Mais si Padden en détient vraiment une, ça ferait deux seulement.

— Que deux ? exulta le jeune homme. C'est foutu pour les autres, alors ! Ils vont l'avoir dans l'os, les *Sheltas* ! Y aura personne pour les sauver !

— Sûr qu'il y aura personne, confirma l'autre. Non. Personne… »

Les bras croisés sur la poitrine et le menton baissé, Banes faisait semblant de dormir, mais il n'avait rien perdu de la conversation. Toutes ses craintes étaient désormais confirmées. Plus besoin de se fier à ses impressions pour avoir peur : le hasard l'avait bel et bien fait monter dans un camion rempli de *Fomoroï !* Se faire discret et jouer le jeu de l'assentiment, c'était tout ce qui lui restait à faire pour l'instant. Tandis qu'il essayait de maîtriser les battements fous de son cœur, l'image du serpent lui vint en aide. Il se concentra sur l'impénétrabilité de l'animal, sa froideur, sa capacité à se couler inaperçu parmi ses ennemis. Tel un crotale inopinément tombé dans une plaine grouillant de serpentaires, il se tassa dans son coin et attendit.

À une heure de la tombée de la nuit, un groupe d'une vingtaine de motards se plaça dans le sillage du camion. Aux signes échangés, Banes comprit que les types étaient eux aussi des enfants de *Scamall,* la Nuée mauvaise. Comme des dauphins accompagnant un cargo, ils escortèrent un moment le camion en faisant vrombir leur moteur et en hurlant comme des Apaches sur le sentier de la guerre. Cousus sur leurs blousons, des crânes blancs sur fond noir, des squelettes et des visages démoniaques rappelaient les oriflammes macabres qui étaient brandies par les compagnies de reîtres ravageant l'Europe de l'âge baroque. Lorsque, dans le jour finissant, le gros M35 quitta soudain la grand-route pour couper à travers champs, les motos ne suivirent pas, préférant filer à pleine vitesse vers un rendez-vous inconnu. Soulevant un nuage de poussière, le camion où se trouvait Raphaël ballotta ses occupants comme une nacelle de fête foraine tandis qu'il passait un terrain gondolé, fait d'une succession de buttes et de crevasses.

Banes caressait le chien, autant pour rassurer l'animal que pour se réconforter lui-même. À l'horizon, des lueurs naquirent dans l'obscurité. Ils se dirigèrent vers elles. Enfin ils s'arrêtèrent à côté d'une dizaine de véhicules garés. Autour de feux de camp, des gens étaient là, à boire, se bousculer et crier plus fort que des étudiants pendant leur *Spring Break*. Cheveux Blancs autorisa la descente générale.

« C'est ça, Burning Man ? demanda Banes.

— Bien sûr que non, idiot. Ici, c'est seulement un relais sur le chemin. Burning Man, on y sera pas avant trois jours... Allez, saute ! »

Comme les autres, Banes quitta le camion et se retrouva à déambuler parmi les groupes, Marcel frôlant constamment ses jambes comme pour se protéger du vacarme ambiant. Le bivouac rassemblait bien plus de personnes que ne pouvaient en transporter les véhicules. Il y avait toutes sortes de gens ici et beaucoup, de toute évidence, avaient voyagé à pied pour atteindre ce lieu de rencontre. De tous âges, de toutes races et de toutes conditions. Le vrai melting-pot américain... Sauf que, au lieu d'une mosaïque harmonieuse et tolérante telle que l'avaient rêvée les théoriciens de la société ouverte, ce mélange donnait lieu à un précipité sulfureux où la violence affleurait. On riait, certes, et on s'appelait *frères*, mais on se toisait aussi et l'on ne cherchait qu'un prétexte pour montrer sa force. Certaines bagarres avaient pour motif l'honneur ou les femmes, mais des types ivres ou drogués n'avaient même pas besoin de ces prétextes pour se provoquer et rouler dans la poussière. Banes chercha un coin discret pour s'installer. Son intention était d'attendre le cœur de la nuit afin de quitter le rassemblement aussi furtivement que possible. Ensuite, il lui faudrait encore marcher jusqu'à une ville en priant pour ne pas avoir la malchance de croiser de nouveau des enfants de *Scamall*. Comme il était assis loin d'un feu, le froid du désert commençait à l'étreindre quand une silhouette s'approcha de lui. C'était le jeune homme au visage en étrave de navire.

« Qu'est-ce que tu fais là tout seul, mec ? » interrogea-t-il en tendant généreusement à Raphaël un morceau de viande grillée.

Celui-ci le remercia et répondit évasivement en se demandant ce qui lui valait cette curieuse propension à attirer la sympathie des clochards.

« Viens près du feu, tu vas finir par geler ici... »

Banes se leva et se mêla à la foule. L'Étrave essaya de lier conversation mais Banes, tout en prenant garde à ne pas le vexer, joua au taciturne pour décourager les velléités de conversation du jeune homme. La manœuvre semblait en bonne voie lorsqu'un mouvement parcourut la foule telle une onde. Les cris se firent plus forts et des sifflements s'élevèrent, comme lorsque le public pressent l'apparition imminente sur scène d'une rock star. Quelque chose allait se passer… Le ronflement d'une nuée de moteurs gronda par-dessus les clameurs, couvrant tout autre bruit. Des phares puissants balayèrent l'assemblée. Escorté par les motards qui revenaient, un étrange véhicule s'arrêta au centre du camp. Banes crut tout d'abord qu'il s'agissait d'un fourgon de transport de fonds, mais quand il lut l'inscription peinte sur la tôle du camion, il n'eut plus aucun doute : *ADX Florence*, une prison de haute sécurité surnommée l'« Alcatraz des Rocheuses », un centre pénitencier géant, le seul de son espèce avec ses jumeaux de Rikers Island, sur la côte, à l'est, et San Quentin, à l'ouest. Et sûrement pire encore, puisque le gouvernement n'y internait pas seulement les meurtriers en série et les chefs de gang de tout le Midwest, mais aussi les condamnés fédéraux pour faits de terrorisme.

Le vantail arrière s'ouvrit et huit hommes en combinaison orange surgirent de la navette cellulaire sous les hurlements de joie de la foule. Levant les mains en signe de triomphe, ils exultaient. Des femmes s'accrochèrent à leur cou et les embrassèrent à pleine bouche.

« C'est qui, ces types ? demanda Banes à l'Étrave.

— Des *frères* ! se contenta de répondre celui-ci. Des surprises comme ça, il va en pleuvoir maintenant ! Et c'est que le début ! Partout dans le pays, on va libérer ceux qui sont derrière des murs ! Et il n'y aura plus jamais de prisons ni d'asiles ! Ce sera grand, mec ! Ce sera grand ! »

Sifflant dans ses doigts, le jeune homme trépignait, heureux de l'anarchie promise par la dispersion dans la nature des deux millions et demi de détenus et du million d'aliénés emmurés dans les centres de détention psychiatrique américains. Banes n'eut pas le temps d'imaginer ce que deviendrait le pays si tous les sociopathes recouvraient subitement la liberté, car trois nouvelles silhouettes venaient d'apparaître. Ballottés, secoués, insultés, souillés par les crachats, les gardes pénitentiaires furent hissés sur le toit du fourgon cellulaire. Les mains attachées dans le dos et une chaîne autour du cou, tenus comme des animaux en laisse, ils ne pouvaient se débattre et savaient déjà quel sort leur était réservé. Le cœur de Banes se souleva. Autour de lui, la foule se mit à scander : « Padden ! Padden ! »

Un colosse monta sur le fourgon, si lourd qu'il faisait vibrer la tôle blindée sous ses pieds, si puissant que Banes n'en avait jamais vu de semblable que sur les écrans de cinéma ou les rings des matchs de catch. Il dominait tous les autres d'une tête et on aurait pu le croire capable de démembrer un homme à mains nues. Éclairé par les feux de camp et les phares des motos, Padden s'approcha des malheureux fonctionnaires de l'administration pénitentiaire. Sans pitié ni jugement, il leur brisa la nuque tour à tour. Leurs vertèbres craquèrent et leurs corps retombèrent comme des poupées de son. Banes frissonna d'horreur. Il avait l'impression de se trouver au cœur de l'enfer, non parmi ses semblables, mais au pays des démons et des goules.

Fier de son œuvre de bourreau, Padden ne quitta pas le toit du camion. Faisant signe à des comparses, il agrippa une forme qu'on lui tendait, une jeune fille ligotée, petite et gracile, qu'il prit contre lui. Présentant sa captive, tel un roi barbare à son peuple, il hurla : « *Cryptoï* ! » L'hystérie collective ne connut alors plus de bornes. On glapit contre la malheureuse toutes les horreurs qu'une masse animée par des appétits de destruction pouvait cracher. Le sang de Banes se figea. Il ne pouvait croire que l'adolescente allait être exécutée elle aussi. Quelle folie, quelle noirceur abyssale pouvaient pousser la foule à s'en prendre ainsi à cette jeune fille ? Padden jucha sa prisonnière sur son épaule afin qu'on la voie mieux. Elle ressemblait à présent à une jeune enfant transportée par son père. Loin encore de ses vingt ans, elle était adulte pourtant. Banes l'observa : blonde et blanche, belle de visage et d'apparence, étrangement vêtue de ce costume sage qu'arborent les lycéennes des *high schools* de bonnes familles, blazer, chemisier et cravate, jupe plissée, chaussettes hautes et mocassins. En dépit des liens qui l'enserraient, malgré les injures et jusqu'aux appels au meurtre dont elle était l'objet, elle demeurait droite et fière et soutenait les regards. Son calme et sa froideur étaient un défi à ses ravisseurs. La reprenant dans ses bras, Padden cria :

« Fiancée d'Okhlos !

— Okhlos ! Okhlos ! » reprirent les autres en tapant des pieds et des mains.

La foule était de nouveau agitée de vagues. On sautait autour de Banes, on dansait. Le nom d'Okhlos provoquait des transes… Il y eut une bousculade à laquelle Raphaël voulut échapper, et il s'éloigna du camion. Quand il se retourna, ni Padden ni la fille n'étaient plus visibles.

« Qu'est-ce qui va lui arriver, à cette gosse ? demanda-t-il à l'Étrave.

— C'est une des dernières *Cryptoï*. Padden veut la donner à Okhlos pour qu'il la saigne lui-même, cette garce. Ce sera beau à voir, pas vrai ?

— Beau à voir », assura Banes, effrayé des mots horribles qu'il avait dû prononcer pour ne pas se trahir.

Au cœur de la nuit, Raphaël parvint enfin à se séparer de son poisson-pilote. L'esprit embrumé par l'herbe qu'il avait trouvée, l'Étrave voguait dans les paradis artificiels. Personne ne prêtait plus attention au professeur. C'était l'instant de partir... Banes aurait pu s'enfuir, mais sa conscience l'en empêcha. La gamine était vouée à la mort s'il n'intervenait pas. C'était elle que Finn lui avait fait promettre de sauver à n'importe quel prix. Mais comment ? En plein désert, seul contre deux ou trois cents excités, ses chances étaient nulles...

Toute la nuit, il resta à surveiller le camp, rôdant discrètement entre les corps endormis, cherchant comment libérer l'adolescente. La gamine était à présent gardée dans le fourgon de l'*ADX Florence*. Six ou sept types la surveillaient, armés. Ce n'était pas avec Marcel comme unique allié qu'il allait pouvoir tenter quelque chose... Le chien était toujours à ses côtés et semblait l'avoir définitivement adopté comme nouveau maître. Raphaël pensa que l'animal, peut-être mieux que lui, savait comment agir. Malheureusement, il ne pouvait lire dans ses pensées... *Les Sheltas*, songea-t-il à la fin, *il faut les prévenir !* Quant à la manière d'entrer en contact avec les compagnons de Finn et Leland, il n'en avait aucune idée.

Le jour se leva sans que Banes ait pu définir une ligne d'action. Quand tout le monde reprit la route, il retrouva sa place dans le M35, avec Cheveux Blancs et l'Étrave. On avançait désormais en convoi.Il y avait à présent une quinzaine de voitures, camions et camionnettes, sans oublier les motos qui formaient la garde rapprochée du fourgon cellulaire où Padden en personne voyageait avec sa prisonnière. Comme les miles défilaient, de nouvelles unités s'agrégeaient à la troupe.

« Et ceux qui sont à pied ? demanda Banes. Ceux qu'on a laissés derrière nous dans la plaine… Comment ils vont faire pour arriver jusqu'à Okhlos ?

— T'inquiète pas pour eux, *frère,* répondit Cheveux Blancs. Il y en aura d'autres que nous pour les ramasser ! Tout le monde s'est mis en route, maintenant. Et si personne les embarque, ils se débrouilleront toujours pour prendre ce dont ils ont besoin. L'époque où on avait peur de se servir est terminée. L'Amérique, dans pas longtemps, ce sera libre-service pour nous ! »

Une fois encore, Banes dut participer à la joie collective que ces propos venaient de susciter. Ils roulèrent toute la journée vers le nord-ouest, par des routes de montagne de plus en plus étroites et tortueuses. Au grand désespoir de Raphaël, les paysages étaient déserts et dénués d'agglomérations. Quand ce fut le moment de la halte du soir, ils se retrouvèrent sur un plateau nu, une immense dalle rocheuse presque aussi lisse que du marbre. Comme la veille, d'autres caravanes étaient déjà là, formant un campement bien plus étendu que le précédent. Un énorme camion de transport d'animaux était garé à l'écart. Les vaches et les veaux qu'il contenait constituaient une formidable réserve de nourriture. On fit sortir deux bêtes grasses, on leur tira une balle dans le front et on les équarrit sur place. Les hommes qui s'appliquaient à la tâche connaissaient leur affaire. Ils avaient sûrement travaillé autrefois dans des abattoirs, avant que la misère ne les pousse à prêter foi au mystérieux Okhlos. Malgré son dégoût, Banes mangea comme les autres les abats grillés qu'on lui servit.

N'appartenant à aucune bande, si taciturne qu'il avait même fini par épuiser l'intérêt que lui portait l'Étrave, il n'avait droit qu'aux derniers morceaux de la distribution.

Le groupe s'était spontanément organisé selon les codes ancestraux des tribus et des clans. Les individus les plus forts, les plus aptes, les plus capables, avaient droit de préséance sur les rations et les femmes. Les huit anciens détenus faisaient partie de cette aristocratie nouvelle, désormais reconnaissable au port d'un brassard de tissu noir. Pour contester l'autorité ou même la légitimité d'un de ces hommes, il fallait, Banes le comprit, le défier en combat singulier. N'importe qui en avait le pouvoir. Mais toute prétention à bousculer la hiérarchie était un pari sans retour. Plusieurs téméraires l'avaient déjà payé de leur vie dans les cercles de duel où tous les coups étaient permis. Raphaël imagina un instant se dresser face à Padden pour lui disputer le commandement général de la caravane, mais c'était une idée folle. Face au colosse, le poids léger qu'il était n'avait aucune chance – autant avancer face à une mitrailleuse, abrité derrière un parapluie, en espérant parer les balles…

L'homme à qui l'on avait confié la conduite du fourgon de Florence portait lui aussi un brassard noir. C'était un des évadés en combinaison orange, mais c'était un type à la carrure ordinaire, non un géant capable de rompre une nuque d'une seule pression du poing. Banes se mit à le suivre. Il ne connaissait pas la signification des tatouages visibles sur son cou, mais aurait-il vu son dos et son torse couverts de svastikas qu'il aurait compris à quelle engeance l'homme appartenait. *Aryan Nations*… Les suprémacistes blancs. Des hommes violents qui n'avaient pas peur de la mort. Se confronter à lui était pourtant l'unique solution pour sauver la petite. Encore était-ce s'engager dans un quitte ou double d'où il ne sortirait pas indemne, quoi qu'il arrive. Le choix était maintenant posé : ou Raphaël s'inclinait devant sa lâcheté native et se lavait les mains du sort de la jeune fille, ou bien il transcendait sa peur et tentait le tout pour le tout, au risque de périr... Mais que vaut la vie si l'on n'y fait pas preuve de courage ? L'adrénaline envahit Banes, dont le cerveau se mit à bouillonner comme un chaudron. Comme sous l'effet d'un coupe-circuit dans une installation en surchauffe, sa pensée rationnelle se désactiva. Siège des instincts, le paléo-cortex prit seul le contrôle de ses actions. Raphaël se défit de son sac à dos et s'approcha de l'Aryen. Assis près d'un feu, celui-ci entamait son deuxième morceau de viande.

« Donne-moi ta part, grogna Banes en jetant sur l'autre son propre bout de viscères.

— Viens la chercher ! » beugla l'Aryen en bondissant tel un ressort sur son agresseur.

Banes évita de justesse le premier assaut et se mit en garde comme à la parade, tandis qu'un anneau de spectateurs se formait autour des pugilistes. C'était la première fois de sa vie que le professeur se battait vraiment et le peu qu'il savait du combat se résumait aux scènes aperçues dans les films à grand spectacle. Non, c'était faux, il avait une autre expérience de l'affrontement d'homme à homme. Une expérience véritable ! Il avait assommé Jacobus Friedkin au beau milieu du salon d'honneur de l'université Cornell. Et Friedkin n'était pas un petit gabarit ! Pas une bête de guerre, comme Padden, ni un détenu retors, mais un type de six pieds quatre pouces et deux cent soixante livres tout de même. Il avait fait mal au Vénérable, il l'avait fait saigner ! Il lui avait fait payer le fait d'avoir profité du désarroi de Farah pour la mettre dans son lit, de l'avoir touchée, de l'avoir embrassée... Les images qui se bousculaient dans l'esprit de Raphaël se substituèrent à la réalité. Banes ne voyait plus l'homme en combinaison orange devant lui, ni l'Aryen, il voyait Friedkin et son corps gras étendu sur celui de Farah, ses lèvres lippues posées sur sa peau soyeuse et ses mains énormes pétrissant son corps mince... Une haine aveugle s'empara de Raphaël. Il s'élança droit devant sans craindre les coups qu'il allait recevoir, mais seulement concentré sur ceux qu'il allait donner... Friedkin devait crever ! Crever ! Crever !

Agrippant la veste orange, Banes bascula sur son adversaire et roula au sol avec lui. Compensant son manque de technique par une rage qui le rendait redoutable, il pilonna la face du taulard autant qu'il put. Mais l'autre avait de l'endurance et de l'expérience. Souple comme une anguille, il se dégagea rapidement et parvint à se remettre debout. Soufflant, bavant, les adversaires se firent face de nouveau. La peau sur les phalanges de Banes était écorchée. Les pommettes et le front de l'autre saignaient. Le feu sacré du combat n'était pas éteint chez Raphaël. Il repartit à l'attaque, mais son ennemi ne se laissa plus surprendre. Un crochet cueillit le professeur au menton. Jamais il n'avait encaissé un tel choc. Pas même lorsqu'il avait reçu sa correction dans le dortoir de l'Armée du Salut... Il perdit l'équilibre. Chutant sur le dos, il vit l'évadé se jeter sur lui comme un fauve sur une proie blessée, et ce fut son tour de subir un terrible bombardement de coups directs. Il essaya de se protéger mais ses bras levés ne formaient qu'un mur de défense dérisoire. Réduit à la passivité, il perdit presque conscience… Triomphant, l'ex-détenu se releva. Acclamé, il entama un tour de piste tel un gladiateur victorieux. C'était le chaos dans l'esprit de Raphaël, une confusion si grande que la douleur elle-même n'était qu'une part dérisoire du maelström d'émotions qui l'envahissait. S'il se résignait, il allait mourir et la fille avec lui. C'était impossible ! Pas encore ! Il lui restait un peu de force. Il fallait lutter. Lutter jusqu'au bout !

Les yeux de Banes se posèrent sur Marcel. Entre les jambes des spectateurs, le chien de Finn aboyait désespérément. *Shelta !* pensa Raphaël. *Je suis un Shelta* ! Le sang lui noyant la bouche et ruisselant sur son visage, il se releva. Contraint de revenir au contact, l'Aryen soupira. Il tira un couteau de sa ceinture pour achever l'imbécile qui s'était cru assez fort pour le défier et, plongeant sur Raphaël, porta une estocade au ventre. Mais au lieu de fendre muscles et nerfs, sa lame heurta un objet dur, si dense que sa pointe se cassa net. Usant de sa musette comme d'un bouclier, Banes venait de parer le coup à l'aide des tablettes d'argile sur lesquelles les *Histoires* d'Hérodote étaient gravées ! Décontenancé, le prisonnier eut un instant d'indécision. C'était le tournant du combat. Raphaël arracha l'agrafe de la sacoche et la lança de toutes ses forces au visage de son adversaire. Le nez brisé, l'Aryen lâcha son couteau. S'abattant sur lui, Banes le fit de nouveau tomber puis, sans lui laisser le temps de réagir, il s'assit sur sa poitrine et martela de son sac le front de l'évadé. À l'intérieur de la sacoche, les tablettes étroitement serrées formaient un lest terrible. Frappant et frappant encore, Raphaël défonça les tempes de son ennemi. Les os craquèrent et des débris de matière cervicale se mêlèrent aux rigoles de sang s'écoulant de son crâne éclaté. Le cadavre tressaillit une ultime fois avant de se figer. C'était fini, Banes avait gagné son brassard noir...

Pantelant, il détacha l'étoffe et la noua autour de son biceps devant un parterre enthousiasmé par le retournement de situation et la victoire de cet inconnu auquel personne ou presque n'avait jusque-là prêté attention.

« Je le savais que t'étais un bon, mec ! Je l'ai senti depuis le début ! » Lui tendant la main pour l'aider à se relever, l'Étrave exultait. « J'ai parié tout de suite sur toi ! Regarde un peu le fric que je me suis fait en même pas trois minutes ! »

Fleurissant comme un bouquet dans son poing, une masse de billets verts débordaient de ses doigts. D'autorité, Banes en arracha une bonne moitié et la fourra dans sa poche sous le regard médusé de l'autre.

« Grâce à moi ! dit-il en le fixant dans les yeux.

— Sûr, mec ! Sûr... », acquiesça l'Étrave.

Banes ramassa son sac et fouilla le corps de l'Aryen. Il avait désormais le droit de le dépouiller et de jouir de ses privilèges. Du moins jusqu'à ce qu'un envieux le défie et le terrasse à son tour... Enfin, il trouva ce pour quoi il avait mis sa vie en jeu : les clefs du fourgon cellulaire !

Cheveux Blancs fendit la foule pour venir le féliciter à son tour. « Faut toujours se méfier des taiseux, dit-il. Bravo, Tucson ! Belle bagarre ! »

Cheveux Blancs lui tendit une bouteille à laquelle Banes but avidement. On lui apporta une ration de viande digne de son nouveau rang et les deux filles que l'Aryen s'était appropriées vinrent l'embrasser et soigner ses plaies. L'excitation créée par le combat retomba. Marcel à ses côtés, Banes prit place près d'un feu pour attendre l'aube. Dans le silence des heures profondes de la nuit, il ne dormit pas. Ce qu'il avait accompli en tuant l'Aryen le remplissait de fierté autant que de dégoût. L'honorable professeur Raphaël Banes était un assassin désormais, et rien, jamais, ne pourrait effacer cela… Mais c'était aussi un survivant. Un homme faible, un *abonné* très bien domestiqué qui avait pourtant trouvé en lui assez de ressources et d'orgueil pour affronter face à face un *Fomoroï,* une crapule incarnant la lie de l'espèce humaine. Il y avait une véritable source de contentement en cela ! Peut-être lui-même n'était-il pas écossais, gallois ou irlandais, mais il avait définitivement rejoint ce soir la confrérie des *Sheltas,* les poètes vagabonds fils du serpent aux mille vies !

Amusé, Raphaël repensa à ce que lui avait dit la Russe Gabriela en conclusion de leur entretien : « Chercher le Scribe peut être plus dangereux qu'on ne croit ! » Dangereuse, oui, la route l'avait été. Elle avait mené le professeur bien plus loin qu'il n'aurait pu l'imaginer. Elle l'avait jeté au plus profond du désespoir, l'avait contraint à regarder en face ses faiblesses et ses lâchetés, mais elle lui avait surtout permis de s'endurcir et de s'affirmer. Cela n'avait pas de prix. Et le voyage était loin d'être achevé !

Obtenir les clefs du fourgon pénitentiaire ne résolvait que la première partie de son problème, car il fallait à présent trouver un moyen de tirer la jeune fille des griffes de la horde. Banes savait qu'il ne pouvait compter sur les performances du véhicule. Lourd et lent, le camion ne rivalisait avec aucune voiture en vitesse pure. Quant à distancer des motos… Raphaël passa en revue ses possibilités. Elles n'étaient pas nombreuses et toutes se concentraient autour d'une boîte oblongue dans laquelle dormaient deux bâtons d'explosif… Se gardant des regards indiscrets, il consulta l'article de *Popular Mechanics* expliquant le mode d'emploi de la dynamite. Il fallait introduire une amorce à l'extrémité d'un détonateur, puis insérer celui-ci dans la cartouche, une manœuvre simplissime. Fébrilement, Banes coupa deux courtes mèches, fixa celles-ci sur les embouts puis, les bâtons cachés sous sa veste, se dirigea vers le fourgon. Il n'y avait plus longtemps avant l'aube. Déjà, la lumière rosissait les premiers nuages à l'orient. Banes enjamba des dormeurs pour s'approcher du véhicule. Trois gardiens, dépourvus de méfiance et fatigués par leur veille, étaient postés près du camion. Apercevant le brassard noir de Raphaël, ils ne bougèrent pas. « Nouveau chauffeur ! leur lança le professeur en faisant tinter les clefs. Je vérifie l'engin… »

Il monta dans la partie cellulaire. La gosse était là, assise par terre derrière un grillage. Enchaînée comme une bête, et seule… Elle lui lança un drôle de regard. « Quoi ? » demanda-t-elle. Banes ne répondit pas. Il aurait pu lui apprendre qu'il était là pour la sauver, mais il ne voulait pas lui donner de faux espoirs. Il referma la porte et monta dans la cabine de conduite. Langue pendante, yeux brillants, Marcel sauta sur la place passager. « Ce serait prudent d'attacher ta ceinture, le chien, parce que ça va secouer ! lui lança Banes pour se donner du courage. On y va ! »

Raphaël posa son briquet et les deux mesures d'explosif sur le tableau de bord face à lui. Tremblant, il essuya ses paumes moites sur ses cuisses et alluma une première charge. Crépitante, la mèche commença à se consumer. Dans une longue inspiration, Banes tourna la clef de contact et débraya. La mécanique, sollicitée à froid, hoqueta mais démarra. Le moteur monta tout de suite en puissance. Lâchant les gaz, Raphaël oublia qu'il était un des pires conducteurs d'Amérique. Concentré, il manœuvra de manière à longer le gros camion transportant les animaux, garé cent yards plus loin. Devant lui, des silhouettes paniquées se levaient précipitamment pour s'écarter tandis que, dans son rétroviseur, il voyait des types affolés se mettre à courir après lui. Une première balle glissa sur le blindage. Banes ne s'en soucia pas. Baissant la vitre, il jeta la dynamite sur l'arrière de la bétaillère. La mèche était presque consumée. Raphaël passa la vitesse supérieure et appuya à fond sur la pédale d'accélération. La cartouche détona. Soulevé par le souffle, le camion des abattoirs se tordit et ses ridelles crevèrent. Les animaux qui n'étaient pas morts sur le coup s'échappèrent de la carcasse fumante en meuglant, piétinant tout sur leur passage et ajoutant à la confusion générale. Un sourire étira les lèvres de Banes. L'évasion s'annonçait bien mais la partie n'était pas encore gagnée. Ils allaient se lancer à sa poursuite, il le savait, et dans la course-poursuite qui se préparait les motos constituaient le principal danger. Braquant son volant, il se mit dans l'axe des Harley, des Triumph et des Ducati rangées côte à côte comme sur un stand d'exposition. Fonçant sur elles, il les percuta de plein fouet, roulant sans se préoccuper des faisceaux d'étincelles qui jaillissaient tout autour de lui comme des feux de Bengale. Éperonnant les belles machines, le lourd camion de l'Alcatraz des Rocheuses ne laissa derrière lui que des épaves au réservoir crevé et aux fourches tordues.

Banes quitta alors le périmètre du campement et fila droit à travers le désert. Un demi-mile d'avance et un dernier bâton de dynamite, c'était tout ce qui lui restait pour tenter de s'en sortir... Il ignorait où il allait. Éteignant ses phares et ses feux de position, il espérait profiter des derniers instants d'obscurité pour disparaître comme un fantôme. Les yeux écarquillés, il conduisait dans un état second. Sa jambe pesant sur l'accélérateur était plus raide qu'une planche de chêne. Ses paupières ne cillaient plus et son cœur cognait comme un tambour. Jetant un coup d'œil dans le rétroviseur, il jura. Trois paires de phares jaunes se rapprochaient déjà de lui. Sa puissance maximale atteinte, il n'avait plus de réserve pour distancer ses poursuivants. Avec angoisse, il les vit gagner rapidement du terrain. Alors Banes alluma sa dernière mèche et lança la cartouche au jugé. Le bâton rebondit sur le sol et explosa au moment où la première voiture parvenait à sa hauteur. Soulevé de terre, le véhicule roula en tonneaux dans un effroyable bruit de tôle froissée. Sa dernière vrille le fit percuter de plein fouet une jeep qui tentait de le dépasser. Explosant dans une gerbe jaune, les deux carlingues se fondirent en une boule de feu. Banes grogna de satisfaction. Marcel jappait lui aussi pour exprimer son contentement quand une balle passa par la vitre ouverte et s'encastra dans le plafond de la cabine avec un bruit mat. La dernière voiture était presque au niveau du fourgon désormais. Brandissant un pistolet et tirant frénétiquement, Cheveux Blancs menait l'attaque. Entre deux détonations, Banes l'entendit hurler des injures et des malédictions. Au risque d'offrir un meilleur angle de tir au *Fomoroï*, Raphaël choisit de laisser venir ses poursuivants. Il se tassa sur son siège, évita un autre projectile qui étoila son pare-brise puis, lorsqu'une nouvelle rafale martela la carrosserie, il donna un brusque coup de volant qui percuta le tout-terrain. Le choc fut terrible mais, à ce jeu, le camion de l'*ADX Florence* était imbattable. Le moteur défoncé, le 4 × 4 resta cloué sur place, tel un gros scarabée sous l'épingle d'un collectionneur d'insectes.

C'était fini. Plus personne ne pouvait le rattraper ! Exultant, Raphaël cria, hurla, tapa comme un fou sur le volant. En sueur, en pleurs, il était heureux ! Sur son siège, remuant frénétiquement la queue, le chien était aussi joyeux que lui.

Banes conduisit longtemps dans la poussière jusqu'à trouver enfin une route. Prenant vers le nord, il roula jusqu'à l'approche d'une petite ville nommé Hesperus. Entrer dans une agglomération en conduisant un fourgon pénitentiaire criblé de balles était une très mauvaise idée. Dès les premières maisons, il s'engagea dans un sentier entre deux rangées d'arbres et coupa le moteur. Pour sa mystérieuse passagère, c'était enfin l'heure de la libération. Banes pénétra dans la cellule où elle était enfermée et trancha ses liens. Elle affichait toujours cet air de défi qui la rendait si touchante.

« Vous allez bien, mademoiselle ?

— J'suis ok.

— Comment vous appelez-vous ?

— J'aime pas trop mon vrai prénom. Alors appelez-moi Wen, je préfère.

— Wendy ?

— Non ! Wen tout court. Cherchez pas à comprendre... »

Autoritaire et cassante, Wen ne semblait guère reconnaissante.

« Vous vous rendez compte que je viens de vous sauver la vie ? fit remarquer Raphaël.

— Ben oui ! J'en ai jamais douté. Je pensais d'ailleurs que vous viendriez plus tôt. Vous avez pris votre temps, dites donc ! »

Banes n'en croyait pas ses oreilles. Non seulement l'adolescente ne lui manifestait nulle reconnaissance, mais elle lui reprochait encore la lenteur avec laquelle il s'était porté à son secours.

« Au fait, vous êtes qui, vous ? interrogea la fille en frottant ses poignets endoloris. Corey ?

— Non, je ne suis pas Corey. Désolé de vous décevoir...

— Vous êtes Banes alors ? »

Raphaël resta interdit. « Vous connaissez mon nom ?

— Faut croire.

— Comment est-ce possible ?

— Je sais des choses, c'est tout. Mais on en parlera plus tard. Maintenant, vaudrait mieux qu'on reste pas ici.

— Qui est Corey ? insista Raphaël.

— Ben, c'est personne puisque c'est vous qui vous êtes pointé et pas lui. Allez, venez ! »

La gamine n'avait pas l'air marquée par les événements. Elle semblait au contraire les prendre avec le plus grand naturel et agir comme si elle maîtrisait la situation. Fouillant le camion, elle exprima son dépit quand elle constata qu'il n'y avait pas d'armes.

« Mince, dit-elle, ils ont tout pris au râtelier. J'aurais bien aimé avoir un flingue !

— Il faut qu'on se parle, mademoiselle, dit Banes.

— Oui, oui, c'est sûr. Mais bon, faut trouver un coin où se poser d'abord. Et puis manger ! J'ai faim, moi ! Il est à vous, le chien ? Il est trop mignon ! »

Caressé aussi vigoureusement que si Wen lui faisait un shampooing, le bâtard ne savait si on se moquait de lui ou s'il avait réellement trouvé une admiratrice.

« Il s'appelle comment ?

— Marcel.

— Bizarre comme nom. C'est cajun ?

— Je ne sais pas. Peut-être. Allez, venez ! Vous avez raison : c'est dangereux de rester ici. »

Évitant de longer la route principale, le trio arriva en ville en coupant par les prairies environnantes. Ils entrèrent dans le premier drugstore pour s'y ravitailler en boissons et paquets de gâteaux. Marcel eut droit à un plein sac de croquettes. De l'autre côté de la rue, le *Star & Stripes* pendant mollement à sa façade, le bureau du shérif local semblait fournir un voisinage protecteur. Banes et la jeune fille s'assirent sur un banc, non loin de la station de police. Mâchonnant sans conviction, Raphaël se demandait comment entamer la conversation.

« Quel âge avez-vous ? demanda-t-il banalement.

— Dix-sept.

— Où habitez-vous ?

— Sausalito. C'est juste au nord de San Francisco.

— Vous savez pourquoi on vous a enlevée ?

— J'ai ma petite idée, répondit la fille en plongeant une paille dans sa canette de Coca Zero.

— Vous pouvez me dire ?

— C'est parce que je suis supposée tuer ou aider à tuer un type. Okhlos… C'est une prophétie qui dit ça. Comme un truc religieux. Voyez le genre ?

— Je crois que oui. Cette prophétie, elle vient de ce livre ? »

De son sac, Raphaël tira l'exemplaire du *Virga Vagos* découvert dans les affaires de Finn.

« Possible… Jamais lu ce bouquin-là, dit Wen en y jetant à peine un coup d'œil. C'est juste ce qu'on m'a dit et ce que je sais comme ça.

— Comment, *comme ça* ?

— D'instinct. Vous y croyez, vous, à l'instinct ?

— Très vaguement jusqu'à il y a peu, mais peut-être un peu plus aujourd'hui. Comment êtes-vous supposée le tuer, cet Okhlos ?

— Mystère. Moi-même j'en sais rien… On verra en temps et en heure. Vous ne finissez pas vos cookies ? Je peux les avoir ? J'ai une de ces faims… »

Raphaël tendit son sachet à Wen. « C'est aussi d'instinct que vous connaissez mon nom ?

— Ah non. Ça, c'est plutôt les rêves. Notez que tout ça m'a prise il y a pas longtemps. C'est venu d'un coup, en bloc. Je suis juste une lycéenne lambda, vous savez. Bon, d'accord, j'aime bien les études, lire et tout ça. J'suis pas le genre de fille qui fait rien. Je suis sérieuse, moi. J'aime avoir des bonnes notes et faire plaisir à mes profs et à mes parents. De ce côté-là, je suis même un peu fayote, voyez ?

— Abrégez…

— Oui, euh… Donc je suis ordinaire. Enfin, juste un cran au-dessus de l'ordinaire, parce que je suis quand même nettement moins bécasse que la moyenne des filles de mon âge. Je ne dis pas ça pour me vanter mais, par exemple, je ne suis même pas sur Facebook, *capish* ? Vous avez un compte Facebook, vous ?

— Non.

— Eh bien ça, voyez, ça ne m'étonne pas ! Je pense qu'on a plein de points communs. À ce propos, c'est quoi votre couleur préférée ?

— Mademoiselle, s'il vous plaît, revenons-en au sujet, c'est important !

— Oh ! Je n'aime pas quand vous faites votre désagréable. C'est pas raccord avec ce que vous dégagez… » Raphaël fit les gros yeux. « Bon, bon… Je me remets sur les rails, ok… Donc je suis une fille presque ordinaire dans une ville pourrie ordinaire avec des parents gentils mais… » Wen cherchait un qualificatif.

« Ordinaires ? risqua Banes.

— Ben oui ! Et puis, soudain, ça change ! Je me mets à avoir des rêves bizarres. Bizarres et précis au point que je ne sais plus vraiment quand je dors et quand je suis éveillée. Je comprends des trucs qui restaient mystérieux pour moi, avant. Et je me mets à réfléchir à des sujets qui ne m'avaient jamais effleurée…

— C'est normal et ça s'appelle l'adolescence, ne put s'empêcher d'ironiser Raphaël.

— Mais non ! s'énerva la petite. Je ne vous parle pas d'envie de coucher ou ce genre de trucs dégueulasses !

— Quoi, alors ?

— Plutôt des vraies questions. Style philosophique, voyez… ou religieux. Pourquoi on est là ?

Comment l'humanité va-t-elle s'en tirer avec le passif qu'elle traîne ? Est-ce que ça vaut le coup de se battre pour des gens qu'on ne connaît pas ? Vous comprenez ?

— Un peu.

— Et puis surtout, il y a des inconnus qui viennent vers moi et qui commencent à me parler.

— Des inconnus ?

— De parfaits inconnus. Ils m'abordaient dans la rue, spontanément. Et pour de vrai. Pas dans mes rêves.

— Que vous disaient-ils ?

— Tous plus ou moins la même chose. Qu'il faut que je me prépare. Que je sois forte. Que j'ai un destin que je ne soupçonne pas. Que je suis un peu comme une sainte du Moyen Âge…

— Mais ces personnes, insista Banes, vous ne les connaissiez vraiment pas ?

— Non, je vous dis. Pourquoi je les aurais connues ? C'étaient tous des mecs bizarres, de toute façon. Plutôt des routards ou des types bas de gamme habillés dans votre genre. Pas des employés de bureau ou des médecins. Des louches, mais toujours ultra-gentils avec moi, d'ailleurs… » La fille parlait sur un ton très sérieux, mais Banes se mit à rire. « Vous vous fichez de moi ? demanda Wen.

— Pardon, mais j'ai du mal à vous imaginer en sainte médiévale.

— N'empêche que je sais un peu qui vous êtes, monsieur Banes. Un de ces types dont je vous parle m'a dit qu'il allait m'arriver un malheur. Que des gens viendraient m'enlever et qu'il était inutile que j'essaie de me cacher parce qu'ils me trouveraient où que je sois. Malgré ça, il ne fallait surtout pas que je m'inquiète vu qu'un dénommé

Corey viendrait à mon secours. Et si ce n'était pas Corey, ce serait Banes. Mais que ce soit l'un ou l'autre, il faudrait que je lui fasse confiance et que tout se passerait bien pour moi. À la fin, j'aiderais à tuer un sale mec du nom d'Okhlos. Mais ça, je vous l'ai déjà raconté. Voilà. Vous savez tout.

— Corey ou Banes, répéta pensivement Raphaël plus pour lui-même que pour la fille. Je suis une sorte de deuxième choix, en fait…

— Je ne comprends pas ce que vous dites.

— Aucune importance… Qu'est-ce qu'on fait maintenant, à votre avis ?

— La première partie de la prédiction s'est réalisée, puisqu'on m'a enlevée et que vous êtes venu me sauver. Je suppose donc que la prochaine étape consiste à ce que je tue cet Okhlos. Vous savez qui c'est, vous ?

— Non.

— Alors ?

— Alors, je crois que nous allons agir un peu plus rationnellement. Vous voyez le poste de police, là-bas ?

— J'ai des yeux !

— Je vais vous y emmener et vous confier aux officiers. Ils sauront quoi faire de vous. Ils vous ramèneront à vos parents.

— Très mauvaise idée. Si vous faites ça, je dirai que vous êtes un pervers qui a essayé de me faire des trucs. Avec votre allure, le sang sur vous, pas rasé et vos plaies partout, vous avez l'air de sortir d'une poubelle. Vous courez aux ennuis. Attaquer une mineure, ça va chercher loin !

— Ils vont vite comprendre que vous êtes une petite mythomane, répliqua Banes.

— J'espère pour vous, parce que ce sera votre parole contre la mienne, je vous préviens… » Wen tira sur son corsage pour le déchirer comme si un homme avait voulu l'agresser.

« C'est bon ! s'affola Raphaël. On va faire autrement. On oublie la solution police.

— Alors ?

— C'est moi qui vais vous ramener chez vous. Vous habitez vers San Francisco, c'est ça ? Ce n'est pas si loin. On va prendre un bus. »

Banes sortit de sa poche l'argent qu'il avait confisqué à l'Étrave. Après les courses à l'épicerie, il leur restait près de cinq cents dollars. C'était largement suffisant pour acheter deux allers simples jusqu'en Californie.

« Le bus, c'est dangereux, objecta Wen. C'est long et puis il y a de tout là-dedans. Vous avez oublié le genre de gus qui nous ont couru après ? Vous croyez vraiment que c'est prudent, les transports collectifs ?

— On m'a volé mes papiers. Je ne peux pas louer une voiture et on n'en a pas assez pour s'offrir une voiture d'occasion.

— On peut se débrouiller autrement. Vous auriez pas un canif dans votre attirail ? »

Raphaël tendit à Wen le couteau de Finn. Crevant sa canette vide, la fille découpa une longue lamelle d'aluminium dans le corps du récipient.

« Qu'est-ce que vous allez faire avec ça ? demanda le professeur.

— Vous verrez bien. Bougez pas ! Je reviens dans deux minutes. »

Avec l'assurance d'une professionnelle, la lycéenne fila droit vers un gros SUV BMW de couleur blanche garé non loin de là. Médusé, Banes la vit se glisser sous la voiture avec la souplesse d'un chat puis, au bout de quelques secondes, ressortir pour enfoncer sa tringle de métal dans le logement de la vitre de la portière. Parvenant à faire jouer la serrure, Wen entra dans la voiture, tortilla des fils sous le tableau de bord et fit démarrer le moteur en douceur, sans être gênée le moins du monde par la présence du bureau du shérif à un jet de pierre de là. Elle s'arrêta juste devant Raphaël et Marcel. « Montez ! »

Le professeur n'en était plus à un délit près. Sa vie avait basculé dans la transgression, il fallait l'accepter... Il s'assit à côté de Wen, curieux de savoir ce que le destin lui réservait désormais.

« C'est au lycée qu'on vous apprend à voler des voitures ? demanda-t-il.

— Sur Internet ! répondit-elle en réglant l'inclinaison de son siège. Y a des vidéos à la pelle pour tout un tas de choses. On peut même apprendre comment plier à angle droit un drap-housse. Vous avez déjà essayé de faire ça ? Ça peut vous rendre dingue quand vous ne connaissez pas le truc ! Heureusement, il y a des sites où on vous montre !

— Passionnant, admit Raphaël. Et vous avez votre permis de conduire, accessoirement ?

— Ben non ! Mais j'ai un peu roulé avec mon père. Pour le reste, j'ai vu comment faire sur Internet aussi... »

Quittant la ville, ils jugèrent prudent d'opérer un long détour par le sud avant de retrouver une route directe vers la côte. Le professeur ne doutait pas une seconde que les *Fomoroï* étaient à leurs trousses et il n'était pas question de retomber entre leurs mains. Ils roulèrent presque sans interruption toute la journée et ne s'arrêtèrent que pour remplir le réservoir. Banes prenant le volant, ils obliquèrent plein ouest en fin d'après-midi. Le soleil gêna Wen, qui se mit à fouiller dans la boîte à gants à la recherche de lunettes noires. Une miraculeuse paire de Ray-Ban l'y attendait.

« Qu'est-ce que vous en pensez ? demanda la fille en chaussant crânement ses Aviator.

— Joli ! la félicita le professeur. Elles vous vont bien.

— Oh ! Regardez ! » Du fond de la boîte à gants, Wen tira un objet qu'elle brandit en riant.

« Qu'est-ce que c'est ? demanda Raphaël, sceptique devant le bizarre entrelacs de cuir et de métal que lui montrait l'adolescente.

— Des menottes de sado-maso ! s'amusa-t-elle.

— Qu'est-ce que les gens font avec ça ?

— Ils s'attachent et se flanquent des fessées ! Ça leur donne des frissons !

— C'est idiot.

— Grave ! pouffa Wen en remettant les menottes en place. Il n'y a vraiment plus que des dingues dans ce pays !

— Oui », confirma Banes tristement.

Malgré son épuisement, Raphaël s'obstina à conduire jusqu'à franchir les frontières de la Californie. À neuf heures du soir, ils dépassèrent enfin le panneau indiquant leur entrée dans l'État.

« On va s'arrêter ici pour la nuit, dit-il en désignant les lumières d'un grand motel. Il faut que je dorme un peu. On sera à San Francisco en fin d'après-midi demain... » Wen ne répondit rien.

« Il est possible de manger ? » demanda Banes au jeune type préposé à l'accueil. Celui-ci désigna des distributeurs automatiques de sandwichs et de confiseries alignés contre le mur. Wen sélectionna cinq ou six paquets de *junk food* à consommer dans la chambre.

La pièce comportait deux lits. La lycéenne s'affala sur le *queen size* et attaqua aussitôt les provisions. Marcel s'installa près d'elle. Banes avait faim lui aussi, mais il ressentait surtout un impérieux besoin de propreté. Il ne s'était pas lavé depuis son entrée dans le rio de l'Utah, quand sa courte baignade s'était terminée en tirant hors de l'eau le cadavre du livreur de tablettes de Baton Rouge. Il monopolisa la salle de bains pendant une bonne demi-heure et y trouva tout ce dont il avait besoin : rasoir, mousse, lime à ongles… Le set du parfait Monsieur Propre. Banes se décrassa consciencieusement et se fit la barbe. Quand, une simple serviette autour des reins, il réapparut, Wen le siffla comme une délurée salue un Chippendale lors d'une soirée d'enterrement de vie de jeune fille. « Ce que vous êtes craquant ! » le félicita la petite. Wen minaudant sur le lit, Raphaël sentit la gêne monter.

Il n'avait pas voulu se l'avouer, mais il la trouvait vraiment jolie, cette adolescente. Fine, les traits réguliers, de grands yeux clairs, de beaux cheveux blonds et raides, coupés en dégradé, et par-dessus tout un délicieux petit air frondeur à faire se pâmer n'importe quel homme. Avec ses chaussettes hautes qui lui montaient jusqu'aux genoux, sa minijupe plissée se retroussant sur ses cuisses nues et son chemisier légèrement déchiré, c'était une parfaite pin-up de calendrier.

« Vous me faites du gringue, ou quoi ? se défendit-il. Vous êtes trop jeune pour moi, vous savez.

— Et vous trop âgé, répliqua la fille, un peu vexée. De toute façon, c'est pas bien, les histoires d'amour entre un ange gardien et son protégé. Ça finit toujours mal.

— C'est comme ça que vous me voyez ? la taquina Banes. En ange gardien ? »

Wen eut une moue d'incertitude. « Pas sûr, répliqua-t-elle. Pas sûr du tout... »

Banes se glissa dans les draps, éteignit la lumière et s'endormit rapidement. Il aurait aimé avoir la force de consulter le *Virga Vagos*, mais ses paupières se fermaient toutes seules. Dans le lit voisin, Wen et Marcel éclataient consciencieusement du pop-corn sous leurs molaires.

Vers quatre heures du matin, Raphaël se réveilla en sursaut. Il paniqua en se rendant compte qu'il était seul dans la chambre. Plus de fille, ni de chien. S'habillant en hâte, il sortit. Au-dehors, tout semblait calme. Les sens en alerte, il fit le tour des bâtiments. Derrière le pavillon principal du complexe hôtelier brillaient les lumières d'une grande piscine sous verrière. Ça clapotait là-dedans ! Il y avait des bruits d'eau et des jeux d'ombres dessinant des volutes au travers des baies... Il s'approcha. Sous le regard protecteur du bâtard, Wen se roulait dans l'eau bleue telle une nymphe dans les ressacs de la mer Tyrrhénienne. « Venez ! lui lança-t-elle dès qu'elle l'aperçut. Ne craignez rien : elle est super chaude !

— Vous croyez que c'est le moment ? gronda-t-il. Vous m'avez fichu une de ces trouilles ! Vous n'êtes pas bien de disparaître comme ça ?

— Vous n'avez pas été long à me retrouver ! Allez, venez ! Je suis sûre que vous en mourez d'envie ! »

Wen s'approcha du bord du bassin, où la profondeur était faible. Lorsqu'elle se leva, n'ayant de l'eau que jusqu'à mi-cuisses, Raphaël se détourna.

« C'est parce que la flotte fait des transparences sur mon soutif et ma culotte que vous ne voulez pas me regarder ?

— Évidemment...

— Pardon. Je peux les enlever, si vous voulez. Ce sera moins suggestif, comme ça. Plus franc ! Donc moins équivoque...

— Ne faites pas l'idiote, s'énerva Banes. Nagez un peu si ça vous amuse, mais revenez vite. Je vous attends.

— C'est pas drôle ! » cria l'adolescente tandis que le professeur, troublé par les formes de Wen, s'éloignait sans un regard.

Contrarié, il regagna la chambre. Les minutes passèrent. La jeune fille réapparut enfin, dans un peignoir trop grand pour elle, les cheveux enveloppés dans une serviette. Ses sous-vêtements mouillés dépassaient ostensiblement de sa poche.

« La séance est terminée ? lâcha Raphaël.

— Terminée, oui. Dommage que vous n'ayez pas voulu en profiter. Mais, tenez, regardez ce que j'ai ! » De derrière son dos, elle tira une bouteille au col enveloppé de papier métallisé. « Champagne !

— Où avez-vous eu ça ?

— Le gars à l'accueil. Si on sait lui demander, il a tout ce qu'on veut...

— Et vous savez demander, vous ?

— J'ai mes arguments, fit Wen en gloussant. Ouvrez-nous ce machin-là ! Moi, je ne sais pas... »

Partagé entre agacement et amusement, Banes détailla l'étiquette. Sur fond bleu, blanc et rouge, se détachaient une tour Eiffel et un Arc de triomphe dorés. Le fabricant avait une adresse à Shanghai.

« C'est pas du vrai, déclara-t-il. J'espère que vous ne vous êtes pas trop compromise pour ça parce qu'on vous a refilé de la camelote chinoise. Tiède, en plus...

— Le champagne, c'est du champagne ! protesta Wen. On s'en fiche d'où ça vient. Le mot est marqué dessus et c'est ce qui compte. Ouvrez, quoi ! »

Raphaël dégoupilla la tresse en fil de fer et contraria savamment le départ du bouchon. La libération des gaz n'émit qu'un petit *pop* feutré.

« Ben mince ! s'exclama Wen. Je croyais que vous alliez le faire sauter jusqu'au plafond et que la mousse allait gicler partout !

— C'est vulgaire, expliqua Banes. Ça ne se fait pas chez les gens bien élevés. Même avec du faux champagne asiatique.

— Vous êtes un connaisseur, jugea la fille en lui tendant deux gobelets en plastique trouvés dans la salle de bain. C'est chouette de traîner avec vous. Vous êtes vraiment raffiné, en fait. Je ne le croyais pas au début. Faut me raconter d'où vous venez, vous aussi. Mais d'abord le plus important : vous avez une petite amie ?

— Pourquoi ? Vous voulez postuler ?

— Pas forcément. C'est juste pour savoir... Alors ?

— J'avais, oui...

— C'est du passé ? Ça n'a pas marché entre vous ? Pourquoi ? »

Banes soupira en buvant une gorgée d'alcool. « À cause de moi. Parce que je suis compliqué. J'avais peur de m'engager et de lui faire des enfants.

— Normal, commenta Wen en s'approchant doucement. Les gens comme nous sont tous des compliqués. Des porte-poisse, même ! Tenez, moi, si je vous racontais…

— Je ne suis pas certain d'y tenir. Gardez votre biographie pour vous et arrêtez de me faire le coup de Lolita, s'il vous plaît. Je ne suis pas Humbert Humbert.

— Qui c'est ? Un ami à vous ?

— Non, répondit sèchement Banes en se recouchant.

— Qui c'est alors ?

— Laissez tomber.

— Flûte, je veux pas mourir idiote ! Dites-moi, quoi !

— Un personnage de roman. Un vieux dans mes âges. Un type mollasson, bêtement amoureux d'une petite perverse.

— Vous n'êtes pas mollasson, vous, vous avez tué des mecs ! Je vous ai vu vous battre par la lucarne du camion, vous savez… Et puis, vous avez lancé de la dynamite ! Il a lancé de la dynamite, Humbert Humbert ? »

Banes, bien que d'humeur morose, ne put s'empêcher de rire. « Je ne sais pas. En tout cas, il n'avait pas des colonnes entières de dingues qui lui couraient après pour l'égorger…

— Il a eu une vie tranquille, alors. Fade en somme. Pas comme nous, hein ?

— C'est un point de vue, conclut Banes. Essayez de dormir, maintenant. On repart bientôt.

— Vous avez raison, déclara Wen en se forçant pour finir son mousseux de contrebande. Il ne faudrait pas qu'on soit en retard pour demain. Mais c'est quand même dommage pour vous et moi. On aurait pu faire un sacré beau couple.

Vous êtes certain que ça ne vous tente pas ? Moi, je suis franchement pour, en fait…

— Dormez ! »

Wen poussa un soupir à fendre l'âme afin d'exprimer sa déception. Tentant une ultime manœuvre, elle jeta son peignoir sur le lit de Raphaël afin qu'il sache qu'elle était nue désormais. Mais Banes, dominant ses envies d'étreinte, sut faire preuve d'un stoïcisme parfait.

Peu après huit heures, la BMW blanche quitta le parking du motel. C'était une journée grise, maussade, et pourtant Wen semblait très excitée. Remuant sans cesse sur son siège, elle tripotait l'écran de la radio puis jouait avec les menottes trouvées dans la boîte à gants, sifflotait un air à la mode, mettait ses pieds sur le tableau de bord, faisait des grimaces dans la glace avec ses lunettes sur le nez ou relevées sur le front. On aurait dit une enfant à qui l'on a promis un après-midi au Luna Park.

« C'est parce qu'on arrive bientôt que vous êtes agitée comme ça ? questionna Banes, que ce comportement agaçait.

— Relax ! Je veux profiter de la vie, moi ! C'est court, l'existence, vous savez. Très court, même. Et pour certains plus que pour d'autres.

— Vous ne m'avez pas répondu. C'est la fin du voyage qui vous met dans cet état ?

— Oui.

— Il faut que je vous dépose où, précisément ?

— Je vous l'indiquerai quand on arrivera. Et vous ? Vous ferez quoi une fois qu'on se sera séparés ? »

Banes soupira. « Je ne sais pas. Je ne sais plus quoi penser.

— Vous ne m'avez toujours pas dit d'où vous venez.

— Ithaca. J'étais professeur de faculté. Maintenant, je crois que je ne suis plus rien...

— Moi, j'ai toujours Okhlos à tuer, vous savez. C'est quand même un projet qu'on devrait faire ensemble. On y est tous les deux destinés, vous vous rappelez ? »

Raphaël soupira de nouveau. Sans croire tout à fait lui-même aux phrases qu'il prononçait, il tenta une ultime défense : « Toute cette histoire est un malentendu, jeune fille. Rien de ce qui s'est passé n'aurait jamais dû m'arriver. Je vais essayer d'effacer tout ça comme on oublie un mauvais rêve et de reprendre ma vie d'avant. C'est tout.

— C'est dingue, les efforts que vous déployez pour vous cacher la vérité, protesta Wen. Jamais vu un borné pareil...

— Pardon de vous dire ça, mais, considérant votre âge, je doute que vous ayez jamais vu grand-chose !

— Vous seriez étonné, monsieur, répondit la fille en abaissant une fois pour toutes ses lunettes noires sur ses yeux. Je pourrais vous en raconter de belles, figurez-vous. Attention où vous allez ! Vous allez rater l'embranchement ! »

Banes donna un coup de volant sec pour prendre la bonne direction. « Vous êtes sûre qu'on va par là ?

— Certaine. »

Wen lui indiqua la route jusqu'à ce qu'apparaisse le panneau d'entrée dans le comté de San Francisco.

« Et maintenant ?

— Prenez par le nord.

— On passe le Golden Gate ?

— Sûr qu'on passe le Golden Gate ! »

Il était quatre heures de l'après-midi quand la voiture déboucha sur le pont géant. Le ciel n'était plus aussi plombé qu'en matinée. Une belle lumière vaporeuse éclairait la baie.

« C'est beau ! s'extasia Wen comme si elle découvrait le paysage.

— Vous êtes vraiment du coin, vous ? s'étonna Raphaël.

— Taisez-vous et concentrez-vous. Ça ralentit. »

Elle avait raison. La circulation n'était pas fluide et un bouchon était même en train de se former... Banes décéléra jusqu'à l'arrêt complet. Ils se trouvaient presque au milieu de l'ouvrage d'art, là où le vent souffle le plus fort. Aussi loin que portait le regard, les véhicules étaient au point mort.

« C'est normal d'être bloqué comme ça ? s'inquiéta Wen.

— Aucune idée, répondit Banes d'une voix teintée de fatalité. Je n'ai jamais beaucoup conduit de ma vie. Je n'ai pas suffisamment d'expérience. Sûrement que oui... »

Sur la file de gauche, en sens inverse, au contraire, la circulation se raréfiait, au point que les voitures finirent par ne plus passer du tout.

« Ils ont fermé la route ou quoi ? s'emporta Banes.

— Je crois que c'est autre chose, commenta Wen dans un souffle. Regardez ! »

Il y avait de l'agitation devant eux, quelque chose d'anormal était en train de se passer. Le chien le sentit et se mit à gémir. Des silhouettes s'agitaient sur la route, des conducteurs qui, descendus de leur véhicule, semblaient très énervés.

Banes voulut lui aussi quitter la BMW pour aller jeter un coup d'œil, mais Wen le retint. « Sortez pas ! » Raphaël allait protester qu'il n'y avait pas de danger quand sa passagère lui fit signe d'observer plutôt l'homme dans le véhicule d'à côté. À bord d'une dépanneuse, le gars tapait en rythme sur son volant avec son front, non comme on peut s'amuser à suivre gentiment un tempo pour tromper l'ennui mais, de plus en plus violemment, à la façon dont les aliénés se cognent parfois la tête contre le mur. « Il est pas bien, celui-là ! » remarqua Wen. Et soudain, tout se déclencha au même instant.

Ce furent d'abord des cris, provenant de devant eux, et un début de panique touchant les gens qui évoluaient sur la chaussée. Le conducteur de la dépanneuse se cogna la tête contre son volant à s'en faire éclater la peau du front et fut pris de convulsions. Ses prunelles roulaient en tous sens, ses épaules se soulevaient comme celles d'un épileptique. En pleine confusion, Banes ne savait plus que faire. « Attention ! » hurla Wen en tirant sa chemise. Sur leur gauche, le garagiste venait de descendre de son véhicule en brandissant un automatique. De la bave lui coulait aux commissures des lèvres, ses yeux étaient exorbités, et il visait un inconnu qui venait vers lui. Le coup de feu claqua, couvrant un instant le hululement sinistre du vent qui faisait grincer les cordages métalliques. La victime s'effondra. Wen cria : « Baisse-toi ! Il nous vise, ce dingue ! » Elle avait raison. Le tueur fou pointait maintenant son arme sur la BMW. Il fit feu à trois reprises. Tassés sur leur siège, Wen et Raphaël sentirent les impacts dans la tôle. Une vitre explosa, les couvrant d'éclats de verre. Protégeant la fille, Banes se releva dès que la fusillade parut se calmer et il vit le tireur fou retourner l'arme contre lui-même. Collant le canon sous son menton, il pressa une dernière fois la détente. Le sang partit en gerbe autour de son crâne et son cadavre tomba sur le bitume.

Mais ce n'était que l'un des multiples événements qui s'opéraient à cet instant sous leurs yeux. Quelque chose de plus grave, de plus affolant, de plus incroyable se déroulait alors. Tel un vol d'étourneaux communiant dans un même élan, les gens abandonnaient leur voiture pour se diriger vers le parapet. Incrédule, Banes vit un premier homme sauter dans le vide, un deuxième, un autre encore… Horrifié, il ne se rendit pas compte de ce que Wen faisait alors. Prenant les menottes au fond de la boîte à gants, la petite referma sèchement un des bracelets d'acier autour du poignet de Raphaël, l'autre autour du volant.

« Qu'est-ce qui vous prend ? s'exclama le professeur en essayant déjà de se libérer.

— Je vous sauve la vie ! C'est moi votre ange gardien. Et c'est vous qui êtes mon protégé. Je devais vous amener ici. C'était ça, ma part du travail. Parce que c'est vous qui êtes important. Vous ne l'aviez pas encore compris ? Décidément, quel naïf vous faites ! »

Banes était abasourdi. Autour de lui, où que porte son regard, ce n'étaient que silhouettes se précipitant dans le Pacifique, des dizaines de yards plus bas… Mis à mal par tous ces corps qui tombaient sur lui, le filet anti-suicide ne résista pas longtemps. Craquant brutalement, il vomit toute sa charge. Tournoyant en chapelets dans les airs, les malheureux s'abattirent à grande vitesse dans l'écume de l'océan.

« Il est là, dit alors Wen.

— Qui ? » rugit Banes.

Mais la jeune fille ne répondit pas. Papillotant des paupières, elle lança erratiquement ses mains devant elle comme pour chasser un insecte qui la tourmentait. Sa respiration se fit rauque, elle haleta et devint blême. Bientôt vaincue par le mystérieux adversaire qu'elle affrontait, elle quitta la voiture à son tour et, sans un regard en arrière, se dirigea vers le parapet. Banes tenta de la rattraper et agrippa sa veste d'uniforme, mais celle-ci lui resta entre les doigts. « Wen ! » hurla désespérément le professeur. Bouleversé, il vit l'adolescente basculer dans l'abîme…

Ce fut comme si un poignard lui entrait dans le ventre. Il éclata en sanglots et se griffa les joues. L'inexplicable suicide de Wen broyait sa poitrine, mais il s'y ajoutait un désespoir opaque, une affliction absolue. L'obscurité envahit l'âme de Raphaël Banes, une obscurité sans rémission telle qu'il n'en avait jamais éprouvé. C'était un chagrin brut, originel, impossible à combattre. Concentrés en une fraction de seconde, les échecs et les malheurs qu'il avait subis tout au long de son existence l'assaillirent en un assaut fatal. Sans rien pour compenser leurs ravages, il revécut les deuils familiaux qui l'avaient frappé, la fin amère de sa relation avec Farah, les vexations de sa vie professionnelle et les craintes qu'il conservait au fond de lui depuis son plus jeune âge. L'angoisse, la honte, la peur le prirent entre leurs serres et il voulut mourir. Il tira encore sur la chaîne pour se libérer et s'offrir lui aussi en sacrifice au dieu du renoncement mais il ne put se défaire de l'attache. Tâtonnant comme un damné pour trouver un objet avec lequel se trancher les poignets, il saisit le couteau de Finn mais le chien, lui mordant la main, saisit l'arme dans sa gueule et s'enfuit par la portière ouverte.

Fouillant désespérément la boîte à gants, Raphaël espérait encore trouver la clef des menottes. Wen, bien sûr, l'avait emportée avec elle au fond des eaux. Banes la maudit. Pourquoi avait-elle fait cela ? Pourquoi l'obligeait-elle à subir la torture de cette angoisse pure, de cette détresse sans appel s'insinuant jusqu'aux confins les plus secrets de son âme ? Car c'était désormais davantage que la charge de ses seuls tourments intimes que subissait Raphaël. À ses propres faiblesses, à ses regrets et à ses fautes s'ajoutait désormais le fardeau immense de toutes les horreurs du monde… Comme s'il lui était infligé dans sa chair, Banes vécut le malheur des guerres, des famines, des persécutions. Son cœur prit le deuil des peuples disparus, des races massacrées, des tribus éradiquées. Les millénaires de violence infligée aux faibles, aux vaincus, aux marginaux, il les ressentit tel un fer rouge fouaillant son épine dorsale, remontant par ses vertèbres jusque dans son crâne pour racler sa cervelle. Pire que tout : les maux de la Terre parachevèrent son martyre. Les animaux sacrifiés, les mers asséchées, les vallées polluées… Tout en lui criait une souffrance incommensurable, inhumaine. Suffoquant, au bord de l'évanouissement, Raphaël était rivé à sa place tel Ulysse lié au mât de son vaisseau. Mais ce n'était pas le chant délicat et trompeur des sirènes qui résonnait à ses oreilles. C'était, d'une horreur adamantine, le cri ultime du monde à l'agonie, le cri de *Scamall*. Il n'y avait que le trépas pour se défaire de cet écrasement, de cette démence… Cette mort, il la désirait plus que tout sans cependant pouvoir se la donner.

Les minutes passèrent et Banes, épuisé, rompu, défaillit. Quand il reprit connaissance, un homme était penché sur lui. Raphaël le reconnut. Sous le capuchon d'un vieux vêtement militaire, c'était Milton Millicent qui l'observait.

XII

Son père l'avait mise en garde dès l'adolescence, et Iris n'avait jamais oublié le conseil de Ghert van der Loor : « Quatre besoins mécaniques essentiels régissent le corps humain : respirer, se nourrir, dormir, jouir. Contrôle ta respiration de manière à la faire constamment lente et profonde. Mange correctement, mais sans excès. Dors six heures par nuit, selon un horaire régulier que rien ne doit perturber. Enfin et surtout, comprends la jouissance comme une manière de drainer des énergies qui, si tu les ignores ou les méprises, travailleront contre toi, pervertiront ton jugement et finalement te détruiront. Donc jouis avec application, mais surtout ne mets ni morale ni sentiment en ce domaine ! »

Iris n'avait que seize ans quand son père lui avait donné cette leçon, et elle en avait vite assimilé la pertinence. Alors que les adolescentes de son âge perdaient leur temps à minauder devant les garçons, elle étudiait avec sérieux sans voir son attention polluée par semblables futilités. Mettant ses actes en accord avec ses principes, M. van der Loor avait recruté un *toy-boy* d'exception dans la meilleure agence du pays, afin que sa fille purge avec lui ses besoins physiques. Chaque fin de semaine, quand elle rentrait du pensionnat, l'homme l'attendait. Mlle van der Loor disposait librement du prostitué dans la nuit du vendredi au samedi et dans celle du samedi au dimanche. Tous les mois, un nouveau partenaire entrait en scène, afin de briser la routine et d'éviter tout attachement inapproprié. Le procédé avait merveilleusement fonctionné. Jamais tourmentée par les classiques mélancolies pubères, l'esprit libéré des passions hors de propos, Iris avait brillamment réussi ses examens. Dotée de sa seule intelligence, de sa capacité de travail et d'une hygiène de vie commandée par l'impeccable rationalité héritée de son géniteur, elle avait aisément balayé tous les obstacles qui se dressaient devant elle. Sans névrose. Sans drogue. Sans passe-droit. « Savoir ce que l'on veut et se donner les moyens de ses objectifs est la première ligne de démarcation entre dominants et dominés », répétait souvent Ghert van der Loor. La première ligne… C'était vrai. Mais il en existait d'autres et Iris, vingt ans après avoir reçu cet enseignement, devinait qu'elle était sur le point de franchir une nouvelle étape sur le chemin qui la différenciait du commun des mortels.

Ils étaient là, tous les deux, nus sur le lit. Deux professionnels travaillant en duo auxquels elle faisait parfois appel quand elle ressentait un violent besoin de contenter ses énergies vénériennes. D'ordinaire, l'affaire se déroulait rapidement, sans afféteries ni fioritures. Ce soir, pourtant, Iris avait ordonné une mise en scène, destinée non pas à lui procurer du plaisir mais à vérifier une intuition… Les deux prostitués, donc, étaient étendus sur le lit tandis qu'elle demeurait à distance. Assise dans un fauteuil confortable, elle se forçait à contempler les corps masculins parfaitement entretenus. Lisses et beaux comme des modèles de peintre, les garçons étaient tout ce qu'elle appréciait d'ordinaire. Pourtant, malgré la finesse du grain de leur peau, la force de leurs muscles, la grâce même de leur sexe tendu, ils n'éveillaient en elle aucune émotion, nulle concupiscence… S'ils avaient évidemment respecté l'ordre donné par leur cliente, les deux hommes n'avaient pas l'habitude d'exhiber leur anatomie sans entrer en action. L'immobilité leur pesait et le regard féminin qui les scrutait parvenait même à susciter de la gêne. Mettant un terme à sa contemplation, Iris s'approcha, posa les doigts tour à tour sur leurs corps. Elle les effleura sans que cela fasse naître en elle plus d'excitation que de palper un objet aux courbes douces. Satisfaite, elle paya les jeunes gens et les renvoya avant de se verser un fond de vieil armagnac. L'expérience avait révélé le résultat qu'elle pressentait. Le constat était certain à présent : ses énergies intimes étaient consumées. Tel un insecte sortant d'une chrysalide, Iris sentit un souffle nouveau passer en elle, et elle en éprouva une vive satisfaction.

Cet événement privé s'accordait parfaitement aux circonstances extérieures, ce qu'elle en savait et ce qu'elle en subodorait. Car Iris van der Loor, directrice associée de la Farnsborough Foundation, n'était pas seulement un monstre de rationalité. C'était une sensitive à sa manière, voire une visionnaire. Le poste qu'elle occupait à Boston n'était que sa raison sociale. Il existait une autre Iris que celle recevant ses ordres de Tobias Memling et traitant d'égal à égal avec Franklin Peabody, une Iris beaucoup plus ambitieuse. Surtout, beaucoup plus puissante que les deux hommes ne pouvaient l'imaginer. À trente-sept ans à peine, Mlle van der Loor était une des nouvelles prétoriennes de l'État profond américain. L'État profond... Ce club informel de *tycoons* des grandes industries, de *moghuls* des cartels bancaires et de mystiques manipulateurs dont l'association contre-nature pesait lourdement sur le destin de l'Amérique depuis le début du XXe siècle... C'est parce qu'Iris appartenait à ce cercle qu'elle ne fut pas surprise lorsque, son verre tout juste terminé, son portable à ligne cryptée se mit à vibrer. Au bout du fil, son correspondant prononça des mots qu'elle désespérait d'entendre. Un travail qu'elle et ses pairs avaient entamé des années auparavant était en passe d'aboutir ; sa présence était réclamée toutes affaires cessantes. Quand elle monta à bord du jet privé qui l'attendait, elle songea fugitivement qu'elle ne reverrait peut-être jamais Memling et Peabody. Elle n'en conçut pas de regrets.

*

* *

Sur le rectangle de titane noir se détachait un profil de soldat romain. *American Express Centurion*. Peut-être le moyen de paiement le plus difficile à obtenir au monde. Impossible, d'ordinaire, d'en connaître les conditions d'attribution, car le choix des très rares titulaires était laissé à la discrétion de la banque. Jouir d'une relative fortune ne suffisait pas, il fallait certaines qualités en plus. Des qualités que Myriam Shawn avait eues pour elle-même et qu'elle avait pu – au prix d'un extraordinaire passe-droit – transférer à Eliot Paul Hendricks. Désormais seul au volant de la Cadillac série 75, celui-ci possédait donc le précieux sésame dans sa poche. Mais la carte n'était qu'un attribut de puissance ridicule, comparé au pouvoir surnaturel qu'il maîtrisait désormais. En quelques jours, Hendricks s'était métamorphosé. Qu'avait-il de comparable avec le petit cadre effacé qu'il était lorsqu'il travaillait encore dans son agence minable du bord de mer ? Qu'avait-il de commun même avec le protégé que Mme Shawn avait choyé pendant des jours dans sa résidence ? Il dominait mal ses facultés, à cette époque ; le feu lui venait aisément en main mais sa détermination n'était pas assez forte pour en contrôler la violence. Tel Phaéton incapable de conserver les rênes du char du Soleil entre ses poings, il avait provoqué la mort de plusieurs de ses admirateurs dans l'incendie de la résidence de sa bienfaitrice. La disparition de ces inconnus ne lui avait pas causé beaucoup de chagrin, évidemment, même s'il déplorait que la jeune et belle Alice Shawn ait compté au nombre des victimes. C'était depuis l'incident de l'hôtel de Winnipeg que les choses avaient vraiment changé. L'attaque avait été brutale, mais Hendricks s'était bien défendu. Avec autorité et précision, ses fouets de flammes avaient enveloppé ses ennemis, qui avaient péri sans le toucher. Mme Shawn n'avait pas eu cette chance : elle avait été égorgée sitôt entrée dans la suite 1711, et Hendricks n'avait rien pu faire pour elle... Pour malheureux que ce soit, ce décès restait sans conséquence. La leçon à tirer de l'incident était double. D'une part, ce combat avait permis à Hendricks de maîtriser définitivement son don de pyrokinésie. Il pouvait désormais contrôler l'intensité du feu né de sa volonté, sa portée et sa durée sans craindre de débordement. C'était une excellente nouvelle. L'autre enseignement était moins réjouissant et tenait en une phrase : Hendricks avait des ennemis. Qui étaient ces gens et comment l'avaient-ils trouvé ? Pour ce qu'il avait aperçu d'eux, c'étaient des traînards, des types vivant dans la rue. Même si son pouvoir le rendait plus dangereux que n'importe qui sur terre, Hendricks allait devoir se méfier.

S'éloignant de Winnipeg et de son hôtel en cendres, il avait pris plein sud, droit vers les États-Unis. Il n'avait jamais quitté son Canada natal, ne possédait pas de passeport et n'avait aucun papier en règle pour la voiture. Mais que lui importaient ces détails ? À la frontière, il avait semé une belle panique en lâchant une tornade brûlante sur les postes de contrôle. Fonçant à travers les barrières fondues par la chaleur, il s'était débarrassé des trois véhicules de police lancés à ses trousses en les faisant exploser de l'intérieur. Dans son rétroviseur, il les avait vus s'embraser comme de l'étoupe, de longues flammes orangées s'élevant en panache par les vitres soufflées de l'habitacle. Ça l'avait amusé… Tellement amusé qu'il s'était même autorisé à reproduire l'expérience, gratuitement, sur quelques voitures croisant sa route. Il avait ainsi généré des incendies spontanés dans des berlines familiales, des camionnettes de livraison, un bus scolaire et même une ambulance, tout au long de sa traversée de la plaine desservie par la voie 29. Finalement il s'était arrêté à Grand Forks. Il s'était offert le meilleur hôtel, mais la petite ville n'était pas une destination touristique et le niveau de confort de l'établissement n'avait rien de comparable à celui du palace qu'il avait fréquenté avec Mme Shawn, à Winnipeg. La médiocrité du lieu l'irrita. La salle à manger où il fallait se servir soi-même son breakfast, les nappes légèrement effilochées exhalant encore des odeurs de pressing, le personnel manquant de style, les clients bruyants et vêtus sans aucun goût, tout cela heurta sa sensibilité nouvellement éveillée au luxe. Une promenade dans les rues ne fit qu'augmenter son malaise. Alors qu'il s'était toujours montré indifférent à son environnement, Hendricks était désormais choqué par la laideur du monde. Le béton utilisé pour les immeubles et les ponts était un cancer de pierre. Le plastique du mobilier urbain, une abomination. Le goudron de la chaussée, un blasphème contre la sainteté de la Terre Mère... Son cœur se mit à battre erratiquement tandis qu'une angoisse montait en lui. Aurait-il été jeté au fond des Enfers qu'il n'aurait pas été plus malheureux. Et de ce malheur naquit la colère... Une colère telle qu'il n'en avait jamais ressenti auparavant et qui le souleva tout entier. S'il n'avait pas voulu comprendre jusqu'ici pourquoi le destin l'avait béni d'un don unique, la révélation lui en fut faite à cet instant. Il était là pour punir l'humanité d'avoir privilégié le faux aux dépens du vrai, le mal au détriment du bien, la laideur sur la beauté. Il était là pour purifier le monde et le rendre à sa splendeur virginale, violée depuis trente siècles d'histoire par la folie des hommes. C'était l'œuvre de sa vie. Il était l'ange de lumière et d'ardeur. Il était l'esprit du feu purificateur. Hendricks sentit soudain s'apaiser la pression sur ses poumons. Il respira mieux. Levant les yeux, il vit que le building près duquel il se trouvait abritait une annexe de la faculté des sciences de la North Dakota University. *Qu'est-ce que la science a vraiment fait de bien ?* se demanda-t-il. *Elle a brisé la matière et fabriqué des bombes atomiques. Elle a rasé des montagnes et asséché des mers. Elle a pollué. Elle a détruit. Elle a permis aux vies humaines d'être plus longues et plus nombreuses. Beaucoup trop nombreuses ! La science,* conclut-il, *c'est le mal.*

Il ne lui fallut qu'un instant de concentration pour allumer plusieurs foyers d'incendie dans l'établissement. Le premier naquit dans un laboratoire de recherche agronomique. Le second dans une salle de classe. Le troisième, le plus ravageur, dans les réserves sécurisées de matières dangereuses. Rongé par les flammes, le bâtiment s'embrasa et brûla deux jours entiers. Mais Hendricks ne s'attarda pas pour contempler le spectacle. Récupérant sa Cadillac 75 au parking, il en profita pour semer d'autres foyers un peu partout en ville. Une banque. Une école. Une bibliothèque. Des entrepôts et des magasins. Une clinique et des logements… Quand il quitta Grand Forks, la ville était envahie de fumées noires et la sirène d'alerte générale hurlait de façon sinistre dans l'air assombri. Hendricks était assez fier de son œuvre, mais cette petite introduction n'était rien comparée au projet grandiose qui venait de germer dans son esprit et auquel il était décidé à consacrer désormais toute son énergie.

*

* *

Mungo considérait qu'il avait bien avancé. Deux jours auparavant, il avait traversé la frontière sans même le remarquer. Il marchait alors sur l'accotement d'une route secondaire quand il avait repéré une ligne jaune tracée en travers de la chaussée. Mungo avait levé le nez et s'était découvert au pied d'un panneau lui souhaitant la bienvenue aux États-Unis. *Mince, alors !* s'était dit le mécano. *C'est si facile que ça d'entrer chez les voisins, maintenant ?* Tout heureux de n'avoir pas eu à trouver une combine pour passer clandestinement chez les Yankees, Mungo s'en était trouvé ragaillardi. Le Canada, c'était bien pour se faire la main, mais c'était ici que tout allait se jouer. Si on lui avait donné une carte, il aurait presque pu montrer l'endroit exact où il sentait qu'il devait se rendre pour retrouver les quatre autres. Là, de nouveau réunis, ils compareraient sûrement le nombre de cadavres qu'ils avaient semés sur leur route. À cette pensée, le dos de Mungo se mouilla de sueur. À combien en était-il ? Il y avait d'abord eu l'épisode de la soupe populaire. Il n'avait pas fait le relevé précis des malades qu'il avait contaminés à cette occasion mais, à vue de nez, leur nombre ne devait pas dépasser la soixantaine. Ensuite, il y avait eu les morts de Transition Town. Considérant qu'ils buvaient tous l'eau du robinet, on pouvait englober la totalité, ou presque, de la population. Allez, ils devaient bien être cent cinquante… Additionnés aux précédents, ça ne constituait toujours pas un nombre impressionnant. Hendricks avait fait beaucoup mieux avec sa seule explosion. *Il faut que je me reprenne !* pensa Mungo. Les pompes à eau, c'était un bon début, à condition de recommencer à une plus grande échelle. En attendant, il y avait autre chose à tenter : un petit extra, certes, mais avec un gros potentiel, si tout se passait bien.

Pendant qu'il avait ces pensées, Mungo se trouvait au nord du Montana, en train de traverser un champ venant tout juste d'être labouré. Gorgée d'azote et de fertilisants, la terre était noire et grasse. Il s'agenouilla dans un sillon et, retroussant ses manches, plongea les mains dans la tourbe aussi profondément qu'il put. La pourriture qui suintait de ses doigts se diffusa lentement dans le sol, la terre vira au gris cendre, devint sèche et friable. Mungo ressentit un plaisir qui confinait à la volupté. Porter la souillure partout où il le pouvait était devenu son amusement, sa raison d'être. Mais il n'en était qu'au début de ses expérimentations. Il pouvait désormais polluer et stériliser les parcelles arables : prés, pâturages, terres à blé, à maïs ou à tournesol, n'importe quel terrain. S'il trouvait ça plus simple que de s'attaquer à des réservoirs d'eau, toujours plus difficiles d'accès, il espérait surtout que l'étape suprême surviendrait vite : la faculté de corrompre l'air lui-même ! En attendant cette apothéose, Mungo passa son après-midi les mains dans la gadoue pour, de loin en loin, condamner des acres et des acres de plantations. Ce qui était curieux, ce n'était pas tant la façon dont le terreau changeait de couleur et de consistance que la remontée rapide des vers à la surface. Quel que soit son mode opératoire, la « maladie » provoquée par le mécano avait pour effet de chasser les lombrics des profondeurs. Autour de Mungo, c'étaient à présent des millions de tortillons roses qui se contractaient au grand jour. Les oiseaux allaient se régaler…

L'ancien marin du *General Dogsbody* quitta les champs morts et erra longtemps au hasard des chemins jusqu'à ce qu'il aperçoive, en milieu d'après-midi, la toiture bleutée d'une grange. C'était un endroit sûr où passer la nuit. Le Canadien parcourut en sifflotant le demi-mile qui le séparait du bâtiment. Il aurait pu disposer encore de trois bonnes heures de lumière avant la tombée de la nuit, mais il estimait avoir suffisamment marché.

La porte principale n'était pas fermée. À l'intérieur, c'était le décor habituel d'une remise agricole : ballots de foin, outils et pièces mécaniques… Mungo grimpa à l'échelle pour gagner la mezzanine où séchait un épais matelas de paille. Il retira ses gros souliers et s'étendit voluptueusement dans le chaume odorant. Au fil des jours, la peau de ses mains s'était durcie et assombrie ; grevés de durillons, ses paumes et ses doigts étaient bosselés sur toute la surface. Il croisa les bras sur la poitrine et ferma les yeux. Il s'était endormi depuis un petit moment déjà quand des appels interrompirent son sommeil.

« Sadim ? Vous êtes arrivé ? »

La voix féminine était douce et le vagabond se leva sans méfiance pour voir qui venait d'entrer. Une petite dizaine de personnes se tenaient là, un groupe disparate par l'âge et par l'allure.

« Sadim ? C'est vous ? » répéta la femme.

Surpris, Mungo ne répondit pas et se contenta d'observer les autres depuis ses hauteurs. Le groupe s'approcha. Parmi eux, il y avait même un enfant, un tout petit garçon de cinq ou six ans, à la chevelure blonde coupée au bol, mignon de visage.

« Descendez, Sadim, dit la femme. Nous sommes là pour vous. Nous vous avons apporté à manger ! »

Mungo ne comprenait pas pourquoi on l'appelait de ce nom curieux, mais puisque ces gens semblaient avoir de bonnes intentions, il laça ses godillots et descendit les rejoindre. La femme le salua d'un signe de tête déférent et profond.

« Nous sommes en route depuis des mois pour vous trouver, Sadim, dit l'inconnue. C'est un grand moment pour nous tous. Un grand honneur, aussi ! »

Mungo sourit vaguement. « Pourquoi m'appelez-vous Sadim ? Ce n'est pas mon nom…

— C'est ainsi que nous vous connaissons. L'homme qui détruit les œuvres mauvaises se nomme Sadim, c'est ce que nous savons tous ! »

Derrière elle, la bande approuva. « Votre nom se murmure depuis longtemps, Sadim. Nous vous espérions tant ! »

Lui, pour qui la solitude était une habitude, était gêné de se trouver au centre de tant d'attentions. Il grogna un vague « Merci » sans savoir quoi dire de plus. Il aurait voulu savoir si les noms d'Hendricks et du gars américain habitant la grande maison sur la falaise étaient également familiers aux gens du groupe, mais la femme sortait déjà les provisions de son sac. Ils déménagèrent des bottes de paille pour s'en servir de tables et de sièges, et installèrent Mungo comme s'il était un prince invité à un banquet. Ils lui donnèrent de la viande et du pain, du fromage, du miel, des fruits et des noix.

« C'est quoi, vos noms à vous ? » demanda-t-il quand il fut rassasié.

Les hommes se présentèrent. Il y avait un Michael et un David, un Seth et un Virgil, et d'autres prénoms que Mungo ne retint pas. La femme se nommait Dottie et le petit garçon blond Lucas. Au-dehors, la nuit était tombée. Chacun s'installa pour dormir et l'on donna une bonne couverture au mécano. Prenant place non loin de lui, Dottie lui demanda :

« Demain, vous nous montrerez vos pouvoirs, n'est-ce pas ?

— Sûr », maugréa Mungo sans être certain d'apprécier cet équipage composite qui venait de s'inviter dans son voyage.

*

*   *

Quercus borealis. Chêne rouge d'Amérique. C'était dans ce bois-là qu'était construite l'estrade fraîchement installée devant l'immense effigie du Burning Man qui dominait la plaine. Camden Hodge se demandait comment les gens du festival avaient pu se procurer un tel chargement. Ce n'était pas la première fois que l'architecte s'interrogeait sur la logistique qui gouvernait le camp. Bien qu'elles soient éloignées des villes et des grands axes, les dizaines de milliers de personnes rassemblées dans ce coin perdu du Nevada ne semblaient manquer de rien. Elles avaient de l'eau, de la nourriture, du carburant pour faire tourner des générateurs. D'où ces ressources provenaient-elles ?

Pour intéressante qu'elle soit, cette question ne troublait pourtant guère le maître des chiens. Assis devant la scène, il écoutait, fasciné, les intervenants se succéder à la tribune. Il y en avait cent par jour pour saisir le micro qu'on leur tendait et montrer leur talent ou exprimer ce qui leur pesait sur le cœur. Depuis son arrivée dans cette cité éphémère bâtie en plein désert, Camden avait entendu des apprentis chanteurs, des postulants comiques et des poètes amateurs. Il avait prêté l'oreille à des ébauches de programmes politiques et des homélies religieuses dénuées de subtilité. Il avait surtout subi des monologues d'éthyliques, des imprécations d'énervés, des dérélictions d'imbéciles incultes et sans style… Mais, depuis quelques heures, il n'y avait plus ni comiques, ni chanteurs, ni prédicateurs, ni illuminés. Il n'y avait plus que des gens ordinaires, brisés, qui racontaient leur vie.

« Pourquoi tu restes là à t'intéresser à ces ratés ? demanda Durell, irritée de voir Hodge négliger sa compagnie pour écouter des histoires de perdants.

— Ils sont fascinants, répondit-il en passant son bras autour des épaules de la tatoueuse. Écoute… »

Sur les planches, le micro venait de changer de main. C'était un jeune Asiatique qui se présentait maintenant. Timide, il gardait la tête baissée et se dandinait en semblant chercher ses mots.

« J'ai vingt-quatre ans, commença-t-il. Mon nom, c'est Tom. Je suis étudiant en médecine et j'aimerais faire de la recherche sur le cancer. Mes profs disent que je suis bon. Ils veulent que je finisse mon doctorat mais je n'en ai pas les moyens. Ma famille ne peut pas m'aider. Il n'y a personne pour me servir de caution. Pendant ce temps, ces salauds de banquiers et de traders gagnent cinq cents fois le salaire de mon père en spéculant sur le travail des autres. Ces gens ne sont que des parasites sur le dos de la société… Je sais que ce n'est pas bien, mais je ne peux pas m'empêcher de les détester. J'ai honte du pauvre type que je suis et j'ai aussi honte de toute la haine que j'en ressens… »

La voix de Tom se brisa et il étouffa un sanglot. Les épaules encore plus tassées qu'à son arrivée, il quitta la scène sous de maigres applaudissements et quelques encouragements sporadiques. Un homme légèrement plus âgé le suivit, un Blanc rondouillard aux cheveux bouclés.

« Moi, je suis David. Je suis pas aussi brillant que Tom, mais je le comprends parce que je navigue un peu dans la même mouise. J'ai trente-cinq ans et je suis cuisinier. Cuisinier, hein, j'insiste. Vous comprenez ? Ça veut dire que j'ai travaillé dans de vrais restaurants. Je suis pas juste un cuistot de snack. Malgré ça, il a fallu que je revienne habiter chez mes parents parce que je n'ai jamais gagné plus de huit dollars de l'heure. Je ne vois pas comment m'en sortir... Je souhaite ne jamais avoir d'enfants parce que j'ai peur pour leur futur comme j'ai peur pour le mien. À la réflexion et malgré tout ce qu'on dit, je crois que la vie ne vaut pas le coup. Je sais pas si je vais tenir encore longtemps... »

À son tour, David descendit de l'estrade, presque en larmes. On le raccompagna tandis qu'un autre quidam arrivait pour exprimer son désespoir.

« Quand j'étais gamin, on me parlait du rêve américain et comment il était possible d'être ce qu'on voulait dans ce pays, à condition d'en mettre un coup. J'ai bossé sacrément dur quand j'étais étudiant et j'aurais dû avoir une place à l'université. Mais il y a des quotas et je n'ai pas la bonne couleur. Quelqu'un d'autre a pris ma place. Il avait de moins bonnes notes que moi, un moins bon dossier, mais il avait une peau différente de la mienne... Discrimination positive, qu'ils appellent ça ! Maintenant je vis dans un appartement minable et j'ai des tonnes de factures en retard. Ce n'est pas ce à quoi je rêvais et ça me donne des envies de meurtre...

— Ça m'écœure, ce genre d'histoires de *loosers* et d'aigris, s'énerva Durell. Je comprends pas que tu aies la patience d'écouter ça.

— Au contraire, répondit Hodge, c'est fascinant ! Évidemment que je me moque des cas particuliers de ces types. Mais tu ne sens pas ce qui se passe ici ?

— Quoi ?

— Ces gens rassemblés… Toi qui as des visions et des rêves obsessionnels au point de peindre toute la carlingue de ton camion, tu ne comprends pas la raison de leur présence dans ce trou perdu ? »

Durell manifesta son incompréhension.

« Toutes ces questions, reprit Camden, ces angoisses, ces rancœurs exprimées… C'est un gaz qui n'attend qu'une étincelle pour s'enflammer.

— Qu'est-ce que tu racontes ?

— Agathopolis, enchaîna Camden comme s'il parlait pour lui-même. *La ville bonne…* C'est un projet auquel j'ai longtemps travaillé. Une cité idéale dont j'espérais que l'architecture et l'urbanisme parfaits rendraient les hommes heureux et doux. J'étais dans l'erreur ! L'humanité n'atteindra jamais l'harmonie parce qu'écrire des lois équitables pour tous est impossible. Mais détruire, oui… Détruire ce qui génère les malheurs qui s'exposent ici, ça, c'est réalisable ! Ça, c'est la voie ! Ces gens en rêvent. Même s'ils n'osent pas l'exprimer parce que cela leur fait encore peur. Ce n'est pas un rassemblement de paumés ici. C'est le camp d'une armée ! »

Quelque chose venait de prendre possession de Camden Hodge. Mieux qu'une fièvre, mieux qu'une passion, une certitude ! Lui qui avait osé se rebeller contre son destin et qui, par orgueil, avait en un instant tout perdu à Dog Creek, voilà qu'une seconde chance lui était offerte ! Ici et maintenant, il lui fallait agir. Déterminé, Hodge se redressa et prit place au bas des marches menant à l'estrade, parmi les anonymes qui attendaient leur tour pour s'exprimer. Indifférent aux questions que lui posait Durell et sourd à ses inquiétudes, Camden joua des coudes pour accéder à la scène. Il ignora les protestations et s'empara du micro. Le public devant lui n'était pas si nombreux ni si intimidant : quelques dizaines de désœuvrés qui n'avaient rien d'autre à faire qu'écouter l'exposé du malheur des autres pour tenter d'oublier le leur. Mais avant de prendre la parole, il hésita, impressionné, car de ce qu'il allait dire dépendait beaucoup. Il sentit un bourdonnement dans ses oreilles et une sécheresse irrita sa gorge. Puis les mots lui vinrent, simples, directs, plus efficaces que des coups de poing. Tels des cristaux se complexifiant dans une solution chimique, les phrases se formèrent, de plus en plus vite, de plus en plus fortes… Les gens commencèrent à l'applaudir. À l'approuver. Camden n'entendait pas leurs clameurs. Le regard fixe, le corps raide, il parlait comme si un esprit supérieur s'exprimait par sa bouche. Transcendé, il n'était plus lui-même, il le sentait. Si brillant qu'il soit, son esprit seul ne pouvait formuler le discours qu'il proférait alors. Ce discours, c'était une ode prophétique, un appel violent, coupant, animé du flux vital d'un possédé. Et tandis qu'il éructait, Camden comprit d'où lui venait la flamboyance nouvelle de son verbe. Ce n'était pas une entité unique et omnisciente, un dieu extérieur, qui l'utilisait pour s'adresser à la foule, mais cette dernière qui, à travers lui, se parlait à elle-même… Oui, Camden était le capteur des désirs secrets animant les gens réunis au Burning Man Festival. Car qu'ils soient suprémacistes ou sécessionnistes, libertariens ou écologistes radicaux, qu'ils soient seulement des êtres rejetés et perdus, tous, dans leur for intérieur, étaient hantés par le même rêve et formaient le même vœu : ils souhaitaient la mort de cette Amérique hautaine qui les avait rejetés et avait trahi leurs espérances. Et ce désir de revanche et de carnage, par l'intermédiaire de Camden Hodge, passait enfin de l'obscurité à la lumière, du balbutiement à l'expression fluide.

Devant la scène, la masse se fit plus dense. Des trente-six segments du camp, les gens quittèrent leurs tentes et désertèrent les feux pour écouter celui par lequel se révélait une nouvelle Parole sainte.

« Rien ne vous unit ici, disait Camden. Vous êtes des étrangers les uns pour les autres et vous êtes aussi rivaux que des crève-la-faim qui se disputent les miettes d'un banquet auquel ils n'ont jamais été conviés. Vous vous lamentez, mais vous ne faites rien pour combattre le sort qui s'est acharné contre vous et vous a rendus misérables. Un seul espoir vous rassemble. Un seul espoir vous unit. Et cet espoir, c'est la destruction de vos ennemis ! La mort de ceux qui ont trahi les idéaux de la Constitution et ont fait de ce pays non une terre de liberté, d'opportunités et d'amour, comme l'avaient promis nos Pères fondateurs, mais un terrain de jeu pour les ambitieux, les prédateurs, les cupides et les cyniques ! Le prophète Isaïe a dit : *Fondez vos épées et vos lances pour forger des charrues et des serpes*. Moi, je dis : Jetez les outils et les objets par lesquels un pouvoir obscène vous tient en esclavage et fondez avec eux des lames et des haches ! À mort les oppresseurs et les menteurs ! À mort ceux qui ont abandonné le peuple d'Amérique et fait de nous ce que nous sommes : des chiens maigres, des hommes sans espérance ! Je suis votre voix ! Vous êtes mon corps ! Ensemble, nous sommes une légion que rien n'arrêtera ! »

Plus serrée que brins de paille en faisceaux, l'assistance était pétrifiée. Les soldats de terre de l'empereur de Chine n'étaient pas d'une immobilité plus parfaite que ces milliers d'individus statufiés ni le silence enveloppant les nécropoles d'Égypte plus lourd que la pesanteur qui régnait à cet instant dans la plaine. Tous les cœurs étaient suspendus, et toutes les âmes étaient éblouies. Oui, l'homme sur la scène avait raison ! Il avait raison et ce qu'il venait d'exprimer expliquait la présence mystérieuse de tous ces gens dans ce coin perdu du Nevada. La guerre ! Il y avait une guerre à mener, et tous, du plus jeune au plus âgé, du plus faible au plus vigoureux, étaient les combattants d'une cause sacrée...

« Comment doit-on t'appeler, capitaine ? » osa lancer quelqu'un.

Le nom « Camden Hodge » faillit franchir les lèvres de l'architecte. Mais ce patronyme ordinaire, il ne le prononça pas. Au lieu de ça, un mot ancien surgit, comme un soleil, du fond de sa mémoire, un nom qu'il avait lu dans les classiques et qui, chez les Achéens des temps héroïques, signifiait « foule ». Il hurla :

« Okhlos ! Mon nom est Okhlos ! Et je suis vous, et vous êtes moi, et ensemble nous ne faisons qu'un !

— Okhlos ! scandèrent alors en chœur cent mille poitrines. Okhlos ! »

Et cette clameur résonna si fort que ciel et terre en vibrèrent.

XIII

Mélange de fleurs blanches et d'effluves d'oranger, le parfum de Wen imprégnait encore la veste d'uniforme de la jeune fille. Tout près de Banes, le blazer froissé exhalait cet arôme par bouffées et Raphaël en était bouleversé. Sur le siège passager de la BMW, le professeur était resté muré dans le silence depuis que Milton Millicent avait coupé la chaîne de ses menottes et s'était emparé du volant pour le conduire vers une destination inconnue. Son énergie physique et mentale avait été drainée par l'ordalie subie sur le Golden Gate. Banes respirait par halètements douloureux, comme un animal étranglé le fait en ses derniers instants. Membres engourdis, esprit éteint, il se répétait à l'infini la mort de la jeune fille. Devant ses yeux – séquence montée en boucle – Wen enjambait la rambarde et disparaissait dans le vide encore et encore… La nuit était tombée sans qu'il s'en aperçoive. Passif, impuissant, il attendit, enfermé dans son malheur, que le moteur cesse enfin son ronronnement monotone. Il regardait droit devant lui, n'osant même pas observer Milton. Les deux hommes demeurèrent ainsi, sans bouger ni parler, durant de longues minutes. Au-dehors, le vent soufflait et le crachin recouvrait les vitres de la voiture de millions d'éclats scintillants. Banes étouffait. Il sortit. L'air était saturé d'iode. Sous ses pas crissait le sable d'une plage. Invisible dans l'obscurité, l'océan était là, tout proche, qui grondait.

« La vie est imprévisible, n'est-ce pas, professeur ? » Se tenant à présent à côté de lui, Milton parlait d'une voix juste assez forte pour couvrir le bruit des rouleaux.

« Oui, approuva tristement Banes. La vie est imprévisible... »

À nouveau, un douloureux silence s'installa, puis Raphaël trouva la force de demander : « Que s'est-il passé sur le pont, Milton ? Pourquoi tous ces gens se sont-ils tués ? »

Le jeune homme inspira bruyamment. Sa respiration produisait un son curieux, comme si cela le faisait souffrir lui aussi. « C'est à cause de la fille qui était avec vous. Je n'ai pas choisi, vous savez... J'ai fait ce qu'il y avait à faire et c'est tout. Ça aurait pu être un autre que moi... Je n'ai pas d'importance, pas plus que *vous* n'aurez d'importance... »

Par les portières ouvertes, la lueur du plafonnier de la voiture se diffusait en halo jusqu'aux deux hommes. Banes fit un effort considérable pour tourner la tête vers Milton, et ce qu'il vit le terrifia. Le visage hâve de son ancien élève était celui d'un mourant. Il songea aux joues creusées et cireuses d'un mystique de Zurbarán, aux yeux fiévreux et à la bouche à peine tracée d'un martyr du Greco.

« Méfiez-vous de l'homme aux chiens, reprit Millicent en soutenant son regard. Il essaiera de vous tuer pour vous prendre ce que je vais vous donner. Ils essaieront tous de vous tuer... »

Banes balbutia une phrase confuse. Qu'allait lui donner Millicent ? Qui était l'homme aux chiens ? Mais Milton ne répondit pas. Saisissant les mains de Raphaël, il s'arrima au professeur en tenant ses phalanges plus étroitement qu'entre des serres. Paumes contre paumes, peau contre peau et doigts entrelacés, l'élève et le maître ne firent plus qu'un, deux visages et deux corps du même Janus. Comme touché par un poisson torpille, innervé d'un flux magnétique et puissant, Raphaël se mit à trembler. Quelque chose passait en lui, une énergie, un courant, une histoire et un destin aussi... Ce que savait l'autre, il le sut. Ce qu'il avait vu et fait, il le vit et le ressentit. Ce qu'il avait pensé et ce qu'il pensait encore à cet instant, il le pensa de même. Soleil éclatant au cœur de sa nuit, la quête de Milton lui échut et son pouvoir d'emprise surnaturelle sur les foules devint tout à la fois son legs et son fardeau. Ses forces amoindries par la morsure des molosses de Camden Hodge, épuisé par l'ultime effort fourni sur le Golden Gate, Millicent était à l'agonie. Sa poigne s'affaiblit, ses doigts se desserrèrent, ses muscles s'amollirent et sa tête s'affaissa sur sa poitrine. Il tomba. Banes tenta de le rattraper mais le corps inerte glissa entre ses bras. Agenouillé auprès de lui, il l'entendit exhaler son dernier soupir tandis qu'un exsudat mêlé de caillots ruisselait de son cou et souillait son épaule. Raphaël dénoua l'écharpe de Milton. Imbibée de sang, l'étoffe cachait une plaie affreuse. Presque à nu, l'artère saillait sous la peau déchirée.

Banes inspira profondément. Il était calme, à présent. Étrangement serein. Ce qu'il avait refusé de comprendre jusque-là des propos de Finn et de Leland, ou des allusions de Wen et Gabriela, devint aussi clair que de l'eau de roche : il n'avait plus besoin de lire le *Virga Vagos* des *Sheltas* ni l'ouvrage jumeau destiné aux *Fomoroï*. À l'exemple des apôtres le jour de la Pentecôte, il venait d'être touché par une langue de feu qui lui conférait la pleine révélation des mystères. Il comprenait désormais le *vieux parlé* et savait tout des symboles et des signes que les initiés voyageurs gravent sur les pierres au bord des chemins ou sur les portes des sédentaires. Il savait surtout ce qu'était *Scamall* : la Nuée mauvaise. Il le savait parce qu'elle était entrée en lui et qu'il en était devenu le porteur, comme Milton l'avait lui-même été. De l'histoire de son élève, il connaissait tout. Comme un long métrage projeté sur un écran de cinéma, la vie entière du jeune homme se déroula en un instant sous ses yeux. Adolescent sans relief, étudiant sans appui, Milton avait cru trouver une raison d'exister en enquêtant sur les sans-domicile-fixe de son quartier. Les premiers temps, ce n'avait été qu'un prétexte pour rédiger un mémoire universitaire, mais c'était rapidement devenu une obsession. Gagnant la confiance et provoquant les confidences, il avait peu à peu pénétré un monde dont il ne soupçonnait rien. Un monde sans lois écrites, sans contrats ni argent. Un monde dangereux et presque sauvage, mais où l'entraide avait encore un sens, où la parole donnée était respectée et où chaque geste, chaque décision portait à conséquences immédiates. Un monde dur où la mort pouvait surgir à chaque minute, mais où se dissimulaient aussi des trésors d'humanité qui nulle part ailleurs ne subsistaient.

Loin des codes compassés du campus de la Cornell University, loin des préjugés et du jeu des conventions sociales ordinaires, Milton avait compris qu'il n'était pas condamné au rôle d'*underdog*, d'éternel perdant auquel il semblait promis de toute éternité. Suivant son instinct et sa soif d'absolu, il s'était ainsi aventuré jusqu'aux grands ghettos de New York où il entendit prononcer des mots jusqu'alors inconnus : *Sheltas, Fomoroï, Cryptoï, Scamall...* À la lueur de flambeaux brandis dans les tunnels désaffectés du métro, on lui montra des fresques annonçant une apocalypse sur le point de survenir. Sous les tentes dressées par les réfugiés de Central Park, on lui murmura des augures mystérieux. Dans les crevasses s'évasant sous les monceaux d'ordures des grandes décharges de Pennsylvanie où par tonnes se déversent chaque jour les rebuts de Big Apple, on psalmodia pour lui la geste des héros des temps à venir...

Fasciné, Milton accorda foi à ce qu'il entendit. Il voulut en savoir plus et apprit qu'un bréviaire résumait tout. Frénétiquement, il rechercha cet écrit. Chaque fois qu'il semblait sur le point de le trouver, un événement survenait qui en repoussait l'obtention. Loin d'éteindre la passion du jeune homme, ces échecs l'attisèrent. Un jour, dans une briqueterie où de patients copistes travaillaient à sauvegarder les savoirs essentiels sur de simples tablettes d'argile cuite, un vieil homme lui remit solennellement l'objet. « Ce livre, je te le donne pour rien, lui avait dit le Bouquiniste. Il y a pourtant un prix à payer. Quand Sainclair te le demandera, tu feras la route jusqu'à un endroit secret dans les montagnes pour y entreposer le double d'un ouvrage. Est-ce un accord ? » Bien sûr, Milton avait accepté. Des semaines avaient passé. Millicent connaissait par cœur l'évangile des *Fomoroï* et l'avait jugé suffisamment précieux pour en graver lui-même, dans le secret de sa chambre d'étudiant, une copie inaltérable sur support de terre cuite. Son travail achevé, tourmenté par ce qu'il avait lu, rongé d'espoir autant que d'inquiétude, il n'avait plus qu'une seule idée en tête : trouver le rédacteur des prophéties, le Scribe…

Sur les routes, tandis qu'il avançait seul en direction des Rocheuses, Milton avait suivi tous les indices, remonté toutes les pistes. En vain. Au Caveau, il interrogea les gardiens, mais ceux-ci, suspicieux, ne voulurent pas lui répondre. Déçu, épuisé, il s'était résigné à revenir dans l'Est. À bout de ses ressources, affamé, malade aussi, il tendit un jour la main dans une petite ville du Kentucky. Des heures passèrent sans qu'il reçoive d'aumône, puis quelque chose vint se poser dans sa paume. C'était une pièce de un dollar, dont la banalité n'était qu'apparente, car Milton n'en avait jamais vu de semblable. D'étranges figures étaient ciselées sur son revers et son avers. Non pas les symboles habituels de l'Union, pas d'aigle, pas de Liberté éclairant le monde ou de belle représentation du Capitole ; pas de Liberty Bell de Philadelphie ou de fière tête d'Indien. Pile, c'était un affreux crâne grimaçant, l'image même de la Mort et, face, sculpté avec tant d'art et de finesse qu'il était impossible de ne pas le reconnaître, c'était le portrait craché, le propre visage de Milton ! Quelques mots brillaient sur la tranche : *Okhlos Tad ac Foil o'Scamall.* Okhlos, père et fils de la Nuée…

Millicent releva la tête pour voir qui lui avait remis l'objet mais, dans cette rue sans âme, il était aussi seul qu'un naufragé en plein océan. Des bruits de pas résonnaient pourtant sur l'asphalte. Serrant la pièce dans son poing, Milton se précipita pour les rattraper et il poursuivit l'insaisissable écho jusqu'à ce que, hors d'haleine, il parvienne à l'entrée d'un vaste cimetière abandonné. Les hauts battants d'un portail de fer rouillé étaient grands ouverts devant lui. Gravée sur une arcade, un avertissement citait la seconde épître aux Thessaloniciens : *Car il faut que vienne l'Apostasie et que se révèle le Fils de la Perdition*. Le cœur battant, Milton franchit le seuil. Parmi les tombes effondrées et les mausolées centenaires voilés de toiles d'araignées et de lichen, il avança, toujours guidé par l'écho distant des pas de l'inconnu. Une trouée soudaine dans le ciel déversa une colonne de lumière crue sur les sépultures. C'était un flot blanc et vertical, qui brûlait les yeux, un scintillement qui écrasait toute ombre et laissait le monde sans nuances. Milton porta son bras devant son visage pour se protéger et buta sur un affleurement. Il chuta. Au-dessus de lui, dans la crudité féroce du grand midi, une silhouette apparut. Un homme était là, qui riait de lui.

« Tu me cherches, petit ? dit l'inconnu. Pourquoi ?

— La pièce, bredouilla l'étudiant sans parvenir à se relever. Mon visage sur la pièce. Comment est-ce possible ?

— Tu me déçois, Milton, répliqua l'autre en s'agenouillant pour presser les tempes du jeune homme entre ses mains. Tu n'aurais donc pas foi en celui que tu appelles toi-même le Scribe ? »

Milton écarquilla les yeux pour distinguer les traits de l'homme, mais la clarté trop vive l'éblouissait.

« Que faut-il pour que tu croies vraiment, Milton ? reprit l'autre d'un ton moqueur. Que faut-il, dis-moi ? »

Incapable de répondre, Millicent demeura muet.

« Tu ne dis rien ? Tu ne sais pas ? Moi, je sais. »

Avec la force d'un Titan, le Scribe se mit à traîner son prisonnier sur le sol. Il le traîna par le col, il le traîna par la peau, à travers la poussière et la boue, les pierres, les herbes et les ronces... Milton hurla mais le Scribe ne s'arrêta pas. De plus en plus rapides et puissants, ses mouvements n'avaient plus rien d'humain. Sa forme se brouilla et se distendit, elle devint vapeur tourbillonnante, nuage de tempête, trombe et nuée... Elle devint *la Nuée*. Elle devint *Scamall*. Enveloppant Milton, elle le souleva et l'entraîna dans une ascension vertigineuse jusqu'au ciel. L'étudiant tournoya en son sein telle une feuille sèche emportée par une rafale de novembre. Devant ses yeux, l'horizon disparut, les couleurs se mêlèrent, fondirent et se diluèrent. Il ne percevait plus rien, et pourtant son cerveau s'emplissait d'une lucidité nouvelle. Des cris, des appels et des rires fous proférèrent pour lui des phrases impossibles. Dans ces mots, il y avait des horreurs et des abominations, mais aussi, tels des joyaux au milieu d'un torrent de boue, de purs éclats d'intelligence. Milton eut l'impression qu'un milliard de vers rongeaient son cerveau et mettaient son âme à nu. Dépossédé de lui-même, cent fois tué et ressuscité, Milton Millicent cessa d'être, tout comme le Scribe cessa d'être...

La nuit était tombée quand l'ancien étudiant de Cornell reprit conscience. L'espace d'une fraction de seconde, il crut s'éveiller d'un mauvais rêve, mais quand il sentit que des parois de terre humide l'enserraient, il comprit qu'il était allongé dans une des fosses du cimetière abandonné. Haletant, il s'extirpa de la tombe béante et se mit aussitôt en route en prenant la direction du nord. Quelque chose, il le savait, allait par lui se produire, des événements promis à bouleverser l'ordre du monde : révolutions, métamorphoses, expiations. Les hommes allaient périr par millions peut-être et Milton – ou plutôt *ce qui avait été Milton* – s'en réjouissait désormais. Au creux de sa paume, il avait serré si fort la pièce d'argent que le dessin du crâne grimaçant était resté imprimé dans sa chair.

Un soir de pluie, après des jours d'un voyage halluciné, il atteignit un village de pêcheurs sur la côte canadienne. Là, il en avait la prescience, une jeune fille de quatorze ans aux dents baguées par un appareil d'orthodontie connaîtrait un destin exactement contraire au sien. S'il la laissait vivre, une puissance se révélerait en elle que *Scamall* ne pourrait dominer. Comme celle des autres *Cryptoï*, sa mort était une nécessité. Le décret était clair mais, dans cette baie à l'ombre des falaises, le futur s'était inexplicablement brouillé.

Pleinement devenu Okhlos, Milton avait désigné des disciples. Mauvais choix ou fatalité, un Judas s'était révélé parmi eux. Un être gonflé d'orgueil et d'ambition, jaloux au point d'oser se rebeller contre celui qui l'avait pourtant oint d'un pouvoir sans égal. Obéissant aux lois supérieures de la tragédie, Camden Hodge avait trahi son bienfaiteur. Il avait lancé ses chiens sur lui, espérant ainsi s'approprier *Scamall*. Mais la Nuée était demeurée en Milton. Malgré ses blessures, malgré l'épuisement et la vie qui s'écoulait peu à peu de son corps, il avait trouvé la force de descendre vers le sud, où se trouvaient une autre *Cryptoï* à tuer, et peut-être un nouveau porteur auquel transmettre l'Œuvre. Un porteur digne, un homme déjà modelé pour comprendre les enjeux, un esprit solitaire et insatisfait, un moule idoine dans lequel *Scamall* pourrait se déverser, tel un métal fondu dans une empreinte conçue pour lui. Cet homme existait, il avait un visage, et Milton en avait eu la vision... Cet homme, c'était le professeur Raphaël Banes, celui-là même entre les bras duquel il venait de rendre son dernier souffle !

Ainsi donc, Banes savait à présent. Il connaissait tout de l'épopée grisante et pathétique de son ancien élève. Soulevant le cadavre de Millicent, il l'installa dans la voiture et enclencha l'allume-cigare. Puis il s'empara du sac du mort, dévissa le bouchon du réservoir et y jeta l'embout de métal porté au rouge. L'essence s'enflamma en ronflant. Banes s'éloigna à pas rapides, laissant le véhicule devenir bûcher funéraire, et marcha toute la nuit, sans pause ni fatigue. Mais sa vigueur n'était qu'une illusion : l'énergie nouvelle qui irriguait ses nerfs et ses muscles ne lui appartenait pas. C'était celle de *Scamall, la concrétion de tout ce qu'il y a d'ignoble dans la pensée des hommes depuis qu'ils ont troqué leur innocence de singes contre un peu de conscience,* selon ce qu'en avait dit Leland.

L'aube le trouva loin de l'océan, à arpenter une vallée sablonneuse bordée de collines douces. La pluie avait cessé, il faisait étrangement chaud. Poussant les buissons d'amarante, le vent du septentrion se leva alors que pointait la lumière. Dans les rafales, la poussière formait des tourbillons, rendant l'avancée incertaine. Banes protégea le bas de son visage à l'aide de l'écharpe de Millicent tandis qu'autour de lui, les formes disparaissaient derrière un voile aussi épais qu'un brouillard. Marchant droit devant lui, il entendit soudain, mêlé au hululement sinistre des bourrasques, le battement régulier d'une cloche et avança, guidé par le bruit, jusqu'à une bâtisse. Phares allumés à cause de la tempête, des voitures se garaient sur un terre-plein à côté d'une église. Malgré la météo, des familles se rendaient à l'office du dimanche. Banes suivit les fidèles jusqu'à l'intérieur. Avec ses murs blancs, son mobilier fonctionnel dépourvu d'ornementation, l'absence de toute image peinte ou sculptée, c'était une chapelle réformée semblable à des dizaines de milliers d'autres dans le pays. Sur le seuil, pressant ses ouailles à prendre place, le pasteur avait un mot aimable pour chacun. Quand Raphaël se présenta, il le salua comme s'il faisait partie de la communauté, presque sans marquer de surprise à la vue de cette silhouette inconnue, sale, au visage fermé. Banes s'installa au dernier rang, pour assister au service religieux. Au-dehors, les bourrasques rugissaient.

« Jérémie, 23, 15, annonça l'officiant. *Ainsi parle l'Éternel : Vois, je vais les nourrir d'absinthe et je leur ferai boire des eaux empoisonnées. Car c'est par les sages de Jérusalem que l'impiété s'est répandue dans tout le pays.* »

Raphaël n'ouvrit pas la bible que sa voisine lui tendait. Il ne lut pas, comme les autres, l'Écriture sainte. Fermant plutôt les yeux, il posa à plat ses mains sur le banc et inspira profondément. À sa manière, il communiait lui aussi, non avec la parole du Christ ou des prophètes, mais avec une puissance primitive et brute. Il communiait avec l'âme collective du groupe rassemblé dans l'église…

Cette âme, il la sentit aussi sûrement que l'on touche un objet physique. Mouvante ainsi qu'une marée, elle avait pourtant une forme, une écorce et un cœur. Composée de certitudes et d'habitudes, son enveloppe était épaisse. Mais Banes ne se découragea pas. Il tourna autour d'elle, encore et encore, tâtant ses défenses, rebondissant sur ses points forts et fouaillant ses points faibles. Soudée par la pratique de la prière et par la croyance en Jésus-Christ, cette âme commune était puissante. Tel un banc d'étourneaux face à l'attaque d'un rapace, elle se défendait en densifiant sa masse. Mais il y avait un traître en son sein – un traître comme il en existe toujours partout – qui, répondant à l'appel lancé par Raphaël, brisa de l'intérieur l'unité des croyants.

Le pasteur interrompit son sermon au milieu d'une phrase tandis que la salle résonnait du fracas des bibles lâchées au même instant par les fidèles. Ayant aboli toute volonté individuelle, Raphaël avait désormais un pouvoir total sur l'assemblée, et il déchaîna la violence et la haine dans le cœur des paroissiens. Le père se dressa contre le fils, la mère contre la fille, l'ami contre l'ami… On s'insulta et l'on se frappa. Les doigts se fermèrent sur les gorges et les pouces s'enfoncèrent dans les orbites… Le travail de Banes était terminé. Laissant derrière lui un pugilat général, il quitta la place, tranquille et satisfait. Au-dehors, le vent brassait toujours la poussière. Le cou rentré dans les épaules et le bas du visage de nouveau voilé, Raphaël plongea dans la tempête. Un pas… un autre…

Venue de nulle part, une soudaine bouffée de fleurs blanches mêlée à un effluve de néroli lui monta à la tête. Il s'arrêta et se retourna. Malgré la porte fermée et la violence des rafales, il percevait le vacarme régnant dans le temple. Des cris, des appels, des hurlements de possédés et des coups sourds contre les murs... Banes était à l'origine de cela. Comment était-ce possible ? Quelle folie l'avait pris ? Ce nouvel appétit pour la violence, cet inextinguible désir de mort, non, assurément ce n'était pas lui ! Raphaël se ressaisit. Revenant sur ses pas, il rouvrit la porte et ce qu'il découvrit le glaça : plusieurs silhouettes étendues et dans les yeux des combattants brillait une rage homicide terrible. Abdiquant aussitôt toute emprise sur ces pauvres gens, il leva le maléfice de *Scamall*. À l'instant, les poings se desserrèrent et les armes de fortune glissèrent des paumes. Hébétés, incapables de comprendre pourquoi la discorde s'était abattue sur leur paisible communauté, les fidèles étaient tétanisés. Mais leur torpeur ne dura pas. Oubliant leur stupéfaction, ils se précipitèrent pour porter secours aux blessés. Aucun mort, heureusement, n'était à déplorer.

Tandis que l'on prodiguait les premiers soins et que l'on consolait les plus affligés, nul ne prêtait attention à Banes. Lorsque celui-ci quitta définitivement la paroisse, ce n'était pas la puissance du vent qui courbait son dos mais le poids d'une insupportable culpabilité. Si le souvenir du Bien, à l'ultime seconde, ne lui était revenu, des innocents par dizaines auraient péri par sa faute...

Ressassant cette pensée, il marcha toute la journée sans savoir où le menaient ses pas. La nuit tombée, il s'arrêta enfin et s'écroula de fatigue sous un pont où il dormit, recroquevillé, adossé à une paroi de béton. De ce mauvais sommeil il ne tira aucun repos. Tourmenté par des visions, il était écartelé comme un supplicié aux Enfers. Si sa conscience l'accablait, *Scamall* en lui bouillait de frustration et de colère. Pourquoi n'avait-elle pas fait de Raphaël son messager docile, comme

Milton l'avait été ? Comment le professeur avait-il résisté à sa puissance ? La Nuée mauvaise l'ignorait mais Raphaël, lui, l'avait déjà compris : c'était Wen qui l'avait sauvé. En lui imposant l'ordalie du Golden Gate, en l'enchaînant et en le condamnant à vivre, la jeune fille avait fait de lui un réceptacle renfermant tout ensemble le venin et l'antidote. Grâce à son sacrifice, Raphaël Banes était libre. Libre de laisser filtrer le pouvoir dévastateur de *Scamall* ou de le sceller au plus profond de lui-même.

Banes se redressa en titubant. Il n'avait ni bu ni mangé depuis des heures. Il fallait qu'il s'alimente. Où était-il ? Il s'était arrêté en pleine nature. Le soleil montait à sa droite. Il reprit ses affaires et se dirigea vers le nord. Il n'y avait aucune habitation en vue, nul signe de présence humaine. Il marcha longtemps sans rien apercevoir. Alors qu'il désespérait, un bruit venu du ciel lui fit lever les yeux. C'était un petit avion de tourisme qui amorçait son atterrissage. L'engin passa au-dessus de sa tête et disparut derrière une éminence à moins d'un mile de là. Banes suivit cette direction, gravit une pente et découvrit un petit aérodrome en contrebas. Sagement alignés devant des hangars, des monomoteurs brillaient dans la lumière du soleil. Raphaël s'approcha. Des grilles cernaient le terrain ; au portail, un gardien filtrait les entrées. Banes n'eut aucun effort à fournir pour briser sa volonté. Pour lui qui pouvait contrôler des foules, un individu isolé à subjuguer n'était rien. Au bar de l'aérodrome, le professeur se fit servir un repas en tenant à distance tous ceux qui trouvaient sa présence indésirable. Rassasié, il repartit en prenant le soin de régler sa note. Certes, il aurait pu partir sans payer, mais abuser de son pouvoir, Raphaël l'avait compris, c'était flatter *Scamall*.

De l'aéroport, il suivit la route jusqu'à la ville de Ninache, au bord du grand désert du Mojave. Banes s'assit sur un banc. En face de lui, le drapeau des États-Unis flottait au sommet d'un mât blanc à la peinture écaillée. Ouvrant le sac qu'il avait pris à Milton, il fouilla les possessions du mort. Le seul objet d'intérêt était un livre sans titre ni nom d'auteur, non le *Virga Vagos* des *Sheltas*, mais son jumeau *Fomoroï*. Un livre de visions et de promesses, lui aussi, que le Bouquiniste de New York avait trouvé pour Millicent. Raphaël le lut d'une traite, sans sauter une ligne, jusqu'au soir. Quand il eut terminé sa lecture, il prit l'ouvrage qu'il avait trouvé quelques jours auparavant dans la musette de Finn, imbriqua les deux volumes comme un joueur de cartes mélange deux tas pour en faire un seul, et fit jouer la mollette de son briquet sous le papier. Dévorant les pages, les flammes réduisirent en cendres les textes prophétiques.

Banes ne dormit pas cette nuit-là. Quittant Ninache, il marcha droit vers les sables du Mojave. L'aube le trouva au centre d'une plaine aussi nue qu'un plateau d'échiquier. Quand l'analogie lui vint à l'esprit, Raphaël eut un rire amer. Le roi noir… Malgré lui, c'était la figure qu'il était devenu : champion de *Scamall*, incarnation du grand principe universel de destruction… Mais tant que sa volonté résisterait, c'était un rôle qu'il avait aussi le pouvoir de refuser. Cette faculté, il le sentait, ne durerait que peu de temps. Ainsi donc, et par trois fois, se trouvait-il mat. Mat car incapable de refuser un destin qui s'était imposé à lui ; mat parce qu'il ne pouvait déléguer à quiconque la puissance obscure dont il était porteur ; mat, enfin, parce que même sa mort volontaire ne mettrait pas un terme à l'existence de la Nuée. Telle une âme parasite cherchant un corps, *Scamall* s'incarnerait en un nouvel hôte, lequel, contrairement à Raphaël, ne posséderait aucun pouvoir de contenir le mal… Condamné à errer loin des hommes, Banes n'avait nulle part où aller. Où qu'il se tourne, la solitude et la folie l'attendaient. Anéanti, il tomba à genoux sur le sol et demeura des heures sous un soleil dont il ne sentit pas la chaleur. Sa peau rougit et pela. La nuit tomba. Il était toujours immobile, et si figé même qu'il ne sentait plus les battements de son cœur.

« C'est lui ? » Forte et déterminée, la voix inconnue dans son dos ne le fit pas sursauter.

« Oui, confirma quelqu'un. C'est lui… »

Une trogne apparut devant les yeux de Raphaël. Nez tordu de vieux boxeur, mèches grasses tombant sur un front bas, joues creusées de rides comme autant de cicatrices faites au couteau.

S'asseyant en tailleur face à Banes, l'homme semblait perplexe. « T'es sûr ? redemanda-t-il à son camarade.

— *Yep* ! répondit l'autre en se penchant vers Raphaël.

— Pas l'air d'être particulièrement dangereux, ce type.

— Tant mieux. J'avais peur qu'il nous donne du fil à retordre.

— Ben tant mieux, alors… Bon. Faut ce qu'il faut. Plus vite on le fera, mieux ce sera… »

Comme s'il n'était qu'un spectateur au théâtre, Banes vit alors le boxeur se redresser et tirer une longue machette de sous ses vêtements. La lune jouant sur la lame révéla une gravure sur l'acier. C'était le serpent des *Sheltas*...

« *Z'tagozem opocraid h' ni ze'rtroa Okhlos !* » dit le type en *vieux parlé*.

Jamais cru qu'il serait si facile de se faire Okhlos ! comprit Banes. Levant son bras, le bourreau brandit son arme. Il s'apprêtait à décocher un coup à lui fendre le front quand Raphaël hurla :

« Je ne suis pas Okhlos ! Mon nom est Banes ! Banes ! »

Pénétrant aussitôt l'esprit du vagabond, il pressa le cerveau du routard comme un fruit blet jusqu'à le faire éclater. Tué net, l'homme à la machette s'écroula dans la poussière tandis que son compagnon épouvanté cherchait à fuir. Mais Raphaël ne pouvait pas se permettre de le laisser partir. Il le contraignit à revenir sur ses pas pour se saisir de l'arme blanche et la plonger avec violence sous son sternum. Le second *Shelta* expira ainsi, face contre terre, tel un samouraï condamné au seppuku. Raphaël procéda rapidement au tri des affaires du duo. Il glissa dans son sac leurs réserves de nourriture et leurs gourdes d'eau et se remit en route, droit vers les montagnes qui se dressaient devant lui.

Cherchant un refuge dans les escarpements, il s'installa dans une faille si étroite qu'elle lui laissait à peine assez d'espace pour s'étendre. Il passa deux journées entières dans ce cercueil naturel, sans bouger, sans dormir ou presque, et aussi immobile qu'un cadavre, l'âme quasiment morte. Plus jamais il n'y aurait de professeur Raphaël Banes, résident d'Ithaca. Plus jamais il n'y aurait de pause-café chez *Marty's* à observer les jolies étudiantes ; plus d'après-midi passés à flâner en bibliothèque ou dans les librairies ; plus de promenades sur les rives du lac Beebe. Plus jamais, surtout, il ne reverrait l'amour de sa vie, l'unique femme qui ait jamais compté pour lui, Farah... Au-delà de l'infinie tristesse que ces pensées faisaient naître en lui, un rire amer franchit ses lèvres. Avec un acharnement et un vertige autodestructeur que rien n'avait pu entamer, Banes comprit enfin qu'il était l'unique artisan de son malheur. En refusant une vie simple et normale aux côtés de Farah, en dédaignant les perspectives banales du mariage et de la paternité, il s'était cru plus fort que les individus ordinaires. Il avait secrètement espéré répondre un jour à quelque destinée supérieure, romantique, et s'était retranché dans une tour d'ivoire, se préservant soigneusement des compromissions bonnes pour ceux que les *hobboes* nommaient avec dédain les *abonnés*... « Heureux de ne pas en être », avait-il dit un jour en trinquant avec Leland, Finn et Gerald. *Heureux de ne pas en être*... Certes ! Mais où ce stupide orgueil d'adolescent attardé l'avait-il conduit ? Cela avait provoqué la destruction de son couple ; le pugilat avec Jacobus Friedkin ; son renvoi de Cornell et son recrutement par ce Peabody dont l'obstination morbide à le lancer sur la piste de Milton Millicent avait définitivement fracassé son existence. Plus que tout, Banes avait désiré sortir du lot. Comblé au-delà de ses espérances – mais en cela seulement –, il pouvait se dire heureux...

Sensible à l'ironie de la situation, Raphaël éclata d'un rire dément. Répercutés par les parois de pierre, les éclats de sa voix résonnèrent longtemps dans les montagnes du Mojave. Cependant, quand des appels s'y mêlèrent, il se tut brutalement. Attentif et inquiet, il écouta... C'était du *vieux parlé*, de nouveau ! D'autres *Sheltas* le traquaient ! Banes s'extirpa de sa cachette et entama une fuite éperdue à travers les montagnes. Allongeant ses foulées, il franchit une crête et dévala une pente sur laquelle un bouquetin se serait cassé les pattes. Roulant sur les pierres, il s'écorcha sur le tranchant des quartz et des silex et parvint, au prix d'une course qui le mena jusqu'au cœur de la nuit, à prendre une avance suffisante pour égarer ses poursuivants. Reprenant son souffle à mi-pente, il vit les flambeaux des *Sheltas* se mouvoir derrière lui, à un mile de distance environ. Et puis, soudain, un affolement. Les points lumineux qui jusque-là avançaient régulièrement vers lui se mirent à danser erratiquement. Certains disparurent... Portés par l'air sec, des claquements résonnèrent comme un lointain tonnerre. Des coups de feu ! Incrédule, Banes vit les torches s'éteindre une à une jusqu'à ce qu'une obscurité totale revienne envelopper les montagnes. Raphaël n'attendit pas. Se remettant en route, il marcha sans faire halte.

Au matin – le soleil était levé depuis plusieurs heures –, il aperçut un mince filet de fumée bleutée s'élever à peu de distance. Se déplaçant d'anfractuosité en ravin, il se tapit derrière une rocaille et aperçut une silhouette solitaire en train de faire chauffer du café sur un feu de camp. En se répandant, l'odeur du breuvage monta jusqu'à lui mais ce ne fut pas ce parfum, si tentateur soit-il, qui décida Banes à se montrer, ce fut le visage du voyageur. C'était une femme portant une belle tresse rousse jetée sur son épaule. Quand elle vit Raphaël arriver, elle saisit près d'elle une sorte de vieux tomahawk indien. L'arme fermement serrée, elle se leva et se planta sur ses jambes. Banes montra ses mains vides.

« Ne craignez rien, dit-il. Je veux savoir si je peux vous acheter une tasse de café. Je vais rester loin de vous. Regardez ! Je m'arrête ici. N'ayez pas peur !

— J'ai l'air d'avoir peur ? » Si l'arme dans son poing était impressionnante, la détermination qui se lisait dans le regard de la rousse était plus intimidante encore. À l'évidence, cette femme était loin d'être effrayée par Raphaël Banes ! « Deux dollars pour une tasse. C'est d'accord ? » proposa-t-elle.

Banes fouilla dans sa poche et tira un billet de cinq qu'il posa sur une pierre plate avant de reculer de quelques pas.

« À ce prix-là, c'est double ration et un muffin, dit la fille en empochant le billet. Restez où vous êtes et tout se passera bien.

— Je ne demande que ça », assura-t-il en se débarrassant de son sac et en s'asseyant sur ses talons. La femme remplit un gobelet en mélamine, qu'elle déposa sur la pierre plate et ajouta, comme promis, un gâteau sous emballage plastique. Banes trempa ses lèvres dans le liquide chaud.

« Merci ! dit-il simplement.

— Pas de quoi. De toute façon, vous payez… Envie d'autre chose ?

— Qu'est-ce que je peux avoir ?

— Si vous remettez cinq dollars, je peux vous faire une omelette de quatre œufs avec un peu de fromage.

— J'adorerais ça !

— Alors allongez le fric et je cuisine… »

De nouveau, un billet fut posé sur la pierre.

« Comment vous appelez-vous ? voulut savoir la fille tout en sortant une poêle de son gros barda d'itinérante.

— J'ai un prénom que les gens ont souvent du mal à retenir, prévint le professeur. Dites Fano, ce sera aussi simple…

— Fano, répéta la femme pour se mettre les syllabes en mémoire. Moi, c'est Phoebe.

— *Shelta* ou *Fomoroï* ? » risqua tout de suite Raphaël.

Phoebe le regarda avec un drôle d'air. « Qu'est-ce que vous dites ?

— Rien. Pardon…

— Y a pas de mal. »

Versés dans la poêle, les œufs battus grésillèrent. La voyageuse tendit son assiette à Banes, qui mangea son repas avidement.

« Où allez-vous, Fano ? » demanda la fille. Incapable de répondre, Banes la regarda d'un air stupide. Avec son teint pâle piqueté de taches de rousseur, ses yeux bleus et son petit nez retroussé, Phoebe n'était qu'une femme ordinaire, mais beaucoup de douceur et de simplicité émanait de sa personne, sitôt ses poses guerrières abandonnées. Banes la trouva belle à sa façon.

« Où je vais ? dit-il enfin. Je ne sais pas où je vais. Et vous ?

— On raconte qu'il se passe des choses dans le Nevada.

— Quoi donc ?

— J'ai rencontré des types, hier, qui m'ont dit qu'il y avait une sorte de nouveau Malcolm X là-bas. Ou un Martin Luther King… Ce type-là ne se bat pas au nom d'une couleur de peau, mais pour tous les pauvres et les exclus d'où qu'ils viennent. J'y ai réfléchi toute la nuit. Ça te dirait d'aller voir ? »

Une boule monta dans la gorge de Raphaël. Il se fichait éperdument qu'un nouveau leader politique soit apparu au fin fond de nulle part, mais il n'avait pas envie d'être seul et la présence de Phoebe lui faisait du bien. Fatigué et désespéré, il répondit d'instinct :

« Je viens avec toi... »

XIV

Non l'habitude, mais le rite. Les gens ne font pas assez la différence. Elle est essentielle, pourtant. L'habitude, c'est la morne répétition d'une facilité. Le rite, c'est la sacralisation d'une nécessité afin d'extirper celle-ci de la routine et du temps ordinaire pour en faire un instant vrai de construction personnelle. C'était en tout cas la manière de voir de Tobias Memling. Le caractère essentiel de cette distinction lui était apparu au début des années 1970. Encore adolescent à cette époque, il vivait à Tokyo avec son père, officier supérieur de l'armée d'occupation américaine au Japon. Parmi la nuée de domestiques alloués à l'entretien de leur grande villa, Tobias avait remarqué un couple modeste et discret. L'homme était jardinier et sa femme, lingère. Tobias s'était pris à les observer jour après jour. Tous deux accordaient une attention extraordinaire à leur travail et se consacraient avec une étonnante solennité aux tâches apparemment les moins intéressantes – les moins valorisantes même. Cela n'avait pas cessé d'intriguer le jeune homme, d'autant que lui-même traversait alors une période de doute et d'insatisfaction. Bouillant d'énergies contradictoires, incapable de concentration, Tobias ne savait plus vers quel horizon tourner sa curiosité, et il ressentait les effets d'une immense et constante frustration. La sérénité apparente des deux domestiques le fascinait. Lui qui n'était qu'agitation et fièvre aurait voulu, comme eux, faire preuve d'application et de constance, de sérénité et de patience.

Parlant un peu l'anglais, l'époux se laissa lentement apprivoiser par l'adolescent. D'anodines, leurs conversations se firent de plus en plus longues et profondes. Le couple était disciple du shinto, la religion nipponne traditionnelle dont les préceptes encadraient toute leur existence. « Les activités les plus banales sont les plus importantes, expliquait-il. Si tu t'abstiens de retirer le grain de poussière sur ton plancher avant de te mettre au travail, une partie de ton esprit restera distraite par cette négligence. Tu ne pourras pas te concentrer pleinement et tu failliras. » C'était ça, le rituel selon Tobias : une attention constante donnée aux détails les plus infimes, afin de canaliser les énergies folles qui, depuis toujours, bouillonnaient en lui. Constamment se contrôler pour que les autres, justement, ne puissent jamais vous tenir…

C'était la grande leçon du shinto telle que l'avait comprise Memling. Une leçon simple en apparence et terriblement séductrice pour les Occidentaux en mal de perfection. Mais, là où beaucoup tombaient dans une idolâtrie béate de la culture japonaise, Tobias n'avait jamais renoncé à la sienne : l'exigence de perfection et la quête d'idéal existaient aussi sous plusieurs formes en Occident. Il aurait pu les vivre de bien des manières, mais il avait choisi de s'inféoder à la figure de Lucifer, l'ange de la révolte et du désir d'absolu… Ce chemin l'avait mené loin, bien plus loin qu'il ne l'avait imaginé. Il en avait tiré des satisfactions physiques et spirituelles sans nombre, des avantages financiers certains et une influence sociale évidente. En tout, il avait atteint des sommets. Mais à trop se détacher des hommes ordinaires on risque la folie, Tobias le savait. Et c'était bien là qu'il fallait chercher la raison d'être du plus important peut-être de ces fameux rites personnels sur lesquels il avait modelé sa vie : à dates régulières, il plongeait donc au plus profond de *Vulgaria*...

Vulgaria, c'était le nom que Tobias donnait au monde ordinaire, le monde de la collectivité, des individus sans discipline ni exigences personnelles... Contrairement à la plupart des êtres supérieurement doués, Memling ne dédaignait aucunement *Vulgaria*. S'il s'en tenait soigneusement éloigné la plupart du temps, il revenait malgré tout s'y plonger régulièrement afin de ne pas en oublier la réalité. Pour quelques jours, il abandonnait alors son bureau directorial de la Farnsborough Foundation, quittait ses vêtements sur mesure, confiait ses téléphones portables à ses assistants et ne conservait de son identité que l'indispensable pièce d'or apotropaïque frappée à l'effigie du couple souverain des Enfers. Vêtu banalement, avec seulement quelques dizaines de dollars en poche, il redevenait un anonyme. Ce n'était ni un jeu ni un caprice, mais une nécessité et une ascèse. Après avoir arpenté *Vulgaria* dans ses déclinaisons de Detroit et Phoenix, Tobias avait décidé cette fois-ci de revenir au cœur du vortex de la modernité : rien de moins que New York elle-même...

Arrivé la veille, il avait passé la nuit dans un hôtel bas de gamme de Harlem. À sept heures, il était sorti pour prendre son petit déjeuner dans un bar. La clientèle était composée d'habitués, des retraités qui venaient lire leur journal, des employés qui prenaient un café avant leur journée de bureau, des agents municipaux qui se réchauffaient d'un verre d'alcool entre deux séances de nettoyage de rues. Personne ou presque ne parlait. Rares, les échanges étaient mécaniques et forcés et une tristesse diffuse mais palpable imprégnait l'atmosphère. Ramassant un journal sur une table, Memling lut distraitement les gros titres. Évidemment, sa lecture ne lui apprit rien qu'il ne sache déjà. Chaque fois qu'il consultait un quotidien, il était frappé de constater combien les informations réellement importantes n'étaient jamais directement abordées. Mais c'était sûrement mieux ainsi. Les journalistes, après tout, n'étaient pas payés pour faire œuvre d'objectivité et de pédagogie à destination des masses, mais bien pour maintenir celles-ci dans un état de confusion et de malléabilité propice aux seuls intérêts des élites.

Tobias quitta le café et descendit à pied jusqu'à Manhattan. Vers midi, il se trouva aux abords de Zuccotti Park, une esplanade proche de Wall Street où des protestataires anticapitalistes avaient dressé des tentes depuis des mois. Statiques comme des moutons attendant l'abattoir, les manifestants se contentaient d'afficher leurs revendications sur des panneaux et des banderoles. *Rendez l'argent au peuple ! Prospérité pour tous ! Taxation des spéculations !* lisait-on sur leurs calicots. Si son indifférence native envers autrui n'avait pas entièrement dominé sa personnalité, Tobias aurait presque éprouvé de la pitié. Soutenus par la sotte espérance que les puissants s'intéressent un jour à leur sort, ces gens geignaient. Ils revendiquaient. Ils mendiaient des miettes. Mais se donnaient-ils les moyens d'attaquer le Léviathan de front ? Bien sûr que non ! Cocufiés par le système, ils espéraient encore que les choses s'arrangent, que la crise passe à grands coups de messages postés sur Twitter et Facebook. Ces gens ne voulaient pas renverser la société, ils voulaient que celle-ci se remette d'aplomb à l'aide de slogans aussi simplistes que *Le peuple avant leurs profits* ou de leur fumeuse révolution écologique, participative et citoyenne. Mais Memling était bien placé pour savoir que tout cela était voué à l'échec. Rien ne bougerait. Le drame allait survenir et l'Amérique bel et bien sombrer. Retour au XIXe siècle pour l'Occident tout entier. Tobias ne se réjouissait pas plus de cette perspective qu'il ne la déplorait. Pour lui et ceux de sa caste, cela impliquait tout au plus un changement de décor. Où allait-il se replier lorsque l'effondrement surviendrait ? Le choix était vaste : Singapour, l'Australie, les Émirats, la Chine ou la Russie, même… La liste était longue des pays à l'avenir plus assuré que celui des États-Unis ou de l'Europe. S'il l'avait voulu, il aurait pu haranguer les gens autour de lui et leur révéler tout ça, voire bien plus encore. Il aurait pu leur dire que faire pour reprendre authentiquement leur destin en main. Techniquement, ce n'était pas si difficile, au fond. Il suffisait de frapper un grand coup au bon endroit et de ne pas craindre quelques pertes inévitables en vies humaines. Mais de cette prise de conscience et de cet exploit guerrier, la foule qu'il observait à présent autour de lui était évidemment incapable. Toute leur vie, ces gens avaient été élevés dans l'idée d'appartenir à une nation civilisée, et dans les nations civilisées, on ne fait pas acte de violence. On persuade. On négocie. On prie en pariant sur la bonté naturelle de ses semblables et l'on mise en tout sur la sainte alliance de la raison et de la morale… Mais Tobias savait que tout cela n'était que leurre bon pour les faibles et les ratés de *Vulgaria*, les individus sans tenue et sans rite...

Quittant Zuccotti Park et ses protestataires avachis dont les traders de Wall Street, décidément, n'avaient rien à redouter, Memling continua sa promenade en déambulant jusqu'à la nuit. Fatigué, il décida enfin de regagner son hôtel de Harlem par le métro. Il s'enfonça sous terre à la station de Fulton Street. Deux ou trois personnes patientaient sur le quai de la ligne 2. Ça sentait l'urine et le caoutchouc chaud. Dans une rigole de faïence, de la vermine grouillait autour d'excréments humains. Le directeur de la Farnsborough Foundation commençait à avoir froid. La rame n'arrivait pas. Arpentant le quai pour rester en mouvement, il s'approcha de l'extrémité de la plate-forme. Quelques clochards s'étaient installés là. Enveloppés dans des sacs de couchage, deux ou trois ronflaient à même le sol tandis qu'un autre, accroupi, passait le temps en griffonnant frénétiquement sur un carnet. Incidemment, Tobias jeta un coup d'œil sur le dessin qu'achevait le malheureux. Avec un authentique talent d'illustrateur, le type avait représenté une scène étrange. Enchaîné par des menottes au volant d'une voiture, un homme essayait en vain de rattraper une jeune fille qui s'enfuyait. L'attention de Tobias resta fixée sur les traits du personnage attaché. Représenté de manière étrangement réaliste, ce visage ne lui était pas étranger.

« Qui est-ce ? demanda-t-il au dessinateur.

— Sais pas, répondit l'autre en levant à peine les yeux vers Memling. Ça me vient comme ça.

Mais c'est pas le premier dessin que je fais sur lui. J'en ai d'autres. Vous voulez voir ?

— Montrez toujours… »

L'homme lui tendit son carnet. Feuilletant les pages, Tobias découvrit le protagoniste dans les situations les plus variées. Ici, il était dessiné sur une route en compagnie de trois autres marcheurs et d'un chien. Là, dominant un type au sol, il brandissait une sorte de roche gravée avec laquelle il allait frapper son adversaire. Là encore, il admirait les formes d'une jeune naïade presque nue devant lui. Sur un autre, il se trouvait à genoux face à un homme qui le désignait à l'ire d'une foule nombreuse… Et puis, comme Tobias découvrait un portrait en pleine page de cet inconnu, un souvenir précis lui revint brutalement en mémoire. Cet homme, il le connaissait. Récemment introduit dans son bureau par Franklin Peabody, c'était un certain Raphaël Banes. Aucun doute possible. Les dessins restituaient trop fidèlement la physionomie du professeur pour qu'un simple hasard explique la ressemblance.

« Banes, releva Tobias. C'est Banes, n'est-ce pas ? »

Toujours assis, le type se contenta de hausser les épaules. « L'a pas de nom, c'type-là, répondit-il d'une voix pâteuse. C'est juste celui qui brouille les cartes…

— Le brouilleur de cartes ? Quelles cartes ? »

L'autre allait répondre mais un de ses voisins allongés se redressa : « Ferme-la, ta grande gueule, toi ! Tu sais bien qu'il faut se taire ! »

Un pugilat d'ivrognes naquit entre les deux hommes mais Tobias y mit facilement un terme en proposant d'acheter le carnet. Tandis que trente dollars changeaient de main, la rame de métro entra enfin en station.

Revenu dans sa chambre minable, Memling compulsa de nouveau les croquis. Perplexe, il dérogea à la règle qu'il s'était imposée d'éviter tout contact avec ses collaborateurs le temps de ses plongées en *Vulgaria*.

« Franklin ?

— Monsieur Memling ?

— Je crois que je vais rentrer un petit peu plus tôt que prévu. Vous n'avez rien d'urgent demain en soirée ?

— Non, monsieur. Pourquoi ?

— Je suis tombé sur quelque chose d'assez intrigant. Je suis sûr que cela vous amusera... »

Vingt-quatre heures plus tard, dans son bureau de Boston et sanglé dans l'un de ses trente-huit costumes taillés sur mesure corso Garibaldi, à Milan, Tobias Memling révélait sa trouvaille à Franklin Peabody. Passant en revue les crayonnés, ce dernier confirma ce que son supérieur savait déjà.

« Le visage de ce personnage ressemble de manière troublante à celui du professeur Banes, c'est certain ! Où dites-vous que vous avez trouvé ces dessins ?

— Un malheureux dans le métro... Station... je ne sais plus quoi. Au fait, vous ne m'avez pas dit : où en êtes-vous avec votre recrue ?

— Banes ? Difficile à dire. Il a disparu corps et biens depuis un moment maintenant et je n'arrive pas à remettre la main dessus. Il ne répond pas au téléphone ni à ses mails. J'ai envoyé quelqu'un à son domicile mais sa maison est fermée et du courrier déborde de la boîte aux lettres. Ce qu'il faisait était intéressant, pourtant.

— Rappelez-moi... »

Peabody retraça rapidement ce qu'il savait des pérégrinations de Raphaël. Comment il s'était lancé sur les traces de son élève Millicent et avait remonté la piste du jeune homme jusqu'à découvrir l'existence d'une sorte de confrérie de copistes s'amusant à reproduire les grands textes de l'humanité sur des tablettes d'argile. Tobias fut stupéfait d'entendre cette histoire.

« Et vous ne m'aviez encore rien dit de cela, Franklin ? Quand donc comptiez-vous le faire ?

— J'attendais que Banes ait découvert l'emplacement du dépôt de ces tablettes. L'endroit qu'ils appellent le Caveau...

— Admettons, grogna Tobias. Vous n'avez vraiment aucun moyen de mettre la main sur votre protégé ?

— Non.

— Dommage ! Je déteste attendre que les gens refassent surface. Cela me plonge dans un état d'incertitude extrêmement désagréable.

— Je vous comprends, monsieur, compatit Franklin. Et pour ces dessins ? Que fait-on ?

— Que signifient-ils, à votre avis ? voulut savoir Memling. Pensez-vous possible qu'ils illustrent de manière – comment dirais-je ? – prophétique les pérégrinations de ce M. Banes ? »

Peabody se lissa machinalement la barbe. « Pour être honnête, ni mon expérience ni mon ressenti ne me permettent d'accorder un soupçon de vraisemblance à cette hypothèse. Je vois très mal le docteur Banes se métamorphoser au point d'abandonner sa pusillanimité congénitale pour devenir la caricature de brute que nous montrent ces illustrations puériles. Tout cela n'a aucun sens pour moi. La ressemblance entre le professeur et ce personnage est troublante – je l'admets volontiers –, mais je la crois authentiquement fortuite... »

Memling ne semblait pas convaincu. « Pour ma part, je reste un hégélien de stricte obédience, vous savez, conclut-il. J'estime donc que tout ce qui est rationnel est réel et que tout ce qui est réel est rationnel. Conséquemment, selon moi, ces dessins sont la représentation d'une certaine vérité. »

Franklin allait renoncer à faire valoir son opinion quand, à cet instant, une image dansa sur l'écran géant qui diffusait en boucle une chaîne d'information continue. Filmé en gros plan, un homme s'agitait comme un tribun sur une scène de fortune. Sur un bandeau de texte déroulant, on pouvait lire : *Burning Man Festival, Nevada. Un messie autoproclamé fanatise la foule en prônant la fin de l'État et de l'argent. Venus de tout le pays, des dizaines de milliers d'adeptes font route pour l'écouter...* Suivaient de nouvelles images montrant, empilé aux pieds d'une immense statue de vestale, un énorme tas de portefeuilles, billets, pièces de monnaie, cartes bancaires et métaux précieux de toutes sortes, bijoux et parures. Le drapeau américain surmontait la pile. S'approchant de ce nouveau bûcher des vanités, un homme protégé par trois chiens noirs jeta une torche sur la pyramide imbibée d'essence. Dévorées par le feu, les richesses terrestres fondirent et disparurent en même temps que le pavillon national sous les vivats et les rires. Tandis que l'incendie se transmettait à l'effigie géante, un ultime gros plan présenta le visage du gourou. Sans l'ombre d'une hésitation, Memling et Peabody reconnurent le dominant devant lequel le professeur Banes était représenté agenouillé sur un des dessins trouvés dans le métro. Incrédules, les deux hommes échangèrent un regard lourd de sens. Pour Tobias

Memling, une nouvelle plongée en *Vulgaria* s'imposait, à l'évidence. Et que cela lui plaise ou non, Franklin Peabody était réquisitionné pour l'accompagner.

*
* *

La Nature est bien faite qui bride souvent l'efficacité des esprits supérieurs par le goût morbide que ceux-ci nourrissent envers les complexités inutiles. À ces intelligences-là, la théorie de l'*ordo ab chao* avait tout pour plaire. *Ordo ab chao* : l'ordre par le désordre. C'était la devise du trente-troisième degré d'une certaine fraternité... De même que la marche est une succession de déséquilibres, cette politique hasardeuse prétendait maîtriser les crises en les créant. Intéressante intention dans l'absolu, mais la réalité est toujours imprévisible et les exemples de chocs en retour qu'elle réserve à ceux qui prétendent la dominer sont fréquents dans l'histoire. Malgré les échecs référencés, nombreux étaient ceux en Amérique qui croyaient cependant encore à l'efficacité des formules d'ingénierie sociale pour abêtir les masses et jouir du plaisir de la domination. Car à quoi bon batailler des années durant pour se glisser dans les plus hautes sphères d'influence si, au final, on ne peut abuser du pouvoir que l'on a si durement acquis ?

Ordo ab chao... De cette variante sophistiquée de la technique du dérapage contrôlé, Iris van der Loor était une adepte convaincue. Mâchoires serrées, cheveux impeccablement lissés et maquillage parfait, elle assistait en cet instant, avec une poignée d'éminences grises de l'État profond, à l'audition de leur représentante publique à Washington : rien moins que la Présidente des États-Unis en personne.

Filmée en visioconférence depuis le Bureau ovale, le premier magistrat américain n'était pas le moins impressionné. Sur les écrans lui faisant face, neuf visages austères semblaient la juger. De ces gens elle ne savait rien ou presque. À peine se souvenait-elle en avoir croisé certains à l'occasion de dîners de charité, mais d'aucun elle n'aurait pu dire le nom, le titre ou la fonction. Ces détails n'avaient d'ailleurs guère d'importance. Madame la Présidente savait que ces neuf-là étaient individuellement plus puissants qu'elle, et que leur collège dépassait en termes de pouvoir tous les états-majors et autres *staffs* qu'elle pouvait elle-même commander. Consciente de la portée limitée de sa marge de manœuvre, elle avait la lucidité de se comporter face à eux en employée révocable, c'est-à-dire selon la réalité du rang qu'elle occupait dans la hiérarchie véritable des élites. Gorge sèche et voix presque tremblante, elle ne s'illusionnait en rien sur les causes de son accession à la fonction prétendument suprême. Depuis longtemps compromise dans des scandales politico-mondains dont la révélation aurait fait frémir d'horreur tout électeur normalement constitué, elle n'était qu'une femme de paille entre les mains d'un cartel, la débitrice de ceux auxquels elle devait sa place. Elle ne l'ignorait pas. Et pourtant, devant l'incongruité de ce qu'on lui demandait, elle tenta d'argumenter.

« Je vous conjure à nouveau de réfléchir, dit-elle, trouvant cette fois le courage de regarder en face ses commanditaires. Aussitôt signé l'ordre exécutif que vous exigez, des troubles vont se produire. Nous n'avons pas besoin de ça en ce moment. Réactiver aujourd'hui la vieille loi 6102 reviendrait à ouvrir la boîte de Pandore.

— Et pourquoi cela ? rétorqua Iris van der Loor avec toute la morgue dont elle était capable. Roosevelt l'a bien promulguée en 1933, sans incidents, et au plus grand bénéfice du Trésor…

— La situation n'a rien à voir, se défendit la Présidente. Criminaliser aujourd'hui la possession privée d'or et d'argent est impossible ! Les gens ne comprendraient pas. Cela finirait de mettre à bas le peu de confiance qu'ils accordent encore au gouvernement. Et puis, il y a le traumatisme de cette affaire de San Francisco. Le pays est sous le choc. Nous-mêmes ne savons rien des causes du drame…

— L'événement est étrange, je vous le concède, admit un homme entre deux âges. Mais nous devons le mettre à profit. Il peut fort opportunément vous aider à justifier notre exigence.

— Je ne vois pas comment, puisque je ne comprends pas moi-même très bien vos motivations ! »

L'homme soupira comme un professeur excédé d'avoir à faire la leçon à une étudiante médiocre. « Vous connaissez pourtant aussi bien que nous la situation réelle de nos réserves de métaux précieux, exposa-t-il. Elle est bien plus mauvaise que nous ne pouvons l'admettre officiellement. Notre système agonise. Il doit muter…

— Muter ?

— Vous le savez bien ! reprit l'homme. Nous avons tenu, de la fin de la Seconde Guerre mondiale jusqu'en 1971, sur la promesse de convertibilité du dollar. N'importe quel possesseur de billets à travers le monde pouvait en échanger contre du métal jaune. C'était simple : nous avions l'or de plus de cent nations dans nos coffres et nous ne nous sommes pas gênés pour intégrer de facto ces dépôts à notre patrimoine. Nous avons vécu sur ces réserves vingt années exceptionnelles. Mais ce trésor a fini par fondre ! Nous avons alors joué non plus sur Bretton Woods, mais sur le pacte du Quincy et la mainmise que nous avions par conséquent sur le pétrole saoudien. Ce n'était plus le métal qui garantissait notre monnaie, mais l'énergie, et c'est bien pour cela que nous avons artificiellement fait monter le cours du brut en 1973. Mais cela aussi n'a eu qu'un temps. L'épouvantail soviétique disparu, le monde a recommencé à bouger. La Russie est plus que jamais revenue dans le jeu, malgré tous les bâtons que nous lui avons mis dans les roues. La Chine se découvre des ambitions au point qu'elle se construit aujourd'hui une flotte de porte-avions. En réponse, nous en sommes réduits à créer de la monnaie ex nihilo et tout le monde à présent le sait. Même ces naïfs d'Européens. Nos stratégies de dissimulation sont éventées, les cartes de puissance redistribuées, et il ne nous reste plus que notre armée pour justifier la position du dollar comme monnaie de réserve mondiale. Malheureusement, cet atout-là non plus n'est pas si solide qu'on croit, car nous avons péché par excès de technicité et négligé les fondamentaux humains de la guerre. Nous sommes obligés de prévoir des couches dans le paquetage de nos soldats gavés de jeux vidéo et incapables de supporter la réalité du terrain. À Moscou, à Pékin et à New Delhi nos adversaires, eux, ont conservé un archaïsme salutaire. Leur population est beaucoup plus homogène que la nôtre et leur patriotisme se nourrit des dérélictions de notre société. Nous ne sommes plus pour eux un modèle mais un repoussoir. Nous sommes en train de perdre sur tous les terrains et c'est inacceptable ! Il va nous falloir revenir au moins momentanément à une assise économique matérielle concrète pour réaffirmer notre prédominance. Il nous faudra très bientôt des guerres ouvertes, mais avant cela il nous faut de l'or dès à présent pour garantir la pérennité du néodollar qui sortira des conflits à venir !

— Comment voulez-vous que je présente cette spoliation ? demanda, d'un air abattu, la Présidente.

— Les détails logistiques vous reviennent, trancha Iris. Promulguez le décret. Faites l'annonce à la population. Organisez administrativement la réquisition. C'est pour ça qu'on vous a placée là où vous êtes ! Et n'oubliez pas que le Capitole est proche de la roche Tarpéienne. Faites preuve de mauvaise volonté et nous n'aurons aucun scrupule à vous faire passer des honneurs du premier à l'infamie de la seconde ! »

Les écrans redevenus opaques, l'occupante de la Maison Blanche demeura longtemps immobile, à méditer. Refusant tout appel téléphonique, elle repoussa une réunion et resta plongée dans la contemplation des deux faces du *One Dollar Bill* qu'elle avait fait mettre sous verre et posé en guise de décoration sur les rayonnages de la bibliothèque. Cette image-là possédait un étrange pouvoir. Imprimée à l'encre sur une simple trame de lin et de coton, elle ne valait presque rien, mais on estimait encore grâce à elle la valeur de toute chose. Et ce paradoxe faisait d'elle un symbole magique. Un fétiche. Une idole... Sans en avoir conscience, l'écrasante majorité de la population lui vouait un véritable culte. Mais la plèbe, imaginait-elle seulement ce que cachaient les dessins qui couvraient ses deux faces rectangulaires ? Savait-elle qu'en leurs motifs de pyramide tronquée et d'Œil omniscient s'illustrait l'exorcisme d'angoisses séculaire ? Bien sûr que non ! La Présidente elle-même en avait à peine l'intuition. Grâce, prédestination, rédemption et damnation... Une métaphysique occulte s'exposait par ces signes qu'un simple vernis de culture suffisait à décrypter. C'était un secret d'autant mieux gardé qu'il se trouvait exposé en pleine lumière.

Avec son éducation calviniste, Madame la Présidente des États-Unis n'avait longtemps vu dans l'argent qu'un signe d'élection divine. Sans relâche travailler la matière du monde pour conjurer la Chute, soumettre les énergies rebelles de la matière en tirant d'elle des richesses. Tel était l'intérêt de l'économie, selon elle. Non seulement une manière d'accéder au bien-être mais l'unique possibilité concrète d'attirer sur soi l'attention d'un Dieu austère et plein de morgue. « Je suis un banquier qui accomplit l'œuvre de Dieu », avait dit un jour Ben Bernanke, alors patron de la Réserve fédérale. Croyant à une boutade, les imbéciles avaient ri... Mais l'éthique puritaine, la Présidente le sentait à présent, n'était que le premier palier permettant d'accéder à la vérité des symboles représentés sur le billet de un dollar. Se projetant bien au-delà de la simple théologie, la vérité ultime ne se révélait qu'aux lumières noires des plus basses sorcelleries car, pour qui savait voir, sous les devises *Annuit Coeptis* et *Novus Ordo Seclorum* des cartouches du dollar se découvrait, simple et brutale, le premier mot d'ordre des hauts initiés véritables : *Vae pauperibus*, malheur aux pauvres !

*

* *

La CIA et la NSA avaient beau posséder une expérience inégalable dans l'art du *storytelling* et du désamorçage de révélations gênantes, dissimuler la tragédie qui s'était déroulée sur le Golden Gate soixante-douze heures plus tôt avait été impossible. Il avait suffi de deux témoins rescapés, dotés d'un téléphone portable, pour que la scène de suicide collectif soit reprise sur les télévisions du monde entier. Interrompant le flot de nouvelles alarmantes en provenance de l'étranger, cette poignée d'images floues de quelques secondes avait sidéré l'Amérique. Sur un fond de lumière incertaine, on voyait des dizaines d'automobilistes quitter subitement leur véhicule à l'arrêt pour enjamber la rambarde et se jeter dans le vide. Depuis un bateau, un plaisancier avait lui aussi filmé la catastrophe. Observée depuis l'océan, la violence du drame était plus spectaculaire encore.

Du psychanalyste au sociologue, les plateaux des médias s'étaient aussitôt peuplés de spécialistes bien en peine d'analyser rationnellement cette scène stupéfiante d'hystérie collective. D'aucuns émirent l'hypothèse d'un attentat terroriste perpétré au moyen d'un neuroleptique inconnu, mais les commentateurs d'obédience évangéliste préférèrent opter pour la thèse religieuse du châtiment divin. Quant au capitaine Terence Harper, peu lui importait qu'un bataillon de personnages distingués débatte de la cause de la tragédie. Pour lui, ce n'était qu'une réplique des événements survenus sur la côte canadienne.

Sitôt la nouvelle connue, l'officier avait franchi la frontière. Les formalités lui avaient pris du temps. Ordinairement rapides entre le Canada et les États-Unis, les procédures de contrôle d'identité avaient été renforcées à la suite des événements de

San Francisco. Personne ne fouilla sérieusement sa Jeep Cherokee et sa Remington passa la douane avec le reste de ses affaires.

Sur la route menant en Californie. Harper fit halte dans un quartier périurbain principalement composé de petits commerces. Harper pénétra dans un bar. Sur la porte, une vieille étiquette jaunie montrait l'aigle américaine fondant sur un dromadaire tandis qu'un slogan proclamait : *Nuke em all and get the gas* ! Quelque chose comme : *Vitrifiez-moi ça et pompez le pétrole !* L'image datait de près de vingt ans, mais l'actualité – chargée – allait sans aucun doute lui rendre bientôt toute sa pertinence. L'ambiance dans la salle était lourde. Même si le dernier tube country de Lyle Lovett tentait de détendre l'atmosphère, des clients réclamèrent vite au patron de couper la musique pour brancher la télé sur Fox News. Harper déjeuna tranquillement dans son coin, le dos à l'écran. L'hymne national retentit soudain et tout le monde se figea. Les serveuses s'immobilisèrent dans les travées, leur plateau à la main, les cuisiniers cessèrent de retourner les hamburgers sur le gril et les consommateurs posèrent leur fourchette. Pour éviter de se singulariser, le Canadien délaissa son assiette et croisa les bras en prenant un air aussi concerné que possible. Solennelle, la voix de la Présidente s'éleva dans la salle. Des forces hostiles bafouaient l'intégrité de l'Amérique, disait-elle. Économiquement, diplomatiquement, militairement, le pays était soumis à plus de défis qu'il n'avait dû en relever depuis des décennies. Mais les États-Unis n'allaient pas abdiquer si facilement leur prééminence mondiale. Face au danger et aux prétentions rivales, face aux ennemis de l'intérieur, il fallait que la société tout entière réagisse en retrouvant l'esprit des Pères fondateurs, l'énergie des pionniers, l'ambition immense que lui imposait la Destinée manifeste… *Baratin de politicienne professionnelle,* songea Harper qui n'avait jamais accordé beaucoup de crédit aux représentants de l'exécutif, qu'ils sévissent à Ottawa ou à Washington. À la télévision, la première magistrate fit vibrer la corde patriotique autant qu'elle put avant d'annoncer la teneur de l'*executive order* qu'elle venait de parapher.

« En conséquence des périls qui menacent notre nation et ainsi que le Président Roosevelt l'avait lui-même décidé en son temps pour le plus grand bien du pays, je viens de promulguer l'interdiction pour les particuliers de détenir de l'or et de l'argent. La collecte sera organisée dans chaque comté sous la responsabilité conjointe des gouverneurs et des services fédéraux. Les contrevenants seront passibles d'amendes et de peines d'emprisonnement au prorata des sommes dissimulées. » Puis, refusant les questions de la presse, la Présidente quitta le pupitre de la conférence de presse et disparut en coulisse. Dans le bar, on éteignit le poste mais la musique populaire ne revint pas pour autant. D'une table à l'autre, les clients échangeaient des regards atterrés. Un petit nombre d'entre eux possédait des lingots enterrés dans leur jardin ou des pièces dans leur coffre, mais, qu'ils soient directement concernés ou non, tous avaient compris qu'un événement capital venait de se produire. Réquisitionner l'or des particuliers, c'était comme revenir sur le Deuxième Amendement permettant à chaque citoyen d'être armé. C'était une déclaration de guerre de Washington à ses administrés !

Après quelques instants de silence, les conversations s'élevèrent. De table en table, on s'interpellait et on échangeait des opinions comme si tout le monde était subitement devenu conseiller spécial à la Maison Blanche. Harper, ne se sentant pas concerné, se leva pour payer. Tandis qu'il patientait au comptoir en attendant qu'on lui prépare sa note, un type maigrelet s'approcha pour prendre quelques sachets de sucre sur un présentoir. Il en ouvrit un, le colla contre sa bouche et avala d'un trait son contenu.

« Le glucose, dit-il en adressant un sourire complice à Harper, c'est de l'énergie ! Faut pas négliger les petites choses. Voyez de quoi je parle ? »

Le capitaine fit une mimique d'approbation.

« Vous êtes pas d'ici, vous ? demanda le gars. Vous venez d'où ?

— Canada. »

L'information parut intéresser le causeur, qui se percha aussitôt sur le tabouret voisin. « Canada ? Et comment ça se passe au Canada, maintenant ? C'est comme ici ? Autant de problèmes ?

— Autant ou à peu près, je crois, répondit Harper. Maintenant c'est partout pareil, vous savez...

— C'est vrai ! approuva l'autre. Partout pareil ! Partout le bazar ! C'est plus comme avant. Moi, avec ce que vient de nous annoncer la Présidente, je parie même qu'on passera pas la prochaine année sans voir une guerre ici, sur le sol national comme on dit. Maintenant, les gens en ont trop marre. Vous avez entendu ? Ils veulent nous piquer notre vrai fric, les saligauds ! Moi, je suis pour la sécession ! Vous avez vu ce qui se passe dans le Nevada ? Ils brûlent déjà les billets et crachent à la gueule de la Constitution ! Ils ont raison, les gars ! Faut foutre ce pays en l'air ! C'est la seule solution, maintenant ! On est trop grands, de toute façon. Les petites nations, y a que ça de vrai ! Autrement, le citoyen n'est plus qu'un numéro, rien qu'un foutu code-barres pour l'Administration centrale qui ne s'intéresse à vous que pour vous faire cracher au bassinet !

— N'embête pas monsieur, Phil, dit le serveur en apportant l'addition d'Harper. Allez, rentre chez toi, il est tard… Excusez-le, m'sieur. Il est un peu tordu mais pas méchant.

— Pas de problème, répondit le *mounty* en tendant sa carte pour régler.

— Je m'en vais, t'inquiète pas, reprit le mangeur de sucre en se laissant glisser au sol. R'voir, m'sieur. Content de vous avoir connu. Et n'oubliez pas : faites des réserves de glucose. Va y avoir pénurie de ce genre de truc quand les Fédéraux viendront nous prendre notre or et qu'on les accueillera à coups de flingue ! »

Phil plongea une dernière fois la main dans le tourniquet, agrippa une dizaine de sachets et sortit sans se retourner.

Harper le suivit de près. Au supermarché voisin, l'officier voulut faire quelques courses, mais la plupart des rayons étaient déjà curieusement dégarnis. Harper pensa à un reportage qu'il avait vu dans sa jeunesse sur les difficultés d'approvisionnement en Europe de l'Est dans les années 1980. La vision des étagères quasiment vides des rayons *eau*, *pâtes*, *riz* et *piles* accentuèrent cette mauvaise impression. Un panneau annonçait une interruption des livraisons par la centrale d'achat sans en expliquer le motif. Apparemment, le collectionneur de sucre n'était pas le seul à trouver judicieux de faire des stocks par les temps sombres qui s'annonçaient ; beaucoup de gens remplissaient leur chariot à ras bord avec tout ce qui restait.

Les événements du Golden Gate semblaient avoir agi sur l'inconscient collectif comme un nouveau 11-Septembre et chacun se préparait déjà au pire.

Alors que Harper revenait vers sa voiture avec les quelques provisions qu'il était malgré tout parvenu à glaner, son portable vibra dans sa poche. À sa grande surprise, il vit le numéro de Jaffary s'afficher.

« Je vous dérange ? demanda le médium.

— Non. Qu'est-ce qui me vaut le plaisir ?

— Je n'arrête pas de ressasser votre dernière visite. Ne me demandez pas de me justifier mais je devais vous prévenir.

— Me prévenir de quoi ?

— Vous êtes toujours en train de fureter pour votre histoire et vous avez passé la frontière, n'est-ce pas ?

— Oui.

— C'est ce que je craignais... Dans ce cas, il faut vraiment que je vous dise de vous méfier. J'ai eu une nouvelle vague de flashs, cette nuit. C'est une chose qui ne m'arrive presque jamais spontanément, et ce n'est vraiment pas bon signe. Ce serait rudement bien que vous évitiez les régions Arizona-Nevada dans les jours qui viennent. Surtout ne fichez pas les pieds à Yellowstone, dans le Montana...

— Pourquoi ?

— Mauvais pressentiment...

— Il va se passer quelque chose là-bas ?

— Bien sûr qu'il va se passer quelque chose !

— Rapport avec la roue de feu dont vous m'avez parlé ? Je ne l'ai toujours pas vue, vous savez...

— Rentrez chez vous, Harper, conclut le médium de façon laconique. Rentrez chez vous tout de suite. C'est vraiment un conseil d'ami... »

Le capitaine le remercia et lui promit de considérer ses avertissements à leur juste valeur. Évidemment, il n'avait aucune intention de renoncer à son enquête, et Jaffary le savait. Quand ce dernier raccrocha, il comprit qu'il n'entendrait plus jamais la voix de l'officier. Les dés étaient jetés et le reclus de l'île de la Reine-Charlotte n'avait aucun moyen de peser sur la décision finale de son ami. Arriverait ce qui arriverait. Le Destin, quoi qu'il se produise, était de toute façon bien plus fort que les deux hommes réunis.

*
* *

Sur le ciel pur du début d'après-midi, la forme se découpait comme la silhouette d'un donjon. Avec ses cent trente pieds de haut, le cylindre de béton était l'unique construction sur cette portion de plaine. Mungo s'avança résolument vers le silo à grain, Dottie, Seth, Virgil et les autres sur ses talons. Leur impatience était palpable. C'était d'ailleurs ce qui le mettait mal à l'aise. Sans trop y croire, il espérait que ces gens se disperseraient sitôt qu'il aurait démontré la réalité de ses capacités. Malheureusement, il se doutait qu'ils lui manifesteraient alors un regain d'idolâtrie. Mungo était un vrai solitaire. Ne rien devoir à personne et aider autrui le moins possible était son credo. Il avait établi sa vie d'adulte sur ce principe et, après tout, ça ne lui avait pas trop mal réussi. Tous ces regards maintenant posés sur lui, cette espérance collective vaguement obséquieuse dont il était l'objet le gênaient. Il s'en sentait même presque sali. Bien plus que lorsqu'il plongeait les mains dans les rouages de la salle des machines du *General Dogsbody*...

Au bout du chemin, le groupe atteignit le pied du silo. C'était un simple entrepôt d'importance secondaire en bordure d'une voie de chemin de fer en mauvais état. Rien ne protégeait son accès, aucun grillage, aucune caméra de surveillance. Qui aurait voulu voler ce qu'il contenait ? Mungo posa ses mains bien à plat sur le mur, doigts écartés, paumes en ventouse sur la paroi. On aurait pu croire qu'il était en train de poser ses empreintes sur une dalle d'Hollywood Boulevard. Il resta là une minute à peine, juste assez longtemps pour que se diffuse à la pierre la lèpre dont il était porteur. À son contact, le béton commença à verdir puis devint d'un pourpre vineux avant de virer au brun. En demi-cercle derrière lui, les autres observaient en silence. Lentement, la couleur sombre s'étendit en ramifications le long du bâtiment, comme un lierre fou partant à l'assaut d'une claie. Mungo recula tandis qu'une forte odeur de pourriture envahissait l'air. Suintant depuis l'intérieur du ciment, l'infection trahissait la fermentation accélérée des céréales. C'était un parfum écœurant, douceâtre et fétide, une pestilence évoquant la mort, la famine et la désolation. En tous points, la signature du cavalier blême de l'Apocalypse...

Mungo sourit. Il se savait capable de contaminer les sources, la terre et les semences. Restait l'air. À la vitesse où son pouvoir progressait, nul doute que cela arriverait vite.

Comme il l'avait pensé, le groupe derrière lui s'extasia. Ce dont ils avaient longtemps rêvé venait donc de se réaliser : un prophète de la destruction s'était révélé à eux ! Enfin, ce monde infâme qu'ils vomissaient depuis le jour de leur naissance allait s'écrouler sous les coups de boutoir d'une force vengeresse, irrésistible et purificatrice. Bientôt, il ne resterait rien de la civilisation des hommes, et un nouveau futur s'ouvrirait, vierge et lumineux, pour les rares survivants du chaos, pour les adeptes de *Scamall*...

Radieuse, Dottie voulut savoir : « Et maintenant, Sadim, où allons-nous ? »

Mungo haussa les épaules. Il était ennuyé par la question. Sa position de chef de groupe forcé de concevoir un projet le mettait mal à l'aise. « Vous avez une idée ? » demanda-t-il.

La femme tira un vieux livre de sa poche. « L'évangile des *Fomoroï* nous le dira, assura-t-elle. C'est déjà lui qui nous a indiqué comment vous trouver... J'ai confiance. »

Tendant l'ouvrage à Mungo, elle l'invita à choisir un passage au hasard. Peu habitué à lire et ne comprenant pas ce qu'était ce recueil qu'il avait pris pour une simple bible, le mécano déchiffra difficilement :

« *Sadim ouvrit ses mains et celles-ci étaient noires comme la nuit d'avant la naissance du monde. Il les posa contre le grand mur qui s'effrita et se rompit, laissant Potamos couler à nouveau librement dans la vallée, lui qui avait été enchaîné par les hommes. Alors ceux-ci, même s'ils fuirent devant l'onde, périrent en son flot et pas un n'y survécut*...

— Ainsi est tracé le chemin par Sadim qui ouvre de lui-même le livre sacré à l'endroit où est annoncé l'avenir ! s'émerveilla Dottie.

— Qu'est-ce que c'est, *Potamos* ? répliqua Mungo, qui n'avait rien compris.

— L'endroit où nous devons nous rendre maintenant afin que s'accomplisse votre œuvre, Sadim, expliqua la femme. Je sais quel est l'endroit désigné. Je vous conduirai, n'ayez pas peur… »

Mungo grogna. Pour qui se prenait-elle, cette vieille ? Est-ce qu'elle l'avait bien regardé ? Est-ce qu'il était du genre à avoir peur de quoi que ce soit ? Quand on avait eu une vie comme la sienne, qu'on avait bourlingué sur presque toutes les mers du monde et failli par trois fois faire naufrage en plein océan déchaîné, on ne craignait plus grand-chose. A fortiori quand on avait le pouvoir de diffuser la pourriture d'une simple imposition des mains ! Mungo se demanda si la corruption dont il était porteur pouvait se transmettre à la chair humaine. Il eut un instant la tentation de la vérifier sur Dottie mais s'abstint de tenter l'expérience.

Le mécano et ses admirateurs se mirent en route. Prenant place dans trois voitures et se relayant pour conduire, ils franchirent en un jour les États du Wyoming et de l'Utah. Entrant à l'aube dans le Nevada par la quinzième *highway,* ils contournèrent Las Vegas par le sud et ne s'arrêtèrent qu'à moins d'un mile du barrage Hoover, sur le Colorado. « Ouvrez la porte des eaux, maître… », lui dit alors Dottie en désignant le gigantesque ouvrage d'art qu'ils surplombaient depuis la route. Mungo retroussa ses manches jusqu'au coude et s'avança, seul, vers l'immense paroi de béton. Était-il vraiment capable d'accomplir ce qu'on lui demandait ? Oui, il le sentait… Il en était même certain ! Et ce n'était pas pour faire plaisir à Dottie et ses compagnons qu'il allait réaliser cet exploit, mais bien pour obéir à la Voix qui résonnait en lui depuis le début de son aventure.

« Prends le petit sentier à droite, dit alors cette Voix, qui voulait elle aussi que le mécano détruise le grand barrage. Prends-le et suis-le jusqu'au bout. Il y a un poste de contrôle, là-bas, mais aussi un passage couvert par lequel tu pourras t'approcher du lac... »

La Voix disait vrai. Mungo passa sans qu'on le remarque près d'une installation d'où partaient des tranchées remplies de câbles et de tuyaux. S'introduisant dans une de ces glissières, il parvint à proximité du mur titanesque qui retenait les eaux. « Ici ! commanda la Voix. Ici, ce sera très bien... » Mungo posa ses paumes sur sol et attendit.

Devenant subitement poreux, le ciment s'imprégna du poison qui suintait des mains du mécano. Sa surface se fendilla et se craquela en suivant les veines du terrain. Courant jusqu'au cœur de l'édifice, la lèpre y creusa d'abord des ridules qui dessinèrent comme des filaments de toile d'araignée. Ces lignes s'élargirent, s'approfondirent, se dilatèrent... Pulvérisant le béton, elles effritèrent inexorablement la colossale muraille. Nouvelle enceinte de Jéricho, le barrage vacilla sur sa base et s'ouvrit d'un coup, comme si une épée céleste avait subitement tranché toute sa hauteur. Il y eut alors un bruit terrible, un son monté tout droit des Enfers, que même Mungo, dans les entrailles de navires ballottés par les tempêtes les plus noires, n'avait jamais entendu. Effrayé par l'ampleur de ce qu'il avait provoqué, le mécano battit en retraite tandis que le fleuve Colorado reprenait son cours naturel. Au milieu du hurlement des sirènes, des cris du personnel incrédule et du bouillonnement des eaux libérées, il courut à perdre haleine jusqu'à la route. Brusquement déversés dans la gorge étroite, les milliards de mètres cubes du lac artificiel pulvérisèrent tout sur leur passage. Le pont de l'autoroute 93, qui franchissait le canyon, fut emporté comme s'il n'était qu'une passerelle sur un ruisseau. Les flancs des falaises s'effacèrent dans des remous de couleur ocre. Des embruns retombèrent en pluie serrée sur les *Fomoroï*, heureux comme des enfants d'avoir assisté à ce premier exploit de leur héros. Ainsi que leur évangile le leur avait assuré, ils savaient que Sadim, leur maître, avait encore onze travaux à effectuer afin de rendre le monde à la pureté de son chaos originel. Celui-ci n'était que le premier et le plus simple.

Dottie, une fois encore, tendit comme un rituel le livre au mécano. « Page 71, annonça solennellement ce dernier en se prenant maintenant au jeu. Je lis : *Des plaines inondées et devenues à jamais noires, ils partiront vers l'étoile de l'ours. Trois jours ils voyageront avant que la Salamandre ne les rejoigne et c'est ensemble qu'ils ouvriront la première des huit portes du grand pays d'Absinthe...*

— Qu'est-ce que ça veut dire ? demanda cette fois l'homme nommé Virgil.

— Qu'il nous faut retourner au nord et que nous y rencontrerons un ami... », répondit Dottie en reprenant avec une grande révérence le livre des mains miraculeuses de Mungo le destructeur.

*

* *

Ça se voulait lascif et ce n'était que poussif. Supposément érotique, le spectacle était en réalité effarant de tristesse et de vulgarité. Accrochée à sa barre de métal, une pauvre fille défraîchie multipliait les acrobaties grotesques devant un Eliot Paul Hendricks totalement hermétique à ses efforts. Peut-être le Canadien se serait-il autrefois montré sensible aux tressaillements des chairs molles livrées à son regard, mais tout avait changé à présent. Hendricks n'était plus homme à se contenter d'une fille aussi banale que cette pauvre strip-teaseuse de seconde zone, dont la sueur et le mauvais parfum révulsaient son odorat. C'en était trop. Il vida son verre d'un trait et s'amusa à chauffer la barre à laquelle était suspendue l'employée de ce bouge à soldats, perdu à l'extrême nord du Wyoming. Porté subitement au rouge, le métal brûla les paumes de la fille, qui poussa un cri de surprise et de douleur et chuta lourdement sur l'estrade, achevant ainsi de se rendre ridicule. Déprimé, Hendricks quitta l'endroit sans laisser de pourboire. Il sortait de sa poche les clefs de sa Cadillac 75 quand un type surgi de nulle part murmura derrière lui :

« C'est bizarre la façon dont rien ne tourne comme prévu, hein ? »

Surpris, Hendricks sursauta. « Qu'est-ce que vous dites ? »

S'approchant, l'inconnu répéta : « Je dis seulement qu'il y a un truc qui ne tourne pas rond. Ça n'aurait pas dû se passer comme ça, en théorie...

— Qu'est-ce qui n'aurait pas dû se passer comme ça ? »

Si Hendricks ne paniquait pas en découvrant que l'homme en question avait les mains couvertes de sang, ce n'était pas tant parce qu'il aurait pu le transformer à l'instant en torche vivante que parce qu'il avait la certitude que ce type travaillait à la même œuvre que lui. De l'intérieur de sa veste, l'homme sortit un vieux livre mal relié.

« Le bouquin, là... Vous ne l'avez pas lu ? »

Hendricks fit signe que non. « Ça dit là-dedans qu'il devait y en avoir cinq, des gens comme vous.

Or tout le monde sait maintenant qu'il en manque au moins un et que le type qui se fait appeler Okhlos n'est pas le bon... Qu'est-ce que vous avez foutu, bon Dieu ?

— Je ne comprends pas ce que vous dites, désolé...

— Évidemment que vous comprenez, s'entêta l'autre. Faites pas l'idiot. Vous savez bien que ça cloche. »

Hendricks soupira et admit : « Oui... peut-être...

— Faut faire attention, mec ! Moi, je viens de me faire un de ces putain de *Sheltas* qui te pistait. Il t'aurait eu à la sortie du club, tu sais. Il était bon, il m'a donné du mal... Fais vraiment gaffe, hein ! C'est pas parce que t'as un don que tu es immortel. La mort va vite, mec ! Tu veux que je vienne avec toi ?

— Non. Ça ira. Je sais ce que j'ai à faire. Et je serai prudent...

— J'espère. Parce que ça peut encore tourner mal pour nous ! Moi, je pense que j'ai fait mon boulot en te rappelant des évidences. Maintenant, agis comme tu veux. C'est toi le maître, après tout...

— Oui, confirma Hendricks. C'est moi le maître. »

Il remonta dans sa voiture et quitta le parking. Ressassant cette conversation, il roula à petite vitesse en direction du Montana jusqu'à ce que le soleil se lève. À l'intersection de la 12 et de la 87, il remarqua un haut grillage électrifié courant sur plusieurs miles. Il s'arrêta. C'était l'enceinte d'une base militaire. On apercevait des baraquements loin derrière les barbelés. Il y avait aussi une piste d'hélicoptère et une rangée d'énormes coupoles de radars orientées au nord-ouest. Hendricks était satisfait. Il y avait quelque chose d'intéressant à faire ici. C'était l'endroit exact qu'il cherchait depuis quelques jours, et c'était aussi – il le comprenait maintenant – un point de rencontre avec l'un de ceux qui étaient partis en même temps que lui du village aux suicidés. Comme il était le premier arrivé, il lui fallait attendre. Il se dit qu'il n'allait évidemment pas patienter indéfiniment sur ce bord de route et rédigea sur un bout de papier une note indiquant qu'il serait de retour ici même quarante-huit heures plus tard. Coinçant son billet dans les losanges du grillage, il savait que le destin se chargerait de le faire découvrir à qui de droit. Et si, d'aventure, personne n'honorait ce rendez-vous, il agirait seul sans plus accorder de délai à quiconque.

XV

« Tu ne m'avais pas dit que tu étais malade. Qu'est-ce que tu as ? »

Une barre lui sciant le ventre et lui interdisant toute respiration profonde, Raphaël Banes eut du mal à répondre à Phoebe.

« Rien… Ne t'inquiète pas. Avance. Je vais te rejoindre… »

La rousse n'insista pas. Jetant un regard compatissant à son compagnon, elle se remit doucement en marche après avoir passé sa main en un geste maternel sur le visage de Fano. Celui-ci cracha dans la poussière et se força à bouger, mais un tiraillement douloureux le retint quelques instants encore. Une migraine lancinante pulsait comme un tambour de guerre dans son crâne, tirait ses traits et donnait à sa peau l'aspect d'un parchemin. Il n'était pas surpris de ces souffrances, il en connaissait l'origine. *Scamall*, en lui, était un cancer, une bête prisonnière furieuse de ne pouvoir exercer librement ses ravages. Affolée, trépignante, elle se vengeait de son geôlier en mettant son corps à l'épreuve. Puisant dans ses réserves de force, Banes se reprit. Il regagna peu à peu le terrain perdu, rejoignit Phoebe et tous deux continuèrent comme si de rien n'était.

La fille, par chance, n'était pas curieuse. Depuis qu'elle avait associé sa solitude à celle de Raphaël, elle n'avait posé aucune question. À quoi bon ? Elle n'avait pas besoin de connaître les détails d'une vie qu'elle imaginait très semblable à la sienne. Qu'importait ce que ce type avait été avant d'être réduit, comme elle, à l'état de *hobbo ?* Instituteur ? Ouvrier ? Fonctionnaire ? Les identités anciennes ne signifiaient rien pour ceux qu'une société indifférente avait contraints à l'errance. Pour eux, il n'y avait plus de passé et encore moins d'avenir. À moins que… On avait raconté à Phoebe qu'un homme venait de se dresser pour ouvrir un futur aux désespérés. Intriguée mais méfiante, elle voulait voir de ses propres yeux qui était cet homme grâce auquel, peut-être, la malédiction de pauvreté ravageant le pays d'Amérique allait être levée. C'était un espoir mince, mais cela valait la peine d'être tenté. Et tant mieux si un inconnu surgi du désert allait vérifier ça avec elle. Que le type en question soit plutôt beau garçon ne gâchait rien à l'affaire, même s'il était plutôt du genre taciturne et ne semblait pas jouir d'une éclatante santé…

Évoluant pour sa part dans une demi-conscience depuis que Milton l'avait oint de la grâce noire de *Scamall*, Banes avait mis ses pas dans ceux de cette femme pour éviter de céder trop vite à la folie de destruction œuvrant en lui. Abdiquant ses responsabilités et tentant d'oublier son destin en se concentrant sur l'acte simple d'avancer, il essayait, très humainement, de repousser les échéances et de gagner du temps. Phoebe ouvrait la marche. On lui avait indiqué la direction du Nevada et c'est ce but qu'elle voulait atteindre, mais la distance était longue depuis les franges du Mojave jusqu'à l'État voisin.

« Ce serait bien qu'on trouve un train, dit-elle à Raphaël. De toute façon, tu ne peux pas continuer longtemps comme ça. Marcher t'épuise. »

Le destin dut entendre la femme rousse car une heure à peine s'était écoulée quand le duo quitta les franges du désert, à Searles Valley. Un peu au nord de celle-ci, à Pioneer Point, il y avait une petite gare… Bien sûr, ce n'était pas une station destinée aux voyageurs, plutôt un poste de contrôle pour les trains de marchandises. Personne alentour. Banes et Phoebe s'installèrent sous un toit de zinc en attendant le prochain convoi. Tandis qu'ils patientaient, Raphaël songea à son premier voyage clandestin, avec Leland et la bande de livreurs de plaques d'argile travaillant pour le Régent. Il traînait encore sa Samsonite, à l'époque, il portait un manteau de ville et des souliers fins. Combien de temps y avait-il de ça ? des années ? des mois ? quelques jours seulement ? Banes ne s'en souvenait pas. C'était une autre vie, voilà tout ce qu'il y avait à savoir. Raphaël se demanda ce qu'était devenue la copie des *Histoires* d'Hérodote qu'il transportait alors. Il l'avait perdue mais était incapable de s'en remémorer les circonstances. L'avait-il déposée au Caveau ? Non, puisqu'il avait plus tard défoncé le crâne du type de l'*Aryan Nation* avec. Était-elle restée dans la BMW blanche incendiée au bord de la plage ? Certainement… Mais le sort de l'objet ne comptait plus. Raphaël eut pourtant un ricanement involontaire en songeant qu'il devait être la seule personne au monde à qui Hérodote avait directement sauvé la mise.

« Qu'est-ce qu'il y a de drôle ? » demanda Phoebe.

Raphaël cherchait quoi répondre, mais l'irruption soudaine d'un train à l'horizon lui évita d'avoir à évoquer une anecdote difficile à raconter.

« Il ne roule pas vite mais il va falloir quand même courir, dit la femme. Tu t'en sens capable ?

— Oui..., murmura-t-il en se levant et en prenant son sac.

— Attends ! s'exclama la rousse d'un air inquiet.

— Quoi ?

— Regarde ! » Phoebe désignait le convoi qui s'avançait vers eux dans la lumière crue.

Plus serrées que des pèlerins en Terre sainte, des silhouettes s'amassaient par centaines sur les toits des wagons. En un tel lieu et à cette époque, le spectacle était inédit et dérangeant. Mieux que des courbes statistiques ou des études savantes, il racontait l'état réel dans lequel se trouvait l'Amérique : un pays essoufflé, au bord de la désunion ; un pays blessé en proie au désenchantement et aux désillusions ; un pays où un inconnu pouvait, simplement en hurlant *À mort le pouvoir ! À mort l'argent !*, rallier des dizaines de milliers de partisans prêts à traverser un continent pour le rejoindre et le servir.

« Qui sont ces gens ? s'enquit Banes.

— Sûrement des gens comme nous ! » lâcha Phoebe en s'élançant vers la voie.

Raphaël, bien sûr, aurait dû refuser de la suivre et la convaincre de renoncer à ce dangereux voyage en collectivité, mais il était trop tard, la rousse s'était déjà hissée à bord d'un fourgon.

« Fano ! cria-t-elle. Viens ! » Banes râla mais se mit à courir. Saisi par des bras vigoureux, il rejoignit Pheobe. Une centaine de nomades étaient assis à l'intérieur de la bétaillère. Affalés les uns contre les autres au milieu de sacs et de bidons, ils ressemblaient à des soldats qu'on transportait vers leur prochain champ de bataille. Banes n'aimait pas l'ambiance qui régnait dans cette voiture. Il avait aperçu des femmes et des enfants sur les toits d'autres wagons, mais il n'y avait ici que des hommes, qui lui rappelèrent l'Étrave et Cheveux Blancs au camp de Padden... Des *Fomoroï*, assurément. Et même en bon nombre. Banes aurait voulu descendre du train sur-le-champ, au risque de se briser le cou, mais il ne pouvait pas abandonner Phoebe. Résigné, il enjamba les corps allongés jusqu'à un bout d'espace libre dans un angle. Une fois installé parmi ces formes avachies, il se sentit au bord de la panique : *Scamall* s'agitait de plus belle en lui, excitée par la proximité de cette population qu'il lui aurait été facile d'anéantir si sa conscience n'avait eu le bon goût de résister. Car même si cela faisait mal et s'il savait sa cause désespérée, le professeur avait décidé de lutter. Par orgueil. Pour qu'il ne soit surtout pas dit qu'il avait toute sa vie vécu en lâche. Fermant les yeux, il tenta de dormir mais le sommeil le fuit. À côté de lui, il entendait Phoebe lier connaissance de manière un peu forcée avec six ou sept bonshommes qui passaient le temps en biberonnant du Jack Daniel's. « D'où vous venez ? demandaient les gars. Vous traînez depuis longtemps ? » et autres questions banales du même genre. Phoebe faisait de son mieux pour répondre sans paraître désobligeante, mais Fano sentait bien qu'elle n'était pas d'humeur à faire la conversation. Elle aussi avait compris qu'elle était l'unique femme dans cette voiture, et ce n'était pas une position facile.

« Et le gus avec toi, là, l'endormi, insista le plus alcoolisé, c'est ton mari ? Vous êtes ensemble ?

— C'est juste un ami...

— Tant mieux, se félicita l'homme. C'est que t'es libre, alors ? Ça te dirait, de la compagnie ? »

La scène dégénéra instantanément. Phoebe essaya de se dégager de l'étreinte que l'ivrogne lui imposait déjà, mais l'homme, épais et fort, raffermit sa prise et colla ses lèvres aux siennes. Banes ne pouvait plus faire semblant d'ignorer ce qui se passait. Le cœur battant, il se redressa pour s'interposer. Les comparses du baraqué l'en empêchèrent. L'immobilisant, ils le maintinrent à genoux tandis que Phoebe était molestée sans que personne dans le wagon se porte à son secours. Raphaël reçut des coups lui aussi, sa vue se brouilla. Au travers d'un voile gris, il vit la brute baisser le pantalon de la rousse sous les rires et les encouragements de ses camarades. Mais, tandis qu'il s'allongeait sur sa victime, il poussa soudain un cri de goret. D'une vigoureuse morsure, Phoebe venait de lui arracher un beau morceau d'oreille. Furieux et surpris, l'homme se redressa et décocha un violent coup de pied à la fille. Sa lourde botte tapa en plein sous le menton de Phoebe, son cou s'arqua excessivement et, dans un bruit mat, ses vertèbres se rompirent.

« Tu l'as tuée, crétin ! » râla un de ses compagnons. Le gros haussa les épaules d'un air indifférent. « Pas de problème tant qu'elle reste chaude », répliqua-t-il. Puis, comme si la jeune femme était toujours en vie, il entreprit de s'étendre sur elle.

Malgré le vertige qui obscurcissait sa conscience, Banes avait tout saisi de l'horreur de la scène. Libérant *Scamall* qui bouillait en lui, il s'empara de l'esprit du violeur et le comprima comme il aurait essoré un vieux linge. Réduit à de la gelée, le cerveau du type lui coula jusque dans la gorge. Tué net, il s'effondra sur le corps de Phoebe. Mais ses complices, incapables de comprendre ce qui venait de se passer, s'amusaient encore de la profanation et encourageaient leur ami à s'activer. La Nuée s'empara d'eux à leur tour, allumant en eux le feu dévorant du massacre. Sortant un marteau de sa poche, l'un se jeta sans raison sur le premier hère à sa portée : il hurla des propos incompréhensibles et s'acharna sur lui jusqu'à lui éclater le crâne ; un autre se précipita sur une victime de hasard pour lui ouvrir l'estomac d'un coup de lame. Les cris et le sang répandu provoquèrent aussitôt la panique. Les voyageurs du wagon se poussèrent et se piétinèrent, certains voulaient voir quand d'autres voulaient fuir... Lâchés comme des renards dans un poulailler, les possédés s'en prenaient à tous ceux à leur portée. Leur énergie était décuplée par la Nuée, et nul ne pouvait rivaliser avec eux par la force. Perdant tout discernement, affolés par la tuerie, les pèlerins cherchèrent à échapper au carnage en sautant du train par les portes à glissière. Le convoi roulait alors à pleine vitesse dans un canyon de roches rouges. Rebondissant contre les parois de ce couloir minéral, les corps de ces fuyards étaient renvoyés sous les voitures, happés sous les essieux et sciés par les roues. Les voyageurs installés sur le toit entendaient les craquements de leurs os rompus et assistaient, effarés, à ce spectacle dantesque dont ils ignoraient la cause. Banes mis à part, qui aurait pu le comprendre ? Au prix d'un effort qui lui fit pousser des râles de supplicié, Raphaël contraignit *Scamall* à quitter les esprits qu'il hantait. Mais la Nuée ne lâcha pas ses proies avant de les mettre à mort. Se jetant à leur tour dans le vide, les assassins furent écrasés, comme les autres, entre le roc et l'acier. Domptant enfin la Nuée, Banes l'enferma au plus secret de lui-même et l'y maintint aussi fermement enchaînée que le démon Asmodée dans les geôles magiques du roi Salomon.

La tourmente enfin passée, les corps jonchaient en nombre le plancher du wagon. Bouleversé, Raphaël s'approcha du cadavre de Phoebe et le prit dans ses bras. Malgré l'effarant pouvoir qu'il détenait, il n'avait rien pu faire pour sauver cette femme. Il resta ainsi prostré, brisé de douleur et de regrets tandis que, autour de lui, les survivants s'étaient réfugiés dans le mutisme. Sans chercher à comprendre ce qui s'était passé, ils demeuraient hébétés, osant à peine respirer de peur d'incommoder l'homme dont ils percevaient cependant bien qu'il se trouvait à l'origine de l'événement.

À minuit passé, le train ralentit et s'arrêta enfin. Des voix résonnèrent au-dehors. Toujours silencieux, les clandestins saisirent leurs ballots et quittèrent le wagon. Banes posa un baiser sur le front froid de Phoebe et s'en alla lui aussi. Négligeant de prendre son sac, il suivit les autres le long de la voie. Des lueurs et des nuées orangées s'élevaient au nord dans le ciel nocturne.

« Où sommes-nous ? demanda le professeur à une femme qui marchait à côté de lui.

— Pas loin de Salt Lake City, je crois.

— Où va-t-on ?

— Tu sais bien ! On va rejoindre celui qui va changer les choses pour nous... Allez, ami, avance ! » Au milieu des pèlerins, Banes suivit la progression générale.

Pour la première fois depuis qu'il avait quitté New York, il ne portait plus de charge sur le dos ni de musette. Ils longèrent longtemps la voie ferrée jusqu'à ce que les abords de la ville se dessinent enfin. Raphaël crut pénétrer dans une zone de guerre. De loin en loin, des incendies ravageaient des quartiers entiers. Du verre brisé, des éclats de pierre et des bouts de ferraille tordus recouvraient le sol. Une bataille s'était tenue ici. Tout en attestait. Il aperçut d'abord une sorte d'étendard accroché à une façade : un morceau de tissu, un vieux drap peut-être, sur lequel on avait hâtivement tracé trois têtes de chiens au-dessus d'un slogan rageur : *Ils n'auront pas notre or !* Il lut ensuite une inscription sur un mur : *Okhlos dit la vérité !* affirmait le graffiti. Okhlos ! Enfin Raphaël Banes comprit qui était ce nouveau messie assurant aux pauvres et aux exclus qu'était venu le temps de la vengeance. Avait-il fallu que son esprit soit obscurci pour qu'il n'ait pas immédiatement saisi l'évidence...

« On arrive trop tard ! regretta, tout près de lui, un des passagers du train.

— Pourquoi tu dis ça ? répliqua un autre. Tout fait que commencer, t'inquiète pas. Des prises de ville, y en aura d'autres. On les aura toutes... »

Banes passa près d'une voiture de police aux vitres brisées et à la carrosserie grêlée d'impacts. Des jeunes gens rieurs, brandissant des morceaux d'asphalte arrachés à la chaussée, se prenaient en photo, assis sur le capot.

« Qu'est-ce qui s'est passé ici ? leur demanda Raphaël.

— Qu'est-ce que tu crois, grand-père ? Okhlos a dit que l'heure du Jugement était arrivée ! Alors on a jugé ! »

Raphaël aperçut deux cadavres de policiers affalés à l'intérieur du véhicule, le corps disloqué. Les malheureux avaient été lapidés sans qu'on leur laisse la moindre chance de s'échapper.

Banes erra jusqu'à l'aube dans les rues de Salt Lake City. Quelque direction qu'il prenne, les scènes racontaient toutes la même histoire : celle d'une colère générale dont le surgissement brutal avait tout emporté. Se serait-il préoccupé à cet instant des références historiques qui avaient longtemps fait son quotidien d'enseignant, Banes aurait pu comparer ce spectacle aux photographies prises lors des révoltes de Kronstadt, de Barcelone ou du Paris de la Commune. Il aurait pu aussi en appeler à une actualité plus récente, Bagdad, Tripoli ou Racca sûrement... Ici comme là-bas avaient fait rage des exécutions sommaires, des règlements de comptes sordides et des parodies de procès ; on avait pendu des fonctionnaires aux réverbères ou placé des pneus enflammés autour de malheureux seulement coupables d'avoir voulu calmer les esprits et préserver l'ordre ancien. Néanmoins, quelque chose de très particulier s'était passé à Salt Lake City. Si l'on s'était effectivement acharné sur les immeubles abritant banques, compagnies d'assurances et organismes de crédit et si l'on avait démoli pierre après pierre l'antenne locale du FBI, les bureaux de recrutement de l'armée et le siège de l'administration fiscale, on n'avait pas vidé les salles des coffres, pas plus qu'on n'avait volé les bijouteries ou les magasins de luxe. Aucun pillage n'avait eu lieu. Banes le constatait à l'instant même, tandis qu'il marchait sur un épais tapis de billets verts, vomis d'une camionnette de transport de fonds renversée. Personne ne prenait la peine de se baisser pour ramasser les dollars. Il y en avait pour une fortune, pourtant, plusieurs millions sans doute... Indifférente à l'argent répandu comme elle était indifférente aux objets laissés à sa portée, la foule semblait mettre un point d'honneur à mépriser les signes ordinaires de richesse. Mieux, sur la place de l'Hôtel de Ville, un bûcher était en train d'être érigé. Comme les fidèles d'Okhlos l'avaient déjà fait au Burning Man Festival, on empilait ici tout ce qui pouvait rappeler ce en quoi les États-Unis d'Amérique avaient désespérément cru : bibles, portraits officiels de la Présidente et de ses prédécesseurs, photos de vétérans, diplômes, gadgets électroniques, plaques arrachées au fronton des écoles et des hôpitaux, enseignes commerciales déboulonnées des fast-foods, des stations-service, des supermarchés, des cinémas et même des armureries. Banes vit aussi qu'on jetait des petits sachets de drogue, des barrettes de hachisch, des seringues et des pilules d'amphétamines. Les gens se débarrassaient frénétiquement de leurs téléphones portables, de leur portefeuille et jusqu'à leurs clefs d'appartement. Dans leur quête d'un nouveau départ, ils ne voulaient plus rien qui leur rappelle le passé. Nourri de billets verts, le feu prit et l'on dansa autour du brasier ainsi que les Hébreux l'avaient fait au pied du Veau d'or. Mais au lieu d'adorer la matérialité, c'était au contraire un culte à la dépossession et à la frugalité que l'on rendait, un culte à l'ascétisme. À l'essentiel... Banes avait l'impression d'être revenu au temps de Savonarole. Comme à Florence à l'époque du prédicateur, la foule était prise d'un vertige de mortification et de pénitence. Après avoir vécu en glorifiant l'avidité et la démesure, elle n'aspirait plus qu'au dépouillement le plus radical, comme s'il n'était possible de combattre l'excès que par l'excès.

Saisi par une fascination morbide, Raphaël continua longtemps à observer le peuple de Salt

Lake City célébrer la libération que lui avait apportée l'armée d'Okhlos, l'apôtre du dénuement. Venus du désert, les cent mille pèlerins rassemblés au Burning Man avaient fondu sur la ville comme une nuée de criquets. En quelques heures à peine, tout avait été bouleversé. Les sympathisants avaient immédiatement rallié la sainte cause tandis que les tenants de l'ordre ancien étaient exécutés et les indécis, trop stupéfaits pour réagir, abandonnés à leur impuissance. En moins d'une douzaine d'heures, la capitale de l'Utah avait quitté le registre des possessions de l'État fédéral. Première cité libre d'un monde nouveau, elle était promise à servir d'exemple à cette seconde révolution américaine qui débutait…

Bouleversé, Raphaël était perdu. Selon les oracles concordants du *Virga Vagos* des *Sheltas* et de l'évangile des *Fomoroï*, c'était par le porteur de *Scamall* que le chaos devait advenir. Mais une force supérieure avait faussé les plans de la Providence. Le nom d'Okhlos avait été usurpé, tandis que la Nuée avait été transmise à un individu de hasard. Kincaid, le scribe du *Virga Vagos,* l'homme qui avait prétendument passé douze années sans sommeil en échange du don de voir l'avenir, avait mal interprété ses visions, et son pendant de la tribu des *Fomoroï* ne s'était pas montré meilleur augure ! Saisi par l'ironie de ces prophéties ratées, Raphaël fut pris d'un rire inextinguible. Fou parmi les fous, personne ne le remarqua quand, après être tombé à genoux, il s'allongea finalement à même le sol dans l'encoignure d'une porte. Épuisé, les genoux ramenés sur la poitrine, il venait de fermer les yeux quand une clameur nouvelle s'éleva autour de lui. « L'armée ! hurla quelqu'un. L'armée arrive ! » À l'hystérie de la liesse succéda l'affolement général. En quelques instants, la place se vida. Tandis que Raphaël se relevait, des piétinements rapides résonnèrent comme un roulement de tonnerre dans les rues alentour. Une première colonne d'un bon millier d'individus déboucha devant Banes. Armes au poing, ils se rendaient en hâte aux marges de la cité pour la défendre contre l'assaut qui se préparait. Quelqu'un tira Raphaël par la manche, il se laissa entraîner… Courant avec les autres, il arriva dans un faubourg où l'on finissait de dresser des barricades au moyen de véhicules et de matériel de chantier. Comprenant à peine ce qu'il faisait, il grimpa sur le toit d'une énorme bétonneuse déjà placée en travers de la route. À quelques centaines de yards seulement, une unité de l'US Army attendait dans la lumière radieuse du petit jour. Derrière des blindés légers de reconnaissance, des compagnies se préparaient à avancer. « Je vois le fanion du Big Red One ! dit un type venu rejoindre Banes pour observer les manœuvres à la jumelle. Premier régiment d'infanterie ! C'est pas des amateurs, mais on a le nombre pour nous ! Ils reculeront ! » Exagérément optimiste, l'homme n'eut pas l'occasion d'apprécier l'amplitude de son erreur. Sitôt les premiers coups de feu des émeutiers essuyés, les *boys* répliquèrent par des tirs croisés dévastateurs. Touché, le voisin de Raphaël bascula en arrière, un trou à la place du front.

Ne pensant plus qu'à sauver sa peau, Banes sauta au sol pour s'abriter derrière la cuve du camion. Remplie de ciment coagulé, celle-ci fournissait une parfaite protection contre les balles qui sifflaient tout autour de lui comme des essaims d'abeilles en colère. En quelques minutes, malgré les retranchements derrière lesquels se terraient les rebelles,

les morts et les blessés se comptèrent par dizaines dans les rangs de la milice d'Okhlos. À peine avait-elle commencé que la bataille de Salt Lake City était perdue. Les sections régulières pénétrèrent la ligne de défense derrière laquelle se tenait Banes. Comme les autres, le professeur leva les mains et se rendit.

Alors que les soldats rassemblaient les prisonniers, des aboiements montèrent dans le silence revenu. Trois gros chiens noirs apparurent. S'arrêtant net à moins de vingt yards des premiers éléments de la troupe, ils précédaient de peu une nouvelle foule de civils, à la tête de laquelle un homme marchait fièrement.

Pour ceux qui l'avaient autrefois fréquenté, Camden Hodge était désormais méconnaissable. L'élégant architecte de la côte canadienne, le dandy solitaire de la villa futuriste surplombant l'océan n'avait plus de visage. Recouverte de rehauts noirs fraîchement tatoués, sa face était désormais semblable à celle d'un cadavre. Avec ses cheveux rasés, ses yeux encavés de cernes profonds, ses lèvres agrandies par l'encrage, ses joues creusées par d'anguleux à-plats, et jusqu'à ses mains décharnées, il était l'image même de la mort. Près de lui, Durell, Shams et Louie étaient ses gardes du corps. Mais Okhlos avait-il seulement besoin d'être protégé ? Ordonnant qu'on le laisse aller seul face aux militaires, il paraissait convaincu de sa toute-puissance. Banes le vit sauter agilement sur le toit d'une voiture avec, pour seule arme, un porte-voix. Il se mit à haranguer la troupe, tel un possédé éructant quelque message divin. Et le miracle déjà opéré au Burning Man se reproduisit : son verbe fit vaciller les consciences. Entrant dans les cerveaux tel un ver dans un fruit, la voix d'Okhlos ne s'adressait pas à l'intellect, mais à l'instinct et aux sentiments. N'avaient-ils pas honte, ces jeunes soldats d'Amérique, d'avoir ouvert le feu sur ceux-là mêmes qu'ils auraient dû protéger ? Ne comprenaient-ils pas qu'ils servaient un pouvoir inique, un pouvoir malfaisant qui œuvrait depuis bien trop longtemps contre les intérêts du peuple ? Comment pouvaient-ils vendre ainsi leur conscience à cette classe d'affairistes, de prévaricateurs et de traîtres qui arpentaient les couloirs de la Maison Blanche et du Congrès ? N'avaient-ils pas honte, vraiment – honte devant Dieu et devant les hommes ?

Le premier, un sergent, fut touché par la grâce. Lâchant son arme, il se mit à genoux en tremblant. « Il a raison, hurla-t-il à ses camarades. Okhlos a raison ! Malheur à nous ! » Il y eut un instant de flottement, puis tout bascula. Comme une banquise qui se rompt, l'unité et la discipline des sections se défirent. Les canons des fusils s'abaissèrent et l'on enleva les casques. Alors s'opéra le cauchemar de tout gouvernement : les révoltés et la troupe fraternisèrent ! Camden continuait à parler mais son discours était sans objet. La cause était entendue. Faisant front commun, le Big Red One et la milice des pauvres étaient désormais alliés ! Le régiment tout entier passa aux ordres d'Okhlos et s'il y eut bien quelques officiers loyalistes pour s'opposer à la sédition, ils furent assassinés sans procès. Alchimiste sachant marier le feu et l'eau, Camden Hodge venait de réussir l'impossible : il était désormais à la tête de partisans dotés d'équipements lourds. Son armée était un kyste au cœur de l'Amérique, un cancer promis à fabriquer d'innombrables métastases… Il devait ce prodige à la seule force de son caractère, à la puissance de sa volonté. Il s'était révolté quand le destin lui avait assigné le rôle ingrat de maître des bêtes sauvages. Il avait voulu le pouvoir sur les foules et n'avait pas craint de tuer pour l'obtenir. Pourtant, *Scamall* s'était refusée à lui, le porteur de la Nuée s'était enfui sans jamais réapparaître. Mais cela n'avait aucune importance désormais, car Hodge n'avait pas eu besoin de recourir à une aide surnaturelle pour réaliser l'œuvre de sa vie. Et il tirait de cela un orgueil immense...

« Je suis Okhlos ! clama-t-il. Je suis la métamorphose de l'Amérique ! Washington tombera ! »

« Washington tombera ! » reprirent en chœur les habitants de Salt Lake City et les GIs.

Ce programme avait le mérite de la clarté. Il eut aussi celui de la rapidité d'exécution. Nouveau Mussolini lançant ses troupes vers la capitale, Camden ordonna aux siens de se préparer à la grande marche vers l'est. Comme une colonie de fourmis légionnaires en passe de quitter leur territoire pour conquérir de nouveaux horizons, les fidèles se préparèrent à partir. Des hommes au brassard noir organisaient durement la masse informe en cohortes. Banes avait déjà vu pareille engeance. C'étaient des *Fomoroï*, pareils à ceux qui avaient enlevé Wen, et qui portaient pour certains la combinaison orange des prisonniers de l'*ADX Florence*. Ils étaient très nombreux, si nombreux qu'ils ne pouvaient venir que du pénitencier lui-même. Le complexe carcéral avait dû tomber quelques jours plus tôt et ses pensionnaires avaient rejoint en nombre l'armée du messie des exclus.

Tandis que l'excitation régnait tout autour de lui, Raphaël se découvrit étrangement calme. En lui, *Scamall* semblait endormie, paradoxalement anesthésiée peut-être par l'esprit de révolte générale imprégnant l'air… L'événement dont il venait d'être témoin le troublait au plus haut point. Enfin, il avait vu de ses yeux cet Okhlos au nom duquel tant d'hommes étaient déjà morts – *Sheltas*, *Fomoroï* et innocents tout aussi bien… Il aurait dû vouloir le tuer. Il en avait les moyens, la chose était facile pour lui. Il lui suffisait de relâcher la force tapie en lui pour que les révoltés de Salt Lake City se retournent contre leur nouveau maître et le démembrent. Pourquoi hésitait-il ? Sans Okhlos pour la subjuguer, la foule n'était rien. Corps sans tête, elle redeviendrait ce qu'elle n'aurait jamais dû cesser d'être : une simple addition d'individus incapables de mener à bien une révolution, un amas de pauvres types qui ne sèmeraient jamais de cadavres la route vers le Capitole. Tuer Okhlos maintenant, c'était éviter la guerre civile, faire le bien, accomplir l'évidence…

Mais Banes n'agit pas ainsi. Plutôt que de détruire Camden Hodge, il se fraya un chemin jusqu'à lui. Voyant s'approcher cet homme qu'il ne connaissait pas, Okhlos sentit soudain les battements de son cœur s'accélérer. Hodge comprit qui venait à lui. Arrêtant d'un geste Louie qui pointait déjà son arme à canon scié, Okhlos ouvrit les bras pour accueillir en frère le porteur de *Scamall*…

« Ainsi, c'est à toi qu'échut le grand fardeau, dit-il à Banes. Comme je te plains, mon ami ! Comme tu dois souffrir… »

Une boule d'émotion dans la gorge, Raphaël fut incapable de répondre. Enfin quelqu'un le comprenait, quelqu'un savait ce qu'il endurait et compatissait à son malheur ! Submergé, il sentit les larmes rouler sur ses joues. Tendrement, Camden s'approcha de lui pour l'étreindre comme un père bienveillant serre son fils sur son cœur.

« Ami, que me veux-tu ? demanda-t-il. Est-ce la délivrance que tu espères de moi ? »

Effondré, épuisé, Banes sentait la force de Camden l'envelopper. C'était une aura léonine, solaire et généreuse. La marque d'une personnalité assez sûre d'elle-même pour maîtriser la Nuée mieux que lui-même ne le pourrait jamais. Peut-être même Camden allait-il user de ce pouvoir en sage et non en tyran... Oui ! Banes en était maintenant convaincu : Okhlos n'incarnait pas le mal absolu, mais le simple flot du devenir. Il fallait lui faire l'offrande de *Scamall !* Comme un chevalier devant son suzerain, il se mit à genoux et tendit ses mains. L'autre n'avait qu'à les prendre pour s'oindre d'un pouvoir dont même les maîtres de l'Olympe n'avaient jamais rêvé. Hodge avança les paumes. Mais alors que les doigts des deux hommes étaient plus proches que ceux d'Adam et de Dieu sur la fresque de Michel-Ange peinte au plafond de la Sixtine, Okhlos se rétracta au dernier instant ! De consolante et douce, sa voix se fit moqueuse.

« Et que crois-tu ? cracha-t-il. Que j'ai besoin de ce que tu m'offres ? Que je ne suis rien sans tes tours de magicien de théâtre ? Idiot ! Contemple ce que j'ai accompli seul ! Il n'y a pas force plus grande que la mienne ! Je modèle l'avenir, mon ami ! Et je vais te dire un secret : ce que tu veux me donner n'est que du rêve. L'Histoire est supérieure au mythe ! Ton pouvoir, en réalité, n'existe pas ! »

Banes serait tombé d'une tour à cet instant qu'il n'aurait pas connu plus grand affolement. La Nuée était entre ses mains, il était prêt à la transmettre, il voulait le faire... Mais l'autre avait déjà reculé.

« Tu ne me crois pas ? reprit Camden en riant. Essaye ! Essaye de libérer ce qui vit en toi… »

En Raphaël, la colère succéda à l'incompréhension. Provoqué, il déchaîna *Scamall* en hurlant… Mais alors qu'il s'attendait à ce que l'hystérie s'empare de la foule présente autour de lui, rien ne se produisit ! Le silence de plomb ne fut pas rompu, ni l'immobilité des centaines de pèlerins d'Okhlos qui assistaient à la rencontre sans en comprendre les enjeux. Alors qu'il refusait de quitter la poitrine du professeur, le grand Désespoir n'étreignit ni les âmes ni les corps… Se découvrant soudainement impuissant, Raphaël ne put opposer aucune résistance quand on l'empoigna. Soulevé de terre par Shams et Louie, il se laissa docilement lier les poignets tandis qu'on lui passait une longe autour du cou.

Une femme s'avança vers lui, une jolie fille aux longs cheveux blonds si étroitement tressés qu'ils en paraissaient encroûtés. Méthodiquement, elle découpa au couteau les vêtements de Raphaël jusqu'à le mettre nu. On l'insulta, on le bouscula, on se moqua de lui. Mais l'humiliation ne faisait que commencer. Un vieux type aux ongles sales fendit les rangs en tenant une mule par la bride. C'était Seamus Todd, le clochard de Skid Row… On installa Banes à l'envers sur la maigre monture et on lui fit remonter ainsi tout *downtown*. Sans qu'elle sache précisément qui était l'homme qu'on offrait ainsi à sa détestation, il suffisait à la foule qu'Okhlos ait décrété la déchéance du condamné pour applaudir. Couvert de crachats, d'insultes, d'ordures, Banes reçut des coups de bâton et fut visé par des projectiles. Un tesson de bouteille l'atteignant à la tempe, il glissa et tomba lourdement sur la chaussée en s'écorchant coudes et genoux.

On le remit sans pitié à califourchon sur l'animal et on continua de le mener à la sortie de la ville, là où surgissaient les premiers affleurements du Grand Lac Salé. Les paupières collées par le sang ruisselant de son front, Raphaël ne voyait pas où on l'emmenait, malgré la lumière crue du soleil matinal. Seamus arrêta sa mule au pied d'une butte de sable, haute comme deux étages. Un large sentier menait à son sommet. Durell empoigna la longe qui pendait au cou de Banes et tira le prisonnier jusqu'à la crête. Shams, Louie et une vingtaine d'autres *Fomoroï* se tenaient déjà là. On jeta de l'eau sur le captif pour le tirer du proche évanouissement dans lequel il était tombé puis on trancha ses liens et on l'allongea. Raphaël vit au-dessus de lui des formes se découper à contre-jour. Tandis qu'on lui écartait les membres, il comprit comment il allait mourir. On lia ses poignets et ses chevilles à une croix, que l'on dressa au milieu d'une forêt de suppliciés. Les opposants d'Okhlos étaient torturés par centaines ici. Si beaucoup ne respiraient déjà plus, la plupart survivaient encore. Les oreilles emplies par les gémissements des malheureux, Banes ressentit les premières douleurs du châtiment : ses muscles étirés, sa poitrine compressée… Il émit un râle sourd tandis que les chiens de Hodge s'amusaient à lui mordre les jambes.

Soudain, un long hululement aigu leur imposa le silence. Raphaël souleva la tête. Ce sifflement, il le connaissait ! C'était le signal des *Sheltas !* Il fut animé d'un espoir fou. Mais ce n'étaient pas les amis de Finn qui venaient à son secours, ni les guerriers vagabonds des anciennes terres calédoniennes. Cet appel trompeur, c'était Durell qui le lançait ! Fouillant ses poches, la tatoueuse avait trouvé le vieux sifflet du vagabond débonnaire et elle s'amusait à narguer le supplicié en faisant tournoyer au-dessus d'elle le petit cylindre de métal. « *Shelta* ! » hurla-t-elle en désignant Raphaël. Sous les huées, une ultime pluie de pierres et d'ordures s'abattit sur Raphaël. Assommé, il perdit connaissance...

Dans la fraîcheur du soir tombant, un peu de conscience lui revint. Ses lèvres étaient desséchées et, dans sa bouche déshydratée, sa langue avait gonflé. Si la foule s'était dispersée à présent, il n'était cependant pas tout à fait seul. Deux nouvelles structures de bois avaient été dressées à côté de la sienne pour punir de nouveaux ennemis d'Okhlos. Incrédule, il crut tout d'abord à une hallucination quand il découvrit le visage des compagnons avec lesquels il allait entrer dans la mort. Mais ce n'était pas une illusion : aussi nus que lui, Tobias Memling et Franklin Peabody étaient là, à l'instar des larrons entourant le Christ. Incapable de trouver une explication à la présence de ses employeurs de la Farnsborough Foundation, Raphaël Banes se trouva aussi bien en peine de répartir entre eux les rôles canoniques du compatissant et du persifleur. Pour le peu qu'il les avait fréquentés, aucun ne paraissait mériter la place d'honneur dans une future hagiographie. Tant pis ! L'histoire retiendrait donc que Banes allait tirer sa révérence entre deux individus aussi équivoques l'un que l'autre.

Devant tant d'absurdité, il s'en remit à l'unique choix qui lui restait. Secoué d'un rire éclatant que la douleur ne put assourdir, c'est le cœur presque joyeux qu'il se prépara à mourir. Vivant lui aussi ses derniers instants, Tobias Memling, pour sa part, ne goûtait nullement l'ironie de la situation.

Paniqué à l'idée d'avoir été dépouillé de la pièce d'or qu'il destinait depuis toujours au paiement de Charon, il rendit son dernier soupir en sachant son âme condamnée à errer, prisonnière, à tout jamais, dans cette *Vulgaria* pour laquelle – il le comprenait trop tard – il avait décidément nourri une complaisance en tout point déplacée.

XVI

C'était idiot de faire encore une halte, Mungo le sentait. Mais ils étaient tous aux petits soins pour lui et il était vrai que leur faire plaisir représentait finalement peu de chose. Groupies, fans, Mungo connaissait ces mots-là. Il désignait des gens qui auraient fait n'importe quoi pour leur idole. En général, les termes s'appliquaient à des gamines raides dingues d'un chevelu grattant une guitare. Mais la définition était si floue qu'elle pouvait tout aussi bien s'appliquer à la troupe collée au mécano. L'appréciation de Mungo vis-à-vis de ses admirateurs oscillait vraiment. La plupart du temps, c'était l'énervement qui dominait. Lorsqu'il travaillait dans le ventre des navires, il n'avait à répondre qu'au capitaine ; il suffisait qu'il fasse bien son boulot et personne n'allait lui chercher des poux dans la tête. Mungo appréciait énormément cette liberté-là. Il l'appréciait même plus encore depuis la révélation de son don. Quelques jours durant, il avait fait ce qu'il avait voulu sans rendre de comptes à personne et il s'en était senti vraiment bien. Mais tout avait été gâché quand cette dizaine d'hurluberlus l'avaient rejoint. Dottie était particulièrement difficile à supporter. C'était une bigote prêchi-prêcha comme Mungo les avait toujours détestées. Sûre d'elle, voix aiguë, péremptoire comme un sergent en pleine inspection de chambrée et aussi accrochée à son bouquin bizarre qu'une moule à son bouchot... D'un autre côté, il fallait reconnaître qu'il y avait un côté agréable à être accompagné d'adorateurs. Plus la peine de se faire de la bile pour trouver à manger, ce sont eux qui vous nourrissent en vous offrant les meilleurs morceaux. Plus la peine de s'angoisser à savoir où on va passer la nuit, ils trouvent toujours un endroit chaud et sec et sont prêts à vous donner leur couverture si vous avez froid. Vu comme ça, évidemment, c'était une bonne chose d'avoir des groupies... Et parce qu'être considéré comme un dieu vivant avait somme toute plus d'avantages que d'inconvénients, Mungo pouvait faire l'effort de se plier de temps en temps aux caprices de Dottie et de sa clique.

Cette fois encore, c'était à un bâtiment céréalier qu'ils voulaient qu'il s'en prenne. Bien sûr, cela restait assez enfantin comme amusement. Ce n'était pas en réduisant en poussière des petits greniers de campagne qu'on allait provoquer une famine généralisée en Amérique. Comparé au barrage Hoover, que Mungo avait détruit quelques jours auparavant, c'était très anecdotique, mais cela avait vraiment l'air de faire plaisir à tout le monde et c'est donc résigné que Mungo accepta de faire preuve une nouvelle fois de son pouvoir. Suivi de sa petite troupe, il entra dans les champs en dormance pour s'approcher de la réserve à grain. Tandis qu'il marchait dans les sillons, il se demanda combien de temps une agglomération comme New York ou Chicago pouvait tenir en cas de pourrissement des cultures et de rupture d'approvisionnement. Combien de temps une fois les boutiques pillées et les placards des particuliers vidés ? Mungo pariait pour quatre à six jours. La faim, ensuite, ferait son œuvre et l'anarchie s'installerait. En quelques semaines, les survivants quitteraient les villes et celles-ci deviendraient des déserts.

Souriant à cette perspective, le Canadien s'engagea sur la voie menant au réservoir de céréales, installé au sommet d'une douce éminence dominant la plaine. Ce n'était pas un tube de béton mais un haut container en métal perché sur une superstructure d'acier. Seule la partie supérieure était visible car la base s'encastrait dans une sorte de grange.

« Vous êtes vraiment sûrs de vouloir vous attarder pour si peu ? redemanda Mungo en désignant l'installation.

— Au contraire, il ne faut rien négliger, Sadim, répondit Dottie. Cela ne vous prendra qu'une minute. Venez… »

Mungo soupira et céda. Le silo appartenait à une ferme dont on distinguait les bâtiments à moins d'un mile de là : deux maisons et quatre ou cinq édifices en longueur devant faire office de garage pour les uns, de batteries à volailles pour les autres. Le local sous le réservoir était fermé à l'ancienne par un simple travers de bois. Le groupe pénétra dans cet endroit poussiéreux. On aurait dit qu'une messe allait y avoir lieu, tant le silence et le recueillement de Virgil, Seth, Dottie et les autres étaient solennels. Une messe inversée… À bien y réfléchir, c'était effectivement ce qui allait se produire puisque Mungo allait encore non pas transformer l'eau en vin, comme Jésus aux noces de Cana, mais métamorphoser la graine en pourriture. Il posa les mains sur les poutrelles et le miracle de la corruption se répéta.

Lentement d'abord, puis avec une vitesse croissante, l'acier se moucheta de rouille. En voyant la profondeur des écailles rougeâtres qui se formaient sur les tubulures, Mungo comprit qu'il fallait s'éloigner sur-le-champ. Il recula, mais ses compagnons, fascinés par le jeu des moirures qui se propageaient sur la carcasse du silo, ne prirent pas la mesure du danger. Rongé plus vite que par l'acide, le réservoir se fendit et des torrents de grains déjà touchés par la putréfaction se déversèrent sur Dottie et sa bande. Attrapant par réflexe le petit Lucas par le col de sa veste, Mungo détala à toutes jambes, tandis que l'architecture entière se disloquait et s'effondrait. L'énorme masse de fer ploya avec fracas et défonça les murs de la remise, soulevant un nuage de poussière noirâtre. Ensevelis sous trente tonnes de grains décomposés, Dottie et les siens étaient devenus des martyrs de la Cause…

Quant à Mungo, il n'avait plus à se triturer la cervelle pour savoir comment retrouver sa liberté.

« Est-ce qu'ils sont morts ? » souffla le petit garçon.

Mungo regarda le môme en se demandant s'il se fichait de lui ou si c'était son jeune âge qui le privait d'une juste évaluation de la situation.

« Pas une chance de les voir se tirer de là-dessous, répondit-il finalement. Désolé, gamin. Y avait ta mère ou quelqu'un de ta famille ? »

Le gosse demeura muet. Incrédule, il fixait les gravats qu'enveloppait un épais nuage de particules en décomposition. Mungo commença à battre en retraite, doucement, histoire d'abandonner le gamin sur place sans qu'il s'en rende compte. C'était lâche, bien sûr, mais comment faire ? Il n'allait tout de même pas se transformer en nourrice ! L'enfant, c'était une évidence, parviendrait à toucher la corde sensible de quelqu'un, les fermiers du coin, par exemple. De toute façon, ceux-ci ne tarderaient pas à rappliquer : le vacarme que l'effondrement avait produit avait résonné comme un coup de tonnerre en plein après-midi... Ça et le champignon de saletés qui s'élevait haut dans le ciel, tous ces signes allaient rapidement attirer l'attention sur le secteur. Il fallait d'ailleurs que Mungo se méfie. On ne manquerait pas de lui demander des comptes sur ce phénomène alors qu'au petit blondinet, on n'allait pas intenter de procès...

Le mécano tourna discrètement les talons et s'engagea dans le chemin, mais l'enfant se mit à le suivre en l'appelant : « Où tu vas ? Attends-moi ! » Mungo ne se retourna pas en l'entendant trottiner derrière lui. Le petit Lucas pleurnichait, reniflait bruyamment et gémissait comme un chaton abandonné.

« Attends ! Attends, je te dis ! » répétait-il.

Mungo s'arrêta. « Reste pas avec moi, *kiddo* ! Je suis pas ton père et je peux rien pour toi. J'ai jamais eu de gosse et c'est pas maintenant que j'en veux un. Allez, file, j'veux plus te voir ! »

Le Canadien reprit sa marche à un rythme aussi soutenu que possible. Lucas ne décrochait pas. Apeuré, il n'avait maintenant plus que Mungo pour s'occuper de lui. « Attends ! » cria-t-il encore. Comme on le fait pour un chien errant qui s'attache sottement à vos basques, le mécano ramassa une pierre et la lança dans sa direction. Pas directement sur l'enfant, bien sûr, mais suffisamment près pour que le gosse comprenne le message. Le projectile souleva un petit nuage de poussière à la pointe de ses chaussures à scratch pointure 26.

« Fous-moi le camp, je te dis ! Allez ! Ouste ! » Mungo saisit un autre caillou et fit mine de viser. Lucas recula prudemment. Le mécano cracha par terre et repartit. Tétanisé, le garçonnet ne savait plus que faire. Il tremblait sans se décider à bouger quand il vit Mungo s'immobiliser soudain en plein milieu du chemin. Deux camionnettes en provenance de la ferme roulaient vers eux à vive allure. Évidemment au courant de l'effondrement du silo, les fermiers venaient prendre la mesure de l'accident. « Planque-toi ! » ordonna Mungo au petit. Lucas courut dans le fossé où il s'aplatit autant qu'il put. Mungo, lui, cherchait vainement du regard une cachette, mais aucun repli de terrain n'était assez conséquent pour qu'un adulte puisse s'y dissimuler. Et courir dans ce paysage de plaine n'était pas une solution. La rencontre avec les gars du coin était inévitable…

Les véhicules freinèrent brutalement à sa hauteur. Mungo comprit que son cas se présentait mal. Les fermiers étaient aussi éloignés du style *gentleman farmer* que lui, Mungo, l'était du skipper de régate. Tout alla très vite. En quelques secondes, une dizaine de gars entourèrent le vagabond. Des questions fusèrent, auxquelles Mungo n'eut pas le temps de répondre. La colère des fermiers était trop grande. Avec la destruction de leur silo – bâtiment et récolte –, c'étaient deux ou trois centaines de milliers de dollars qu'ils venaient de perdre. Et pour eux, l'inconnu à l'air louche qui traînait dans le coin était forcément responsable du drame. Insulté, bousculé, frappé, traité même de *terroriste*, Mungo rentra la tête dans les épaules et protégea son visage de ses bras. Il avait déjà pris quelques dérouillées au cours de sa carrière. Il en avait donné aussi, quelquefois. Quand on passe la majeure partie de son existence sur un chalutier, il arrive qu'on se prenne salement le bec avec les copains. Mais là, c'était autre chose. Les coups qui pleuvaient sur le mécano, ce n'était pas juste une correction. Les Yankees tapaient pour faire mal, et ils s'y mettaient tous ! Mungo essaya d'en attraper un, en espérant que son pouvoir corrompe la chair humaine aussi bien que l'eau, la terre, les plantes ou le métal. Mais non, ça ne marchait pas sur la peau, cette affaire-là ! Avec sa petite taille et son gabarit de cent vingt livres pas impressionnant pour un sou, Mungo arriva vite au tapis. Envoyé au sol par un mauvais crochet, il s'écroula dans la poussière et se replia en position fœtale en espérant que ses assaillants se fatigueraient de le rosser. En vain. Frappé à la tête et au ventre, Mungo glissa dans un tunnel noir et silencieux où le temps lui-même n'existait plus.

*

* *

Les codes et les fréquences étaient évidemment différents de ceux du Canada. Le capitaine Harper les connaissait pourtant. Sur la radio à ondes courtes encastrée dans le tableau de bord de sa jeep, il balayait systématiquement les bandes réservées aux services fédéraux américains. Déjà difficiles à capter dans ce parking souterrain où il avait fait halte, les canaux étaient saturés.

Tous les jours ou presque, quelque chose d'anormal se produisait et personne ne savait comment gérer une telle avalanche de catastrophes. Il y avait d'abord eu, à San Francisco, ces gens pris d'un coup de folie collective au point de se jeter du haut du Golden Gate. Ensuite, la rupture inexplicable du barrage Hoover. Pour couronner le tout, à Salt Lake City, un type avait littéralement galvanisé la population, fraternisé avec la troupe et entamé une marche vengeresse vers Washington et New York à la tête de centaines de milliers de personnes bien décidées à pendre l'occupante de la Maison Blanche et à défenestrer tous les banquiers de Wall Street. Tout cela, sans compter la myriade d'incidents mineurs se produisant un peu partout dans le pays : incendies volontaires, émeutes, revendications sécessionnistes, grèves et autres manifestations monstres contre la guerre imminente entre l'OTAN et les BRICS, et la prohibition de toute thésaurisation privée de métaux précieux. L'ensemble faisait planer une drôle d'atmosphère au-dessus du pays de l'Oncle Sam. Une ambiance de fin du monde...

Fatigué d'entendre égrener ces chapelets de mauvaises nouvelles, le capitaine tourna le bouton de sa CB. Il était une heure du matin et il avait envie de s'offrir quelques heures de sommeil dans un vrai lit, et non sur la banquette arrière de sa jeep. De carrefour en embranchement, il s'était retrouvé à Billings, une petite ville du sud du Montana, non loin de la frontière avec le Wyoming.

C'était à Jaffary qu'il devait d'arpenter la région. Le médium lui avait conseillé de ne pas traîner dans le coin. Évidemment, c'était exactement ce qu'il fallait dire pour qu'un vieil ours comme Harper s'attarde précisément dans la zone ! « Quelque chose va se passer dans le coin », avait assuré l'homme au pendule. Le policier avait beau avoir confiance dans les capacités du voyant, pour une fois l'indication laissait diablement à désirer. C'était la phrase la plus vague que l'on puisse imaginer ! Mais le capitaine avait beau grogner, il était tout de même bel et bien là. Malgré cette imprécision. Malgré le point mort où il se trouvait et l'absurdité de la quête qu'il s'était assignée.

Harper quitta le sous-sol bétonné du parking et remonta à la surface pour se diriger vers le seul motel dont il avait aperçu l'enseigne. Couplé à une boîte de nuit pour routiers, c'était un bâtiment ordinaire que rien ne rendait remarquable si ce n'est un jeu de banderoles jaunes délimitant une zone proche de l'entrée. *Scène de crime,* constata Harper en décryptant le sigle de la police du comté.

« Il s'est passé quoi, ici ? demanda-t-il tout en recevant la clef de sa chambre.

— Un cloporte en a planté un autre, répondit le concierge. Rien d'intéressant... »

Malgré l'étonnant confort de la literie, le capitaine dormit mal cette nuit-là. Quand les premières lueurs grises du petit matin filtrèrent à travers les rideaux, sa décision était prise. Sillonner le continent comme il le faisait depuis des jours n'avait aucun sens. À quoi bon ? Il était incapable d'en expliquer la raison. La conclusion s'imposait donc : il fallait reconnaître son impuissance et ne pas avoir honte de revenir au Canada sans avoir pu comprendre ce qui, un soir de tempête, avait poussé au suicide les habitants d'un petit port de Colombie-Britannique. Harper fourra ses affaires dans son sac, rendit son passe magnétique à la réception puis se dirigea vers le parking. Il commençait à descendre la rampe quand quelque chose le retint. Sans raison, il fit volte-face. Quelque chose d'anormal, d'effrayant, était en train de se produire. Quelque chose de si ample et si terrible que sa conscience ne pouvait en prendre la mesure. Harper avança de quelques pas et observa le ciel au-dessus du motel. Une brise chaude se leva qui lui caressa sensuellement la joue. Il vit les toutes dernières étoiles scintiller bizarrement, bien plus qu'à l'ordinaire, puis une lumière d'un blanc absolu éclata dans les nuées et le peu de nuit qui restait s'évanouit. Avalé par cette intolérable clarté, le demi-jour fondit comme une feuille de plastique chauffée au chalumeau. Harper ferma les yeux et se recroquevilla sur place tandis qu'un ronflement infernal retentissait autour de lui. L'officier sentit l'oxygène lui manquer et ses poumons s'aplatir sous l'effet d'un brusque changement barométrique. Sa poitrine se vida, il haleta, cherchant désespérément l'oxygène. Il se jeta au ras du sol et rampa comme un insecte, affolé et tremblant. Une nouvelle vague de chaleur l'enveloppa tandis qu'un second souffle, encore plus puissant que le premier, balayait la ville de Billings. Les toits se soulevèrent, les murs se gondolèrent, les vitres éclatèrent… La lumière blanche disparut, laissant place à une obscurité chargée d'électricité. Poussière et débris s'abattirent en tempête, tandis que, au-dessus d'une chaîne de basses montagnes toutes proches, un immense champignon de cendres s'épanouissait en une corolle de mort, arraisonnant la terre au ciel comme une monstrueuse échelle de Jacob.

*

* *

À l'exemple de ses frères de grande errance, l'insoumission était inscrite au plus profond de Roy. Parce qu'en son cœur brûlait depuis toujours cette invincible ardeur, il comptait au nombre des *Sheltas*. Poètes et guerriers exilés en une époque de marchands, de consommateurs, de jouisseurs et d'arrivistes, ils étaient tous nés sous le signe de la planète Uranus, le soleil des anarchistes et des rebelles. Ce dont se contentait l'ordinaire des hommes n'avait jamais pu leur apporter calme et satisfaction. Famille, travail, situation sociale, joies simples et résignations – pur amour, même ! –, rien n'avait assez de force ou de séduction pour rassasier les fabuleuses exigences de leur âme écorchée...

C'est en Pennsylvanie que Roy avait reçu la balafre qui lui barrait la bouche. Premier combat contre un *Fomoroï*, trente ans plus tôt... Il avait eu le dessus de justesse, sûrement grâce à sa jeunesse et à sa belle taille, car le type en face avait une sacrée expérience du combat rapproché. Curieusement, la cicatrice ne l'avait pas défiguré. Enfin si... au début, pour le moins. Pendant un an ou deux, le temps qu'elle se referme et s'ajuste. Ensuite, partiellement dissimulée par le port d'une barbe blonde jalousement entretenue, elle n'avait fait que donner une touche de virilité supplémentaire à son charisme déjà bien affirmé. Roy en avait croisé d'autres, des adversaires, tout au long de ces trois dernières décennies passées à bourlinguer. De simples gars perdus qui s'étaient crus plus malins que lui et l'avaient provoqué sans réfléchir. Et puis d'autres, enfants de *Scamall* aussi, ces ennemis jurés de ses frères *Sheltas*. De plus en plus de représentants de cette engeance s'étaient révélés au fil des ans. Au point qu'un jour, à La Nouvelle-Orléans, il avait failli y rester. À six contre un, ils l'avaient acculé dans les coursives rouillées d'un vieux cargo pourrissant à l'amarre d'un quai désaffecté. Roy en avait percé deux avant d'être déséquilibré et de voir la mort fondre sur lui à la vitesse d'une comète, sous la forme d'une batte cloutée s'abattant sur son front. Mais un miracle était survenu, un miracle nommé Kincaid. Avec son visage barbouillé de glaise, ses cheveux nattés à l'antique et son bâton de marche plus grand que lui, celui qui n'était pas encore le roi des *Sheltas* l'avait soustrait à la camarde.

« On dirait que nos amis sont de plus en plus sûrs d'eux ! avait lancé Kincaid en aidant Roy à se relever. Pas trop de mal, frère ? »

Fâché d'avoir ployé sous le nombre, Roy avait répondu par un grognement sourd de lion blessé et Kincaid en avait ri de toutes ses dents. Il n'avait pas fallu un jour pour que les deux hommes se prennent d'une amitié naturelle. Parcourant côte à côte le pays au long de sept saisons, ils avaient travaillé comme bûcherons dans les forêts de l'Oregon, orpaillé au hasard des ruisseaux du Klondike et passé l'hiver en trappeurs reclus dans les montagnes du Nebraska.

Au temps du dégel, Kincaid avait soudain disparu au cours d'une traque au cerf. Douze années durant, Roy l'avait cru mort, tombé dans une fondrière, ou éviscéré par une bête sauvage et se décomposant sous un tapis de feuilles au secret d'une combe. Reprenant la route en solitaire, le blond balafré avait presque fini par oublier son ami lorsque, sous un pont de Chicago, un vieux routard dénommé Finn avait évoqué sans malice les quelques semaines qu'il avait passées aux côtés d'un gaillard correspondant en tout point à Kincaid. « Jamais vu un phénomène pareil, avait dit le vieux. Dormait jamais, ce gars-là ! Et le visage toujours couvert de boue dans laquelle il dessinait des volutes ! » Pour en avoir le cœur net, Roy avait embarqué Finn et son vieux chien,

Marcel, dans une odyssée magnifique sur la piste du *Shelta* aux traits brouillés d'argile. Enfin, après deux traversées du continent, les retrouvailles avaient eu lieu. Roy aurait dû en vouloir à Kincaid mais ce dernier n'était plus le même homme qu'autrefois. Touché par la grâce, il avait forcé les portes du pays d'Ophis, le Grand Serpent Univers... Voyageant dans des mondes interdits, il avait gagné là-bas en force, en bonté et en sagesse. Envahi de visions, étourdi de symboles, il était devenu le roi des *Sheltas*, un prophète presque capable de déjouer la survenue du messie des *Fomoroï*, Okhlos, celui promis à devenir un jour porteur de *Scamall* et maître des foules...

« Dis-nous qui est ce traître à la race des hommes ! l'avait pressé Roy. Tuons-le avant qu'il ne se révèle ! »

Mais, dans les limbes, Kincaid n'avait jamais distingué le visage d'Okhlos. Perdue dans le flux des possibles, la silhouette de ce dernier s'était faite à peine discernable.

« Je ne l'ai vu que de loin et de manière incertaine, avait répondu le visionnaire. Il faut attendre que les temps soient mûrs afin de le combattre face à face. Mais tout notre courage n'y suffira pas, car nous ne sommes pas destinés à arracher son dernier souffle à Okhlos...

— Qui alors ? avait demandé Finn.

— Un des *Cryptoï*, avait soufflé le maître. Une âme pour l'heure cachée et si fraîche qu'elle est peut-être encore à naître.

— Une âme cachée ? Où ?

— Neuf fois quelque part dans l'océan de terre de la grande Amérique... »

Alors, chassant les signes et suivant les indices, tous les *Sheltas* du Nouveau Monde, obéissant à l'ordre secret de leur souverain, s'étaient mis en quête de ces neuf âmes anonymes promises à conjurer les désastres en gestation. Comme les chevaliers d'Arthur, dit-on, avaient autrefois cherché le Graal, le pèlerinage sacré des hommes en quête avait duré jusqu'à ce que les êtres prédestinés soient trouvés. Malheureusement, ce que savaient les *Sheltas*, les *Fomoroï* l'avaient appris eux aussi. Vagabonds du mal toujours à l'affût, souvent voleurs, violeurs ou assassins, ils partageaient le même besoin d'absolu que leurs frères ennemis. Mais, au lieu de transcender les exigences de cette aspiration au sublime par la magnanimité, ils se complaisaient dans la rancœur envers un monde et une humanité qu'ils jugeaient décidément trop médiocres pour eux. Traquant les protégés des *Sheltas*, ils semblaient les bien-aimés de la Providence tant les hasards et les circonstances leur furent alors favorables. Plus nombreux, plus féroces, plus chanceux aussi, ils parvinrent à tuer les sept premiers *Cryptoï*.

Menant dix compagnons, Roy découvrit alors où vivait le pénultième. C'était un garçonnet de bonne famille, un petit enfant sage qui pourtant n'avait pas craint de suivre la troupe d'étranges ravisseurs qui s'étaient glissés une nuit dans la pension de luxe où, patient, il les attendait. Malgré les précautions, les détours et les ruses déployés par les *Sheltas* pour dissimuler le bambin, les disciples de *Scamall* avaient retrouvé leurs traces. Se sacrifiant afin que Roy sauve l'élu, les dix acolytes moururent en hurlant le *vieux parlé : « Anál nathrach ! »*, le chant du Grand Serpent Ophis, maître des métamorphoses et des sublimes solitudes… Comme s'il avait été présent à leur côté, Roy avait senti leurs âmes rejoindre les champs d'éternité à mesure qu'ils mouraient pour lui permettre de s'enfuir et se perdre dans le désert, loin au nord d'Albuquerque.

Harassé, le balafré était monté avec son précieux chargement dans un train de marchandises brinquebalant vers les plaines du Middle West. Baissant la garde après des jours et des nuits d'une fuite éreintante, il n'avait pas eu le cœur de laisser mourir une jeune routarde trop maladroite pour s'arrimer correctement à la ridelle du convoi en marche. À cause de son épuisement et parce qu'elle-même n'avait pas pleinement conscience de la part de *Scamall* vivant en elle, il était resté aveugle à sa vraie nature. Bien avant que les cadavres du petit garçon et celui de sa meurtrière ne soient saisis de la *rigor mortis*, Roy avait sauté du train et marché comme un somnambule. Par sa faute, il le savait, il ne restait désormais plus qu'un seul *Cryptoï*. Comme Roy était prêt à commettre l'irréparable pour expier sa négligence, une fois encore, Kincaid l'avait secouru et arraché aux griffes du désespoir comme il l'avait autrefois sauvé de ses adversaires sur le vieux cargo. Le roi *Shelta* lui révéla alors un secret qu'il avait gardé jusque-là pour lui seul, un secret si simple et pourtant si troublant qu'il ne pouvait le révéler qu'à l'instant le plus sombre :

« L'utérus où germe l'avenir est une tombe emplie de mille poisons, dit-il à Roy. Le futur y avorte souvent. Ce que j'ai vu, ce que j'ai écrit, n'existe plus. De ce qui renaît à sa place, je ne connais plus qu'une chose. Pour le reste, viens avec moi et nous le découvrirons ensemble. »

L'ultime certitude de Kincaid était là à présent, juste devant eux, au sommet d'une dune où se desséchaient par milliers les cadavres de condamnés.

L'homme était à l'agonie. Lié à deux poutres croisées, il était nu et sur son corps maigre se dessinaient les marbrures violacées de coups sans nombre.

« Vit-il ? demanda Roy.

— D'un souffle... », lui apprit Kincaid en tranchant les liens du supplicié.

Toute conscience éteinte, les muscles insensibles, Raphaël Banes ne comprit pas que son tourment prenait fin. Il fallut du temps pour qu'en son âme la dernière étincelle rallume le brasier de la vie. Bien plus tard, lorsque ses paupières s'ouvrirent enfin, les étoiles brillaient, fraîches et douces, au-dessus de sa tête. N'entendant aucun bruit, il pensa qu'il était seul mais, en se redressant, il vit qu'il était au centre d'un cercle de silhouettes accroupies qui observaient son réveil. Combien étaient-ils, immobiles, à attendre ? Trente ? Cinquante ? Le cœur affolé, Raphaël se dressa tout à fait sur ses jambes. Et comme les autres demeuraient aussi figés que les spectres de la Géhenne, il hurla une question simple, dans laquelle se concentrait pourtant toute son angoisse :

« Où suis-je ?

— *Omphalos Americae !* répondit Kincaid en s'approchant. Le nombril de l'Amérique... »

*

* *

Nil sine numine, assurait la devise de l'État du Colorado. *Rien ne se produit sans le concours de la Providence*. Parvenu au point où il se trouvait, Camden Hodge pouvait légitimement douter de cette assertion. Le pouvoir qu'il avait atteint, il ne le devait qu'à lui-même, nullement à la Providence.

Et c'était ça qui le rendait fier, Camden. Ça qui le confortait dans ses certitudes. En deux occasions, pourtant, le Destin avait posé son doigt sur lui : sur la falaise, d'abord, lorsqu'il l'avait désigné pour échapper au sort commun des suicidés, puis quand un imbécile oint par le hasard lui avait spontanément offert le don suprême de fascination des foules. Par deux fois, Camden avait osé dire non, et il avait eu raison de mépriser ces pouvoirs-là. Car lorsqu'on jouit nativement d'autant de potentiels que lui, les dons du Ciel deviennent des insultes. Puisant dans ses propres ressources, devenu Okhlos par la seule force de sa volonté et la seule puissance de son verbe, l'architecte d'Agathopolis ne devait justement que très peu à la Providence, et c'était ça qui était grand. Après avoir rallié à sa cause la population des miséreux de Salt Lake City et les soldats du Big Red One, il avait fait prendre à ses fidèles la route de l'est. « À Washington ! » leur avait-il enjoint. « À Washington, pour pendre ceux qui nous ont spoliés et ont osé se proclamer nos maîtres ! À Washington et à New York pour punir les charognards qui ont maintenant l'impudence de s'en prendre à l'or du peuple d'Amérique ! »

En tête de la colonne engagée sur l'autoroute reliant Salt Lake City à Cheyenne, trois énormes camions-grues roulaient de front, au pas. Leurs bras hydrauliques tendus vers l'avant, au-dessus de la cabine de conduite, supportaient chacun un chapelet de pendus. Les cadavres étaient ceux de potentats locaux des services fiscaux de l'IRS ou du bureau du gouverneur de l'Utah. Épouvantails de chair et d'os, les pitoyables silhouettes résumaient le message simple diffusé par le messie de la plèbe : *Mort aux puissants ! Mort aux corrupteurs et aux corrompus !* Venant à pied derrière ces étendards macabres, trois cents milliers de révoltés : les anciens du Burning Man Festival, bien sûr, fidèles du premier jour désormais renforcés par les convertis de Salt Lake City et des environs. Une armée en marche. Non une Horde d'or comme au temps des khans, mais une tribu de fer et de rouille, les enfants répudiés et rageurs de l'Amérique anciennement triomphante…

Engagés sur la *highway* 80 en direction de Cheyenne via Rock Springs et Laramie, ils allaient ainsi derrière les gibets autour desquels tournoyaient des charognards. Leurs souliers frappant le sol faisaient trembler la terre et soulevaient un nuage de sable visible à des miles à la ronde. Un peu avant la petite ville de Rawlins, placée sous la direction d'un shérif énergique, soixante policiers dressèrent un barrage dans l'espoir d'arrêter les rebelles. Mais quand les agents virent monter à l'horizon les colonnes de poussière et sentirent l'asphalte vibrer comme sous l'effet d'un séisme, ils détalèrent sans demander leur reste. Resté seul ou presque devant les barrières et les plots en quinconce, l'héroïque officier lâcha quelques coups de feu sur les grues, par acquit de conscience, avant de prendre lui aussi ses jambes à son cou, le chargeur vide. Devant une telle masse humaine, il n'y avait rien à faire…

Cheyenne fut prise et l'armée des croisés de Hodge grossit encore. Au sud, à deux jours de marche, s'étendait Denver, la capitale du Colorado, l'État où tout était prétendument régi par la Providence. Impossible pour un chef de guerre comme Camden Hodge de laisser un tel symbole sur ses arrières. Il donna donc l'ordre à ses lieutenants *Fomoroï* de mener les fidèles droit vers le midi. Grosse désormais de plus d'un demi-million d'âmes, l'armée des séditieux entra dans les faubourgs et gagna aisément le centre-ville. Inconscient ou incroyablement courageux, le maire s'obstina à demeurer à son poste et attendit les émeutiers dans son bureau, comme un capitaine affronte la tempête seul à la barre. Il espérait encore ramener les mutins au sens commun.

Mais la raison avait depuis longtemps quitté les révoltés. Brandissant toutes les bannières de la colère – du drapeau rouge du communisme au noir de l'anarchie et du *Dixie flag* confédéré au *Joly Roger* pirate –, la foule n'était pas là pour négocier mais pour tuer et détruire. Les casseurs prirent d'assaut le bâtiment municipal et s'emparèrent de l'obstiné. Au balcon de la mairie, Okhlos lui-même présenta le prisonnier à la foule rassemblée sur le parvis. Camden allait prendre la parole quand le grondement des pales d'un hélicoptère fit soudain lever les yeux de tous. L'appareil de la police diffusa un ordre de dispersion par haut-parleur. La sommation demeurant sans effet, un tireur embarqué visa Hodge dans son réticule. Au mépris du risque qu'il faisait courir au maire tout proche, le sniper ouvrit le feu. Imprécise, sa rafale ne mordit que les colonnes du péristyle derrière lesquelles Camden venait de se retrancher. Furieux d'avoir manqué sa cible, l'homme passa sa colère en tirant au hasard sur la foule. Parmi les révoltés, nombreux étaient ceux qui possédaient aussi une arme à feu. Ripostant, les partisans d'Okhlos détruisirent le rotor de l'appareil avant que celui-ci puisse se dégager en altitude. Enveloppé d'une fumée noire, l'hélicoptère tournoya et décrocha avant de s'écraser, mais comme pour conjurer la chute, inévitable, le tireur finit de vider son chargeur sur la masse affolée. Quand l'appareil toucha terre, son explosion projeta des milliers d'éclats qui criblèrent les malheureux pris dans le rayon de l'impact.

Ordonnant à Shams et Louie de précipiter l'otage par-dessus la balustrade, en guise de représailles, Hodge quitta le bâtiment municipal et traça son chemin jusqu'à l'endroit où s'amoncelaient le plus grand nombre de cadavres et de blessés. Scrutant les corps, il trouva ce qu'il cherchait. Sous l'œil de dizaines de caméras de smartphones, il cueillit au sol le corps sans vie d'une petite fille. L'enfant ensanglantée dans ses bras, au milieu des gémissements et des pleurs, Okhlos planta son regard dur dans l'objectif le plus proche, sachant pertinemment que son message serait diffusé dans l'instant sur tous les réseaux sociaux du pays.

« Je m'adresse à l'Amérique, dit-il. L'Amérique véritable. L'Amérique de l'effort et de la bienveillance. L'Amérique du peuple. Regarde ce qu'ordonnent aujourd'hui ceux à qui tu as confié ton destin ! Ils t'ont menti. Ils t'ont volé. Désormais, ils tuent tes enfants ! À nos frères de Washington et de New York, à ceux de Philadelphie et de Baltimore, je dis : n'attendez pas notre arrivée ! Révoltez-vous maintenant ! Prenez les armes et descendez dans les rues. Le nombre, c'est vous ! La loi, c'est vous ! Emparez-vous de ce qui vous appartient ! L'or que l'on a osé vous saisir, reprenez-le ! La Constitution qu'ils ont osé bafouer, arrachez-la de leurs mains ! Les *Regalia americana*, tous les symboles profanés de la souveraineté du peuple d'Amérique, apportez-les-moi ! Ensemble, nous leur donnerons une légitimité nouvelle en les baignant du sang de nos martyrs ! Ensemble, sur les dépouilles de nos ennemis, nous bâtirons NovAmerica ! »

Contaminant Internet, l'appel de Camden Hodge acheva d'enflammer les esprits dans tout le pays. La vision de cet homme, dont le visage était désormais entièrement tatoué de manière à évoquer le masque grimaçant d'un crâne mis à nu, effraya moins qu'elle ne fascina. Se dressant au milieu des gisants tel un ange exterminateur sur fond de flammes, tenant entre ses bras le corps sans vie d'une petite innocente et appelant à la révolte générale, Okhlos devint instantanément la nouvelle icône américaine. Les murs qui, depuis quelques jours déjà, étaient graffités à son nom, se couvrirent de son image reproduite en série au pochoir. Partout désormais on se réclamait de lui, on criait son nom et on espérait sa NovAmerica comme d'autres avaient espéré atteindre la Jérusalem céleste ou le royaume du prêtre Jean. Chaque heure, son armée de gueux grossissait de nouvelles recrues venues des quatre points cardinaux, et plus rien ne semblait pouvoir arrêter sa marche triomphale. Mais quand, sur la route menant de Denver à Kansas City, les trois chiens qui ne le quittaient jamais détalèrent tout à coup en direction du désert sans répondre à ses appels, Camden Hodge comprit avec une soudaine angoisse que la Providence, après tout, n'avait peut-être pas abattu l'intégralité de son jeu.

*

* *

Mungo aurait pu ne jamais découvrir la porte des limbes dans lesquels son coma l'avait plongé. Mais le moment du Grand Saut n'était pas encore venu pour lui. Pas tout à fait. Le Canadien sortit lentement de l'inconscience. Son cerveau eut d'abord du mal à déchiffrer les impulsions nerveuses qui transitaient par ses yeux enfin ouverts. Sa première impression fut de se trouver face à une grille de mots croisés d'une difficulté trop élevée pour son intellect. Il voyait bien un paysage, mais quelque chose n'était pas normal. Enfin, il comprit : les péquenots qui s'étaient jetés sur lui ne l'avaient pas tué, ils avaient fait pire ! Ils l'avaient suspendu les jambes en l'air à des poutres tirées des ruines du silo. La nuit était tombée et Mungo se balançait doucement dans l'air nocturne. Il n'y avait pas un nuage et, même si la lune était loin d'être ronde, l'incroyable masse d'étoiles qui scintillaient au firmament baignait les champs labourés d'une clarté laiteuse. Mungo se tortilla pour tenter de se dégager, mais il n'avait ni la force ni la souplesse nécessaires pour y parvenir. Ses mains avaient beau être libres, elles ne lui étaient d'aucune utilité dans la position où il se trouvait. Pendu la tête en bas comme le personnage de la douzième lame des Tarots, il appela mais seul le vent de la plaine recueillit sa détresse. Quand il comprit que personne ne viendrait à son secours, résigné, il abandonna la lutte. C'était donc là qu'il allait mourir, en rase campagne. Évidemment, ce n'était pas ainsi qu'il avait imaginé sa fin. S'il avait pu choisir, il aurait préféré connaître ses derniers instants sur un rafiot pris en pleine tempête, tant qu'à faire ! Au lieu des vagues et des embruns, il allait rendre l'âme au beau milieu d'une plaine triste comme un pain azyme. Il allait mourir, surtout, sans avoir accompli sa tâche. Ça, c'était le pire pour lui. Il pouvait bien crever, ce n'était pas le problème, mais partir en ayant fait si peu et si mal pour la Cause, c'était dur à avaler. Mungo porta ses mains devant ses yeux pour observer une dernière fois les effets sur sa chair du don étrange dont il était dépositaire. Ses doigts et ses paumes étaient à présent aussi noirs que de l'encre. Il aurait pu en répandre, des miasmes, s'il n'avait pas eu la faiblesse de céder aux demandes de cette idiote de Dottie. Il essaya de bouger encore, mais tout son corps lui faisait mal. Les *rednecks* avaient dû briser une bonne partie de son squelette car, avec le retour de la conscience, la douleur affluait maintenant de partout. Il n'en avait plus pour longtemps. Bientôt, il s'évanouirait de nouveau et cette fois ne se réveillerait plus.

Mungo se laissa aller en attendant cette délivrance. De toute façon, il n'y avait plus rien à faire. Il ferma donc les yeux en essayant de repenser aux meilleurs instants de sa vie. Il revit son premier jour de travail, à quinze ans, sur un cargo qui faisait la navette entre Vancouver et les Aléoutiennes ; il revit ses campagnes à bord du *General Dogsbody* et les aubes froides de novembre quand, avec le capitaine Bonnel, il observait les épaulards qui descendaient le long des côtes de l'Alaska... Une douceur soudaine sur sa joue le tira de sa rêverie. Mungo ouvrit les yeux. Lucas était là, devant lui. Le gamin avait échappé aux fermiers et il était revenu pour le sauver ! « Décroche-moi, petit ! » murmura désespérément le mécano. Mais l'enfant n'était pas assez fort pour lui venir en aide. Ce n'était pas la bonne volonté qui lui manquait mais, sans lame pour trancher la corde, comment aurait-il pu défaire les nœuds savants qui maintenaient le prisonnier suspendu ? Le blondinet tenta de grimper aux poutres, glissa et tomba. Tournant autour du supplicié, il chercha vainement un autre moyen de le délivrer. Mungo comprit vite que c'était peine perdue.

« Attends, fils ! lui dit-il. On n'y arrivera pas. On va plutôt essayer autre chose... Prends ! » Il tendit ses paumes et Lucas posa ses mains dans les siennes. C'était la dernière carte qu'abattait le Canadien et peut-être que cela allait marcher, après tout ! Oui, il fallait que ça marche ! Tenant fermement les poignets du petiot, il se concentra et pria de toute son âme pour que le don de pourriture passe à l'enfant. Lucas ne comprenait pas, et il commença à s'agiter et à pleurer, mais le pendu tint bon. Lentement, comme une transfusion qui passe d'un corps à un autre, le venin se transmit à son nouveau porteur... « Va, maintenant ! souffla Mungo quand tout fut accompli. Tu sauras quoi faire d'instinct. Mais ne te fais pas prendre, surtout... »

Le garçonnet s'enfuit en courant et disparut dans la nuit. Voilà, c'était fini. Mungo avait fait sa part comme il avait pu, et si le destin avait décidé que sa contribution devait s'arrêter là, il en acceptait docilement la sentence. De nouveau, il ferma les yeux et essaya d'oublier les douleurs qui déchiraient sa carcasse. Sa dernière pensée logique, avant que sa conscience ne s'éteigne à jamais, lui permit de comprendre enfin pourquoi Dottie l'avait surnommé Sadim. C'était une énigme enfantine et il suffisait de considérer la position inversée de Mungo pour que s'en révèle l'ironique évidence.

*

* *

Les événements du 11 septembre 2001 avaient changé en profondeur bien des habitudes aux États-Unis. Vingt ans ou presque après les attentats, plus personne ne s'énervait à l'idée de piétiner une heure dans les files de contrôle aux aéroports ou de faire vérifier son sac avant de pénétrer dans un grand magasin. Comparées aux innombrables problèmes qu'affrontait le pays, ces petites contrariétés de la vie quotidienne semblaient sans importance. Moins connues car ne concernant qu'une faible partie de la population, d'autres altérations avaient pourtant pris effet. L'une d'elles, à Wall Street, concernait la répartition des employés dans les étages des buildings. Si l'élévation spatiale reflétait autrefois fidèlement les hiérarchies – en clair, plus vous occupiez une position élevée dans l'organigramme d'une banque ou d'une société d'assurances, plus votre poste de travail se trouvait à proximité du sommet –, il en alla tout autrement après que les vols AA11 et UA175 se furent encastrés dans les tours du World Trade Center. Depuis lors, on tenait les étages en suspicion, au point de déménager les bureaux des dirigeants et des salariés les plus rentables au plus près des sorties de secours et autres tunnels d'évacuation. C'était ainsi que, depuis quinze ans à New York, les employés des services généraux et des ressources humaines – valets à petit salaire de moins de cinquante mille dollars par an – s'étaient retrouvés occuper les anciens plateaux aristocratiques des étages supérieurs. Tandis qu'ils jouissaient naguère de vues sublimes sur l'Hudson ou l'East River, les traders surdoués et les gros pontes des conseils d'administration étaient désormais souvent logés dans les sous-sols.

C'était là, à un de ces niveaux proches de la rue, qu'ils étaient réunis : douze personnes éminentes occupant un salon d'apparat ultra-sécurisé du Woolworth Building, sur Broadway. Il fallait que la situation soit d'une exceptionnelle gravité pour justifier la réunion physique effective de ces douze-là.

Iris van der Loor n'avait jamais vu les visages de ses pairs à ce point troublés. L'étonnement, la surprise, l'incompréhension marquaient leurs traits. Peut-être parce qu'elle était la plus jeune, mais sûrement parce qu'elle dominait mieux ses nerfs et que son intelligence était plus vaste, Mlle van der Loor paraissait la seule à incarner un semblant de sagesse.

« Vous nous assurez qu'elle est prête ? lui demanda un homme au visage défait par le manque de sommeil.

— Pas terminée, mais en état. Je l'ai visitée moi-même il y a deux jours. Les travaux, qui ne sont pas achevés, sont suffisamment avancés toutefois pour nous assurer une position de repli en attendant que les choses se calment. N'espérez pas un confort optimal, mais je crois que nous n'en sommes plus là.

— Cette solution est grotesque, cracha méchamment un vieillard. Je n'ai jamais cru à cette folie ! Construire une ville flottante pour nous ancrer dans les eaux internationales alors que le pays est au bord de l'anarchie, c'est minable ! Tout simplement minable !

— Nous ne construisons pas une base dans ce but, cher Maxim, corrigea Iris d'une voix douce. Je vous rappelle en premier lieu que nous avons lancé le chantier il y a trois ans pour établir à la fois un nouveau paradis fiscal offshore et un centre de recherche transhumaniste où explorer les manipulations génétiques sans que nos efforts soient limités par de stupides lois rétrogrades. Si je me souviens bien, vous sembliez très motivé par les perspectives de prolongation de la durée de vie que nos chercheurs estiment à leur portée... »

Maxim bougonna sur son siège sans paraître apprécier ce rappel.

« Je vous concède que la situation actuelle n'est pas tout à fait celle que nous avions espérée, poursuivit Mlle van der Loor. La période de chaos que nous avions programmée se produit plus vite que prévu et avec des effets contrariants. Il faut nous adapter. Ce n'est qu'un mauvais passage. Replions-nous momentanément sur cet îlot. De là, nous aviserons...

— Aviser ? s'emporta un monsieur très distingué. Vous rendez-vous compte que nous ne savons pas ce qui se passe réellement et que nous ignorons d'où viennent ces coups que l'on nous porte ? Qu'est-ce que c'est que cette histoire de suicide collectif sur le Golden Gate, Iris ? Et le sabotage du barrage Hoover ? Et les explosions des missiles nucléaires transcontinentaux dans leurs silos du Montana ? Et surtout, cet agitateur politique qui ressemble à un spectre et qui réclame les attributs régaliens ? Dites-moi que tout cela fait partie de vos manigances habituelles et je serai – un peu – rassuré...

— Malheureusement, je n'y suis pour rien, déplora van der Loor. Mais n'oubliez pas que nous ne sommes pas les seuls à connaître le concept de guerre de quatrième génération. Renverser des gouvernements en manipulant l'opinion publique et en créant de toutes pièces des désordres, nous savons le faire depuis longtemps. Ne nous étonnons pas qu'on nous rende aujourd'hui la politesse. Notre erreur est de trop nous attacher à l'Amérique, messieurs. Après tout, ce n'est qu'un bout de terre. D'autres continents existent, d'autres opportunités… Si nous ne parvenons pas à reprendre le contrôle de ce pays-là, nous avons assez d'atouts dispersés de par le vaste monde pour envisager dix hypothèses de remplacement.

— Mais ce pseudo-chef révolutionnaire, voulut savoir un autre patricien, cet Okhlos dont les émeutiers se réclament… Décidément rien à voir avec vous non plus ?

— Rien, confirma une Iris manifestement gênée d'avoir à admettre cette nouvelle déficience. Je le déplore, d'ailleurs. J'aurais aimé avoir inventé ce virus-là car il me paraît magnifiquement équipé pour initier le programme de réduction de population que nous voulions précisément mettre en place.

— Que voulez-vous dire ? s'étonna une femme dont les tresses couleur de cuivre lui tombaient plus bas que la poitrine.

— Ne faites pas l'innocente, Salomé, rétorqua Iris. Vous connaissez aussi bien que moi les projections démographiques et celles des ressources naturelles. Elles sont incompatibles. Quant aux fantasmes de colonisation spatiale, ils sont techniquement hors de notre portée sur une échelle de temps raisonnable. À moins que des gens comme vous et moi acceptent de réduire de manière drastique leur train de vie, il ne reste que la solution de réduction des effectifs qui soit viable. Il y a longtemps que j'ai demandé le calcul des projections. La Farnsborough Foundation servait au moins à cela. Avec vingt pour cent de la population mondiale actuelle, nous atteignons l'équilibre parfait entre potentiel énergétique naturel et rendement de technicité optimal. Vingt pour cent, évidemment triés sur le volet : des ingénieurs, des médecins, des chercheurs… quelques créatifs aussi, car que serait une vie sans art ?

— Et qui travaillera de ses mains ? demanda Salomé d'une voix pointue.

— Plus personne, ou presque. Tout sera robotisé. Ou bien nous cultiverons par séquençage génétique des corps sans esprit. Des coquilles avec juste un paléocortex nécessaire aux tâches physiques répétitives. C'est bien plus facile à concevoir qu'une arche spatiale en route vers une très hypothétique planète sœur.

— Vous préconisez donc un holocauste général, Iris ?

— Je ne préconise rien puisque les événements actuels – quelle que soit leur origine – se chargent de produire la guerre de tous contre tous dont nous avions besoin, sans même que nous ayons à la provoquer. Après tout, ce que nous prenons pour une calamité impossible à contrôler nous épargne de fait le problème majeur auquel nous étions confrontés et sur lequel je bute moi-même depuis longtemps.

— Quel problème ? voulut savoir Maxim.

— Celui de la culpabilité collective, évidemment ! » Devant l'incompréhension manifeste de ses auditeurs, Iris dut préciser : « C'est une névrose comportementale type. Quand des survivants doivent leur existence au sacrifice ou à l'élimination de tiers, ils développent un sentiment de honte. *Pourquoi suis-je en vie alors que tant d'autres sont morts ? Cela est-il moral ? Cela est-il conforme au Bien ? En quoi suis-je plus méritant que tous ces pauvres gens qui n'ont pas eu la même chance que moi ?* Questions pour les faibles, je vous l'accorde, mais questions qui, inévitablement, tarauderaient la majorité des rescapés au point peut-être de faire basculer la nouvelle société dans l'autodestruction...

— Je n'avais jamais pensé à ça..., admit Salomé sur un ton où perçait, à son insu, une pointe d'admiration devant l'esprit décidément visionnaire d'Iris van der Loor.

— Les solutions à ce paramètre existent, poursuivit celle-ci. J'avoue cependant qu'elles sont particulièrement complexes à mettre en œuvre, car elles impliquent de formater un nouvel imaginaire collectif en générant de nouveaux mythes fondateurs. C'est long. Hasardeux. Heureusement, nous n'aurons pas à nous perdre dans ce labyrinthe : les circonstances actuelles jouent spontanément en notre faveur. En attendant que passe l'orage, je vous propose de nous retirer momentanément dans notre station offshore. Elle est amarrée au large d'Orlando. Nous pouvons tous nous retrouver à bord dès ce soir. Un mot de vous et vos proches y seront également conduits si vous souhaitez leur présence. Femme, mari, enfants, maîtresse et amant : c'est le moment de savoir si ces gens comptent authentiquement pour vous... En pleine mer, éloignés de tout, nous n'aurons plus à craindre un nouvel incident nucléaire dans nos zones de résidence et nous pourrons patienter jusqu'à ce que la situation se calme. Ce qui ne sera pas pour tout de suite, si j'en crois mon intuition... Nous reviendrons ici quand la plèbe aura détruit la plèbe et que ce qui restera d'elle n'aspirera plus qu'à notre domination...

— Et l'or ? demanda un intervenant jusque-là silencieux.

— L'or ?

— L'or de la Réserve fédérale et celui que nous avons fait réquisitionner en réactivant le décret

6102. Que devient-il ? Nous l'abandonnons purement et simplement à la populace ? »

Iris sourit. « *L'or est une relique barbare,* disait Keynes. À époque de sauvages, monnaie de sauvages... Ne nous encombrons pas de ça. L'avantage avec ce métal-là, c'est qu'il ne disparaît jamais. Nous le récupérerons en temps et en heure. Lorsque nous reviendrons, je vous promets qu'il sera toujours là, à briller pour nous dans les décombres. »

Un long silence suivit cette déclaration. Iris savait qu'elle venait d'asséner quelques vérités troublantes dont chacun, dans son for intérieur, connaissait la pertinence depuis longtemps. Mais qu'elles soient formulées sans ellipse et sans atours rendait ces évidences aussi difficiles à supporter que la lumière du soleil pour des prunelles fragiles.

« Emmenons-nous Madame la Présidente ? risqua enfin Maxim.

— L'idiote de la Maison Blanche ? Certainement pas ! s'offusqua Iris. Quoique... À la réflexion et puisque c'est déjà une coquille vide animée de son seul paléocortex qui n'a eu besoin d'aucune fécondation in vitro pour venir au monde, peut-être pourrions-nous l'utiliser comme main-d'œuvre domestique. Pour porter les bagages, par exemple... »

Mauvais trait d'esprit, suffisant tout de même pour détendre l'atmosphère et déclarer réglée la question du départ.

« Des voitures nous attendent au sous-sol, précisa Mlle van der Loor en clôturant la séance. Chacun la sienne. Nous nous retrouvons à l'héliport du Pier 6 dans quarante-cinq minutes. Aucun retard ne sera toléré. Mais rassurez-vous, je partirai après vous et ne laisserai personne manquer ce rendez-vous. En hélicoptère, nous rejoindrons l'aéroport de Newark où trois Falcon nous attendent. Nous serons à Orlando d'ici ce soir et définitivement embarqués dans le courant de la nuit. Je vous assure que c'est une mesure de prudence indispensable. Vous me remercierez bientôt. »

Conduite par Bolton, son chauffeur attitré depuis cinq ans, Iris van der Loor laissa derrière elle le Woolworth Building et descendit Broadway dans la dernière des douze voitures du convoi des prétoriens de l'État profond. Bolton était un professionnel. Il connaissait parfaitement son itinéraire, maniait élégamment sa Jaguar et savait que ce n'était pas encore l'heure des embouteillages les plus denses. S'engageant sur Liberty Street, il comprit donc très vite qu'un phénomène anormal était en train de se produire. Il fut contraint de s'arrêter derrière deux ou trois taxis immobilisés au milieu de la chaussée et il ne pouvait que deviner les causes de l'interruption du trafic – une livraison ou un accident, peut-être... Pianotant sur le volant, il jeta un coup d'œil dans le rétroviseur pour observer sa patronne. Miss van der Loor n'avait aucune patience et lui-même détestait la sentir de mauvaise humeur sur la banquette arrière, cela le rendait nerveux. Comme il tentait de décrypter les émotions sur les traits de celle qu'il surnommait la Vierge de Fer, il vit des silhouettes s'animer soudain dans le rectangle du rétroviseur. Une escouade de la police montée de New York remontait la voie au petit trot. Les cavaliers n'avaient pas revêtu la tenue de service ordinaire mais la panoplie complète de protection anti-émeute : casques, jambières, plastron pour les hommes, caparaçon matelassé pour les chevaux.

Avec leur matraque et leur bouclier, ils ressemblaient à des chevaliers en route pour la bataille. Alors que Bolton les observait, des cris éclatèrent.

« Que se passe-t-il ? » demanda Iris.

Le chauffeur allait prononcer la phrase « Je l'ignore, mademoiselle » quand sa réponse resta suspendue à ses lèvres. L'image d'un pavé projeté en plein milieu de son pare-brise venait d'envahir son cerveau. Il se baissa d'instinct et rentra la tête dans les épaules. Sous le choc, la berline hoqueta mais la vitre pare-balles résista. Quand Bolton se releva, seule une minuscule étoile de verre indiquait le point de l'impact. Réagissant par automatisme, il ne perdit pas de temps à débrouiller l'origine de l'incident. Il embraya la marche arrière et se retourna pour piloter. Mais il était trop tard : des voitures bloquaient déjà le passage et Liberty Street se révélait bien trop étroite pour qu'il puisse effectuer d'autres manœuvres de dégagement. Bolton lâcha un juron. La rue était devenue une nasse dans laquelle la Jaguar était prise. Ses pensées accélérées par le flux d'adrénaline, il ne lui fallut qu'une fraction de seconde pour songer aux deux seules options qui s'offraient à lui : verrouiller le véhicule et compter sur son blindage pour faire face aux événements, ou tenter une sortie à pied. Le choix fut vite fait. Bolton connaissait la qualité des protections dont bénéficiait l'anglaise : plaques de caisse Chobham anti-explosion, pneus increvables, vitrage prévu pour résister à des rafales d'armes automatiques. Sous des allures de belle urbaine, la grosse XJ était un engin de guerre multipliant les défenses. Quoi qu'il arrive, mieux valait demeurer à l'abri de ce cocon plutôt que de se risquer au-dehors.

« Mademoiselle ? Vous allez bien ? » demanda le chauffeur.

Imperturbable, Iris ne paraissait nullement marquée par l'incident. Le dos droit, elle regardait fixement devant elle. Les chevaux de la police parvinrent à leur hauteur. C'était un détachement d'une trentaine d'hommes qui se portait en avant à vive allure. Rebondissant sur le toit, un autre projectile atteignit la voiture. Bolton crut bon d'assurer à sa patronne qu'il n'y avait rien à craindre, que la carrosserie tiendrait le coup, mais Iris semblait toujours parfaitement calme. Aussi profond et violent qu'un courant océanique, il y eut un mouvement de foule à cet instant. Bolton vit une sorte de comète traverser au loin son champ de vision : propulsée à la vitesse d'un météore, une bouteille remplie d'essence s'écrasa sur la gauche de la voiture. Le liquide se répandit sur la chaussée en allumant une mare de feu. Les cris redoublèrent. Les occupants du taxi qui les précédait quittèrent en hâte le *cab* jaune. Le client lâcha sa mallette et s'enfuit à toutes jambes, laissant derrière lui une brassée de papiers qui s'envolaient et son ordinateur portable, fracassé sur le goudron. En moins d'une minute, la rue s'était transformée en champ de bataille. Bolton avait déjà vu des affrontements dans les films ou sur les chaînes d'actualités, mais jamais il n'aurait pensé être le témoin d'une telle scène en plein New York, à deux pas de la Bourse et des bureaux de la Réserve fédérale.

Il sut que les choses tournaient vraiment mal quand un cheval s'avança vers lui au grand galop : son harnachement matelassé avait pris feu et la selle était vide. Touchée de plein fouet par un cocktail Molotov, la pauvre bête hennissait de douleur tandis que les flammes la rongeaient comme un acide. La section entière de policiers battit bientôt en retraite. Poursuivies par des assaillants en surnombre, les forces de l'ordre ne pouvaient résister à l'incroyable furie qui leur était opposée.

Sautant sur les toits des voitures, courant sur les trottoirs et vociférant comme les Sioux à Little Big Horn, les attaquants apparurent. Silhouettes cagoulées, jeunes, agiles, ils ressemblaient à un nuage de criquets s'abattant sur une oasis. Armés de battes, de pioches, de frondes et de pierres, certains émeutiers saccageaient tout sur leur passage, quand d'autres se contentaient de brandir des pancartes vouant Wall Street, les banques et le gouvernement fédéral aux gémonies. *Okhlos !* hurlaient les contestataires. *Rendez-nous notre or ! Brûlez la Fed ! NovAmerica* ! *NovAmerica !* Acculés, entourés de toutes parts, trois cavaliers désarçonnés s'adossèrent à la Jaguar pour former un ultime môle de résistance. Vite débordés par les casseurs, ils succombaient sous les coups quand Bolton tira un Beretta 9 mm de la boîte à gants et engagea une balle dans le canon. Baissant à demi sa vitre, il passa le bras au-dehors pour tirer en l'air par deux fois afin d'intimider la populace. L'effet produit fut contraire à ses espoirs. Jetant de côté les hommes en sang du NYPD, la foule trouva dans la luxueuse anglaise un nouvel exutoire sur lequel déverser sa colère. Bolton comprit qu'il venait de commettre une terrible erreur de jugement. Il vit deux types bondir sur son capot pour attaquer le pare-brise à la barre de fer pendant que d'autres encerclaient la voiture en la criblant de coups. Le blindage catégorie B5 résistait bien. Les émeutiers entreprirent de la renverser. Malgré ses trois tonnes de céramique et d'acier, la Jaguar commença à osciller sous les poussées.

« Votre ceinture, mademoiselle ! hurla Bolton. Accrochez-vous ! » Sur sa banquette de cuir, Iris blêmit enfin. Obéissant à son chauffeur, elle boucla sa sangle et prit la position d'urgence enseignée dans les avions : tête entre les genoux, mains croisées sur la nuque. Par les vitres, on ne voyait désormais que des paumes sales plaquées sur la carrosserie afin de donner de la gîte au véhicule. Le mouvement de balancier s'amplifia peu à peu jusqu'à opérer, dans un fracas infernal, un basculement complet sur le toit. Retenus la tête en bas, Iris et Bolton ne pouvaient plus rien faire. Le chauffeur tenta un « Ne vous inquiétez pas, ça ira ! » qui tenait plus de la méthode Coué que de la certitude, car il ne se faisait à présent plus d'illusions. La voiture ne tiendrait plus longtemps face au renouveau de violence qui s'abattait sur elle. Des hommes se mirent à cogner à la masse de chantier sur la lunette arrière, se relayant jusqu'à ce que le verre se fende, s'émiette puis, au dernier coup porté, se brise.

Des mains s'engouffrèrent aussitôt dans l'habitacle. Tâtonnant, elles se refermèrent sur Iris. On l'agrippa par les cheveux, on la saisit par les épaules. Son chignon se dénoua. Se coulant près d'elle comme un serpent, un homme mince au visage dissimulé par un foulard coupa la ceinture de sécurité au couteau. La jeune femme se renversa sur le sol tandis que Bolton se contorsionnait pour la secourir. Libérant ses bras, le chauffeur pointa son arme et pressa la détente. La balle défonça le front du type, maculant d'une gerbe rouge l'intérieur de la carlingue. Étourdie par le bruit, Iris se sentit tirée furieusement en arrière et ses ongles se plantèrent dans la sellerie précieuse pour s'y accrocher – tentative dérisoire. Bolton voulut tirer une nouvelle cartouche mais ce n'était plus possible sans risquer d'atteindre Mlle van der Loor. Happée par la foule, celle-ci disparut au milieu d'un amoncellement de silhouettes hurlantes. Le chauffeur cherchait désespérément à détacher sa ceinture quand une bouteille d'essence roula vers lui. Comme dans une séquence filmée au ralenti, le flacon roula sur la face interne du toit renversé avant de voler en éclats contre le tableau de bord en loupe d'orme. La mèche entra en contact avec le mélange de pétrole et de glycérine. De ce qui se produisit alors à l'intérieur de la Jaguar, Iris van der Loor ne vit heureusement rien. En une fraction de seconde, la chaleur atteignit quelques centaines de degrés. Attaché à son siège, Bolton sut qu'il était condamné. Pris dans la fournaise qui l'étreignait avec une avidité de succube, il utilisa ses derniers instants de conscience pour pointer son arme contre sa tempe et s'épargner ainsi une longue souffrance.

Prisonnière de la plèbe, Iris perçut la détonation et comprit ce qui venait de se passer. Peut-être, en temps normal, aurait-elle ressenti un semblant de compassion pour son chauffeur, mais son propre sort accaparait jusqu'à la dernière de ses connexions cérébrales. Elle se trouvait la proie d'un lynchage en règle. On la bouscula, on la frappa, on l'insulta. On la dépouilla de son manteau et on la gifla. On lui arracha son collier, on tira sur ses phalanges pour en faire glisser ses bagues, puis on la jeta sur le bitume. Elle tenta de se relever mais un coup de pied lui coupa la respiration en la cueillant au ventre. Une semelle de caoutchouc s'imprima sur sa joue et lui fendit la pommette. On la traîna encore par les cheveux, l'obligeant à se déplacer à quatre pattes, comme un animal.

Ses bas de soie se déchirèrent et rompirent leurs agrafes de vermeil. On se moqua d'elle. On la couvrit de crachats. De sa vie, Iris van der Loor n'avait jamais imaginé subir pareil traitement. En l'espace de quelques minutes, elle venait de chuter de son Olympe natal jusqu'au plus noir des Enfers. Elle cherchait son souffle et chaque inspiration était pour elle une torture. On la releva pour la gifler encore. Elle se débattit, mais que valait sa force contre celle de ses assaillants ? Tout n'était que visages grimaçants et masques de haine autour d'elle. Elle hurla. Sa détresse fit rire. Elle passa de main en main. On déchira ses vêtements jusqu'à mettre à nu son buste blanc. Un vieillard édenté la serra dans ses bras ; gluante et chaude, sa langue fétide lui lécha la bouche.

La pointe de chair dure tentait de forcer le barrage de ses lèvres quand l'étreinte immonde se dénoua brusquement. Les yeux d'Iris s'embuèrent et une toux irrépressible gagna ses poumons. Miraculeusement libérée, elle se laissa tomber sur la chaussée tandis que les révoltés refluaient en courant vers le haut de la rue. Dans leur sillage, avançant vers elle telle une phalange antique, une compagnie de policiers en grande tenue noyait la rue de vapeurs lacrymogènes. Malgré la douleur, malgré la peur et l'humiliation, ou peut-être plutôt à cause de cela, Iris se mit à rire. Hoquetant, pleurant, elle se traîna hors du nuage de gaz. Personne ne semblait s'intéresser à elle. Hébétée, marchant déchaussée sur le goudron froid, les mains croisées sur la poitrine pour se couvrir de son chemisier en lambeaux, elle avança longtemps au hasard, pour la première fois sans repère ni protection au sein du monde chaotique dont elle et ses semblables étaient en large part les instigateurs. Biche luxueuse encore malgré les coups reçus, proie facile pour tous les traînards qui cherchaient l'opportunité en marge des émeutes, elle comprit que son véritable calvaire ne faisait que commencer quand elle fut de nouveau saisie par des mains avides et traînée dans une ruelle humide perpendiculaire à Nassau Street. Tandis que la Vierge de Fer était férocement renversée par des jeunes gens en guenilles sur une pile de cartons détrempés, juste au-dessus d'elle, deux hélicoptères partis du Pier 6 se dirigeaient vers l'aéroport de Newark. Elle l'avait elle-même annoncé : aucun retard n'avait été toléré. Ainsi l'édictait la seconde et ultime devise des initiés véritables : *Vae lentis* ! Malheur aux retardataires !

XVII

C'était l'endroit le plus improbable que l'on puisse imaginer, mais Raphaël Banes s'y trouvait bien, enfoui à plus de quinze yards sous terre. L'ensemble se composait de trois salles à double coffrage de béton. C'était un abri privé, creusé par des fermiers soixante ans plus tôt, en pleine guerre froide. Comme le conflit nucléaire ne s'était jamais décidé à éclater, il avait été transformé en remise après la chute du mur de Berlin puis, d'année en année, en dépotoir. On y trouvait à présent toutes sortes d'objets des années 1970 et 1980 empilés sur les étagères métalliques qui couraient le long des murs gris. Des téléphones sans fil de première génération. Un ordinateur Amiga 500. De l'électroménager hors d'usage, des outils de jardinage et des rouleaux de fil de fer barbelé. Un carton de volumes de la Sélection du Reader's Digest et un autre gonflé d'annuaires des années 1930 de tous les États du Middle West. En fouillant distraitement dans ces caisses, Banes se remémora avec une certaine tendresse le vieux Bouquiniste de New York. Si l'on ne trouvait pas ici de quoi ajouter un cagibi à sa bicoque bourrée de vieilles reliures, au moins aurait-il pu renforcer une colonne ou deux grâce à ces tomes-là.

« Attiré vers les livres comme de la ferraille par un aimant ! Décidément on ne se refait pas, hein, professeur ? »

Raphaël se redressa et sourit à Kincaid. Le roi des *Sheltas* l'avait sauvé in extremis d'une mort certaine, et Banes lui en était reconnaissant.

« C'est un travers que je garderai toute ma vie, s'excusa-t-il comme si sa bibliomanie avait quelque chose de honteux. Enfin… à supposer que mon existence soit encore longue, ce qui n'a rien de sûr… Vos préparatifs avancent comme vous voulez ?

— Correctement », répondit Kincaid de façon évasive.

Si Banes savait maintenant qu'il n'avait rien à craindre de l'homme au visage rehaussé de boue, ce dernier, en revanche, avait encore secrètement peur du porteur de *Scamall.* Aussi pure et noire qu'un diamant ramassé au fond d'un abysse de larmes et de sang, la Nuée obscure s'était lovée en cancer dans cette pauvre carcasse d'homme, trouvé agonisant lié à deux poutres près du Grand Lac Salé. Elle vivait là, grondant, rageant, telle une amoureuse éconduite… Et c'était cela qui était étrange, cela qui n'aurait pas dû être et que Kincaid n'avait pas vu lorsqu'il avait parcouru les territoires de l'avenir. Comment un homme tel que le médiocre Raphaël Banes pouvait-il maîtriser la force implacable qui l'avait investi ? Par quelle magie ? quel miracle ? Tout médium qu'il soit – ou croyait être –, le roi des vagabonds n'avait pu le comprendre jusqu'à ce que Banes le lui révèle.

« Chez les hommes de bien, tout commence toujours par une histoire, avait expliqué Kincaid à Banes peu après que celui-ci fut revenu à la conscience. Raconte-nous la tienne. Quand nous t'aurons appris la nôtre, nous verrons si nous pouvons ensemble en inventer une qui soit notre partage... »

Banes aurait pu refuser l'invite et choisir de se taire. Il aurait surtout pu briser le cercle qui s'était refermé autour de lui en troublant la raison des *Sheltas*, comme il l'avait fait pour les fidèles dans l'église ou pour les pèlerins dans le train de marchandises. Cela aurait été facile. Mais il s'était abstenu de lâcher les démons du désespoir et de la colère sur cette assemblée-là.

« *Nok thoo Sheldroo* ? Ainsi, vous êtes les *Sheltas* ? avait-il dit en *vieux parlé*. Que voulez-vous savoir ?

— Comment fais-tu pour retenir *Scamall* en toi ? » avait demandé Kincaid.

Alors il avait bien fallu parler, et Raphaël avait raconté comment, bien qu'il ait été un vulgaire *abonné* parmi des centaines de millions d'autres, il s'était retrouvé à arpenter une route de métamorphoses. Comment, sur ce chemin-là, il avait connu la fatigue, la peur, l'humiliation et le désespoir. Comment il avait aussi rencontré l'amitié et gagné – un peu – le respect de lui-même. Comment son égoïsme s'était effacé et une conscience lui était apparue, jusqu'à risquer sa vie pour sauver une jeune fille. Comment, enfin, la main du destin s'était définitivement refermée sur lui en le faisant dépositaire du germe d'angoisse et de mort, *Scamall* elle-même, la Nuée impalpable formée de toutes les fautes commises par les hommes au cours de leur histoire.

« Que veux-tu faire, maintenant ? lui demanda Kincaid lorsque Banes eut achevé son récit.

— Je n'aurai plus longtemps la force de lutter. Mourir me serait facile si j'emportais *Scamall* avec moi dans l'oubli. Mais ma mort ne signifiera pas la sienne. Elle trouvera un nouvel hôte, comme elle avait trouvé Milton Millicent. Un hôte que le sacrifice d'aucun *Cryptoï* n'aura préparé, contrairement à moi, à la retenir. Elle se déchaînera dans l'instant… Vous me demandez ce que je veux faire ? C'est une mauvaise question parce que plus aucune question n'a de sens. Désormais, quoi que je fasse, le chaos se produira.

— C'est hautement probable ! admit Kincaid en riant presque des catastrophes qui s'annonçaient. Décidément, le Grand Serpent Univers est un farceur ! Ophis m'a permis de pénétrer dans son antre mais il m'a joué un mauvais tour. J'ai vu des choses qui ne sont jamais advenues et j'ai ignoré bien des événements auxquels nous faisons face à présent. En vérité, les hommes sont impuissants à infléchir le cours du destin. Ce qui doit arriver arrive, c'est ainsi. Mais nous ne sommes pas obligés de nous en réjouir ! Même si c'est inutile, veux-tu venir à la bataille avec nous, Raphaël Banes ?

— Contre qui allez-vous vous battre ?

— L'homme qui se fait appeler le messie des pauvres et qui a usurpé le nom d'Okhlos, celui qui t'a condamné à mort… Il marche maintenant droit vers l'est avec son armée. Du pays tout entier lui parviennent de nouvelles troupes de désespérés. Elles sont constituées par des *Fomoroï*, bien sûr, mais aussi par les centaines de milliers de gens inconscients qui croient naïvement à ses promesses. Ils viennent de ravager Denver comme autrefois les condottieres d'Italie avaient saccagé les villes de Toscane et de Campanie. Okhlos veut Washington. Il va traverser tout le pays pour prendre la capitale. Il ne s'arrêtera pas avant…

— Et une fois qu'il y sera ?

— Qui sait ? Peut-être qu'il s'y forgera une couronne et se la posera lui-même sur la tête ! »

Banes regarda celui qui venait de prononcer ces mots. Avec ses longs cheveux blonds et la cicatrice au bas de son visage, il ressemblait jusqu'à la caricature aux guerriers légendaires dont les *Sheltas* étaient les héritiers.

« Roy n'exagère pas, reprit Kincaid. L'Amérique est déjà morte, même si elle ne le sait pas encore. La modernité est un cadavre tiède. Comme un dernier chant, ce sont les pulsions archaïques qui reviennent maintenant une ultime fois avant que ne s'éteigne la race des hommes. Nous allons tous mourir, c'est une certitude. Au moins le ferons-nous au grand air, libres, les armes à la main. Je suis peut-être une âme simple, mais cela suffit à me rendre heureux.

— Oui, dit Banes en comprenant intimement les paroles de l'autre. Nous mourrons *sans en être* et je crois que c'est une consolation !

— Sans en être ? releva Kincaid.

— Sans être des hommes serviles, expliqua Raphaël, avec une pointe de mélancolie dans la voix. C'est Finn qui disait cela... »

Puis il voulut savoir : « Comment comptez-vous vous battre ?

— Okhlos est entouré de *Fomoroï*. Ce sont ses capitaines et ils veulent notre peau. J'ai ordonné aux *Sheltas* de se rassembler ici. Les autres sont encore en route. Nous ne sommes qu'une cinquantaine, mais nous serons dix ou peut-être même vingt fois plus dans quelques jours. Les *Fomoroï* savent où nous trouver : nous nous tenons sur leur route vers l'est. Ils viendront nous affronter. Cela devait se terminer par un face-à-face. Il est temps que se règlent les comptes. Bien sûr, nous allons perdre, mais leur victoire ne durera pas. Ils vont hériter d'un pays exsangue et leur maître ne pourra par les tenir. L'anarchie s'installera et ils finiront par s'entredéchirer jusqu'au dernier.

— Et si je lâche *Scamall* sur eux ? demanda Raphaël.

— Assurément ils mourront en plus grand nombre que si tu t'en abstiens, mais nous ne pourrons pas te protéger longtemps. L'un d'eux finira par te tuer et la Nuée s'incarnera alors certainement en lui. Personne ne peut prédire les conséquences que cela aura.

— Nous avons fait ce que nous avons pu, intervint Roy. Ce qui se passera ensuite ne dépend plus de nous. Cela n'a plus d'importance. Préparons-nous à bien mourir, plutôt... »

La bonne mort... Il n'y avait plus que cela à espérer pour les *Sheltas*, et tous avaient désormais accepté cette issue sans tristesse ni lâcheté. Des siècles durant, par choix plus souvent que par fatalité, les prédécesseurs de ces hommes avaient vécu en parias, dormant le long des routes alors que les lumières brillaient dans les villes, se nourrissant d'herbes et de bas gibier quand l'homme de la rue n'avait qu'à tendre la main pour s'approvisionner aux étals. Ombres dans la nuit, veilleurs toujours aux aguets, allant d'escarmouches en duels contre les *Fomoroï*, les adorateurs de l'entropie, ils avaient renoncé à fonder un foyer au sein duquel perpétuer leur lignée personnelle. Mais l'heure n'était plus aux accrochages de hasard. La guerre ouverte était là. Aux deux troupes rassemblées, la destinée offrait la scène du dernier affrontement : *Omphalos Americae*, ainsi que Kincaid l'avait dit à Fano, le nombril de l'Amérique, rien moins que le centre même du cadastre fédéral.

Omphalos Americae... Si l'intitulé débridait l'imagination, la réalité de l'endroit ne s'accordait guère avec la puissance de l'énoncé. Perdu en plein Kansas rural, ce point symbolique était marqué d'une simple plaque encastrée dans un mur de pierre dressé à un demi-mile d'une petite agglomération nommée Lebanon. *Lebanon*, le *pays blanc,* en *vieux parlé*. Dénomination de hasard, ou peut-être l'avait-on surnommé ainsi parce que rien n'était jamais arrivé ici, que le blanc est l'autre couleur du deuil et du néant, et que cet endroit semblait par nature promis à l'immobilité et à l'ennui. Deux rues droites, *cardo* et *decumanus*, orientées aux points cardinaux. Cent dix-huit habitants ; essentiellement des retraités ; un médecin ; un armurier ; une laverie automatique et un drugstore. Pas de poste de police mais un vieux gymnase enveloppé de poussière, que la municipalité n'avait plus les moyens d'entretenir depuis longtemps. Une vieille voie de chemin de fer, enfin, filant d'est en ouest.

Les *Sheltas* avaient d'abord conduit Banes en ville. Curieusement, l'arrivée de cette troupe de vagabonds venus du désert n'avait pas suscité la frayeur. Dans ce village hors du temps, la population paraissait aussi évanescente que des silhouettes fanées sur une photo jaunie. Comme enfermés dans l'œil mort d'un gigantesque cyclone, à l'écart de tout, ces gens indifférents n'attendaient plus rien de l'existence. Que cinquante hommes s'immiscent soudain dans leur décor quotidien ne leur avait pas semblé autrement troublant. Quelques curieux, toutefois, étaient sortis sur le pas de leur porte, mais sans manifester d'hostilité ou même de méfiance envers les étrangers. Ceux-ci ne leur avaient d'ailleurs témoigné aucune agressivité. Pourquoi l'auraient-ils fait ? Les *Sheltas* n'en avaient pas après les locaux. Ils savaient que l'armée d'Okhlos mettait alors à sac Denver, trois cents miles à l'ouest. À la vitesse à laquelle se déplaçait les croisés du messie des pauvres, cela leur laissait quelques jours pour se préparer à la bataille symbolique qu'ils comptaient au moins imposer à leurs ennemis *Fomoroï*.

Fatigué, encore couvert de croûtes de sang séché après ses tortures, Banes était parvenu à convaincre le vieux gardien du gymnase de le laisser utiliser les douches. L'homme était un drôle de mélange entre le bon grand-père des contes de fées et le barbon plein d'ironie. Se déplaçant en fauteuil roulant, il avait conduit Raphaël jusqu'aux vestiaires.

« En fouillant un peu, tu trouveras bien un peu de savon qui traîne, mon gars. Et puis y a aussi des serviettes dans un placard. Vas-y. Prends ton temps. Y a de l'eau à bonne température tant que t'en veux. Pour toi, ce sera pas du luxe ! Je sais pas qui s'est occupé de toi, mais t'as salement dérouillé ! »

Raphaël était resté longtemps sous le jet, les nouvelles frusques que lui avaient données les *Sheltas* négligemment jetées au sol. Sa toilette terminée, il avait découvert son reflet dans une glace dont il avait essuyé la buée. Ses pommettes et son front étaient tuméfiés et ses joues horriblement creusées. Autrefois d'un beau noir uniforme, ses cheveux étaient largement striés de blanc. Il avait passé la main sur son menton et le dessus de ses lèvres. La barbe qui y poussait maintenant était dépigmentée... Raphaël avait alors songé à ce que lui avait dit Finn lorsqu'il avait essayé de lui apprendre à marcher comme un véritable arpenteur. « On ne devrait se coucher dans son cercueil que les os vingt fois recollés de partout et la trogne couturée de cicatrices. » C'étaient, peu ou prou, les propos de l'Irlandais. Pas de doute : Banes correspondait à ces critères désormais… Il méditait sur sa nouvelle apparence quand ses pensées avaient été interrompues.

« Tu pourrais pas m'aider à porter mon linge à la laverie ? » lui avait demandé le concierge en échange de lui ouvrir l'accès aux vestiaires. Évidemment, Raphaël avait accepté. Poussant le fauteuil roulant, il avait conduit l'ancêtre jusqu'à la boutique. Serrant sur ses genoux une panière en plastique remplie de vêtements sales, celui-ci semblait heureux d'avoir trouvé un peu de compagnie.

« Moi, c'est Abenezer, fiston. Et toi ?

— Banes.

— Banes ! C'est sec comme un coup de trique, ça ! Moi, Abenezer, c'est plus doux. Plus mélodieux, tu vois ? C'est parce qu'il y a plus de syllabes que ça produit cet effet-là. Mais t'inquiète pas, Banes c'est bien aussi, dans son genre… Alors, Banes, tu voudrais pas lancer les fringues dans le tambour et faire partir la tournée, des fois ? »

Raphaël s'était exécuté sans déplaisir, trouvant dans cette tâche simple et dans cette conversation sans enjeux un dérivatif bienvenu à ses angoisses. Assis à côté de l'infirme, il avait longtemps regardé la mousse s'étaler sur la vitre du lave-linge jusqu'à ce que, pièce incongrue au milieu d'une panoplie anodine, un petit triangle de lingerie féminine bordé de dentelle synthétique se plaque effrontément sur le hublot.

« Joanna, avait rigolé Abenezer en constatant que Raphaël fronçait les sourcils. Octobre 1985. Sacré automne ! La plus belle femme de ma vie…

Je garde ce truc-là en souvenir et je lui donne un coup de frais de temps en temps. Faut m'excuser. J'ai toujours été un peu fétichiste, tu sais... T'es fétichiste, toi ?

— Je ne sais pas, avait soupiré Raphaël. Sûrement. Dans la tête...

— Ah oui, avait compris le gardien. Dans la tête... T'es du genre cérébral. Ça se voit tout de suite. T'es exigeant, donc tu fais pas souvent l'amour et t'as du mal à jouir, hein ?

— Tout juste, avait avoué Banes, épaté par la justesse du portrait. En tout cas, il y a effectivement longtemps que ça ne m'est pas arrivé. Au point que je crois même que c'était dans une autre vie.

— Ben t'es pas verni, parce que c'est pas ici que tu risques de refaire partir le moteur, je le crains... T'as remarqué ? On a que des tromblons dans le coin. Rien du tout comme chair fraîche. *Nada !* Toi et tes copains, vous allez faire ceinture un bout de temps, si vous comptez rester. Au fait, qu'est-ce qui vous amène dans ce trou perdu, vous autres ?

— Un rendez-vous.

— Des amis ?

— Des ennemis, plutôt...

— Ah ? Va y avoir du grabuge, alors ?

— Je crois qu'on peut dire ça...

— J'ai quand même le temps de finir de laver mes affaires ?

— Je peux même vous les mettre dans le séchoir.

— C'est pas de refus, fiston. Mais pas la culotte à volants de Joanna. Tu me la donneras direct. C'est fragile, la nostalgie...

— Entendu. »

Raphaël venait de glisser un dollar dans le sèche-linge quand Kincaid était venu le chercher. « On a trouvé quelque chose d'intéressant. Viens... »

Le quelque chose d'intéressant, c'étaient, quinze yards sous terre, trois chambres bétonnées cachées en plein milieu d'une friche, à quelques jets de pierre du monument marquant le centre théorique des États-Unis d'Amérique.

« C'est un endroit fait pour toi, avait dit Kincaid. D'abord tu pourras t'y reposer tranquillement, et puis quand les autres viendront, on les attirera par ici. On aura mis une vingtaine de gars avec toi. On conviendra d'un signal et vous sortirez tous ensemble sur l'arrière de ces fils de… Pardon, je n'aime pas les grossièretés inutiles. Tu me comprends…

— On refait une variante d'Ulysse à Troie, alors ?

— C'est un peu l'idée, avait convenu l'autre en appréciant cette référence à laquelle il n'avait pas songé. On retente la vieille ruse et advienne que pourra… Fais au mieux ! »

Trois jours s'étaient écoulés depuis l'installation de Banes dans ce sous-sol improbable. Trois jours au cours desquels il avait peu dormi et beaucoup réfléchi. *Scamall* s'était en lui tenue étrangement calme, comme attendant son heure…

Des cinq cents hommes espérés en renfort par Roy et Kincaid, un petit nombre avait effectivement rejoint Lebanon. Qu'ils aient fait de mauvaises rencontres en route, n'aient pas reçu à temps le message de leur roi ou aient jugé la situation désespérée au point de renoncer à se battre, peu importait. Lorsque des veilleurs estimèrent probable l'arrivée des premiers *Fomoroï* pour le surlendemain, il était trop tard pour battre à nouveau le rappel.

« Combien sommes-nous ? demanda Banes.

— À peine plus de cent, répondit Kincaid.

— Tu comptes sacrément mal, jeunot ! Parce qu'il me semble bien qu'on est quand même un brin plus... »

Derrière Kincaid, tenant non plus une corbeille de linge sur les genoux mais un automatique gracieusement distribué par un armurier aussi vieux que lui, se tenait Abenezer, à la tête de plus de la moitié des habitants de Lebanon. Tous armés, déterminés. Mais aussi tous hors d'âge...

« D'après les dernières informations qu'on a captées à la télé avant que ça coupe, il paraît que c'est l'état d'urgence, expliqua le gardien du gymnase. Loi martiale, et tout ! On serait attaqués de l'intérieur, à ce qu'il paraît. La Présidente a foutu le camp et il y a des émeutes partout. Ce bazar, c'est notamment à cause de l'autre squelette, l'Okhlos, qui vient droit par ici à ce qu'on a compris. Vous êtes bien là pour essayer de lui barrer le chemin, au tatoué, non ?

— C'est l'idée, sourit Kincaid.

— Foutue idée, gamin ! Je ne capte pas qui vous êtes, mais on a bien discuté entre nous et on veut être de la partie ! Si on s'impose pas, bien sûr.

— Ce serait un sacré honneur, monsieur, se réjouit le roi des *Sheltas*. Mais vous feriez mieux de partir pendant qu'il en est encore temps. C'est une cause perdue, vous savez...

— À nos âges, on est tous des causes perdues, mon gars, répliqua Abenezer. Et depuis longtemps. Alors, foutus pour foutus, autant faire un peu de mal à ces salopards de casseurs qui croient que la route leur est ouverte jusqu'à Washington ! »

Après avoir assuré la dotation de ses concitoyens, l'armurier avait encore suffisamment de réserves pour équiper une vingtaine de *Sheltas*. Par principe, Roy et Kincaid refusèrent les Colt qu'on leur tendait. Habitués aux corps à corps, ils ne voulaient combattre qu'à la lame. Pour une raison différente, Raphaël préféra également confier à un autre le revolver qui lui était promis. La puissance qui dormait en lui suffisait à assurer sa défense, pour quelques précieuses minutes du moins... De quelques hommes placés en avant-poste sur la route de Denver, on apprit que les premiers *Fomoroï* faisaient mouvement. Ils savaient à présent où les *Sheltas* les attendaient et s'étaient détachés en nombre de la grande masse des croisés d'Okhlos. On décida des positions de chacun, on cala des matelas devant les fenêtres et l'on barricada les portes. Il n'y avait plus qu'à attendre. Trente-six heures encore, ou un tout petit peu plus, peut-être, soit une journée et deux nuits...

Raphaël se retira seul dans la cambuse souterraine. Ses pensées étaient confuses. S'il n'avait qu'une très vague idée de ce qui l'attendait, il se sentait néanmoins curieusement prêt à tout ; confiant, presque, malgré la situation dans laquelle il avait lentement glissé depuis le soir où, à la suite d'un coup de folie, il avait perdu son poste à l'université Cornell. Sans la grossière remarque de Jacobus Friedkin, pensa-t-il, rien ne serait arrivé. Pas plus la perte de son emploi que son recrutement par Franklin Peabody. Pas plus sa rencontre avec Sainclair, Leland et Finn que sa découverte du monde des *Sheltas* et la réalité du pouvoir de *Scamall.* Et pourtant, il ne regrettait rien du basculement radical qui s'était produit dans son existence, malgré les coups et les morts, la peur et l'incertitude, malgré même la perspective de sa propre fin désormais toute proche. Si folle et déroutante que son aventure se soit révélée, il s'était comporté aussi bien qu'il l'avait pu. Sans trop de lâcheté ni de compromissions. Au final, Raphaël le savait, cela seul importait dans les comptes qu'une âme se rend à elle-même lorsque se dessine le terme de son incarnation.

Banes s'étendit donc pour profiter du calme des heures nocturnes. Dans cet antre de survivaliste, il était allongé sur un vieux châlit branlant au confort incertain. Alors qu'il cherchait sa position, ses contorsions firent sauter un étai enfoncé sous l'un des pieds du meuble et, déséquilibré, celui-ci se mit à tanguer au moindre mouvement. Soupirant, Raphaël rejeta la couverture et s'agenouilla pour effectuer la réparation. Tâtant sous la cale, sa main se referma sur une pièce de monnaie. C'était un dollar usé et corrodé, frappé dans les années 1930. Le cœur du professeur s'emballa. Travaillée à la manière du *Memento mori* dont Leland lui avait autrefois fait cadeau, la rondelle d'argent présentait des gravures modifiées sur ses deux faces. La première, au détail près, représentait le visage de Banes ! Sa photographie sur une fiche anthropométrique n'aurait pas été plus ressemblante. Au verso était gravée une image curieuse, au tracé précis, mais dont le sens serait resté incertain si une mention de lieu n'avait été indiquée au-dessus. Le dessin représentait une sorte de cercle de feu. Banes songea à ces anneaux enflammés au travers desquels les dompteurs font sauter les fauves, au cirque. Cependant, l'important résidait dans une double série de consonnes inscrites au-dessus du motif : *Bncrft, Nbrsk.* Il n'était pas difficile de comprendre au moins le second. Raphaël se précipita sur le vieux carton contenant les bottins usagés. Dénichant celui qui concernait l'État du Nebraska, il consulta la carte jaunie au début de l'annuaire. Au sud de Sioux City, une petite localité se nommait Bancroft... Songeur, Banes fit sauter la pièce dans sa main. Évidemment, cette découverte ne devait rien au hasard. C'était un signe. Mieux, c'était un appel...

Banes évalua grossièrement la distance séparant Lebanon de Bancroft. À condition de bien rouler, il pouvait arriver là-bas en quatre ou cinq heures, au voisinage de l'aube. Convaincu de la justesse de sa décision, il n'hésita pas. Il enfila ses chaussures et sa veste et se glissa hors de l'abri en prenant garde de ne pas se faire voir. Raphaël le savait, son escapade était un pari qui, à cet instant critique, risquait de ne pas plaire aux *Sheltas*...

Filant jusqu'à un parking public où stationnaient quelques vieilles guimbardes, il compta sur la chance pour y trouver un véhicule en état de marche. Après avoir vainement essayé de pénétrer dans plusieurs voitures, il pensait devoir renoncer quand un couinement l'attira vers une Hyundai bosselée, dont la calandre et le rétroviseur extérieur ne tenaient plus que par des bandes d'adhésif. Au pied de l'épave, sagement allongé dans la poussière, le chien Marcel le regardait. Estomaqué par ce retour inattendu, Raphaël plongea avec affection ses doigts dans les poils crasseux de l'animal. « Toi non plus, t'es pas là pour rien, pas vrai ? » Marcel se leva et gratta à la porte de la coréenne comme s'il en était le propriétaire. Banes abaissa la poignée et entra. Les clefs pendaient négligemment sous le volant. Il s'assit. Sautant par-dessus ses genoux, Marcel s'installa à son côté.

« T'es sûr de ce qu'on fait ? » demanda Raphaël à son compagnon.

Jappant énergiquement, le chien ne laissa aucun doute sur sa réponse.

« Alors allons-y ! » décida Banes en mettant le contact.

XVIII

La petite commune de Billings possédait encore sa mairie, ses maisons, ses deux ponts et son temple adventiste. Dans l'ensemble, la bourgade demeurait reconnaissable, en dépit de ses nombreuses toitures arrachées, de ses murs effondrés, même si l'eau et l'électricité n'étaient plus distribuées et si un épais tapis de cendres recouvrait les rues. La chaîne de montagnes derrière laquelle la centrale nucléaire avait explosé avait absorbé l'essentiel du choc cinétique de la déflagration et endigué le gros du souffle, la sauvant d'une destruction totale. En revanche, les retombées radioactives, portées par le vent, avaient enveloppé la cité et noyé ses habitants sous la marée invisible de leur poison. Deux heures à peine après l'explosion, le capitaine Harper en avait ressenti les premiers effets. Alors qu'il était retranché dans sa voiture toujours garée dans le parking souterrain, il avait saigné du nez. Au-dessus de sa tête, sans qu'il en ait conscience, le nuage de poussière n'en finissait pas de retomber... L'officier respirait mal. Même au deuxième niveau du sous-sol, l'air était aussi chaud que dans un atelier de verrier. Une étrange torpeur avait gagné l'officier, un sommeil toxique qu'il n'avait pu combattre.

Il s'était réveillé longtemps après dans un lit de fortune, sous une tente médicale de la Sécurité civile. La peau de ses mains était couverte de cloques. Un masque à oxygène était fixé sur son visage. Près de lui, des hommes en combinaison étanche s'affairaient autour d'autres rescapés. Un de ces types s'était approché.

« Qu'est-ce que j'ai ? lui avait demandé Harper en retirant son masque sans même que l'autre l'en empêche.

— Radiations.

— Grave ?

— Oui...

— Quelque chose à faire ? »

Le médecin l'avait regardé droit dans les yeux à travers ses lunettes en plexiglas sans répondre. Harper avait compris.

« Comment ça va se passer ? avait-il demandé.

— Vous aurez des étourdissements et des brûlures de plus en plus fortes au ventre et aux poumons. Vous allez cracher du sang et vous vider de tout...

— Combien de temps ?

— Je ne sais pas. Comme tout le monde dans le secteur, vous avez reçu des doses fatales. Vous en avez pour quelques jours... Une semaine. Deux, grand maximum. Désolé d'être brutal, mais mentir ne sert à rien.

— Je veux m'en aller, avait dit Harper en se redressant.

— Vos cellules sont en train de muter et d'éclater, mon vieux. Vous ne pourrez pas aller bien loin. Tout ce que je peux vous proposer, c'est de vous bourrer de morphine jusqu'à la fin. Et encore. Je ne peux pas vous promettre que la drogue agira comme sur un corps sain.

— Raison de plus pour que je me tire d'ici. Je ne veux pas crever dans un lit d'hôpital.

— Formellement, j'ai sûrement le droit de m'opposer à ça, mais je pense que chacun doit s'arranger comme il l'entend au moment d'en finir, lâcha le praticien. Si vous voulez partir, je ne vous retiendrai pas. Il y en a des milliers d'autres comme vous et je ne peux pas mettre un flic derrière tout le monde. D'ailleurs, je ne suis pas certain qu'il y en ait encore, des flics... Faites comme vous voulez, mais soyez seulement conscient de ce qui vous attend.

— Pour ça, j'ai compris... », avait conclu Harper en quittant son lit.

Se remettre au volant de sa Jeep Cherokee n'avait pas été si difficile pour le capitaine. Au sein de la confusion générale qui régnait dans la zone, personne n'avait pris la peine de l'en empêcher. Trois heures plus tard, il s'était retrouvé dans sa voiture sans avoir de réponse aux deux seules questions qui méritaient d'être posées : où se rendre, et pour y faire quoi ?

*

* *

Il aurait été malhonnête de prétendre le contraire : l'incident avait son utilité. Pourtant, Eliot Paul Hendricks en éprouvait de la contrariété. Désormais éveillé par Mme Shawn à l'émotion esthétique que suscitent les beaux objets, il ressentait comme une insulte personnelle la longue estafilade que les cailloux de cette route de campagne venaient d'infliger à la carrosserie de sa Cadillac 75. Lorsqu'il s'arrêta pour vérifier l'ampleur des dégâts, Hendricks fut bien obligé de constater que l'événement n'avait rien de fortuit, puisqu'un homme se trouvait là, assis sur un talus tout proche, à l'observer en silence tout en coupant nonchalamment une pomme du tranchant d'un couteau. Hendricks avait suffisamment d'expérience pour sentir que ce type appartenait non au groupe qui en voulait à sa vie, mais au contraire à celui qui s'était donné pour mission de le protéger.

« Quelque chose de spécial à me dire ? demanda-t-il en effleurant du pouce la vilaine balafre sur la carrosserie.

— Rien de spécial, répondit l'inconnu en jugeant inutile de se lever ou de se présenter. Continue juste le travail. Contrairement aux autres, tu te débrouilles pas si mal... Le seul truc, c'est que tu es en train de te gourer de direction. Tu devrais prendre la prochaine route vers le sud. Il y a une centrale civile à moins de quinze miles. Tu peux la faire sauter facilement pendant que tu y es. Ensuite, en filant tout droit, tu trouveras un nouveau site militaire. Ils ont renforcé la sécurité après ton premier feu d'artifice mais ça, évidemment, tu t'en fous. Gros, gros, gros potentiel là-bas... Peut-être qu'il y aura un frère pour te guider. Peut-être personne. Ou encore moi, ce sera selon... Qui sait ?

— Qui êtes-vous ? » s'enquit Hendricks.

Sur son talus, l'homme se redressa en souriant. C'était un type entre deux âges, assez beau malgré ses cheveux sales et la poussière de la route qui s'était incrustée dans les moindres ravines de son visage. Ses yeux gris semblaient lumineux tant ils étaient clairs.

« Qui je suis ? Qu'est-ce que j'en sais ? Et surtout, qu'est-ce que ça peut faire ? T'occupe pas de ça. Applique-toi plutôt à rendre ce pays invivable. Voilà l'important...

— Et les retombées ? s'inquiéta Hendricks.

— Les retombées ? releva l'autre en faisant mine de ne pas comprendre.

— Nucléaires. Les retombées nucléaires... On se fiche de savoir où elles partent ?

— Sérieusement ? C'est ça ta question ? Bien sûr qu'on s'en fiche ! Plus elles s'étendent et mieux ce sera ! Tu connais pas les pages du livre qui te concernent ?

— Rappelle-les-moi, s'il te plaît. »

Jetant ce qu'il restait de son fruit et rengainant son coutelas, l'homme récita pieusement un passage de l'évangile des *Fomoroï* :

« *À qui échoira la couronne de feu reviendra la tâche d'ouvrir les portes du pays d'Absinthe. Poison sur poison, le venin qu'il lancera au ciel retombera en pluie d'amertume pour les hommes. Leur peau se détachera, révélant leurs viscères et jusqu'au fin réseau de leurs veines. Comme une tache livide progressant sur l'abdomen d'un cadavre, le royaume des miasmes s'étendra d'océan à océan, et il n'y aura plus qu'au sommet des plus hautes montagnes que les enfants de Scamall nourriront d'air pur leur corps sacré entre tous. Alors, pour dix et cent et mille ans, la terre corrompue infusera l'acide avant que le miel ne revienne en ruches et que les baies rouges n'éclatent, sucrées, dans les haies sauvages du plein été...* »

Le type avait récité ça d'une traite et de mémoire. Aussi naturellement que s'il l'avait écrit lui-même. Hendricks sentit sa gorge se nouer. Évidemment, il savait depuis longtemps ce qu'il avait à faire. Pourtant, exprimée de cette manière presque poétique, sa tâche semblait plus impressionnante que jamais.

« Première route vers le sud, pas vrai ? dit-il à l'inconnu. J'y vais, alors…

— Ce serait bien.

— Tu ne veux pas venir avec moi ? »

La question lui était venue spontanément, et sa formulation le surprit lui-même. Pourquoi voulait-il être accompagné ? Sans raison particulière, il se sentait étrangement bien en présence de cet homme. Rassuré, presque…

Yeux Gris haussa les épaules.

« Peux pas, dit-il en jetant son sac sur l'épaule pour se préparer à partir de son côté. Pas maintenant. J'ai des trucs à faire. Il faut redresser quelques fers qui ont eu la mauvaise idée de se tordre. Je ne devrais pas en avoir pour trop longtemps. On va se revoir assez vite. Enfin j'espère… Allez, va !

— À plus tard, alors.

— C'est ça. À plus tard… »

Un peu déçu et vaguement gêné, l'ancien employé de banque reprit le volant et fit démarrer en douceur la Cadillac. À l'embranchement suivant, il obliqua à droite ainsi que l'homme le lui avait conseillé. Il continua jusqu'à ce que les formes dantesques de trois tours de refroidissement se dessinent à l'horizon. Crachant leurs nuages de vapeur, les évasements de béton paraissaient directement connectés aux soubassements de lave de la planète. Hendricks les observa un long moment puis il mouilla son doigt pour sentir d'où venait le vent. Satisfait, il se coula à nouveau dans le fauteuil en cuir de la voiture de collection, enfila une paire de lunettes noires et se concentra quelques instants jusqu'à ce qu'il sente s'agiter erratiquement les atomes dans les barres d'uranium. Une nouvelle réaction en chaîne était lancée. Il n'avait plus qu'à faire ronfler son moteur pour s'éloigner au plus vite. Lorsque la monstrueuse explosion se produisit, déjà blasé par un pouvoir devenu trop facile, c'est à peine s'il jeta un coup d'œil dans le rétroviseur.

*
* *

Ça allait mal. Très mal, même. Lucas avait beau n'avoir que six ans et onze mois, il avait compris que sa situation n'était pas fameuse. Il y avait un mot que maman Dottie employait dans ce cas-là. Elle disait : *être dans le pétrin.* Eh bien, c'était tout à fait ça ! Même s'il ne savait pas précisément ce que le terme *pétrin* signifiait, Lucas était certain que l'expression convenait parfaitement à ses embêtements. D'abord, il était seul, et c'était la première fois. Il avait faim et soif, aussi, et sacrément ! Cela non plus ne lui était jamais arrivé. Pas à ce point, en tout cas. Ça gargouillait dans son ventre et sa langue était si sèche qu'il avait du mal à déglutir. Et puis il avait froid. Le vent soufflait dans le champ qu'il traversait, et pas un arbre pour se mettre à l'abri. La nuit qui tombait faisait dégringoler la température. Mais tout ça n'était pas le pire. La solitude, la faim, les frissons, Lucas aurait pu faire avec, car c'était un petit gars courageux, mais il y avait une chose qui le rendait vraiment inquiet au point qu'il avait envie de pleurer. Ses mains… c'étaient ses mains qui alarmaient l'enfant. Depuis que l'homme à l'envers les avait saisies, elles étaient devenues sales et toutes bizarres. Même la sensation du toucher était différente désormais. Ses doigts étaient comme engourdis et lui picotaient un peu. La saleté qui les couvrait ne voulait pas partir. Lucas avait eu beau frotter, elle était comme imprimée dans sa peau. Même avec du savon, même avec le solvant qu'employait maman Dottie quand elle retirait son vernis à ongles, le petit sentait bien que cette couleur étrange n'allait pas s'en aller. Où en trouver ? À la maison… Mais où était-elle, la maison ? Lucas aurait bien aimé le savoir, mais il n'avait vraiment aucune idée de la direction à prendre pour la retrouver. Il ne reconnaissait pas les alentours. C'est qu'il en avait fait du déplacement, ces dernières semaines, avec maman Dottie.

Tout avait commencé quand elle était venue le chercher à la sortie de l'école, en voiture, pour lui annoncer qu'ils allaient entreprendre un grand voyage. Au début, Lucas avait trouvé l'idée vraiment formidable. Ça changeait de l'ordinaire. Pendant trois ou quatre jours, ils avaient fait de la route. Lucas découvrait des choses nouvelles, et c'était intéressant. Maman conduisait. Le petit jouait à l'arrière ou regardait le paysage. Elle était très gentille, maman Dottie, quand elle roulait. Elle était si contente de partir en vacances qu'elle en était même un peu folle. Elle chantait, elle riait toute seule. Lucas l'appelait « maman » par habitude, mais il savait bien que ce n'était pas sa vraie mère. Elle le lui avait dit. Elle l'avait choisi à l'orphelinat quand il était tout petit. Lui ne s'en souvenait pas, bien sûr, mais cela ne l'étonnait pas d'avoir été un enfant trouvé. Il n'était pas bête, Lucas : s'il disait *maman* quand il pensait ou s'adressait à Dottie, c'était en vérité davantage pour lui faire plaisir que pour exprimer ce qu'il ressentait au fond du cœur. Pour lui, cette femme seule qui l'avait recueilli, c'était en vérité *la dame qui me garde*. C'était ainsi qu'il la nommait quand il pensait à elle en son for intérieur. Non qu'il n'ait pas d'affection pour elle. Au contraire, car elle était douce et gentille avec lui. Mais il savait bien que ce n'était pas sa vraie maman, et cette chose-là change tout. Sans pouvoir le formuler de manière précise, Lucas sentait que ce qui les unissait était avant tout une sorte de contrat : *À moi, vieille fille solitaire, tu me donnes ta présence et ta joie de vivre de petit garçon ; à toi, enfant perdu, je te donne asile et protection.* C'était un échange de services en quelque sorte… Et parce qu'il était très conscient de la faiblesse des liens qui l'unissaient à Dottie, Lucas n'était pas si triste de l'avoir vue se faire ensevelir sous les décombres du silo à grain. De toute façon, il ne pouvait pas rester très longtemps tout seul. C'est interdit par la loi que les enfants restent sans personne pour s'occuper d'eux. Même si elle était un peu difficile sur l'instant, la situation allait nécessairement s'arranger.

La nuit, en pleine campagne, ça fait très peur, bien plus qu'en ville. Mais l'obscurité a cet avantage de faire ressortir toutes les lumières électriques. Là-bas, pas très loin, de grosses ampoules venaient de s'allumer ! Lucas savait maintenant où se diriger.

Courageusement, il marcha une demi-heure encore dans cette direction puis, longeant un ruisseau, il finit par arriver près d'une jolie maison proprette à la porte de laquelle il frappa. Une jeune fille lui ouvrit, une grande brune avec des yeux bleu clair et de jolis cheveux ondulés.

« Papa ! Il y a un petit à la porte ! » s'écria l'adolescente sans même chercher à savoir qui était Lucas.

Derrière elle, apparut un bel homme dans la cinquantaine, bien habillé – peut-être venait-il seulement de rentrer de son travail car il portait encore son costume et sa cravate. Très doucement, il se pencha vers Lucas et s'adressa à lui d'une voix chaude et rassurante.

« Qui tu es, mon petit gars ? T'es pas du coin, toi ?

— Je suis perdu, monsieur, répondit l'enfant en se retenant de pleurnicher. J'ai froid et j'ai faim…

— On va prendre soin de toi, ne crains rien. »

Le père de famille fit gentiment entrer l'enfant. Il faisait chaud à l'intérieur. La demoiselle lui donna à boire tandis que le père sortait une pizza du congélateur pour la mettre au micro-ondes.

« Tu vas commencer par manger un peu et ensuite tu nous raconteras ce qui t'est arrivé. On va appeler la police si on ne retrouve pas vite tes parents. Ne te fais pas de mouron… »

Le conseil était inutile. Lucas n'avait pas peur. Il était chez de bonnes personnes, ça se voyait tout de suite. Même la jeune fille le regardait maintenant avec tendresse tandis qu'il finissait son jus d'orange.

« Qu'est-ce que tu as sur les mains, mon bonhomme ? demanda-t-elle.

— Je ne sais pas.

— Il faut les laver avant de manger. »

La brunette le fit monter sur un tabouret pour qu'il atteigne l'évier et lui versa du savon liquide au creux des paumes. « Vas-y, frotte fort… Au fait, c'est quoi ton nom ? »

Lucas lui apprit comment il s'appelait. « Et toi ? C'est comment ?

— Mary. Mon père, c'est Jeb.

— Ça part pas ! beugla le garçonnet en faisant mousser frénétiquement le savon sur ses doigts.

— C'est pas normal ! Qu'est-ce que tu as touché pour te salir comme ça ?

— Je ne sais pas, mentit Lucas.

— On verra ça plus tard, trancha Jeb. Sèche-toi, mange un peu et puis raconte qui tu es et comment tu es arrivé chez nous. »

Le petit découpa sa pizza et en enfourna une grosse portion dans sa bouche avant de se mettre à parler. Il en révéla le moins possible, se contentant de jouer sur son jeune âge pour demeurer dans le vague. Il sentait bien que son histoire n'était pas ordinaire et que personne ne le croirait s'il disait que maman Dottie l'avait emmené en voyage, qu'ils avaient rencontré des gens au fil du temps et que tous avaient fini par trouver un vieux monsieur aux mains noires capable de pulvériser n'importe quelle construction rien qu'en posant les doigts dessus. Même si c'était la pure vérité ! Lucas l'avait non seulement vu de ses yeux, mais ce pouvoir, désormais, était peut-être le sien. Il suspectait que c'était possible même sans l'avoir vérifié. La saleté sur sa peau, ça devait être ça, maintenant qu'il y pensait sérieusement. Évidemment, ce n'était pas quelque chose à annoncer à des inconnus – pas à quelqu'un portant un costume et une cravate comme Jeb, trop impressionnant, même s'il avait l'air vraiment gentil. À Mary, en revanche, il pourrait peut-être révéler ce secret. Elle était belle, Mary, et Lucas en était déjà un peu amoureux.

« C'est incompréhensible ce que tu nous racontes, petit, jugea le père quand Lucas eut fini de bredouiller une histoire sans queue ni tête. Le mieux est d'appeler le shérif. Il va venir te chercher et c'est lui qui découvrira où tu habites. Nous, on ne peut pas faire grand-chose pour toi… »

Jeb composa le numéro de la police du comté et expliqua comment il avait récupéré chez lui un petit inconnu. « Ils vont arriver d'ici une heure, annonça-t-il. En attendant, tu peux regarder la télévision… »

Mary emmena l'enfant au salon, l'enveloppa dans une couverture et s'installa à son côté sur le canapé. « Tu as une chaîne préférée ? lui demanda-t-elle en allumant le poste.

— Je ne sais pas, dit Lucas. Il n'y a pas la télé chez moi… »

Mary eut une grimace d'incrédulité et sélectionna un programme jeunesse. Blotti contre elle, l'enfant sentait son épaule ronde et chaude au contact de sa joue et il en était troublé. Il se sentait bien ici, beaucoup mieux que chez maman Dottie. Il aurait bien voulu rester toute sa vie avec Jeb et Mary, et il imaginait déjà comment il pourrait s'y prendre pour que ce rêve devienne réalité, quand il entendit soudain des voix dans le couloir. L'une d'elles, chaude et calme, était celle de Jeb, tandis que l'autre… l'autre était celle de maman Dottie !

Le cœur de Lucas fit un bond. Comment était-ce possible ? Il avait vu les pierres s'écrouler sur elle au moment où le vieux monsieur le tirait en arrière pour lui éviter d'être enseveli à son tour ! Quelle chance extraordinaire il avait fallu à maman Dottie pour survivre à cette catastrophe ! La chance des vieilles filles. La chance des vieilles folles !

« Tu es là, mon trésor ! » s'exclama Dottie en apercevant l'enfant sur le canapé.

D'instinct, Lucas se recroquevilla sous la couverture et se lova davantage contre Mary. Dans la lumière crue du couloir, maman Dottie était effrayante : son visage était tuméfié et du sang maculait sa robe déchirée. Elle était écorchée sur les tempes et ses jambes étaient toutes griffées.

« Tu connais cette dame, Lucas ? » demanda Jeb.

Frénétiquement, le petit fit non de la tête. Il ne savait pas pourquoi, mais il sentait qu'il ne fallait pas qu'il retourne avec Dottie. Ce temps-là était révolu et sa vie devait prendre une autre direction. Pourquoi pensait-il cela ? Il l'ignorait, mais c'était une vérité puissante qu'il percevait instinctivement. S'il revenait avec elle, quelque chose de mal allait se passer et il ne fallait surtout pas que cela se produise. À aucun prix.

« Si le petit prétend qu'il ne sait pas qui vous êtes, je ne peux pas le laisser partir avec vous comme ça, annonça Jeb. La police va bientôt arriver. Pour le bien de tous, je préfère que vous vous expliquiez avec eux.

— C'est absurde, répliqua la *Fomoroï*. J'ai élevé ce gosse. Bien sûr qu'il me connaît. Il fait son intéressant, c'est tout... Ne sois pas idiot, Lucas. Viens avec moi. Nous avons de grandes choses à faire, tous les deux, maintenant que Sadim t'a béni... »

Lucas se mit à trembler de plus belle. Dottie avait deviné que le pendu lui avait transmis son pouvoir.

« Je ne peux plus venir avec toi, maintenant, bredouilla Lucas. Ce serait mal...

— Pourquoi mal, mon chéri ? »

Dottie tenta de s'approcher de l'enfant mais Jeb fit écran de son corps. Quelque chose n'était pas normal dans toute cette histoire, et cette femme blessée surgie du cœur de la nuit ne lui inspirait aucune confiance.

Dottie tenta une dernière fois de raisonner le garçon.

« Tu as un grand destin devant toi, Lucas. C'est inattendu et ce n'était pas annoncé dans le livre, mais il faut faire avec les nouveaux décrets de la Providence. Viens ! Je vais t'aider à accomplir ton destin… »

Lucas se cacha la tête sous la couverture.

« Vous lui faites peur, s'énerva Mary. Allez-vous-en !

— Ma fille a raison. Partez, maintenant », insista Jeb en prenant Dottie par les épaules.

Mais la vieille fille n'avait aucune intention d'abandonner le nouveau Sadim à des étrangers sans conscience. Vive comme une mante, elle s'empara d'un lourd cendrier sur une étagère et en frappa de toutes ses forces le front du père. Assommé, Jeb s'écroula en travers de la table basse. Mary se mit à hurler. Dottie attrapa Lucas par une cheville. Criant à son tour, le garçonnet se débattit, mais la force de Dottie était sans commune mesure avec la sienne. Mains tendues, Mary se leva pour empêcher la harpie d'enlever l'enfant. Agrippées l'une à l'autre, les deux femmes roulèrent au sol. Plus lourde, plus déterminée surtout, Dottie eut vite le dessus. Enfonçant ses pouces dans les globes oculaires de l'adolescente, elle fit éclater sans scrupules les beaux yeux bleus. Mesurant l'horreur de sa mutilation, Mary sombra aussitôt dans l'inconscience. La femme se releva pour récupérer Lucas. Saisissant l'enfant par la ceinture, elle le prit dans ses bras et le maintint fermement contre elle, quand bien même il se débattait avec la dernière énergie. Dottie prit des clefs de voiture dans un vide-poches de l'entrée et s'engouffra dans la Volkswagen dans la cour. Jetant sans ménagement le petit sur la banquette arrière, elle débraya et démarra en trombe. Par chance, le réservoir était presque plein. Elle allait pouvoir rouler des heures sans s'arrêter. Très consciente de ce qu'elle avait fait, Dottie ne ressentait aucun remords, même si c'était la première fois de sa vie qu'elle usait directement de la violence pour obtenir ce qu'elle désirait. La ruse, le mensonge, les cajoleries et le chantage lui suffisaient d'habitude. Récupérer le petit Lucas avait constitué un cas de force majeure qui l'avait contrainte à faire au mieux avec les moyens du bord. L'accident survenu au silo avait été à ce point ravageur que la seule stratégie possible se résumait désormais à une improvisation continue. Sans prospective, sans plan. La mort de Sadim était un coup terrible porté aux espérances de Dottie, rien n'était perdu néanmoins. Lorsque, unique survivante, elle était parvenue à se tirer des décombres de la réserve de grain, elle avait cru devenir folle en ne voyant pas le corps du maître parmi les cadavres. Peu importait la mort de Seth, de Virgil et des autres, ils n'étaient que des sectateurs de seconde zone, de la chair à canon dont la perte ne portait pas à conséquence. Même l'absence de Lucas était de peu d'importance.

Infirmière dans un centre social à Richmond, Dorothy Long avait adopté l'enfant des années auparavant, pour compenser sa solitude. Elle n'avait pas encore reçu le livre saint, à l'époque. En aurait-elle eu connaissance qu'elle ne se serait pas embarrassée d'un enfant. Mais Lucas était entré dans sa vie depuis quelques mois lorsqu'elle avait trouvé l'évangile des *Fomoroï* dans le sac d'un vieux vagabond décédé au dispensaire. Il était alors trop tard pour se débarrasser de son fils. Mauvaise chronologie avec laquelle, bien sûr, il avait fallu composer. Dorothy n'était pas une femme sans ressources. Elle avait fait face, même si ses priorités s'étaient depuis lors nettement hiérarchisées. La Cause d'abord, Lucas ensuite. Telle Marie Madeleine au pied de la croix, elle avait pleuré toutes les larmes de son corps quand elle avait découvert la dépouille du maître se balançant au gibet. Mais la blancheur nouvelle des mains du mort et les empreintes du garçonnet dans la poussière autour du lieu du supplice lui avaient fait comprendre que, d'une manière authentiquement miraculeuse, les deux choses les plus importantes de son existence venaient de fusionner : le don était passé à Lucas. Même si aucun chapitre du livre saint n'avait annoncé cet événement, c'était l'évidence. *Tant pis pour les prophéties !* s'était alors dit Dorothy en se mettant à suivre les traces de l'enfant. Faciles à pister, celles-ci l'avaient menée jusqu'à la maison de Jeb et Mary. Récupérer Lucas avait été un peu problématique, mais l'important était que le garçonnet soit de nouveau avec elle. Ils allaient repartir sur de nouvelles bases désormais et le destin, finalement, s'accomplirait.

Dorothy roula longtemps cette nuit-là. Chantonnant comme souvent lorsqu'elle conduisait, elle ne sentait pas ses blessures. Jetant de temps à autre des coups d'œil dans le rétroviseur, elle essayait de rassurer Lucas. « Tout va bien se passer, mon chéri. Ne t'inquiète de rien. Maman est là maintenant. C'est nous deux et rien que nous deux. Comme avant. Comme toujours… Tu vas être sage et ne pas me faire de peine, n'est-ce pas, mon amour ? »

Tassé dans son coin, le petit ne répondait pas. Le visage ensanglanté de Mary le hantait. C'était maman Dottie qui avait fait ça. Pourquoi avait-elle fait du mal à Mary ? Elle était si gentille, et si belle... Lucas s'efforçait de contenir ses sanglots, mais la tristesse finit par l'emporter. Battant des pieds, se tortillant, se débattant, il hurla de toutes ses forces. Dorothy se rangea sur le bas-côté. « Calme-toi, mon ange, dit-elle à l'enfant. Calme-toi, s'il te plaît... » Emporté par sa peur et son chagrin, Lucas cria de plus belle. Il ne voulait plus rester avec maman Dottie, cette méchante femme qui n'était même pas sa vraie mère. Il fallait qu'il se sauve. La vue brouillée par les larmes, le garçonnet ouvrit la portière et s'échappa mais Dorothy le rattrapa et le souleva de terre. Épuisée, hors d'elle, elle ne put se retenir de le gifler. Le petit s'en mordit les joues jusqu'au sang. Étourdi, apeuré, il cessa enfin de réagir. Sa mère adoptive l'installa sur le siège passager à côté d'elle.

Dans le silence revenu, Dorothy conduisit longtemps encore. Reniflant, contenant ses larmes et bercé par le ronronnement du moteur, Lucas finit par s'endormir. Lorsqu'il s'éveilla, l'aube rosissait à peine. Dottie s'était arrêtée au bord d'une grande route menant vers un pont. C'était l'heure à laquelle les voitures quittaient par centaines les banlieues résidentielles pour rejoindre le centre-ville distant de quelques miles. Telles des fourmis en colonnes, les *commuters* s'en allaient prendre leur poste dans les entreprises. Dottie tira Lucas hors de la voiture et le traîna jusqu'à l'entrée du pont, face au vide impressionnant au-dessus duquel s'élançait l'ouvrage d'art. À travers les roches et les broussailles, elle le conduisit jusqu'à la base de la première pile accessible du viaduc.

« Pose tes mains », lui ordonna-t-elle. Plutôt que d'obéir, Lucas plongea ses poings dans ses poches et fronça les sourcils. Il n'avait pas confiance en elle, il ne l'aimait plus depuis qu'elle avait fait du mal à Mary et que, pour la première fois de sa vie, elle l'avait battu. « Pose tes mains, je te dis ! » Lucas contracta ses petits muscles autant qu'il put pour résister. En vain. Sa peau noire entra en contact avec le béton, mais rien ne se produisit : pas la moindre contamination ni le plus infime début d'altération du ciment. Si Lucas était effectivement détenteur du pouvoir transmis par le vieux Mungo, seule sa volonté pouvait en activer la puissance. Et contre l'absence de cette volonté-là, Dottie ne pouvait rien. Ni les menaces ni les promesses ne parvinrent à convaincre Lucas de faire usage de son don. La *Fomoroï* tempêta, cajola, supplia, en vain. À bout de ressources, revenue de ses larmes et de ses menaces, elle tenta : « Je comprends que tu aies peur, mon chéri. Tu es intelligent et tu sens que c'est une lourde responsabilité que tu as là. Sadim n'aurait pas dû te donner son pouvoir magique. C'est trop difficile pour un petit enfant comme toi. Il ne faut pas lui en vouloir, tu sais... S'il l'a fait, c'est qu'il n'avait pas le choix. Mais, j'ai une idée. Peut-être que tu peux me le passer, ce pouvoir ? Hein ? Qu'est-ce que tu en dis ? Regarde ! Je prends tes mains dans les miennes et tu me fais cadeau de ce que tu as ! Vas-y, mon chéri, concentre-toi ! »

Mais Lucas savait bien que c'était une ruse et qu'il ne fallait pas se laisser faire. Retranchant l'énergie putride qui courait au secret de son être, il ne céda pas. De nouveau, Dorothy Long s'emporta. Elle secoua l'enfant, le gifla, éructa qu'elle regrettait de l'avoir adopté, de s'être occupée de lui pendant toutes ces années. Elle lui dit qu'il était un ingrat, un traître, un sale petit morveux qui ne comprenait rien. Elle hurla qu'elle n'aurait jamais dû s'embarrasser de lui et qu'il l'avait distraite de la seule chose vraiment importante dans sa vie. Elle l'accusa surtout d'être un envoyé des *autres*, d'avoir joué sur sa bonté et ses sentiments. Elle lui reprocha encore mille autres choses, de plus en plus violemment, de plus en plus méchamment. Cette rivière d'insultes, ce torrent d'invectives ne semblait pas connaître de fin. Lucas plaqua les mains sur ses oreilles pour ne pas les entendre, mais la voix de maman Dottie était si perçante qu'elle entrait malgré tout dans son cerveau. C'était une torture insupportable. Il fallait que cela cesse. Alors, Lucas agrippa les poignets de sa mère adoptive et libéra ce qui dormait en lui. La pourriture se transmit à la chair de la femme, non pour la bénir mais pour la détruire. Voyant sa peau brunir, Dottie crut un instant que le petit accédait à son désir et l'oignait du pouvoir de Sadim. La joie l'envahit, elle sourit. Sa colère devint pure reconnaissance. Mais sa félicité ne dura guère : lorsqu'elle vit que le sang refluait de son épiderme, que de minuscules champignons colonisaient ses bras, elle sentit comme une carapace de bitume napper son torse et son ventre et sut qu'elle vivait ses derniers instants. Elle voulut lutter, mais que pouvaient ses gestes désordonnés contre la lèpre fulgurante qui l'avait prise ? Son organisme s'émietta ; devenus friables, ses os s'effondrèrent et son corps se répandit par terre en une écœurante gelée mêlant le rouge et le gris.

Lucas remonta vers la route. Dans la lumière rasante de l'aurore, il courut à toutes jambes le long de l'accotement, les yeux pleins de larmes. Il secouait ses petites mains noires comme pour en faire tomber le terrible don qui les souillait. Mais ce que Mungo avait confié au garçonnet était une malédiction dont on ne pouvait se défaire aussi simplement. Lucas eut beau agiter frénétiquement les doigts, le pouvoir s'accrochait à lui plus obstinément qu'une tique à son hôte. Tombant à genoux, il frotta ses bras dans la terre et racla en vain ses paumes sur le gravier, comme si s'écorcher la peau pouvait suffire à le guérir.

« Tu vas t'abîmer pour rien, petit ! lança soudain une belle voix chaude. C'est pas comme ça qu'il faut s'y prendre ! »

Étonné, l'enfant leva la tête. Un homme aux yeux gris l'observait en souriant. Son visage paraissait beau malgré la saleté qui s'y incrustait.

« Qui vous êtes ? demanda Lucas, un peu honteux d'avoir été surpris.

— Qu'est-ce que vous avez tous à demander qui je suis ? soupira l'inconnu. J'en sais rien au juste, figure-toi. J'ai tellement de noms que je ne m'y retrouve plus moi-même. Des fois on m'appelle Crimson. Ou bien Melgant. Ou Stag. Ou encore Old Harry. Prends celui qui te convient. Pour moi, depuis longtemps, c'est kif-kif…

— Plusieurs noms ? s'étonna le garçon en oubliant subitement son chagrin. C'est pas possible.

— Si c'est possible, p'tit mec, répliqua l'homme en se penchant gentiment vers lui. C'est possible parce que le monde est magique, figure-toi. Il me semble que tu sais ça aussi bien que moi. La preuve : même si je ne t'ai jamais rencontré, je t'ai trouvé et je sais que tu es Lucas et que tu es *dans le pétrin*, comme disait ton idiote de mère adoptive. Entre parenthèses, t'as bien fait de la transformer en bouillie. C'était une sacrée emmerdeuse. C'est quand même à cause d'elle que le vieux mécano s'est fait prendre : parce qu'il n'avait pas eu le courage de lui dire *merde*. Il était bien, lui. Ta maman Dottie, c'était une dogmatique, tu vois ? Une rigide. J'aime pas ça, les obsessionnels, moi. Avec eux ça finit toujours mal parce qu'ils sont incapables de s'adapter et que ça coince forcément à un moment ou à un autre. Bon, trêve de bavardage. Alors, comment tu veux m'appeler ?

— J'aime pas trop les noms que vous m'avez donnés, dit le gamin. Vous avez que ceux-là ? »

L'autre lissa son menton couvert d'une fine pointe de barbe claire, puis lâcha :

« Bah, si tu y tiens, peut-être que tu pourrais m'appeler : le Scribe. »

*

* *

Wall Street, quartier de la Bourse, d'instituts financiers supposément trop importants pour faire faillite et de la Réserve fédérale américaine, dont l'intitulé trois fois trompeur dissimulait un consortium de treize banques privées totalement hermétique à tout contrôle extérieur. De même qu'à Londres le souverain lui-même ne peut franchir l'enceinte de la City sans l'autorisation du lord-maire, la Fed était au-dessus des lois parce qu'elle était la Loi. La Loi du prêt et de l'usure. La Loi de la création monétaire. La Loi de la dette et du tour de passe-passe intellectuel que sont en réalité la monnaie fiduciaire et l'argent virtuel crépitant sous forme de 0 et de 1 dans les ordinateurs des spéculateurs. Érigé sur le territoire ayant abrité autrefois le marché aux esclaves de New Amsterdam, le district de Wall Street était désormais méconnaissable. Dans toute la ville, plus nombreux que les rats grouillant au fond des égouts, les pauvres et les déchus s'étaient rassemblés pour obéir aux ordres d'Okhlos : *Mort aux puissants ! À bas l'argent !* Tobias Memling en aurait été le premier surpris : *Vulgaria* était sortie de sa léthargie et son réveil avait été à la mesure de sa longue atonie. Ravagées par une foule grossissante qu'aucune force de sécurité n'avait pu endiguer, les rues de Manhattan étaient jonchées de cadavres et encombrées de barricades. La bataille terminée, les points stratégiques de Big Apple étaient désormais aux mains des révoltés : mairie, palais de justice, centres de télécommunication, casernes de police et sièges des grands médias…

Les plus déterminés d'entre les émeutiers – les plus conscients aussi – avaient investi l'immeuble principal de la Réserve fédérale. Au prix de nombreux sacrifiés, ils étaient enfin parvenus jusqu'au saint des saints : le réseau de couloirs ouvrant sur les multiples salles des coffres. Là, derrière des grilles devenues dérisoires, dormait un colossal amas d'or, de platine et d'argent. La réquisition officiellement décrétée par la Présidente avait à peine gonflé de richesses nouvelles en quelques jours le ventre de la Fed. Déjà fondus en barres portant l'estampille de la Réserve, les pièces, bijoux, lingots privés confisqués au peuple d'Amérique brillaient doucement sous les néons des chambres fortes.

Fidèles à la parole de leur messie exigeant qu'on lui fasse l'hommage de cette fortune, les insurgés entreprirent de déménager ce trésor. Ça ne leur fut pas si difficile : un tunnel secret débouchait à l'intérieur même des voûtes les plus profondes du bâtiment. Un tunnel large, équipé d'un quai et d'une voie de chemin de fer... Cette portion de rail n'était évidemment référencée sur aucun cadastre. Officiellement, elle n'existait pas. Droite, dénuée d'embranchements, sa connexion extérieure s'opérant à l'abri d'un dépôt discret perdu parmi d'autres éparpillés sur le site de maintenance de la gare de Grand Central, elle permettait pourtant les échanges cardinaux entre le cœur du système économique américain et le reste du monde. Quand la Fed négociait physiquement du métal jaune ou qu'un gouvernement étranger – par naïveté ou obligation de vassalité – confiait à sa bienveillance la conservation de ses réserves, les mouvements s'opéraient par ce moyen. Pour l'heure, un convoi de deux motrices et quarante wagons blindés était prêt à être chargé. Affrété en une demi-journée de travail ininterrompu, le train aurait pu partir à la minute même où l'ultime pièce *Gold Eagle* d'une once quittait la protection des souterrains pour être jetée à la volée parmi des centaines de milliers d'autres dans un de ses *boxcars*. Mais le petit peuple de New York n'avait pas été le seul à se réapproprier un des symboles majeurs de la souveraineté des enfants d'Amérique. À Washington aussi on avait submergé les troupes loyalistes et balayé les protections. Aux cris de *NovAmerica !* et au nom d'Okhlos, on avait investi le Capitole pour s'emparer de l'exemplaire original de la Constitution de 1787. Mieux et plus important peut-être, on avait fouillé le Bureau of Engraving and Printing – la division du département du Trésor chargée de procéder à l'impression des dollars – pour y trouver les plaques d'imprimerie, les matrices holographiques et les formules chimiques secrètes de la composition de l'encre et du papier utilisés dans la fabrication des billets verts... Dès leur saisie, ces objets avaient été acheminés à New York par une caravane hétéroclite de véhicules sur lesquels flottait le drapeau à trois têtes de chiens, devenu le nouvel étendard des insoumis. L'unification des *Regalia americana* s'opéra alors que le petit jour se levait en jaune et bleu sur New York. À leur tour, les objets arrivés de Washington furent placés dans les wagons. Enfin, le diesel de la locomotive gronda et le train s'ébranla en direction de l'ouest. Installés jusque sur le toit des wagons et partout où l'or leur laissait un peu de place, plus d'un millier de jeunes volontaires s'enfiévraient déjà à l'idée de raconter un jour à leur descendance comment ils avaient pris part au voyage qui avait changé à jamais le visage de l'Amérique.

*

* *

Ainsi donc Raphaël Banes avait fui tel un lâche… Pour le roi des *Sheltas*, cette défection avait la violence d'un coup de grâce. À genoux dans la poussière, il percevait que tout ce qui avait fait ses certitudes depuis tant d'années s'était évanoui. Ophis, le Grand Serpent Univers, n'avait donc fait que le tromper. Certes, il lui avait ouvert les portes de son royaume mais que lui avait-il montré de ce qui allait réellement advenir ? Rien. Des visions trompeuses, des images mensongères, des impressions erronées… Voilà tout ce que Kincaid avait tiré de ses voyages au pays d'Ophis. Douze années de torture passées à se priver de sommeil pour se faire berner ! Et dire qu'il avait cru bon de compiler ses visions dans un livre ! Il s'était cru prophète, Kincaid, et investi d'une mission : quelle ironie ! Quel orgueil ! Quel pauvre idiot il était !

Décidément, rien ne s'était passé comme il l'avait prédit. Les *Cryptoï* avaient bien été découverts, mais tous étaient morts. Personne ne pourrait barrer la route aux *Fomoroï* et à leur faux dieu Okhlos…

Les frères *Sheltas* de Kincaid n'étaient pas venus en masse au rendez-vous qu'il leur avait fixé au *pays blanc* de Lebanon. Ils avaient compris que tout était déjà perdu et qu'il était même inutile de combattre. Le monde allait définitivement sombrer dans l'anarchie puisque le porteur de *Scamall* que l'on espérait avoir convaincu de se rallier à la Cause avait finalement pris ses jambes à son cou… Après tout, Kincaid ne pouvait pas en vouloir à Raphaël Banes. En un sens, il le comprenait même. Le fardeau jeté sur ses épaules était trop lourd. Qui aurait pu y résister ? Sûrement pas un petit professeur insignifiant comme lui… *Voilà, maintenant tout est vraiment perdu*, se dit encore le scribe du *Virga Vagos*, le pompeux et dérisoire *Flambeau des errants*. *Même mourir ici ne sert à rien…*

Alors Kincaid se releva pour se diriger à son tour dans les douches du vieux gymnase gardé par Abenezer. Sous le jet, il se débarrassa de la boue séchée qui ornait habituellement son visage, puis, avec les ciseaux de l'infirme, il coupa sa barbe tressée et ses cheveux longs… Inquiet de voir ce grand type bizarre s'attarder dans la salle d'eau, le vieil Abenezer s'approcha. « Tu m'en mets un chantier, toi ! s'exclama-t-il quand il vit la terre et les mèches tombées qui commençaient à boucher l'évacuation. Faudra me nettoyer ça, hein ?

— Dans moins d'un jour vous vous en ficherez pas mal, de la propreté, lui rétorqua un Kincaid à présent si glabre qu'il en était presque méconnaissable.

— Demain m'intéresse pas ! grogna Abenezer. C'est aujourd'hui que je vois tes cochonneries ! »

Résigné, celui qui venait d'abdiquer le titre de roi des *Sheltas* consentit à prendre une serpillière et un balai. « Mes amis et moi allons partir, lâcha-t-il en achevant sa besogne. Des types pas convenables vont arriver chez vous dans pas longtemps. Il vaudrait mieux que vous ne soyez pas là vous non plus à ce moment-là. »

Abenezer hoqueta de surprise. « C'est quoi cette histoire, encore ? Pourquoi vous détalez, vous autres ? Ça vous intéresse plus, le baroud d'honneur ? Il vous file les foies, le squelette ?

— On avait un atout qu'on a perdu... Si on fait face maintenant, ce ne sera pas un combat, mais une tuerie pure et simple. En face, ils sont beaucoup trop nombreux pour qu'on leur résiste longtemps. Je n'ai pas le droit d'imposer ça à qui que ce soit. Surtout pas aux gens d'ici...

— Ben, c'est comme tu veux, répliqua tristement Abenezer. Moi, en tout cas, je reste. Et mes copains aussi, je te le garantis. Je veux parler de ceux qui ont dépassé la cinquantaine, parce que tous les jeunes ont déjà fichu le camp. Faut pas leur en vouloir, hein... Ils croient qu'ils ont encore un avenir, ces couillons ! Ça fait qu'il y a plus que les vieux comme moi maintenant...

— Pourquoi vous obstiner ? voulut savoir Kincaid. Vous croyez que vous pouvez encore sauver le monde à vous tout seuls ? Vous l'aimiez tant que ça, la grande Amérique de la Destinée manifeste ?

— Ben... non ! admit Abenezer. C'est sûr que je suis né ici et qu'il y avait plein de trucs un peu couillons que j'appréciais bien – genre le Coca, Elvis ou même les émissions de cette grosse baleine d'Oprah Winfrey. Mais, faut l'avouer, tout ça c'était rien qu'une couche de vernis sur une société de merde, en fait ! Excuse-moi mais je vois pas d'autre mot…

— Alors pourquoi vouloir la défendre, cette société ?

— Mais c'est pas elle, que je défends ! Et mes copains non plus. On défend notre peau ! Écoute, petit, c'est comme tes histoires de cheveux et de saletés dans les douches. Moi, je dis qu'il y a des choses qui ne se font pas par principe. Pas besoin de philosopher, de discuter du pourquoi du comment, si c'est bien, si c'est mal ou si c'est le bon moment. Quand on a faim on mange, quand ça déborde on éponge, et quand des saligauds veulent vous trouer la peau on se défend ! Si des malappris décident qu'on gêne et qu'on doit être rayés de la carte, la moindre des choses, c'est de pas être d'accord ! Pas besoin de se creuser le ciboulot ! Alors, arrête de gamberger et reste ici. Lebanon, c'est vrai que c'est pas bien joli, mais c'est pas plus mal qu'ailleurs pour y passer sa dernière heure ! »

Peut-être plus convaincu qu'il n'était prêt à se l'avouer par la rugueuse simplicité d'Abenezer, Kincaid resta donc. Mais quand il rejoignit ses camarades *Sheltas*, il ne leur cacha rien des pensées qui l'agitaient.

« Sachons précisément combien nous sommes », leur ordonna-t-il avant d'inaugurer lui-même le décompte en énonçant « Un ! » fort et clair.

« Deux, continua Roy.

— Trois, dit un autre.

— Quatre.

— Cinq. »

Et ainsi de suite, mais il n'y eut personne pour prononcer le chiffre trente…

« Nous ne sommes donc plus que vingt-neuf, constata Kincaid avec amertume. Beaucoup de nos frères sont partis quand ils ont compris que le porteur de *Scamall* n'honorait pas sa parole. Quant à ceux que nous attendions avec espoir, ils ne viendront plus. Vous qui demeurez ici, je vous dois le sacrifice de mon autorité. Je vous ai fait arpenter des chemins sans horizon. Je vous ai demandé de croire en moi et je vous ai trompés. Je suis indigne de vous conduire… »

Avant que quiconque puisse l'en empêcher, Kincaid rompit son bâton de marche entre ses mains et en jeta au loin les morceaux. Même si la hampe n'était pas un sceptre, sa destruction valait renoncement explicite au commandement. Humble, tête baissée, celui dont les visions avaient nourri le *Virga Vagos* se fondit parmi les derniers vagabonds ayant choisi de demeurer quoi qu'il arrive au *pays blanc* de Lebanon. Pour la première fois depuis des siècles, les *Sheltas* n'avaient plus de roi secret…

Roy grogna aussi fort qu'un sanglier blessé afin d'exprimer la noirceur de son humeur, mais il s'abstint de tout commentaire. Ramassant un bout du bâton de Kincaid, il s'éloigna pour choisir l'endroit où il irait attendre l'essaim de *Fomoroï* promis à bientôt s'emparer de l'*Omphalos Americae*. Il n'y avait pas meilleur emplacement que le petit monument sur lequel était enchâssée la plaque de bronze indiquant le centre des États-Unis. Du sac qu'il traînait toujours avec lui, il sortit un objet qu'il avait confectionné des années auparavant, sans savoir à quoi il lui servirait un jour. C'était un fanion grossièrement cousu. De loin, le drapeau aurait facilement pu passer pour l'étendard des États-Unis : même bandes blanches et rouges horizontales, même rectangle bleu dans le coin supérieur gauche. Mais, au lieu des étoiles représentant les États de la fédération, c'était Ophis qui occupait le champ d'azur. Tronçonné en quatre parts mais toujours vivant, multiple mais unique et éternellement recomposé, il dardait sa langue bifide hors de sa bouche. Fixant le tissu au bâton de Kincaid, Roy dégagea le mortier entre deux moellons au sommet de la borne, y planta fermement le pavillon et attendit.

*
* *

Il y avait toutes sortes de choses dans le grand sac du Scribe, et Lucas en était à la fois effrayé et fasciné. C'était un sacré beau sac en cuir avec des sangles épaisses et de grosses boucles brillantes. Le Scribe avait l'habitude de le jeter sur son épaule plutôt que de le porter sur son dos. Aussi quand il marchait, nonchalant, au bord de la route, il donnait vraiment l'impression d'être un cow-boy transportant sa selle pour aller chercher son cheval au corral. Ou bien un ogre très méchant avec un carnier fabuleux où jeter les enfants cueillis au hasard de ses voyages ! Le sac du Scribe était un authentique d'au moins cent ans, griffé par les ronces, lustré par la pluie et durci au grand soleil. Et il contenait quantité d'objets.

Régulièrement, un nouvel ustensile en sortait qui épatait Lucas. La première fois, c'était un superbe rasoir à main à l'ancienne. Le Scribe s'était rafraîchi les joues à sec avec ça, pendant qu'ils avançaient. À ce moment-là, cela ne faisait que quelques heures que le petit et lui s'étaient rencontrés. Leur amitié était toute fraîche, tremblante comme un poulain à peine sorti du ventre de sa mère et qui essaie de se dresser pour la première fois sur ses pattes. Il n'y avait eu que peu de mots échangés entre l'homme et l'enfant, mais Lucas se sentait déjà plein d'admiration pour cet adulte venu de nulle part. Pas totalement en confiance, mais plein d'admiration…

Il faut dire que ce gars-là avait de quoi sacrément impressionner un garçonnet. Le Scribe était grand, svelte et bien bâti, la taille mince, les épaules et le torse larges… Il bougeait avec grâce, comme un funambule avançant avec assurance sur son fil, méprisant le vide autour de lui… Il portait une veste noire sans manches et un blouson en jean par-dessous, le tout bien ajusté pour qu'on perçoive que ce corps-là était tout en muscles. Un long couteau pendait à sa hanche dans un fourreau souligné d'entrelacs.

Cet homme athlétique, solitaire, n'avait assurément besoin de personne. Cette faculté-là, Lucas l'appréciait entre toutes. Lui, qui avait toujours vécu en compagnie d'une vieille fille étouffante, devinait que le Scribe pourrait lui apprendre ce que, en bon petit gars débordant de vie, il désirait plus que tout au monde : l'autonomie et la liberté. Voilà vraiment pourquoi il avait suivi le Scribe et non parce que l'autre lui avait promis de le conduire dans un endroit où il pourrait guérir de la maladie couvrant ses mains.

Le Scribe lui avait d'ailleurs tendu une paire de gants. « Ça t'évitera de tirer sur tes manches de pull-over pour cacher les saletés que tu as sur les doigts... », avait-il dit à l'enfant. C'étaient des gants tout neufs, magnifiques avec leurs surpiqûres, et parfaitement adaptés à la morphologie de Lucas. Le Scribe les avait tirés de son sac aux trésors, ainsi que le rasoir, et deux autres objets : un grand cahier et un stylo-plume avec un capuchon doré. C'était bizarre de voir quelqu'un comme le Scribe s'asseoir soudain dans la poussière pour se mettre à écrire. Vraiment étrange... Dans l'idée qu'en avait Lucas, un homme véritable, ça n'écrit pas. Ou du moins pas beaucoup. Selon lui, écrire était plutôt une occupation de fille. Et puis, écrire quoi d'abord ?

« Ce que j'écris ? répéta le Scribe quand Lucas lui posa la question.

— Oui. Qu'est-ce que tu écris ?

— J'écris ce que je vois... »

Lucas regarda autour de lui sans comprendre en quoi le paysage était remarquable au point de mériter une description. En prendre une photo, à l'extrême rigueur... Mais perdre son temps à composer des phrases pour dire comment c'était moche dans le coin, franchement, il fallait quand même être un peu bizarre...

C'est qu'il en fallait des mots pour donner une idée de l'endroit où, à cet instant, le Scribe et l'enfant étaient parvenus. Au sommet d'une butte, ils surplombaient un vallon doux dont le fond était balafré par une route rectiligne. À trois ou quatre cents yards de là, s'étendaient des hangars et une station-service surmontée d'un mât orné d'un grand coquillage jaune. Comme le soir tombait, l'enseigne s'illumina.

« C'est là qu'on va ? demanda Lucas.

— Ça s'peut.

— Tu as dit qu'on irait quelque part où je serai guéri, s'inquiéta Lucas. C'est ici ?

— Possible, j'te dis. Attends deux minutes que je finisse d'écrire... »

Résigné, l'enfant s'éloigna de quelques pas, rajusta ses gants et se frappa les paumes du poing comme un boxeur se préparant au combat. Sa peau le démangeait toujours et il avait envie de se gratter tout le temps. Revenant vers l'homme, il remarqua que ses paupières étaient closes, et pourtant il écrivait encore. Sans trembler, filant bien droit sur le papier, sa main alignait les mots à une vitesse étonnante. Il remplit de cette façon une page entière, sa respiration s'accélérant à mesure qu'il approchait du bas de la feuille. Quand la page fut entièrement noircie, il rouvrit les yeux, ses phalanges se desserrèrent et le stylo tomba à terre. Il haletait, son visage était pâle. De la sueur perlait à ses tempes. Il contracta ses mâchoires et se relut. On aurait dit qu'il découvrait lui-même les mots qu'il venait de tracer. Ses sourcils se relevèrent soudain et il poussa un glapissement de bête, un cri bizarre exprimant une joie malsaine. Lucas en eut la chair de poule. Le Scribe s'aperçut que son comportement effrayait l'enfant.

« T'inquiète pas, lui dit-il. Tout va bien. Je viens juste d'apprendre une bonne nouvelle et ça me fait plaisir...

— C'est quoi ta bonne nouvelle ?

— Un type que j'aime pas trop vient de démissionner.

— Et c'est bien ?

— C'est pas ça qui change grand-chose, admit le Scribe en ramassant ses affaires avant de se relever, mais ça me fait plaisir quand même.

— Et maintenant, qu'est-ce qu'on fait ? Mes mains me piquent de plus en plus.

— On va justement s'occuper de ça, p'tit gars. Viens ! »

L'homme remit son sac sur l'épaule et descendit rejoindre la route. Dans la lumière plombée du crépuscule, Lucas trottinait sur ses talons.

« J'ai vraiment mal, maintenant, gémit le gamin. Tu m'emmènes chez un médecin ?

— C'est toi le médecin, petit. Pour que tes mains ne te fassent plus mal, il faut que tu acceptes le pouvoir qui est passé en elles. Tu comprends ? C'est ça, le truc. Autrement, ça va te brûler jusqu'à te rendre fou. Ne lutte pas contre le cadeau qui t'a été fait, fils. Abandonne-toi… Sois même reconnaissant… »

Lucas se renfrogna. Il avait du mal à saisir le sens des paroles du Scribe. « Pourquoi je devrais faire ça ? demanda-t-il.

— Est-ce que tu sais où on est ? » répliqua l'homme en s'arrêtant et en se tournant vers l'enfant.

Comment Lucas aurait-il pu le savoir ? « Non.

— Ben, figure-toi qu'on est ici, gamin ! » Le Scribe étendit les bras et, tel un danseur, fit une rotation complète sur lui-même. Ses bottes soulevèrent un petit nuage de poussière. « Ouaip ! On est ici ! Précisément là !

— Où ça, là ? voulut savoir Lucas.

— Tu crois qu'on est sur terre, pas vrai, Lucas ? Tu crois qu'ici c'est un endroit chouette où tu pourras vivre une vie tranquille, hein ? C'est normal de penser ça, quand on est petit. Je le croyais aussi, à ton âge. J'imaginais tous les trucs que je voulais faire quand je serais grand… Tu gamberges à ça, toi aussi, hein ?

— Oui », admit Lucas en sentant la peur l'étreindre. Il n'aimait pas que le Scribe s'agite ainsi. Ses yeux brillaient à présent d'une sorte de fièvre et son visage semblait différent, plus vieux, plus ridé, plus inquiétant...

« Tu penses que tu auras un bon métier et que tu gagneras de l'argent. Que tu pourras faire tout ce que tu voudras et que le monde est un terrain de jeu qui n'attend que toi ? Tu es sûr que tu t'y feras plein d'amis, que les femmes t'aimeront et que tout se passera bien ? Tu te trompes, petit. Ce monde n'a rien d'une partie de plaisir. C'est un lieu de souffrance et de déception. Un désert où jamais tu ne trouveras aucune réponse, où tu resteras insatisfait et où rien, jamais, ne viendra combler tes attentes. Tu veux de l'amitié et de l'amour ? Tu ne rencontreras que de l'indifférence et de la trahison. Tu veux la richesse, l'intelligence et la beauté ? Tu seras entouré de laideur, de bêtise et d'indigence. Tu devras te battre pour chaque chose, la moindre miette de pain, le plus petit bout de couverture... Rien ne te sera donné, et ce que tu croiras posséder, tu pourras le perdre en une minute. Ton corps te trahira lui aussi, et plus vite que tu ne penses. Avant que tu t'en rendes compte, ta vie sera finie, tes intestins se videront sous toi et tu perdras tes cheveux et tes dents. Moi, je vais te dire, mon gars : c'est vrai que le monde est difficile, mais ce qui le rend vraiment infect, c'est cette pourriture d'humanité... Les gens, les gens, mec ! Imagine ! Quand tu grandiras, il faudra que tu te les farcisses constamment. Ils seront partout, pires que des cafards dans la tuyauterie d'un immeuble. Tu les entendras vivre leur vie de minables derrière les murs trop minces de ton appartement minuscule.

Tu sentiras leur sueur. Tu subiras leur haleine. Tu baisseras la tête pour ne pas croiser leurs regards vides. L'humanité, c'est pas croyable ce qu'elle grossit de minute en minute. Les nouveau-nés arrivent en masse comme jamais encore dans l'histoire. Et ils survivent, ces gosses-là ! Mieux qu'avant. Plus qu'avant. En Afrique, en Asie, en Europe et ici aussi ! Ces putain de marmots ils procréent eux-mêmes sitôt qu'ils le peuvent. Et des gosses, des gosses, et encore des gosses ! Par milliers ! Par millions ! Par milliards ! Et parmi eux combien d'esprits authentiquement généreux, respectueux, talentueux et dignes d'être aimés ? Une infime poignée ! Ces âmes-là sont encerclées par toutes les autres, ternes, médiocres, idiotes et sales... Elles ont failli m'avoir, ces garces d'âmes, figure-toi ! Oui, elles m'ont couru après, comme des chiens de meute essayent d'attraper un loup. Mais je ne me suis pas laissé faire. J'ai trouvé comment leur échapper. Je me suis enfui si loin que j'ai atteint un monde où j'ai vu des choses que personne n'avait vues avant ! Et là, j'ai découvert la vérité sur ce qu'on croit être la réalité qui nous entoure... Je te demandais si tu connaissais le nom de l'endroit où l'on est, petit. Moi, je vais te le dire. C'est facile, il est inscrit juste ici... Regarde ! »

L'index du Scribe pointait à présent l'enseigne au coquillage jaune, dont les néons scintillaient orgueilleusement dans la nuit : cinq grandes lettres au-dessous du logo formaient le nom d'une des « Sept Sœurs », ces grandes compagnies pétrolières du cartel de l'énergie. Le Scribe se baissa pour ramasser une pierre et la lança de toutes ses forces, visant la marque. La première lettre explosa et fit pleuvoir une gerbe d'éclats de verre. Le *S* du mot *Shell* venait de sauter.

« *Hell* ! hurla l'homme. L'enfer ! C'est ça, le nom de cette saloperie d'endroit où l'on vit ! La Terre ? Tu rigoles ! Les chiottes de l'univers, oui ! »

Lucas, désormais, était réellement effrayé. Il tenta de se sauver mais le Scribe le rattrapa par le col.

« Où tu crois aller, gamin ? Tu peux aller nulle part ! L'enfer, c'est partout, ici comme ailleurs. Tu peux courir, sauter, nager, tu seras toujours en plein dedans !

— Non ! hurla le garçonnet en se débattant. C'est pas vrai ! C'est pas vrai !

— Si, c'est vrai ! Mais il existe un moyen de sortir de ce cauchemar, fils. Un seul.

— Lequel ? demanda l'enfant.

— L'enfer, on s'en évade pas, mais on peut le détruire. Toi, Lucas, tu en as le pouvoir : celui que t'a transmis le vieux type qui s'est fait pendre. Tu veux détruire l'enfer, Lucas, dis, tu veux ? »

Malmené, terrifié par le visage tendu de son mentor, le gosse hurla « Oui ! » de toutes ses forces.

« C'est bien. Alors, on commence tout de suite. Enlève tes gants et pose tes mains sur le sol ! »

Les poings du Scribe libérèrent le cou du petit. Tremblant, celui-ci obéit. Ses paumes nues touchèrent le gravier.

« Fais comme pour ta folle de mère adoptive ! Laisse-toi aller, gamin, il faut que tu aies peur et que tu sois en colère. Tu comprends ? Peur de la laideur et en colère parce que là où seules les belles âmes comme les nôtres devraient décider de ce qui est bien pour le monde, ce sont des légions d'imbéciles qui tranchent et font les lois ! Regarde comme ce qu'ils bâtissent est répugnant, fils ! Regarde autour de toi ces putain de bâtiments en tôle et en ciment ! Des villes entières sont comme ça ! On va raser tout ça, Lucas ! Avec les copains, on va raser tout ça ! Allez, petit, montre-moi ce que tu sais faire ! Entraîne-toi ! Fais-moi pourrir ces saloperies de hangars pour commencer ! Fous-moi ça en l'air, j'te dis ! »

La voix du Scribe était un tonnerre qui terrifiait l'enfant. Celui-ci toucha la terre sans retenir la corruption dont il était porteur. Le sol s'assombrit et se souleva. Des veines aussi larges que des routes s'y ouvrirent, exhalant d'insoutenables odeurs de pourriture. Les sillons se propagèrent en direction des bâtiments, ouvrant une crevasse sous le plus proche d'entre eux. Dans un fracas de guerre, les murs de parpaings s'enfoncèrent dans le gouffre.

« C'est bien ! hurla le Scribe. Continue ! »

Souffrant comme s'il avait mis les doigts dans une prise électrique, Lucas déchargea son venin jusqu'à ce qu'un nouvel abysse se forme, puis un troisième.

Fou de joie, l'homme applaudissait au spectacle de la catastrophe. « Excellent, Lucas ! T'es un chef, mon gars ! » Le Scribe, extatique, sautait sur place, se trémoussait comme au son d'une musique démente. « La station-service ! beugla-t-il. Fais-la sombrer aussi ! Vas-y, j'te dis ! »

Lucas pleurait à présent. Non parce qu'il souffrait – au contraire, ses mains ne le démangeaient plus –, mais parce qu'il comprenait que l'autre le poussait au Mal et que le Mal révulsait sa nature… Alarmées par le vacarme au-dehors, des silhouettes sortaient du relais Shell.

Heureusement, à cette heure, peu de monde s'attardait ici. Deux employés, un automobiliste de hasard, un local qui traînait souvent dans le coin pour passer le temps… Courant à corps perdu pour éviter d'être engloutis, ils sauvèrent leur vie de justesse. Derrière eux, comme pliée au creux d'une main gigantesque, la boutique se recroquevilla, les baies vitrées éclatèrent avant que l'ensemble ne tombe dans le vide d'une crevasse. Touchées par le séisme, les citernes d'essence explosèrent, déchaînant une gerbe de feu à vingt yards à peine du Scribe et de Lucas… Le vent tissa la poussière, les débris et la fumée en un suaire noirâtre plus opaque que la nuit qui éteignit les étoiles et la lune. Seules à demeurer visibles au-dessus d'eux, les quatre lettres restantes du néon nimbaient l'homme et l'enfant d'une lumière d'apocalypse. *Hell*… À bout de bras, le Scribe souleva le petit et l'installa à califourchon sur ses épaules. Épuisé par ce qu'il venait d'accomplir, le garçonnet avait à peine la force de serrer ses cuisses autour du cou de l'adulte. « Où on va ? bredouilla-t-il en sentant le Scribe se mettre en marche.

— Au *pays blanc*, fils… Du beau monde nous attend là-bas ! »

*

* *

Une route forestière rectiligne et déserte. Terence Nicolas Harper arrêta sa jeep. Il était deux heures du matin ; c'était, au cœur de la nuit, le point d'équilibre parfait entre le crépuscule et l'aube, l'authentique minuit.

Harper avait filé vers le nord, vers son Canada natal. Il n'était plus temps pour lui de continuer la traque stupide dans laquelle il s'était lancé tête baissée, sans écouter l'avertissement que lui avait adressé Jaffary quelques jours plus tôt. Il avait payé son obstination d'une condamnation à mort à brève échéance. Se moquant désormais de connaître les raisons qui avaient poussé les habitants d'un petit port de la côte pacifique à se jeter collectivement dans le vide, il devinait que cet événement particulier n'était qu'une partie d'un jeu infiniment plus vaste au sein duquel lui-même n'était parvenu à tenir aucune part. Tel un pion négligé sur un échiquier, il s'était déplacé en vain, sans jamais menacer nulle pièce ennemie.

Quittant son siège, le capitaine emplit longuement ses poumons de l'air de la nuit. L'instant semblait parfait pour en finir avec la vie. Certes, il était encore loin de la frontière canadienne, mais rien ne ressemble plus à une forêt qu'une autre forêt, et tout ce qui importait était de jouir du grand silence de la nature tandis qu'il allait pointer son arme de service sur lui-même. Harper était officier de la police montée. C'est en cette qualité qu'il devait prendre congé du monde, non en simple civil. Dans le coffre de la voiture, une valise contenait sa tenue d'apparat : veste rouge à boutons d'or et fourragère, pantalon noir à bande jaune, bottes d'équitation et éperons, buffleterie graissée et chapeau neuf au bord orné de sa belle bande de fourrure d'ours... Impossible pour le capitaine d'entrer dans la mort vêtu différemment. Dévoré par les radiations, son corps le faisait souffrir plus que jamais mais il parvint malgré tout à se changer sans défaillir. Dès qu'il fut prêt, à la lumière des phares de la Cherokee, le *mounty* s'avança à la lisière des bois et pénétra sous la futaie. Il se trouvait au pied d'une petite éminence. *Tant qu'à mourir, autant le faire au plus près du ciel*, se dit-il. Lentement, Harper en fit l'ascension jusqu'à la crête. Au sommet, une petite clairière de fougères dominait la plaine. Assurément, si l'heure n'avait pas été aussi obscure, le regard aurait porté loin...

Harper dégaina son arme. C'était un revolver à canon long dont la crosse était attachée à son holster par une tresse de coton blanc. Terence visa son cœur et releva le percuteur. L'éclaboussure de sang saurait se faire discrète sur sa veste carmin. Si vaine qu'elle soit, cette pensée le rassura. Il prit une inspiration et se prépara à appuyer sur la queue de détente lorsque, à l'horizon, une roue de feu se dessina soudain dans la nuit.

*

* *

À une hypothétique commission d'experts chargés de définir le caractère ordinaire d'un individu, Eliot Paul Hendricks aurait assurément fourni l'étalon rêvé. Banal par son physique, son métier et ses préoccupations, il s'était toujours trouvé médiocre en tout. Peu éduqué, il n'avait pas terminé la lecture d'un livre depuis ses études secondaires. Malgré la piètre qualité de sa culture, un vernis d'érudition concernant la scène des fossoyeurs de *Hamlet* subsistait dans sa mémoire. Il le devait à son tout dernier professeur d'anglais.

« Shakespeare, lui avait appris l'enseignant, utilise le terme *clown* pour désigner les miséreux qui déterrent le crâne de l'amuseur Yorick en creusant la tombe d'Ophélie. Ce mot vient du latin *colonus*, qui signifie "paysan" ou "homme pauvre". Il s'est altéré jusqu'à désigner pour nous un bouffon. Malgré les apparences, il n'y a pas d'altération de sens car l'*homme pauvre* romain, le *croque-*

mort élizabéthain et notre *amuseur de cirque* sont tous trois des incarnations de Saturne, le dieu des morts, des indigents et des affligés. Vous remarquerez que le clown qui fait rire les enfants sur la piste est effectivement un vagabond qui porte des vêtements rapiécés, des chaussures usées, et que son maquillage, avec son fond de teint blanc et son sourire exagéré, évoque le ricanement obscène d'un crâne mis à nu après la décomposition de la chair… »

Instinctivement, Hendricks avait toujours détesté le cirque, et les personnages grimés et vulgaires qui jouaient des tours censément comiques étaient pour lui des objets de répulsion. C'était sûrement pour cette raison que les propos de son professeur demeuraient si vivaces dans son esprit.

Les clowns sont des représentations de la mort, se répéta Eliot quand il aperçut, placardée au bord d'une route, une affiche annonçant la tenue d'une fête foraine à Bancroft, une agglomération distante de seulement vingt miles. Malgré le détour que cela représentait sur son itinéraire, il ne put résister à la tentation. Braquant le volant de sa Cadillac 75, il obliqua au premier carrefour pour foncer en direction du cirque, dans l'intention de réserver à ces saletés de forains grimés le sort qu'ils méritaient. Une fois à destination, il découvrit, plutôt qu'un chapiteau entouré de quelques caravanes, un vaste parc d'animation composé d'une trentaine de beaux manèges. Montagnes russes, balancelles, château hanté, circuit d'autos tamponneuses… Une grande roue dominait l'ensemble au centre de laquelle, dessiné aux néons sur toute la hauteur de sa structure, un immense visage d'auguste clignotait.

La fête aurait dû battre son plein mais les allées étaient désertes. Évacué en urgence, comme toutes les villes de la région depuis les catastrophes nucléaires survenues plus au nord, le champ de foire était vide. Hendricks traîna un moment dans les travées, entre les stands et les boutiques. Il s'amusa à tirer à la carabine à plomb sur des ballons papillonnant dans des cages et se perdit dans un labyrinthe de miroirs. Il essaya de se servir d'une machine à barbe-à-papa mais ne parvint qu'à se couvrir de filaments de sucre. S'empiffrant alors de barrettes de nougat, il s'arrêta devant un automate qui, en échange d'un dollar, distribuait des phylactères prédisant l'avenir. Eliot déroula le papier tombé dans sa main. L'oracle annonçait : *Sachez rester discret car vos prétentions ne sont pas aujourd'hui à la hauteur de vos capacités. Des conséquences inattendues sont à redouter si vous vous obstinez*. Irrité par l'augure, Hendricks considéra qu'il était temps d'en finir avec les distractions. Focalisant son attention sur la grande roue, il provoqua un court-circuit dans le système d'éclairage. Le visage diabolique de l'auguste s'effaça dans la nuit, tandis qu'un départ d'incendie s'amorçait à la base du manège. En quelques instants, la roue se couvrit de flammes. Hendricks profita du spectacle, avant de s'éloigner en laissant le manège luire tel un phare au cœur de la nuit. Regagnant sa voiture, il quitta la foire et entra dans Bancroft. Ses yeux lui piquaient. Il avait envie de dormir. Il se gara et se recroquevilla sur son siège pour s'assoupir une heure ou deux. L'aube le tira péniblement du sommeil. Dépliant sa maigre carcasse contractée, il fit quelques pas jusqu'au centre de l'agglomération où plus rien ne semblait vivre. Hendricks ignorait lui-même comment il s'y était pris, mais les derniers missiles transcontinentaux dont il avait provoqué l'ignition ne s'étaient pas contentés d'exploser sagement dans leur silo. Certains avaient spontanément allumé leurs propulseurs et s'étaient élancés dans les airs, laissant derrière eux un panache de fumée blanche qu'Hendricks, à trente-cinq miles de distance, avait nettement pu observer dans la troposphère. Où les torpilles nucléaires avaient-elles terminé leur course ? Minneapolis ? Chicago ? San Diego ? Difficile de le savoir, maintenant que plus rien ou presque ne fonctionnait correctement dans ce pays. Mais ces catastrophes éparses n'étaient que d'un intérêt marginal, comparées aux explosions concentrées dans la région du Wyoming, du Dakota et du Nebraska. Comme un pâtissier s'applique à étaler un glaçage lisse et brillant sur un gâteau, Hendricks avait envie de répandre uniformément la radioactivité sur l'ensemble du territoire américain. Il pouvait y parvenir s'il agissait avec un minimum de méthode. Dans le bar désert où il pénétra dans l'espoir de se ravitailler, il y avait justement une carte du pays imprimée sur les nappes en papier. Prenant un stylo qui traînait près de la caisse, il entoura au jugé la zone qu'il était parvenu à empoisonner en trois interventions seulement. Satisfait, il déchira le dessin, le fourra dans sa poche et fureta dans les cuisines pour trouver quelque chose à manger. Il avala un burger décongelé au micro-ondes et s'empara d'une bouteille de whisky. Par nature, Hendricks ne buvait pas, mais la viande lui avait laissé un mauvais goût dans la bouche et il avait envie d'alcool fort. La boisson lui fit du bien. Il se resservit. La tête lui tourna légèrement. C'était agréable.

Surtout, cela l'aidait à prendre un peu de recul sur ce qui lui était arrivé depuis qu'il était devenu le maître du feu. Il avait beau prendre plutôt bien son statut de petit prodige, tout de même il avait un sacré paquet de morts sur la conscience ! Ça le tourmentait un peu. Pas violemment, mais en sourdine... Et voilà pourquoi boire quelques verres dans ce bar déserté, à une poignée de miles d'une centrale qui figurait justement sur sa liste, lui faisait du bien.

Observant son reflet dans le miroir, pour la première fois de sa vie il se trouva assez beau... Ce n'était pas tant l'alcool qui le rendait indulgent que la confiance qu'il nourrissait désormais envers lui-même. Il était capable d'enflammer n'importe quoi, n'importe qui, par sa seule volonté, et rien ne pouvait lui résister. C'était une sacrément bonne raison de s'autoriser un léger complexe de supériorité ! Pour la quatrième fois, Hendricks se versa une généreuse rasade de whisky et leva son verre à sa santé. Empli d'une joie et d'une énergie nouvelles, il s'amusa à entourer sa propre tête d'une résille d'étincelles crépitantes du plus bel effet. Sa Majesté Eliot Paul, empereur des braises et grand roi Salamandre... Il salua gracieusement son reflet.

Il était encore nimbé d'une couronne de flammèches quand un courant d'air fit soudain trembloter son diadème. Derrière lui, la porte du café venait de s'ouvrir. Hendricks ne se retourna pas. Un coup d'œil dans la glace lui avait suffi. Deux silhouettes se tenaient dans l'encadrement : celles d'un homme et d'un chien assez imposant, un bâtard. Gêné par l'arrivée de l'intrus, Hendricks fit disparaître son auréole et laissa l'inconnu s'approcher. Il aurait pu s'en débarrasser facilement en provoquant une combustion interne, mais quelque chose le retenait de régler aussi facilement le sort de ce type. L'homme s'approcha doucement de l'endroit où Eliot était installé. Prenant place à côté de lui, il saisit d'autorité la bouteille de Jack Daniel's et s'en versa un verre en silence. Il dégageait une odeur bizarre… Une odeur ? Non, pas vraiment… C'était beaucoup plus subtil que ça. Puis le mot adéquat s'imposa à son esprit : *aura !* C'était ça, une *aura*, et non une *odeur*… Le gars était donc porteur d'une aura particulière dont le Canadien avait déjà ressenti les effets. Un frisson glacé lui parcourut l'échine et tous ses muscles se raidirent : Hendricks comprit tout à coup à qui il avait affaire.

« Vous êtes l'héritier du vagabond de la côte, n'est-ce pas ? demanda-t-il à Banes. Vous l'avez tué ? »

S'obstinant à fixer les quelques gouttes ambrées restées au fond de son verre, Raphaël répondit :

« Milton Millicent ? Non. Il est mort dans mes bras, mais ce n'est pas moi qui l'ai tué. L'un des vôtres l'a fait, je crois. Celui qui se fait maintenant appeler Okhlos et se rêve maître de NovAmerica… »

Hendricks sourit. « Ça, c'est l'architecte, je parie. Le gars qui avait une baraque de science-fiction sur la falaise. C'était un de mes clients, à la banque. Jamais pu le sentir, ce sale type arrogant… Et vous ? Vous êtes qui ?

— Je ne pense pas que cela ait beaucoup d'importance, au point où nous en sommes, vous ne croyez pas ? »

Pour la première fois, Hendricks se tourna vers Banes et le regarda en face. « Et qu'est-ce qui a de l'importance, alors ? On joue bien dans le même camp, vous et moi, non ? »

Raphaël se redressa et se tourna légèrement lui aussi pour planter ses yeux dans ceux d'Hendricks. « Justement non ! » dit-il froidement.

Le temps s'arrêta. Hendricks comprit, mais une fraction de seconde trop tard, qu'un duel venait de s'engager contre l'unique adversaire qui pouvait le terrasser aussi facilement que lui-même pouvait le tuer. L'image de son ennemi embrasé n'eut pas le temps de se former dans son esprit ralenti par l'alcool. Déjà soumis à la volonté de Banes, il retourna contre lui-même l'énergie incendiaire qu'il avait été trop lent à exprimer. Sa température interne, montant en flèche, grilla ses neurones, et la graisse de ses chairs se mit à frire. Sa dernière vision fut le reflet que lui renvoyait le grand miroir : baigné d'un feu qu'il ne pouvait maîtriser, il se calcina aussi vite qu'une bûche de bouleau dans une cheminée ronflante.

S'écartant, Raphaël n'eut aucun scrupule à laisser l'employé de banque se consumer dans les flammes. Indifférent aux souffrances de celui dont *Scamall* lui avait révélé quelles horreurs il avait commises, il sortit du café, Marcel sur ses talons. Raphaël allait remonter dans la Hyundai éreintée avec laquelle il avait fait la route lorsqu'il aperçut la sublime Cadillac estampillée 1938 d'Hendricks garée non loin. Son goût pour les beaux objets se ranima. Il jetait un coup d'œil admiratif à l'intérieur du véhicule quand il sentit une pression ferme s'imprimer sur sa nuque.

« Vous tenez une position quasi parfaite, commenta une voix inconnue. Écartez seulement un peu les jambes et posez vos mains sur le toit.

— Qui êtes-vous ? demanda Banes sans paniquer.

— Vous ne connaissez pas la règle du jeu ? s'étonna l'autre. C'est celui qui est armé qui pose les questions. C'est l'usage...

— L'époque n'est plus aux conventions, s'amusa Raphaël. En outre, je doute que vous possédiez le meilleur arsenal de nous deux.

— Je n'en ferais pas le pari, si j'étais vous...

— Non ? Pourtant, je tente ! »

Banes n'eut aucun mal à annihiler la volonté du capitaine Harper. Sans comprendre qu'il ne s'appartenait déjà plus, celui-ci jeta sa propre arme au loin. Le cerveau écrasé de douleurs nouvelles, il perdit l'équilibre et tomba aux pieds du professeur. Banes aurait pu l'achever à l'instant, mais la tenue de parade que portait l'officier lui parut incongrue, et il se douta que ce type n'avait peut-être pas croisé sa route par hasard. Quand Marcel vint gémir doucement auprès d'Harper en lançant des regards suppliants à Raphaël, ce dernier comprit qu'il devait laisser à son adversaire la chance de plaider sa cause. Desserrant l'étau mental qui paralysait le *mounty*, il ironisa :

« Je crois que nous pouvons convenir que j'ai gagné. Qu'en pensez-vous ?

— Je l'admets..., souffla Harper en reprenant péniblement ses esprits.

— Donc je vous le redemande : qui êtes-vous ? »

Se redressant malgré ses douleurs, Harper parla. Sans rien cacher, livrant tout de lui, sans crainte de paraître ridicule ou dérangé. Il évoqua la manière dont il s'était mis en quête et comment, à force de suivre des pistes improbables, il avait fini par échouer dans une petite ville noyée sous les radiations.

« Pour combien de temps en avez-vous ? voulut savoir Banes, qui compatissait sincèrement à ses malheurs.

— Quelques jours, paraît-il. Dix ou quinze. Moins ? Plus ? Qui peut le dire ? Les toubibs racontent souvent n'importe quoi, vous savez. Et puis le décompte n'a pas vraiment d'importance puisque l'issue est certaine. Je voulais en finir hier soir, et j'étais vraiment sur le point de le faire, mais j'ai vu quelque chose qui m'a conduit ici. Une roue en flammes dans la nuit... Je savais que c'était important. Quelqu'un en qui j'ai toute confiance m'avait prévenu. J'ai trouvé le manège qui brûlait et, en suivant la route, je suis arrivé ici. Voilà, vous savez tout. Est-ce que ça vous satisfait et me donne le droit de savoir à mon tour qui vous êtes ? »

Impressionné par ce récit, Banes soupira. « Effectivement, convint-il, je crois que vous l'avez mérité. »

L'ancien professeur de Cornell brossa un tableau aussi complet que possible de sa propre aventure et ne dissimula rien des mystères qui lui avaient été révélés. Cela prit du temps. Les deux hommes, à la fin, se regardèrent en silence, mais la conclusion à laquelle ils parvenaient était la même : à l'évidence, ces deux solitaires étaient destinés à affronter ensemble les ultimes périls de leur odyssée.

« Que croyez-vous qu'il nous faille faire ? demanda Harper. De mon côté, je n'en ai vraiment aucune idée et je ne vois pas comment un type dans mon état pourrait vous être utile. »

Perplexe, Banes se trouvait assez gêné pour répondre. « Quelqu'un m'a demandé il n'y a pas si longtemps si je croyais aux signes, dit-il après un bref instant de réflexion. Je crois avoir répliqué à l'époque que ce n'était pas dans mes habitudes, mais que je commençais à y prêter attention. Après tout ce que j'ai vu depuis ce jour-là, je peux vous assurer que j'y crois maintenant dur comme fer, aux signes ! Si vous êtes arrivé jusqu'ici et moi aussi, ce n'est pas pour rien. Allez, venez, nous trouverons sûrement l'inspiration en route. Votre voiture ou la mienne ? »

Harper jeta un coup d'œil condescendant à la vieille Hyundai en fin de vie. « Elle est encore plus mal en point que moi. Et je serais vous, je ne serais pas très chaud à l'idée de circuler dans ma jeep, parce qu'elle doit sacrément affoler les aiguilles d'un compteur Geiger. Je vais juste prendre deux trois ou affaires qui pourraient nous être utiles et je suggère de monter dans ce magnifique engin que vous examiniez tout à l'heure avec une certaine concupiscence.

— Ce serait du vol, non ? sourit Raphaël.

— En tant que représentant des forces de l'ordre, je prononce la saisie ! trancha le capitaine. Même si ce n'est pas à votre administration que j'ai prêté serment... »

Harper récupéra son pistolet tombé dans le gravier puis transféra deux sacs de matériel de sa Cherokee dans la Cadillac, tandis que Raphaël s'installait au volant. Le réservoir de la voiture de collection était à moitié plein. Sur le tableau de bord, la clef attendait d'être tournée. Raphaël mit le contact. Pour la première fois de sa vie, il ressentit du plaisir à conduire.

Prenant la direction de Lebanon, il souhaitait revenir aussi rapidement que possible aux côtés des *Sheltas*. Les routes étaient désertes. Banes appuya sur l'accélérateur. À côté de lui, décomposé, Harper serrait les dents pour ne pas geindre. Son corps résistait chaque heure plus difficilement à la souffrance. Confortablement installé sur la banquette arrière, Marcel reniflait d'un air suspicieux sur la sellerie noble les traces olfactives de la défunte Mme Shawn et d'Eliot Paul Hendricks, son misérable petit dieu de flammes et de cendres.

Banes roula sans s'arrêter jusqu'à la frontière du Kansas puis, voyant que le capitaine avait le cœur au bord des lèvres, il se gara sur le bas-côté d'une route boisée. Le Canadien sortit pour se soulager. Raphaël le vit cracher dans le fossé et s'appuyer contre un tronc d'arbre. Inquiet, il s'approcha.

« Laissez-moi encore deux minutes, articula d'une voix pâteuse Harper. Je sens que ça va déjà mieux… »

Banes s'éloigna pour laisser à son nouvel allié le temps de se reprendre. Quand il revint vers lui et lui tendit la main pour l'aider à se relever, les deux hommes échangèrent un regard grave mais empreint de cette ironique complicité que seuls partagent ceux qui se savent promis à bientôt mourir ensemble.

*

* *

Les distances n'étaient rien pour eux. Ou si peu. Chasseurs-nés, obstinés et endurants par nature, ils étaient capables d'ignorer la fatigue d'une longue traque. Rien ne pouvait détourner leur attention quand ils étaient lancés sur la piste d'un gibier. Les chiens de Camden Hodge… Ils avaient senti une menace inédite, terrible, métaphysique planer au-dessus de leur maître. D'abord diffus, ce péril était devenu si précis qu'il en était vite devenu intolérable. L'air était saturé de ses vibrations malsaines. Si le maître de la meute avait de nombreux adversaires, celui que les bêtes traquaient de leur propre autorité était assurément le plus à craindre. Ce n'était pas quelqu'un d'ordinaire. Autrefois, il n'avait été qu'un individu banal, insoupçonnable et fondu dans la masse. Mais à la plus modeste des créatures est parfois offerte l'opportunité d'une métamorphose, les chiens le savaient. Ainsi en allait-il de l'homme dont le pouvoir pouvait désormais se mesurer à celui d'Okhlos.

Sans manger, boire ni même dormir, les bêtes avaient suivi la piste de leur victime, comme Thésée s'était enfoncé au cœur du labyrinthe pour y débusquer le Minotaure. Ils ne s'étaient perdus ni dans les méandres des villes, ni dans l'immensité des maquis, ni dans l'ombre des forêts. Ardents, impatients et féroces, à chaque foulée plus excités par l'imminence de la curée, les trois molosses auraient pu vaincre à eux seuls tigres et lions dans les arènes de Rome.

Caparaçonnés de boue et nimbés de poussière, ils atteignirent enfin l'endroit où se tenait celui qu'ils poursuivaient. L'homme n'était pas seul. Qu'importe ! Ils allaient le charger frontalement et lui sauter à la gorge, sans lui laisser la moindre chance. Toute leur énergie se concentrerait dans cet imparable assaut commun. Plus implacables que le Cerbère à trois gueules veillant aux portes du monde des morts, les fauves noirs avancèrent en silence vers les deux silhouettes arrêtées, inconscientes du danger qui les guettait. Adossée à une palissade, l'une était facile à neutraliser. Debout face à elle et lui tendant les mains, la seconde ne comprendrait même pas comment elle allait mourir. S'ils l'avaient pu, les chiens auraient eu un rictus de dépit. Après cette longue course de plusieurs jours, ils ne connaîtraient pas l'exaltation que procure une proie qui se débat, une victime qui se défend. Tant pis ! Le plaisir de l'affrontement n'était après tout qu'une prime, l'essentiel restait de tuer le grand ennemi de leur maître. Tuer la némésis d'Okhlos.

La plus infime tension de leurs muscles justifiée par le pur désir de tuer, les chiens se jetèrent en avant, gueule ouverte, crocs luisants, griffes longues battant avec un bruit dur le sol de la scierie désertée où, pour un bref repos, le Scribe et Lucas s'étaient abrités.

*

*   *

Durell avait refusé de les accompagner. Shams et Louie avaient eu beau insister, la fille aux dreadlocks blondes avait préféré demeurer avec Okhlos et le gros de la colonne. Elle allait rater la fin des *Sheltas*, et c'était vraiment dommage pour une furie qui leur avait toujours voué une haine tenace. Quelques mois auparavant, elle avait eu la chance de pouvoir en tuer un de ses propres mains. Ses deux compagnons étaient tombés par hasard sur le gars alors qu'ils maraudaient dans la région de Lexington. Ils l'avaient étourdi puis ramené à Durell pour qu'elle l'achève. Ils savaient que le cadeau lui ferait plaisir, et ils ne s'étaient pas trompés. La blonde aurait pu égorger d'un coup de lame le prisonnier, mais elle avait préféré prendre son temps en exerçant sur lui les raffinements de sa perversité. L'agonie du *Shelta* avait duré presque deux jours. Lassé par les gémissements du pauvre mutilé, Louie avait dû sérieusement s'énerver pour que la fille se décide enfin à lui porter le coup de grâce. Il fallait donc qu'Okhlos exerce sur elle une fascination exceptionnelle pour qu'elle préfère demeurer en sa compagnie plutôt que de prendre part au règlement de comptes qui s'annonçait. Enfin *Fomoroï* et *Sheltas* allaient épurer leurs dettes. D'après les rumeurs, une poignée de ces idiots les attendait au beau milieu de la route de l'est. Menés par leur roi ridicule, ils étaient moins de cinquante. Effectif grotesque ! Comment pouvaient-ils espérer résister à la marée humaine qui allait déferler sur eux ? Progressant épaule contre épaule dans les plaines du Colorado et du Kansas, l'armée du messie des pauvres formait des colonnes noires plus compactes que celles se serrant dans les couloirs du métro aux heures de sortie des bureaux. Rien ne pouvait résister à cette puissance, aucun combattant, aucun *hobbo* si chéri soit-il du Grand Serpent Ophis… S'ils l'avaient voulu, les *Fomoroï* auraient même pu se passer de venir chercher les *Sheltas* au fond de leur trou, laissant passer sur eux leur horde immense. Mais non, la perspective de crever ces chiens-là face à face était irrésistible. Pour le sport. Pour le plaisir…

Avec deux milliers de leurs frères, Louie et Shams arrivèrent donc en vue de Lebanon au petit matin. Le ciel était pommelé de nuages figés dans les hautes sphères. L'air était sec et la lumière tremblante. La petite ville semblait déserte. Un type baraqué comme un catcheur commandait la horde. Il se nommait Padden et Okhlos en personne lui avait attribué toute autorité sur les *Fomoroï*. Outre sa stature et le brassard noir qu'il portait en signe d'investiture, Padden se distinguait par un bandeau ensanglanté qui lui barrait le visage. Quelques jours plus tôt, il avait perdu un œil alors qu'il tentait de rattraper une petite *Cryptoï* qu'un *Shelta* était sournoisement parvenu à soustraire à son emprise. La gamine avait filé, mais cela n'avait plus d'importance désormais. Où qu'elle se trouve, cette gosse n'avait plus aucune chance d'empêcher l'inéluctable. Sans savoir que le corps de Wen servait depuis longtemps d'auge aux poissons de la baie de San Francisco, Padden, Shams, Louie et les autres avançaient en confiance dans les champs entourant Lebanon. À deux cents yards des premières maisons se dressait un petit tertre de pierres, au sommet duquel les ennemis avaient planté un de leurs fanions obscènes. Ni Shams ni Louie n'avaient jamais compris ce que signifiait le serpent tronçonné que les *Sheltas* avaient pris pour emblème. Pas plus qu'ils ne comprenaient pourquoi ces gens, marginaux tout autant qu'eux, avaient choisi de défendre un monde qui n'avait que mépris pour ceux vivant dans ses marges. Il fallait détruire un tel monde, pas le protéger... Padden en personne s'approcha du drapeau pour l'arracher de son socle mais, comme il tendait la main pour saisir la hampe, une ombre vive surgit comme un crotale de derrière le tertre. Un éclair d'acier brilla dans le petit matin et une gerbe de sang moucheta le ciel de rouge. Le poignet tranché net, Padden hurla de surprise plus que de douleur. Roy se tenait à présent devant lui, son coutelas prêt à frapper encore. Le colosse recula mais demeura ferme sur ses jambes. Roy se fendit en tentant un estoc, que l'autre, vif malgré sa blessure, esquiva.

Autour d'eux, les *Fomoroï* avaient suspendu leur avance pour assister au duel. Padden n'avait pas besoin d'arme pour affronter son adversaire. Même si le *Shelta* était grand, le borgne le dominait d'une bonne tête. Profitant de sa meilleure allonge, le géant parvint à saisir Roy sous la mâchoire. Il le souleva de terre et, sa puissance décuplée par la colère et la souffrance, il le tint au-dessus du sol en l'agitant comme une poupée. Cherchant l'air, le *Shelta* ne pouvait déjà plus se défendre. Il essaya de porter un nouveau coup, mais ses forces l'abandonnaient. Sa lame ne trouva que le vide. Jeté contre le monument marquant le centre de l'Amérique, Roy heurta violemment l'angle d'une pierre. Son occiput se fendit et sa nuque se brisa. Mort sur le coup, il glissa au pied du mémorial tandis qu'une clameur de victoire s'élevait du rang des *Fomoroï*.

Padden donna le signal d'avancer. Serrant son membre amputé contre lui comme si la blessure n'avait pas plus d'importance qu'une estafilade, il se remettait en marche quand il sentit une brûlure dans sa poitrine. Surpris, il vit qu'une moucheture écarlate naissait au-dessous de son cœur. À trois cents yards de là, l'armurier Edwards, sans trembler malgré ses soixante-neuf ans, venait de réussir un joli coup, depuis le grenier de sa maison, avec sa Winchester 300. Pour exceptionnelle qu'elle soit, la morphologie de Padden ne pouvait rien contre une coronaire touchée. Un voile d'obscurité descendit sur les yeux du colosse, qui bascula à son tour dans la poussière.

Sans chef pour les discipliner, les *Fomoroï* furent aussitôt rendus à leur anarchie naturelle. Hurlant comme des hyènes, ils franchirent en courant la distance qui les séparait de la ville. Une volée de plombs les accueillit, mais les premiers assaillants qui tombèrent ne brisèrent pas l'élan général. Défonçant les portes, ils entrèrent dans les maisons où s'étaient retranchés les habitants qui n'avaient pas voulu quitter Lebanon. La lutte était inégale. Si la plupart des résidents étaient armés, beaucoup se servaient d'un revolver ou d'un fusil pour la première fois de leur existence. Face à des tueurs compulsifs, des routards habitués à se battre pour survivre et des prisonniers tout juste échappés de l'Alcatraz des Rocheuses, même une bonne arme ne pouvait compenser l'inexpérience de son porteur. L'acier est lourd entre de vieilles mains, le bruit impressionne et le recul fait dévier la balle. Et puis, surtout, il faut oser presser la détente... Pas facile de passer au-dessus du respect naturel que les gens ordinaires vouent à la vie d'autrui. Pas facile non plus de viser un homme à bout portant. Même s'il vient vers vous en brandissant une lame rouillée ou une batte hérissée de clous...

Barricadé dans son gymnase, Abenezer était, pour sa part, déterminé à vendre chèrement sa peau. Convaincu depuis toujours qu'un citoyen désarmé n'est qu'un vulgaire contribuable, son fusil à pompe personnel fermement épaulé, il se tenait prêt à ouvrir le feu sur le premier agresseur qui se présenterait. Il eut le temps de percuter sans scrupules trois décharges avant d'être entouré par une quinzaine de types en combinaison orange. Quand le vieillard comprit qu'il n'aurait pas le temps de faire monter une quatrième cartouche dans la culasse, il ferma les yeux et se concentra pour oublier les hurlements des hommes qu'il avait blessés et les vociférations de ceux qui allaient le tuer. Une dernière fois, il songea à Joanna, la plus jolie fille qu'il ait jamais serrée dans ses bras. Octobre 1985... le plus bel automne de sa vie...

Il voulait partir en pensant à cette fille. Il sentit la douceur de sa peau, la fraîcheur de son parfum, la chaleur de son corps comme si elle était encore lovée contre lui. Une grosse larme roula sur sa joue, et c'est presque heureux qu'il entra dans la mort...

L'assaut sur Lebanon était quasiment terminé. Des coups de feu éclataient encore sporadiquement, mais l'essentiel était fait. Quelques maisons brûlaient. À l'exception de celui qui avait tranché le poignet de Padden, aucun *Shelta* ne s'était montré. Shams et Louie étaient déçus. Ils avaient réglé leur compte à quelques civils peu résistants, mais cela ne valait rien comparé aux proies de choix qu'étaient leurs ennemis naturels. Ils avaient espéré en ramener au moins un vivant à Durell, afin qu'elle s'en amuse, mais il faudrait se faire une raison : la fille n'aurait pas son cadeau.

Leurs rangs à peine clairsemés, les *Fomoroï* chassèrent leur frustration en razziant la petite ville. Ils rassemblèrent toutes les bouteilles qu'ils purent trouver et s'installèrent pour attendre l'arrivée d'Okhlos. La beuverie tourna mal. Il y eut des rixes, des morts. On se réconcilia en se saoulant plus encore. La nuit tomba. Abrutis d'alcool, les *Fomoroï* s'endormirent. Entre leurs corps étendus, une trappe s'ouvrit dans le sol. Suivi de ses derniers compagnons, Kincaid surgit, telle une ombre, de l'abri souterrain dissimulé non loin du monument où Roy avait mutilé Padden. Souples et silencieux comme leur maître le Grand Serpent, les *Sheltas* entreprirent aussitôt d'égorger les ivrognes qui cuvaient sans méfiance. Sachant comment l'on ôte le souffle à un homme sans qu'il sente rien, les *Sheltas* firent payer un lourd tribut à leurs adversaires, jusqu'à ce que ceux-ci, enfin, prennent conscience du danger. Shams et Louie furent égorgés par Kincaid en personne aux premiers instants de la boucherie. Mais si la saignée avait prélevé quantité de bons éléments dans les rangs *Fomoroï*, les vingt-huit *Sheltas* ne pouvaient espérer remporter la bataille. Débordés par leurs trop nombreux adversaires, ils formèrent un dernier môle de résistance. Plus que douze ou quinze peut-être, ils se réunirent autour de Kincaid, dos à dos, vidant frénétiquement les rares chargeurs en leur possession. Lorsque leur dernier coup claqua, ils se préparèrent à recevoir à l'arme blanche la vague d'assaillants promise à les submerger. Ces derniers s'avançaient tel un mur quand leur troupe compacte fut prise d'une ondulation étrange. Amollie, déstructurée, leur ligne se détendit et se brisa. Une trouée se fit dans l'épaisseur de leurs rangs. Sans comprendre d'où leur venait cette subite folie, les *Sheltas* virent leurs ennemis retourner soudain leur arme contre eux-mêmes. S'ouvrant spontanément les veines ou bien se plaquant un canon sur la tempe, les *Fomoroï* se suicidaient en masse ! Derrière les corps qui tombaient plus vite que des épis fauchés par une batteuse, Kincaid vit se dessiner une silhouette qu'il avait cru ne plus jamais revoir. C'était un homme solitaire qui s'avançait pourtant fier et droit, aussi résolument que s'il ouvrait le chemin à une armée tout entière. Alors qu'une joie indicible emplissait l'ancien roi des *Sheltas* en reconnaissant Raphaël, les serres terribles de *Scamall* le saisirent à son tour. Son esprit s'étoila comme un miroir frappé d'une pierre. Éteignant en lui toute force, toute lumière et toute envie, les ténèbres du désespoir l'enveloppèrent. Il posa la pointe de son couteau au creux de son coude et fit sourdre un ruisseau carmin sur son avant-bras... Pourtant la déchirure s'arrêta là. Aussi brusquement qu'il était apparu, le chagrin noyant la volonté du *Shelta* se dissipa. Kincaid retrouva la libre disposition de ses actes et entendit l'écho d'une détonation se réverbérer sur la plaine désormais silencieuse. Il avança de quelques pas et ce qu'il découvrit le terrassa : tombé près de lui, le corps de Raphaël Banes gisait, inerte, parmi une mer de cadavres.

XIX

D'aucuns chantaient des psaumes chrétiens ou des litanies inventées de toutes pièces. Plusieurs hurlaient des prières ou dansaient sur des airs anciens. Comme les mystiques le font aux Indes, certains perçaient leurs membres de longues aiguilles quand d'autres faisaient contrition, en avançant sur les genoux. Il y avait des évangélistes et des satanistes. Des *born again* et des athées. Des dérangés et beaucoup d'êtres sans histoire…

Camden Hodge – Okhlos – était parvenu à rassembler ces gens qu'aucun lien n'aurait dû unir. Il leur avait donné une cause, un but. Plus important que tout : il leur avait donné un chef à suivre – lui-même, bien sûr. Un chef qui avait désigné des responsables à leur misère, à leur mal-être. Un chef en la parole duquel il était très facile de croire. Les contingents agglomérés autour d'Okhlos n'étaient que très peu armés. Leur force ne résidait pas là. Soldats aux mains nues, les fidèles du messie des pauvres avaient la calme puissance d'un océan tant leur nombre était immense. Quittant Denver, ils s'étaient avancés vers l'est. Camden le savait, sa parole s'était déjà répandue là-bas. À New York, Philadelphie,

Chicago ou Washington, il avait ses partisans. Mieux, ceux-ci avaient saisi les *Regalia americana* dont il avait réclamé – en vain, bien sûr – le tribut à la Présidente et aux sénateurs. Ce que les politiciens corrompus lui avaient refusé, le peuple l'avait saisi : l'or de la Réserve fédérale. La Constitution. Les matrices et le protocole d'impression des dollars. Tout cela était déjà en route pour lui être remis. Il fallait trouver un lieu symbolique qui ferait office de théâtre pour ce transfert de pouvoir. Un endroit unique, le centre même du pays... Lebanon. Là justement où les officiers d'Okhlos, les hommes au brassard noir, étaient partis régler quelques comptes personnels avec de vieux ennemis. Hodge avait laissé partir sans crainte ses meilleurs éléments. Ils étaient des milliers, ils étaient féroces, rien ne pouvait leur arriver. Rien. Sauf peut-être l'alliance inattendue de Raphaël Banes et Terence Nicolas Harper.

Quand, dans l'optique de précision de sa Remington, le *mounty* avait vu le cercle des derniers combattants *Sheltas* retourner leur arme contre eux-mêmes, il avait visé les omoplates de Banes. La carabine bien appuyée sur le toit de la Cadillac, son tir d'une maîtrise impeccable avait parfaitement atteint sa cible. Mais, au lieu de perforer les chairs, la balle s'était encastrée dans le gilet de protection en kevlar estampillé « Police montée canadienne » que portait le professeur. La brutalité du choc avait projeté Raphaël à terre et aussitôt interrompu les effets de *Scamall*. Assommé, Banes s'était relevé de longues minutes plus tard, meurtri, vidé et encore tremblant d'avoir laissé filtrer la Nuée mais fier d'avoir aussi bien joué avec les maigres atouts en sa possession.

Des milliers de *Fomoroï* qui s'étaient lancés sur la petite ville, plus aucun n'était vivant.

« Et maintenant ? avait demandé Kincaid, alors que Banes et Harper se tenaient désormais à ses côtés.

— Je ne sais pas, avait avoué Raphaël en se débarrassant de son pare-balles. Enterrons au moins nos morts... »

La terre était dure et les *Sheltas* restants peu nombreux. Plutôt que de creuser des tombes, il fut plus facile de briser à la masse le monument d'*Omphalos Americae* et d'en utiliser les pierres pour recouvrir les corps rassemblés sous un tumulus commun. Kincaid dessina le symbole d'Ophis sur la tombe de ses camarades, puis, comme Finn l'avait fait au Caveau, il fit tourner un sifflet de métal au bout d'une cordelette en psalmodiant l'appel au Grand Serpent Univers.

« *Anál nathrach !* reprit Banes avec lui. *Orth' bhais's bethad. Do che'l de'nmha...* Souffle primordial, Charme de vie et de mort, Chant des Faiseurs... »

Cependant, l'homélie païenne ne fut pas prononcée jusqu'à son terme, car une vibration monta du sol et un grondement nouveau contracta l'air autour d'eux tandis qu'un voile de poussière assombrissait l'horizon. « Okhlos ! dit Kincaid. Il arrive... »

Contre ce qui s'approchait, rien ne servait de courir ou de se cacher. Se battre ? Fou et vain, bien sûr... Mais que faire d'autre ? Une dernière fois, Kincaid tenta de persuader Banes de fuir et de vivre avec *Scamall* en lui aussi longtemps qu'il en aurait le pouvoir, mais Raphaël sentait cette force-là près de l'abandonner. La capacité de résister à la Nuée n'était plus qu'une flammèche vacillante sur le point de s'éteindre. D'une manière ou d'une autre, *Scamall* allait bientôt s'affranchir de la pauvre carcasse dans laquelle Milton Millicent avait cru bon de la loger. Libérée, elle se choisirait un nouvel hôte et continuerait à exercer ses ravages jusqu'à ce que les terres du continent d'Amérique, comme aux premiers temps, soient enfin redevenues vierges de toute âme humaine.

« Je ne partirai pas, annonça le professeur. Mais je ne veux pas mourir ici non plus, dit-il en désignant les milliers de cadavres *Fomoroï* gisant autour d'eux. Choisissons-nous au moins un endroit propre... »

Autour de Kincaid, les survivants *Sheltas* quittèrent ce premier champ de bataille pour trouver un lieu propice à une belle mort. Banes les suivait, Harper également. Ils s'arrêtèrent aux abords de la petite gare longeant la vieille voie de chemin de fer qui traversait le paysage d'est en ouest. Pour ces *hobboes* qui avaient tant voyagé en clandestins, ce décor était une évidence. Harper vérifia le chargeur de sa Remington, confia la carabine à Banes et dégaina pour lui-même son arme de poing. Les treize hommes restants se rangèrent face à la foule avançant vers eux. D'indistincte au début, la ligne de la horde se précisait à chaque pas. Ils décelèrent bientôt les silhouettes qui la composaient. Mais, alors que les *Sheltas* percevaient désormais jusqu'aux visages de cette multitude, les pèlerins d'Okhlos se figèrent brutalement. Immobiles, c'est à peine s'ils paraissaient respirer. Dans l'impressionnant silence alors tombé sur la plaine monta un son nouveau. À l'orient, au point de fuite de la ligne ferroviaire, se dessina la forme imposante d'un léviathan de métal : le train des *Regalia* arrivait au rendez-vous fixé par Camden...

Interdits par l'événement, Banes et les siens fixaient le convoi quand des grognements insistants leur firent détourner le regard. Se tenant auprès de Raphaël, Marcel aboyait en regardant l'autre extrémité de la ligne. Venu de l'ouest, immobile et droite, une forme humaine se devinait. Bien qu'elle soit encore trop éloignée des *Sheltas* pour être reconnue, Kincaid savait pourtant qui elle était. Il avait traqué cet homme autrefois, dans des territoires crépusculaires où présent, passé et futur sont en noces, où racines et ramures des possibles s'enlacent, où le Serpent Univers se revêt à chaque instant d'écailles changeantes. La mémoire du visionnaire ne le trahissait pas. Elle ne faisait pas défaut non plus au Scribe. Les yeux gris plus perçants que ceux d'un rapace, ce dernier avait également reconnu son vieil ennemi, son suiveur au pays d'Ophis, son imitateur et son double... Il était venu pour en finir avec lui et il ne doutait pas de sa victoire. Mais, avant d'apurer ces vieux comptes, il devait réparer une erreur dans le déroulé du destin promis à l'Amérique. *Crimson, Melgant, Old Harry, Scribe* ou quel que soit son véritable nom, il devait punir celui qui, méprisant le don généreux qui lui avait été consenti, avait usurpé le titre et la fonction d'Okhlos. Le punir de son orgueil ; le punir d'avoir eu la force de se hisser à la hauteur de son ambition ; le punir surtout d'avoir fait mentir les prophéties que lui, le Scribe, avait recueillies au pays d'Ophis au prix de tant d'efforts et de dangers. L'homme aux yeux gris se défit du grand sac de cuir qu'il portait sur le dos – le sac que Lucas admirait parce qu'il recelait tellement d'objets bizarres... Mais la besace n'enveloppait rien de beau ni de fascinant cette fois-là. L'ouvrant largement et la retournant, le Scribe en déversa le contenu sur le sol. Le cadavre de Lucas tomba le premier sur le ballast. Accompagnant le corps déchiqueté de l'enfant, trois têtes de chiens sciées net, encore dégoulinantes de sang, roulèrent par terre. S'agenouillant, le Scribe plaqua les mains noires du garçonnet sur un rail et souffla sur les petits doigts souillés de pourriture comme sur des braises à ranimer, pour tirer de la dépouille l'ultime semence de corruption qu'elle contenait. Une écaille cendreuse se détacha des phalanges raidies et s'accrocha au métal de la voie. Imperceptible d'abord, la peste commença son œuvre. Par endroits, le fer se marbra et s'effrita. En d'autres il s'affaissa et s'amollit. D'atome en atome, de segment en segment, la contagion remonta la voie. Lentement puis avec une vitesse toujours plus affirmée, elle traça son œuvre en direction du train qui avançait toujours. Celui-ci n'était plus qu'à trois cents yards des *Sheltas*, et ceux-ci à moins de deux cents du Scribe. Aussi vive qu'un courant électrique, la maladie désagrégea l'acier, pulvérisa les lourds boulons, désintégra les énormes rivets... Deux cents yards... cent cinquante... Le machiniste actionna la sirène. L'engin passa devant les *Sheltas* dans un hurlement. Sous son poids, la voie ne résista pas. Elle se tordit, se souleva et rompit. Sur sa lancée, le train demeura un instant suspendu dans le vide avant de dérailler et de verser sur le côté dans un effroyable crissement de tôle pliée. Banes recula aussi loin qu'il put, tandis que Kincaid, Harper et Marcel couraient à toutes jambes eux aussi. Une pluie de débris tombait de partout, des éclats plus coupants que des faux, des étincelles énormes, des corps, même, projetés depuis les wagons qui s'ouvraient comme des bûches sous la cognée d'un géant. Quand cessa ce fracas d'apocalypse et que les poussières retombèrent, le train était là, inerte et fumant, tel un dragon vaincu… L'épave avait creusé une tranchée écarlate parmi les rangs des zélateurs de Camden Hodge. Passagers ou membres de la troupe venue de Denver, des grappes de victimes mutilées jonchaient à présent les abords de la gare de Lebanon. Pourtant, l'accident semblait n'avoir en rien changé la donne. Okhlos se tenait là, au beau milieu de sa horde. À peine troublé, il n'avait pas encore lancé d'ordre nouveau. Du ventre des wagons béants, l'or s'était répandu au grand jour : lingots, pièces et bijoux… Alors le ciel bas s'ouvrit et les rayons du soleil dardèrent, faisant reluire de mille éclats le métal précieux. Un homme n'y résista pas. Puisant à pleines mains dans ce que la Providence venait de répandre à ses pieds, il saisit un lingot et le brandit. « De l'or ! hurla-t-il. De l'or ! » Plus puissant qu'un sortilège, ce simple mot déchaîna l'envie. Un autre pèlerin s'empara à son tour de quelques pièces. Un troisième l'imita et d'autres encore, par centaines, puis par milliers… Gagnée tout entière par cette fièvre, l'armée d'Okhlos se précipita sur le train. Son mouvement était une marée. Okhlos voulut y résister. Se croyant fort comme un rocher dans la tempête, il cria d'arrêter. Mais Camden Hodge, l'architecte solitaire qui avait rêvé de construire la cité utopique d'Agathopolis, n'était qu'un être de chair et de sang. Il n'avait pas la fermeté d'un roc. Pressé, bousculé, il tomba. La foule ne le remarqua pas et continua d'avancer. Piétiné, son pauvre corps craqua, éclata, se délaya et fondit jusqu'à n'être plus qu'une boue mêlée à la poussière de la plaine... Seule Durell avait été témoin du sort de son amant. Si elle avait cherché à le rejoindre pour le sauver, elle avait vite cessé de vouloir remonter le flot qui l'emportait elle aussi. Elle aimait Okhlos, mais elle aimait sa propre vie plus encore... Et la Cause ! La Cause peut-être même plus que tout... Parvenant à son tour près du train, la fille méprisa les richesses qui y étaient amoncelées. Elle grimpa sur le toit d'un wagon et exhorta ses compagnons à l'écouter. Elle ne leur demanda pas de renoncer au métal dont ils étaient chargés. Elle leur dit au contraire que cet or leur appartenait en toute légitimité. C'était l'or d'Amérique. *Leur* or. Celui que leurs ancêtres avaient tiré des mines... Mais elle leur dit aussi que ce trésor ne devait pas leur faire oublier Washington, New York ou Philadelphie. Même vacillantes et marquées déjà du sceau de la révolte, les métropoles orgueilleuses de la côte Est devaient être rasées. Quoi qu'il arrive, la croisade devait continuer ! Telle une gifle ramenant à la vie un être évanoui, les mots de Durell ranimèrent l'esprit troublé de la foule. Oui, cette femme avait raison : la guerre sainte contre l'ordre ancien ne faisait que commencer... Où était Okhlos ? Personne ne le savait. Devant, sûrement, à indiquer la route... Il fallait le rejoindre, avancer. Ainsi les pèlerins se remirent-ils en chemin. Indifférents aux *Sheltas*, indifférents à Banes ou Harper, les poches remplies d'or, leurs pas firent à nouveau trembler le sol. « Okhlos ! hurla encore Durell. Okhlos ! Okhlos ! » Et de chaque poitrine retentit ce même cri, ce même chant, ce même mot qui signifiait tout ensemble vengeance, mort et chaos. Psalmodiées, ces syllabes lancinantes vibraient dans l'air comme le frottement d'élytres d'un essaim de cauchemar.

« Okhlos ! Okhlos ! Okhlos ! » C'était le nom d'un dieu effacé et qui pourtant vivait toujours ; le nom d'une force primitive plus puissante encore d'avoir été désincarnée. Car si Okhlos n'était plus l'individu de hasard Camden Hodge, cadavre méconnaissable dilué dans la poussière, il était – et authentiquement désormais – la foule tout entière.

Malgré la menace terminale que l'entité incarnait, ce n'était pas cet océan d'hommes déterminés au mal que Kincaid redoutait. Cherchant parmi la foule le visage de celui qu'il avait autrefois vainement traqué jusqu'au pays d'Ophis, le prophète des *Sheltas* savait arrivé l'instant du dernier duel. Il doutait de sa force, et craignait par-dessus tout celle de l'autre. D'expérience, il le savait plus fort, plus rapide et plus roué. Sitôt qu'il l'aperçut, il se porta toutefois résolument à sa rencontre. Au sein de la cohorte mouvante, le Scribe l'attendait, un sourire moqueur aux lèvres. Observant son ennemi qui peinait à fendre la foule pour l'approcher, il se souvenait des occasions nombreuses où, alors qu'ils étaient entrés tous deux dans les territoires du rêve, il s'était amusé à leurrer les sens de son rival. Ici et maintenant, dans cette plaine jonchée de dépouilles, ce n'était pas le pays d'Ophis, c'était l'Amérique dense et concrète. Un pays grandiose et banal. Une nation-continent longtemps fermée aux miracles, mais qui, depuis quelques semaines et au prix de convulsions sans pareilles, s'était ouverte à tous les possibles. Dans cet espace-là, dans l'entre-deux des mondes, le Scribe était le prédateur et Kincaid la proie. Mais plus question de jeu désormais. Au terme de l'affrontement, le plus faible des deux allait mourir… Le premier, Kincaid porta un coup dans lequel il mit toute sa force. Sa dague de chasse fendit l'air en un estoc brutal, qui aurait dû éventrer un Scribe apparemment consentant, telle une victime expiatoire résolue au martyre. Pourtant, l'acier ne pénétra aucun corps, ne fendit aucune chair. Se déplaçant plus vite que l'œil ne pouvait voir, le Scribe était déjà passé derrière son adversaire quand le poignard de ce dernier fouaillait l'air à la recherche de sa cible. Les mains nouées sur la nuque de son ennemi, le prophète des *Fomoroï* fit ployer son rival. Tête baissée, menton ramené sur la poitrine, celui-ci contractait jusqu'au dernier de ses muscles pour résister à la pression intense imposée à ses vertèbres. Se débattant erratiquement, Kincaid chercha à frapper de revers mais n'atteignit que le vide, encore et encore... Un linceul opaque tomba devant ses yeux mais, dans les ténèbres qui enveloppèrent alors le vagabond, un sifflement perça le silence. C'était une mélopée des premiers temps du monde, un chant qui disait le trépas, la naissance et les métamorphoses. Et dans ce souffle intime et cosmique, dans ces vérités qui jaillissaient en gerbes au plus profond de son esprit agonisant, une image éclatante apparut soudain, telle une immense fleur de feu miraculeusement éclose au plus sombre des cavernes de l'Hadès. Contractant une dernière fois les muscles de son bras avant de laisser la mort le prendre, Kincaid planta son arme dans le sol en invoquant Ophis. En même temps qu'il s'effondrait, un losange brun se forma à partir de la fente ouverte par son couteau dans la terre, et une tête longue comme la main apparut. Un corps huilé et souple sortit de l'orifice et fondit sur la jambe du Scribe. S'enroulant autour du membre, le serpent planta ses crocs dans les muscles de l'homme. Le venin coula dans la chair et, se mêlant au sang, remonta jusqu'au cœur.

Bien qu'il sente le poison œuvrer en lui, le Scribe ne s'inquiétait pas. Un simple crotale, même inexplicablement surgi des profondeurs terrestres, n'était pas plus dangereux pour lui qu'un ver. De sa lame, il trancha en deux l'animal qui tomba, sectionné, sur le cadavre de Kincaid. Le Scribe grogna avec dédain en considérant la défense pitoyable que son ennemi venait de lui opposer, mais à peine eut-il exprimé son mépris qu'un nouvel animal se mit à ramper vers lui, puis un autre, et un autre encore, et cela presque sans fin... Ce furent bientôt des centaines d'ophidiens qui le cernèrent. Le Scribe blêmit. Il pouvait échapper aux hommes, il le savait, à n'importe lequel d'entre eux, et même au roi des *Sheltas*, qu'il venait à l'instant de terrasser en combat singulier. Mais face à ce nid de créatures annelées et visqueuses, il comprit qu'il n'avait pas d'échappatoire. Fendant l'air de son arme, il blessa quelques reptiles mais les autres, fluides comme une onde et montant vers lui comme une vague, le submergèrent. Mille fois mordu, le corps saturé de toxines, le Scribe mourut debout, le corps enseveli sous un cairn d'écailles, un catafalque sifflant et palpitant qui le recouvrit entièrement.

Pas plus que l'officier Harper et les derniers *Sheltas*, Raphaël Banes ne fut témoin de la fin de Kincaid ni de celle du prophète des *Fomoroï*. Les multiples courants de la foule, depuis le déraillement du train, les avaient séparés, et le professeur avait beau chercher désespérément où se tenaient ses amis, il ne les apercevait nulle part. Seul le chien Marcel avait réussi à demeurer à ses côtés. Devant eux passaient à présent des silhouettes indifférentes, seulement préoccupées par le mal qu'elles allaient répandre dans l'Est. Conduites par Durell, ces colonnes étaient promises à enfler de nouvelles recrues à chaque ville prise et rasée, à chaque métropole envahie et détruite. Rien ne les arrêterait, ni personne. Sauf, peut-être, Raphaël Banes…

« *Absinthe…*, murmura le professeur en comprenant l'ampleur du sacrifice qui lui était demandé. *Absinthe…* » Ce mot si souvent répété sans qu'une signification précise puisse lui être attribuée jusque-là. *Absinthe… Amertume… Poison… Contamination…* La simplicité de cet enchaînement logique aurait dû le frapper sitôt qu'il avait rencontré le capitaine Harper. C'était une évidence : le *pays d'Absinthe* se trouvait là où les radiations se faisaient les plus intenses, au point de dissoudre les corps. C'était au cœur de cet enfer qu'il fallait conduire la foule vengeresse. Mais pénétrer cette zone de fin du monde signifiait pour Banes être condamné à périr là lui aussi, car le troupeau, sans son berger, était promis à s'égailler. C'était l'oblation ultime. C'était aussi la seule rédemption. Raphaël le comprit et l'accepta. Il fallait qu'il meure pour que *Scamall* n'ait que des cadavres à dévorer dès lors qu'elle quitterait sa dépouille. Sans s'accorder le temps d'avoir peur, l'homme d'Ithaca ferma les yeux et se concentra pour relâcher la Nuée. Mais à l'instant où le monstre dormant en lui était sur le point de quitter les replis de son être, un poing fermé s'abattit lourdement sur la tempe du professeur. Banes vacilla et son âme se referma d'instinct…

« Bon Dieu, Harper ! gronda Raphaël en reconnaissant la veste rouge du *mounty*. Qu'est-ce qui vous prend ?

— Vous vous trompez ! répliqua le capitaine. J'ai compris ce que vous vouliez faire mais c'est une erreur ! Ce n'est pas à vous de vous sacrifier. C'est à moi !

— Quoi ?

— Le pouvoir que vous gardez en vous et qui rend les gens fous de désespoir au point de se suicider ou d'obéir aveuglément à celui qui possède ce don...

— Eh bien ?

— Vous m'avez dit qu'il est transmissible, n'est-ce pas ?

— Oui.

— Alors donnez-le-moi !

— Vous êtes fou !

— Inoculez-moi cette saleté ! insista le capitaine. Moi, je suis déjà mort. Vous, vous avez encore une chance de vous en tirer... Donnez-moi votre pouvoir et je conduirai ces gens-là d'où je viens. Je ne faillirai pas. Je suis prêt ! »

Saisissant la chance qui lui était donnée, Banes prit les mains de l'officier et, comme Milton Millicent l'avait fait pour lui, laissa filtrer *Scamall* à travers ses chairs jusqu'aux tréfonds du corps d'Harper. Celui-ci trembla, se tordit et râla mais survécut... Quand il reprit conscience après s'être évanoui de longs moments, il sentit une chose nouvelle battre en lui, un esprit, une force abyssale si ancienne qu'elle se confondait avec la mémoire des premiers hommes. Le Canadien se releva. Autour de lui, lente et terrible, progressait encore la foule. Le capitaine effleura une femme qui passait près de lui. Et celle-ci tendit le bras pour toucher celle qui marchait à ses côtés et qui, en retour, posa la main sur l'épaule de l'homme devant elle... Et ainsi, de marcheur en marcheur, comme une encre versée sur un buvard, *Scamall* se répandit jusqu'à ce que Harper puisse marquer de sa volonté jusqu'au dernier des pèlerins. Déviant sa course, le *mounty* détourna ainsi l'armée d'Okhlos et la guida vers le *pays d'Absinthe*, ces États centraux du nord, entre Chicago et Rapid City, où venaient de brûler les grands feux atomiques.

XX

Raphaël Banes, le chien Marcel et les quelques *Sheltas* survivants observaient de loin cette masse humaine. Se tenant prudemment à l'écart durant cinq jours et six nuits d'une marche que rien n'était venu interrompre, ils la virent s'avancer inexorablement sans dévier un instant de son impeccable trajectoire. Lorsque pointa l'aube du sixième jour, les contours fantomatiques d'une vaste cité anéantie apparurent dans la brume. Noirs et tordus, des gratte-ciel étêtés tendaient dans une vaine supplique leurs moignons d'acier vers les nuages tandis que, sur les derniers murs de béton encore debout, se dessinaient les silhouettes des habitants vaporisés par la fulgurance des explosions.

Le capitaine Harper avançait en tête de l'armada. Loin de lui, perdue dans les rangs, Durell demeurait persuadée de suivre Okhlos, tout comme ses compagnons dont l'esprit était leurré par *Scamall*. Sans se retourner, Harper pénétra jusqu'au cœur de la contrée empoisonnée. Là, au milieu des débris et des cendres, sous le dôme d'un air si chargé de miasmes que le ciel n'apparaissait plus qu'à travers de livides phosphorescences, il s'arrêta. Assis parmi les ruines, le Canadien devint le moyeu d'un cercle de femmes et d'hommes encore inconscients qu'ils étaient là pour mourir. Chantant, plein d'espérance, ils attendirent sans comprendre qu'aucun d'eux, jamais, ne s'échapperait du *pays d'Absinthe*. Brûlés par les radiations, leurs corps devinrent chaos. Leurs cellules mutèrent et leur chair éclata au point de la faire se détacher de leurs os. Le capitaine Terence Nicolas Harper mourut le premier. Lorsqu'elle le quitta, *Scamall* crut enfin venu le temps de son triomphe, mais elle ne trouva que des agonisants pour l'accueillir. Passant de corps en corps, de cadavre en cadavre, affolée, perdant un peu de sa force à chaque fois qu'elle s'échappait d'un mort, elle s'amoindrit, s'étiola et s'évanouit enfin, telle une simple bulle de savon.

XXI

Il ne vendait quasiment rien depuis plusieurs semaines et ce n'était donc pas la perspective de voir son chiffre d'affaires s'effondrer qui l'inquiétait. Ces temps-ci, personne ne semblait avoir l'esprit à lire. Ses acheteurs les plus réguliers avaient même quitté la ville. Pour la plupart, ils avaient fui comme on dit que les rats désertent lorsqu'ils sentent le navire sur le point de sombrer. À bien y réfléchir, si cette image n'avait aucun sens (où peuvent bien se réfugier des rongeurs lorsqu'un bateau se trouve en perdition en plein océan ?), elle décrivait pourtant la situation présente avec une incontestable pertinence. Capables de dépenser jusqu'à plusieurs milliers de dollars pour une pièce rare, les gros clients de l'antiquaire avaient paniqué lorsque les foules s'étaient soudain mises à hurler « Mort aux riches ! », des frontons de Tribeca aux arrière-cours de l'East Village. Quand on est quelqu'un de bien – c'est-à-dire quelqu'un *possédant du bien* –, on est évidemment prompt à s'effrayer dès que la populace répète les termes *révolution* et *changement de régime* plus souvent qu'à l'ordinaire.

Ainsi réduit à une sorte de chômage technique par défaut de clientèle, le Bouquiniste avait facilement accepté d'accompagner Sainclair jusqu'au Caveau. Laissant ses chats aux bons soins du gamin du *pet shop* du quartier, le vieil homme s'était intégré à l'équipe partie vérifier l'antre secret des Rocheuses. Parmi les habitués de la briqueterie, les rumeurs les plus alarmantes circulaient à ce sujet. Certaines prétendaient que le Caveau avait été dévasté par des maraudeurs et qu'aucun des gardiens du lieu n'en avait réchappé. D'autres soutenaient que c'était le gouvernement qui, décrétant propriété nationale le conservatoire d'argile, avait envoyé la NSA le réquisitionner pour le mettre en sécurité dans la Zone 51 ou, plus secrète encore, dans l'immense base souterraine creusée sous l'aéroport de Denver. Une troisième version prétendait que le Caveau était vide depuis toujours, car aucun des porteurs envoyés là-bas n'avait jamais pris la peine d'y effectuer de livraison. Si le Régent savait pertinemment que cette dernière hypothèse était exclue, il avait également assez d'expérience pour différencier un simple ragot d'une éventualité probable. Sainclair en avait donc la certitude : il s'était bel et bien passé quelque chose au Caveau. Quant à déterminer précisément quoi, seul un voyage sur place permettrait d'en avoir le cœur net…

Équipés de l'essentiel, et sans que nul ne s'encombre d'aucune copie de terre cuite, sept hommes avaient donc discrètement quitté New York pour un nouveau périple vers les montagnes du Midwest. Guidés par Sainclair, ils avaient lentement avancé au sein d'un pays qui, chaque jour davantage, leur semblait devenu terre étrangère. Sur les routes, ils avaient vu ce qu'ils n'auraient jamais cru possible de voir. Même pour eux, depuis longtemps convaincus du caractère inéluctable de l'effondrement de l'Amérique, le spectacle de la confusion dans laquelle la nation tout entière avait sombré était pénible à contempler.

Entre savoir et voir, il existe un gouffre que le Régent, le Bouquiniste et leurs compagnons franchirent douloureusement lors de ce périple vers les grands reliefs du centre... Dès les premières minutes de leur périple, les bizarreries s'étaient succédé. En chemin vers les axes de sortie de la ville la troupe avait pu marcher au milieu de la chaussée, sur les avenues mêmes de Manhattan, tant la circulation était sporadique. De rares voitures se déplaçaient au ralenti dans une ville plus alanguie qu'un dimanche matin. Dans les rues désertes, longeant les boutiques au rideau de fer baissé, les sept hommes avaient aperçu peu de lumières. Si des slogans appelant à l'avènement violent de *NovAmerica* marquaient bien quelques façades et si, sous le symbole d'une triple tête de chien, revenait parfois le nom d'Okhlos, c'étaient surtout des appels à la clémence divine et des injonctions à la miséricorde qui étaient graffités sur les murs. *Que Dieu bénisse l'Amérique !* lisait-on souvent. Ou bien : *Ensemble nous franchirons l'épreuve !* Lorsqu'ils observaient le ciel, les compagnons du Régent ne voyaient nulle marque blanche car aucun avion ne griffait l'azur de ses réacteurs. Ils avaient espéré monter à bord de trains roulant vers l'ouest, mais les voies ferrées ne vibraient plus sous le poids des convois. Immobiles dans les gares et les dépôts, les motrices de l'Amtrack ou de l'Union Pacific dormaient, tels des mastodontes anesthésiés.

Avançant avec régularité et endurance, il leur fallut presque quarante jours pour atteindre les Rocheuses. Grandes ou modestes, les agglomérations qu'ils traversèrent dégageaient cette même atmosphère d'alanguissement. Sur les places et aux carrefours de l'Indiana ou l'Iowa, devant les maisons ou dans les jardins publics, ils assistèrent à des réunions spontanées mêlant des gens de toutes origines et de toutes conditions sociales. Ces rassemblements n'avaient rien de comparable avec des meetings politiques ou syndicaux traditionnels. Pas d'estrade pour qu'un roublard arrogant monopolise la parole aux dépens d'autrui. Pas d'affiches, pas de mots d'ordre, de revendications ni de service de sécurité. Avec leurs nappes à carreaux jetées sur les tables de camping, leurs tartes maison posées sur des plateaux en faïence et leurs jarres de limonade, ces assemblées évoquaient plutôt des retrouvailles familiales. Les gens y discutaient tranquillement, de tout et de rien le plus souvent, mais aussi de sujets graves et authentiquement importants : comment l'économie avait indûment pris le pas sur la politique ; comment le matérialisme forcené avait abîmé les relations humaines ; comment une nation entière s'était laissé hypnotiser par de fausses valeurs et des icônes sponsorisées... Les gens semblaient enfin vouloir reprendre le contrôle de leur vie, et Sainclair en était heureux. Lui qui, depuis des années, s'était préparé à l'effondrement violent du pays constatait avec surprise qu'il s'était peut-être trompé. Quelque chose s'était passé en Amérique, un électrochoc terrible. Mais, au lieu de s'écrouler, le pays résistait : sans révolution générale, sans violence débridée, ni chasses à l'homme ou guerre raciale généralisée...

Évidemment, chacun était bien conscient que des catastrophes épouvantables avaient eu lieu dans le nord, à la frontière canadienne. On ne voulait pas s'arrêter à cela cependant. Comme un fêtard ivre mort auquel une douche glacée fait brutalement reprendre ses esprits, le peuple d'Amérique semblait vouloir sortir des impasses dans lesquelles l'avaient plongé les banques, la Réserve fédérale, les partis républicain et démocrate confondus, les prétendus loups de Wall Street et autres apprentis sorciers du Département d'État... Dans toutes les villes traversées, Sainclair et ses compagnons le sentaient bien, frémissait cette même volonté collective d'un nouveau commencement. Maintenant que la grande secousse avait eu lieu et que quelques-uns, consciemment ou non, avaient appuyé sur le bouton de remise à zéro du pays, que les dettes fantômes publiques et privées s'étaient évanouies dans les matrices des ordinateurs débranchés, rien n'empêchait cette impulsion. La nation qui avait inventé le travail à la chaîne et désintégré la matière dans le désert du Nouveau-Mexique, le pays qui s'était donné en exemple au monde au point de s'arroger le droit de décider qui se trouvait dans le camp du Bien et qui était à rejeter dans les ténèbres de l'axe du Mal, semblait sur le point de redécouvrir les vertus cardinales de mesure et d'humilité.

À Morgantown, au sud de Pittsburgh, le Régent et ses compagnons assistèrent à une scène qu'aucun d'entre eux n'aurait eu l'audace d'imaginer seulement quelques semaines auparavant. En plein centre-ville, non loin d'une statue représentant Abraham Lincoln, une fosse avait été creusée. Ce n'était pas une tombe et encore moins un charnier. C'était une décharge surmontée d'un panneau invitant les habitants du comté à se défaire de leurs armes. Le plus étonnant était que cette initiative rencontrait le plus vif succès. Pistolets, fusils, revolvers et cartouches en nombre incalculable rouillaient déjà au fond du trou. À un type qui venait d'y abandonner tout un arsenal, Sainclair demanda quelles étaient ses raisons d'agir. « J'ai vécu armé toute ma vie, m'sieur, dit l'autre en haussant les épaules. Eh bien, ça ne m'a pas empêché d'avoir constamment la peur au ventre. J'avais peur de tout et de tout le monde. Peur de l'avenir, surtout… Maintenant, j'en ai assez d'avoir la trouille. Il faut passer à autre chose parce que le pessimisme, c'est stérile. C'est grâce à l'optimisme qu'on avance. Avec ce qui nous arrive, je crois qu'on est nombreux maintenant à comprendre ça. » Impressionné, le Bouquiniste avait aussitôt saisi l'occasion pour se débarrasser du couteau dont il était équipé. Le Régent l'avait imité, ainsi que les cinq marcheurs qui les accompagnaient.

Troublés par ce dont ils avaient été témoins tout au long de leur voyage, les sept hommes étaient enfin parvenus au Caveau. Ce fut au début d'une matinée fraîche et lumineuse qu'ils s'engagèrent dans la ravine menant au sanctuaire. Le cœur battant, la gorge sèche, ils pénétrèrent dans le labyrinthe de tunnels où dormaient les milliers de tablettes d'argile patiemment fabriquées, au cours de la dernière décennie, par une communauté d'érudits visionnaires et prudents. L'épais silence qui les accueillit alors leur apprit que ce qu'ils redoutaient par-dessus tout s'était bel et bien produit. Investi par des casseurs, le Caveau avait été le théâtre d'une destruction en règle. Ils découvrirent les traces de sang sur le sol, les graffitis à la gloire d'Okhlos sur les murs et les pièces d'habitation pillées. Au seuil des coursives où les tablettes étaient entreposées, ils s'arrêtèrent. Bien sûr, ils savaient déjà quel spectacle allait s'offrir à eux. Mais était-il utile, vraiment, de s'imposer un tel supplice ? Allaient-ils supporter la vision de cet immense gâchis ? À toutes fins de certitude il le fallait pourtant.

Parmi les éclats et les fragments, sur la poussière rouge et les tablettes brisées, ils avancèrent donc. Mais pour funèbre qu'elle soit, cette marche fut aussi une avancée vers la lumière car, tout au fond de la plus grande salle des réserves, brillait une lumière électrique. Un homme se tenait là, penché sur une grande table où il tentait d'apparier et de recoller quelques fragments d'argile. À ses pieds, un vieux chien bâtard dormait si profondément qu'il ne s'éveilla même pas quand les marcheurs arrivèrent près de lui.

« Professeur Banes ! s'exclama Sainclair en reconnaissant le travailleur. Que faites-vous ici ?

— Je commence le catalogue de ce qui est récupérable, répondit Raphaël, qui ne paraissait nullement troublé par l'arrivée du Régent et de ses compagnons. Je comptais vous l'apporter, figurez-vous. Mais c'est bien que vous soyez venus. La recension se fera plus vite... »

Sainclair n'en croyait pas ses yeux. De tous les convoyeurs dont il avait salué le départ depuis la briqueterie, Banes était bien le dernier qu'il s'attendait à voir ici. En quelques semaines, le professeur s'était métamorphosé. Désormais vêtu à la diable, comme n'importe quel *hobbo*, il semblait n'accorder aucune considération à l'élégance de sa tenue vestimentaire. Ses joues voilées d'une barbe de quelques jours, ses mains aux ongles sales et ses yeux marqués de cernes profonds disaient l'effort et les privations.

« Depuis combien de temps êtes-vous là ? reprit le Régent.

— Deux ou trois jours…

— Comment vous nourrissez-vous ? »

La question n'était pas importante et Sainclair n'aurait pas su expliquer pourquoi il la posait, mais Banes s'en amusa :

« Mon chien est un peu vieux mais il reste un excellent chasseur. Il me ramène autant de faisans et de lapins que je peux en manger. J'ai été à bonne école pour apprendre comment les préparer.

— Et votre Hérodote ? Vous l'avez toujours ?

— Bien peur que non ! avoua Raphaël. Je l'ai perdu il y a longtemps. Mais c'est un objet qui m'a sauvé la vie, vous savez. Sans lui, je ne serais qu'un cadavre avec un couteau planté dans le ventre, abandonné quelque part dans le désert.

— Alors cette copie n'a pas été fabriquée pour rien, soupira l'autre.

— Peut-être pas tout à fait pour rien… »

Le professeur et les hommes de New York demeurèrent quelques jours ensemble, dans le Caveau, à trier les débris et à dresser un état aussi précis que possible de ce qui demeurait de la bibliothèque. Si les pertes sèches étaient lourdes, bien des plaques étaient encore récupérables. Assurément, il faudrait des années pour remplacer les tablettes détruites, mais reprendre ce travail n'était pas vain.

« Il faudra trouver un autre endroit où entreposer nos copies, remarqua Sainclair. À la réflexion, je crois que nous étions dans l'erreur. Dissimuler ce qui, somme toute, constitue notre patrimoine commun a mené à la catastrophe. Si nous rendons public ce que nous faisons et que nous installons nos collections là où chacun sait, peut-être serontelles mieux protégées, après tout.

— Sûrement ! approuva le Bouquiniste. Finalement, les secrets ne sont jamais une bonne chose. Le grand jour est toujours préférable…

— Vous avez raison, renchérit Banes. Et puis l'échec n'est qu'une belle occasion de recommencer. Mais plus intelligemment, cette fois…

— Jolie phrase, jugea Sainclair. Je pourrai vous citer ? »

Raphaël sourit. « Malheureusement, ce n'est pas de moi. C'est d'Henry Ford… »

Enfin Banes quitta le Caveau, laissant Sainclair et les siens finir de répertorier la bibliothèque. De Baton Rouge et de Dallas, d'autres copistes étaient spontanément venus aux nouvelles. Malgré les pertes, sous d'autres formes et en d'autres lieux peut-être mais avec les mêmes artisans et la même foi, l'œuvre de conservation allait continuer. Accompagné de Marcel, Raphaël regagna Ithaca comme le vagabond qu'il était devenu, à pied depuis les plaines de l'Ouest, en prenant son temps et gagnant son ravitaillement en échange de menus travaux ici et là. Rien ne pressait en Amérique, désormais.

Comme un boxeur groggy après un K-O, le pays peinait à retrouver ses repères. Un gouvernement fédéral provisoire avait été mis en place, mais Banes ignorait ce qui se passait à Washington, et l'aurait-il su qu'il aurait pris l'information avec une souveraine indifférence. Assurément, il n'était pas le même homme que lorsqu'il avait quitté à contrecœur New York pour suivre les traces de Milton Millicent. Ce Raphaël Banes-là n'existait plus, et il n'y avait pas à s'en désoler. Au contraire. Parvenu à une octave supérieure de lui-même, Banes avait bien l'intention de continuer à explorer son potentiel. Changer. Briser ses habitudes, oublier son confort et toujours repousser ses limites : la seule dynamique vraiment digne d'intérêt dans la vie. La grande Quête authentique...

La fièvre qui avait secoué l'Amérique au cours des dernières semaines semblait avoir miraculeusement épargné Ithaca. Pas de slogans appelant à la révolte bombés sur les murs, ici. Pas de chaussées encombrées de reliquats de barricades ni de banderoles à triple tête de chien pendues aux fenêtres. Rien qui puisse témoigner du traumatisme profond que le pays venait de subir. Rien, si ce n'est peut-être le peu d'animation dans les rues et les nombreuses habitations dont les volets demeuraient clos. Banes dut casser un carreau pour entrer chez lui. Sa maison l'attendait sagement. Un voile de poussière recouvrait les meubles, mais toutes ses possessions étaient dans l'état où il les avait laissées. L'électricité fonctionnait. La tuyauterie fournissait réglementairement son eau chaude. S'il se doucha longuement, Banes ne rasa pas sa barbe grisonnante ni ne coupa ses cheveux un peu longs. Reflétée dans le miroir, son image lui plut assez.

Installé à son bureau, il observa longuement les livres qui dormaient sur les étagères et en passa les titres en revue. Ils n'éveillèrent en lui aucun intérêt. Ne trouvant plus de bénéfice à leur compagnie, il se promit d'en faire don dès le lendemain à la bibliothèque de la faculté. Pingre comme il l'était, ce vieux chameau de président Zimmermann ne refuserait certainement pas un tel cadeau – même s'il venait d'un type renvoyé pour avoir décoché un uppercut au Vénérable de la Loge la plus influente de Cornell. Par acquit de conscience, Banes alluma son ordinateur et vérifia ses messages. Excepté quelques relances à peine aimables émanant de Franklin Peabody, personne ne lui avait écrit depuis longtemps. Cela n'avait rien de surprenant. Il allait éteindre l'écran lorsque l'icône Skype s'anima. Quelqu'un désirait lui parler ! C'était la petite Russe Gabriela. Le joli visage de l'étudiante de l'université Lomonossov se dessina dans une fenêtre.

« Professeur Banes ! s'exclama la fille en roulant délicieusement les *r*. Je désespérais d'entrer un jour en contact avec vous ! Que s'est-il passé ? Vous avez retrouvé Milton ? »

Raphaël soupira. Même à Gabriela il n'avait pas envie de raconter son histoire. Il préféra la discrétion à la révélation d'une vérité trop complexe. « J'ai retrouvé M. Millicent, admit-il. Mais trop tard, malheureusement. Il s'est passé des choses graves ici, vous savez. Comme beaucoup, il a été pris dans le tourbillon…

— Je suis désolée d'entendre ça, dit, navrée, Gabriela. Il avait l'air d'un bon garçon… J'ai appris pour votre pays. Chez nous aussi c'est difficile. On ne comprend pas tout. Les autorités ne nous disent rien et Internet ne marche plus que par intermittence. À Moscou on tient plutôt bien, mais à Saint-Pétersbourg ou Vladivostok, les choses vont très mal. Enfin ! Je suis contente d'avoir pu vous parler. À bientôt peut-être, professeur.

— À bientôt, mademoiselle. »

L'écran s'obscurcit et le silence revint dans la pièce. Raphaël serra les poings et soupira. Il lui restait une chose à faire et l'instant était venu… Il ne pensait qu'à ce moment depuis des jours. Plein d'une tranquille assurance, il quitta sa maison en compagnie du vieux Marcel. Il passa devant les fenêtres illuminées du *Marty's*, longea d'un pas égal la maison patricienne de Jacobus Friedkin et s'arrêta devant une villa cossue, à la façade fraîchement repeinte. Le soir tombait. Il faisait froid. Près du lac Beebe, l'air était vif et tonique. Reniflant une piste, Marcel se mit à folâtrer sur une plate-bande avec plus d'entrain que s'il était encore un chiot. Respirant à pleins poumons, Raphaël frappa à la porte de la demeure du couple Landberg. Farah vint lui ouvrir. Interdite, reconnaissant à peine l'homme aux côtés duquel elle avait passé tant d'années, la jeune femme ne pouvait prononcer un mot. Plein de sa force nouvelle, Banes se tenait devant elle sans peur, sans honte et sans plus avoir la folie de penser qu'il était indigne de son amour. Il était fait pour elle comme elle était faite pour lui. Pourquoi en refuser l'évidence ? Ils se regardèrent avec une infinie tendresse. Leur gorge se serra et ils s'étreignirent.

« *What lies behind us and what lies ahead of us are tiny matters compared to what lies within us. And when we bring what is within us out into the world, miracles happen.* »

« Les scories que nous laissons derrière nous et les espoirs qui nous devancent n'ont que peu de poids face à ce qui vibre au plus profond de notre être. Et lorsque nous révélons ce secret-là à la lumière du monde, alors les miracles surviennent. »

Henry THOREAU

À Mojca,
Paris, Maribor, Unije, Édimbourg,
2012-2014